LILLIAN SCHACHERL

Oberbayern

LILLIAN SCHACHERL

Oberbayern

Voralpen
und Alpenland

PRESTEL

MÜNCHEN · LONDON · NEW YORK

FÜR MARCUS

Auf dem Umschlag:
St. Bartholomä am Königssee
(Foto: Gregor M. Schmid, Gilching bei München)

Die Farbkarten der Vorsätze erstellte Anneli Nau, München

Die Deutsche Bibliothek – CIP-Einheitsaufnahme
Ein Titeldatensatz für diese Publikation ist
bei der Deutschen Bibliothek erhältlich.

© Prestel Verlag, München · London · New York 2000
Prestel Verlag · Mandlstraße 26 · D-80802 München
Telefon 089 / 38 17 09-0 · Telefax 089 / 38 17 09 35
www.prestel.de

Lektorat: Johannes Graf v. Preysing

Gestaltung: Ulrike Schmidt
Reproduktion der Tafeln: ReproLine, München
Satz und Reproduktion der Textabbildungen: Vornehm, München
Gesetzt aus der Berthold Baskerville
Druck und Bindung: Westermann Druck Zwickau GmbH
Gedruckt auf chlorfrei gebleichtem Papier
Printed in Germany

ISBN 3-7913- 2419-5

INHALT

GESAMTKUNSTWERK
IM DREIVIERTELTAKT

Natürlich sollte der Freund aus Norddeutschland auch ›die Wies‹ sehen. Nachdem wir die Kirche betreten hatten, verstummte er lange, blickte um und um und um, zog einige Male vernehmlich die Luft ein, wog immer wieder den Kopf – und sprach endlich die ehernen Worte: »Also weißt du, an euren Katholizismus im Dreivierteltakt muss man sich erst gewöhnen.« Als wir den Raum verließen, schien er hochgestimmt und machte Miene, sogleich zu heftigen Diskussionen zu schreiten: »Nun ja, ich muss schon mit einer gewissen Bewunderung sagen, trotz aller Überladenheit...« Ich unterbrach ihn unschön: »Also weißt du, an eure ewige Phrase von der Überladenheit muss man sich auch erst gewöhnen.«

Wenig später saßen wir im Gasthofgarten und ich holte ein Kompliment über sein Bonmot vom Dreivierteltakt nach, über das gewiss auch der Frömmste lächeln würde. »Das muss man übrigens erweitern: Ganz Oberbayern ist ja ein Gesamtkunstwerk im Dreivierteltakt, eine beschwingte Harmonie zwischen Großgeartetem und Kleinteiligem. Zu den Seen gehören die Inseln, Hügel und Segelboote. Zu den Inseln und Hügeln die Klöster und Kirchen. Zu den Kirchen die Putti und Engel. Zu den Putti und Engeln der Himmel. Zum Himmel die Berge. Zu beidem der Föhn. Und also sind hier Segelboote, Putti, Berge und Föhn identisch und das Ganze in reichlich tänzerischer Bewegung begriffen.«

»Außer den Uhren scheint auch die Logik in Bayern anders zu gehen«, bemerkte er mit schaumgeränderten Lippen, aber da er träumerisch die – identischen – Konturen der Trauchgauer Berge und des Kirchenschiffs mit dem Finger nachzeichnete, schien er bereits ein Anhänger der vorgetragenen Logik.

»Sogar Bier und Stuck haben hier etwas Gemeinsames«, sagte ich still, als er dann erneut einen Bart aus Schaumkronen aus

Rokokobayerns pausbackige Kirchenbewohner:
Putti von Ignaz Günther
in Benediktbeuerns Anastasiakapelle, 1759

dem Glas tankte, Schaumkronen, die so ganz unähnlich jenen
aus Stuck in der Kirche drüben nicht waren. Er zog lachend sein
Taschentuch, und ich setzte schnell hinzu: »Wenn du jetzt wieder ›überladen‹ sagst, halt' ich dir zur Strafe einen Vortrag.«

Er trotzte: »Ich sag's nochmal.«

So entwickelte ich ihm meine Lieblingsvorstellung vom befie-
derten Himmel über Oberbayern. »Stell dir vor, Sankt Michael
würde eines Tages in die Hände klatschen, und alle Engel aus
den Kirchen Oberbayerns flögen auf und davon zur Chorprobe
in den Himmel. Denk dir den aufrauschenden Tumult an dick-
backigen Putti, ondulierten Flügelköpfchen, Mädchen in Flat-
terkleidern, mondänen Damen mit hochmütigem oder g'sch-
lampertem G'schau, indignierten Unschuldsengeln, halbnack-
ten Schwebe-Epheben! Flügelschlagen wie Ungewitter? Ach
wo! Eher sirrende Musik. Aber das Herunterpurzeln der Attribute wäre lärmig: Lauten, Trommeln, Schwerter, flammende
Herzen, Bischofsstäbe, Kardinalshüte, Wappen... Antiquitä-
tenhändler würden sich in aufgescheucht pickende Hühner ver-

wandeln. Die Angst, dass die ausgeflogene Gesellschaft nicht wiederkehren könnte, hätte man hierzulande nicht. Engel sind und bleiben in Bayern der Erde verhaftet.«

»Ich bin drauf und dran, mich als Engel für eine bayerische Kirche zu bewerben. Trotz des enormen Überangebots«, frotzelte er weiter.

»Ach, Engel kann man nie genug haben. Der Schwung der Bühnenarchitektur, der Chor der Engel, die Komparserie der Putti, die Lichtregie des Föhns – das alles gehört unabdingbar zum Sakraltheater Rokokobayerns. Das alles zusammen ist zur Form geronnener Wirbel, Rausch, pathetisch gesagt: irdische Seligkeit und vielleicht Vorahnung der himmlischen.«

»Die will ich haben! Ich bleibe also länger. Und was zeigst du mir außer Engeln?«

»So viel Verschiedenes, wie es sich für ein Gesamtkunstwerk gehört: urige und elegante Bergmonumente, Seen von Meer- bis Bottichgröße, Hügel-Charme und Täler wie englische Parks, mauerumgürtete, palazzomonumentale oder kurbadgesellige Städte, klassisch proportionierte und bunt bemalte Bauernhöfe, Märchenkönigsschlösser, Malerklausen, originelle Museen, Römersteine und Prominentenfriedhöfe. Und jede Menge Menschen: Prälaten von gestern und Patres von heute, Schiffmeister, Salzsamer, Stuckateure, Schnitzer, Publikum und Schauspieler in Oberammergau oder Schliersee, Künstler in Kolonien und auf einsamen Fluchten, Schifferinnen und Wilderer, Sänger, Volkstribunen, Ingenieure, Viehzüchter, Paradiesvögel und leider auch Lemuren. Dazu ein Rösser-Fest, eine Jazz-Hochburg, ein . . .«

Er sprang auf, »dann müssen wir ja sofort anfangen!«, und rannte fast den Kellner um. »Ist das Programm überladen?«, rief ich ihm besorgt nach. »Wie bitte? Ich kenne dieses Wort nicht!«, rief er zurück und machte einen tapsigen Walzerschritt.

Paradiesvögel

»Nächsten Sonntag nachmittag um halb 21 Uhr findet im Starnberger See ein Karpfenrennen statt, mit darauffolgendem Brilliantfeuerwerk. Zwölf zehnpfündige dressierte Karpfen schwimmen mit Motorboot und Musikbegleitung von Starnberg nach Seeshaupt; während dem Rennen ist der See für Fußgänger gesperrt.«

Das war gewiss eine hörenswerte Neuigkeit, die Karl Valentin da vom Starnberger See zu berichten wusste. Aber lief dort zu seinen Zeiten nicht eine viel aufregendere Spezies den Karpfen glatt den Rang ab? Die Paradiesvögel!

Schnappschüsse: Da sitzt der Prager Dichter *Gustav Meyrink* muskulös im Ruderleiberl in seinem Skiff und fixiert so aufmerksam die Wasserfläche, als würde ... Aber tatsächlich ist ja aus dem glitzernden Nass ausgerechnet sein finsterer Golem entsprungen. Indes *Thomas Mann* sich im Feldafinger »Mausloch« um des Zauberbergs willen in einsamen Spaziergängen und im Grammophon-Kult ergeht, grübelt der Berliner Theaterpapst *Alfred Kerr* in Seeshaupt darüber nach, ob »grüebi« von ›Grübchen‹ oder von ›agreeable‹ kommt. Nahbei umgibt sich der *Baron Simolin* auf Schloss Seeseiten mit Bildern und Literatur der von ihm mäzenierten Avantgarde von Beckmann bis Else Lasker-Schüler und mit Designer-Möbeln rund um den geheiligten Schreibtisch von Flaubert. Der ungarische Kunsthändler *Marcel von Nemes* wiederum hortet in Schloss Tutzing, das er wenige Jahre besitzt, eine Unzahl an Impressionisten und – man möchte vor Andacht flüstern – gar mehrere El Grecos. Einen Steinwurf weiter lässt der exzentrische, von Schulden gefolterte Dramatiker *Georg Kaiser* aus der von ihm gemieteten Ebers-Villa kaltblütig einige Kunstwerke nach Berlin mitgehen, um von dort umgehend selbst in ein bayerisches Gefängnis zu wandern, was seine Theater-Erfolge aber nicht trübt. Tutzing

wird später für den mit Publikationsverbot belegten, vielseiti-
gen Homme de Lettres *Wilhelm Hausenstein* zum Zufluchtsort der
inneren Emigration werden. Ins Exil hingegen treibt es den
»Provinzschriftsteller« – wie er sich selbst nennt – *Oskar Maria
Graf* aus Berg. Als der Bäckerbub noch mit dem Wägelchen Brot
ausfährt, steht er oft mit anderen Herbeigelaufenen in Kempfenhausen Spalier, wenn der russische Fürst Bariatinsky seinen
ganzen orientalischen Luxus an Lakaien, Zofen, Köchen, Pferden, Karossen, Gästen, Festen und »Brilliantfeuerwerken« ent-
fesselt. Übrigens in einem Haus, in dem *Richard Wagner* 1864
einige Monate schaffensunlustig auf Cosima wartete; der König
hatte ihn hier vor dem Volkszorn in München in Sicherheit
gebracht (Villa Pellet, jetzt Landschulheim).

Aber nicht nur unter den Durchzüglern, auch unter den Nest-
hockern gab es Paradiesvögel. Ihre Nistplätze haben den Starnberger See zu einer einzigartigen Villenlandschaft gemacht.

Die einladende Terrasse

Schmal und langlinig elegant südwärts gestreckt, um die Mitte
im Westen mit kleinem Atemholen zur gekurvten Bucht
erweitert, wird der *Starnberger See* im Süden von einer stark
rhythmisch, bei Föhnlicht gar dramatisch gestaffelten Alpenkette überhöht. Bei keinem anderen der oberbayerischen Seen
rücken die Moränenhügel so nah an die Ufer heran, laden sie
so sanft zur Bleibe ein: eine Terrasse mit Dörfern, Höfen, Villen, Schlössern, Parks, sommers versteckt hinter einem grünen
Baum- und Heckenpolster. Doch ist das Terrain dem schweifenden Blick stets allseitig offen, dem Überblick freigebig aufgetan, hält überdies als Aussichtswarten den Starnberger
Schlosshügel, die Ilka- und die Rottmannshöhe leicht übers
Westufer empor. Nur in zarten Farben und milden Konturen
haben die Maler diese Landschaft dargestellt, beileibe nicht
immer strahlend blau den See, ist er nicht eher dunkelgrün?,
ach, er kann bleigrau sein vor Melancholie oder gefährlich fahl-
grün, als reagiere sein Wasser besonders empfindsam auf die
Bewegungen von Sonne und Wolken.

Starnberger See mit Schloss und Pfarrkirche von Starnberg,
Aquarell (Ausschnitt) von Johann Georg von Dillis, um 1792

Der Gletschergeborene ist mit 57 Quadratkilometern Fläche
und 127 Metern Tiefe nach dem Chiemsee das zweitgrößte
Gewässer Bayerns. Den früheren Namen ›Würmsee‹ – die
Fischer beharren auf ihm – hat ihm die im Norden abfließende
Würm gegeben, den heute gebräuchlichen das einst hier
lebende Geschlecht der Starnberger, das der Stadt ihr Wappen
mit dem schwarzen Star hinterließ. Metaphorisch wird er zuweilen als ›Fürstensee‹ bezeichnet, weil Hof und Hochadel sich
schon vom 16. Jahrhundert an dem nur schütter von Fischer-
nestern und Bauerndörfern besiedelten Land zuwandten, darin
ihre Hofmarken und Herrensitze errichten ließen und allsommerlich mit turbulentem Leben erfüllten. Brausend ging's
besonders bei der schönen Savoyerin Henriette Adelaide zu, der
Gemahlin des Kurfürsten Ferdinand Maria, die ihre unbändige
Phantasie im Festefeiern damit krönte, sich 1663 den ›Bucin-

Das Prunkschiff ›Bucintoro‹ vor Starnberg,
Miniatur von Maximilian van Geer, um 1730

toro‹, das ›Goldschiff‹ des Dogen von Venedig, detailgetreu nachbauen zu lassen, nur mit der für ihre Wahlheimat galanten Abweichung, dass sie die Ruderer in Weiß-Blau gewanden ließ.

Im 19. Jahrhundert kamen die Bürger. Überdrüssig des immer anstrengenderen Stadtlebens, süchtig nach Naturidylle, ließen sie sich von der überschwänglichen Reiseliteratur und den zauberhaften Bildern der um 1800 einsetzenden Münchner Landschaftsmalerei locken. Als 1851 die Dampfschifffahrt am See, 1854 die Eisenbahnlinie Pasing–Starnberg eröffnet wurden, standen Wasser und ›Terrasse‹ den Münchnern offen.

Die landschaftsgebundene, kultivierte Baugesinnung des 19. und beginnenden 20. Jahrhunderts schuf jene architektonische Vielfalt an den Ufern, deretwegen diese Villenlandschaft zu Recht berühmt wurde. Die Bauwut des letzten Drittels des 20. Jahrhunderts hat es leider fertig gebracht, sie beträchtlich zu nivellieren. Zunehmend wurden überdies Uferstreifen privatisiert, Grundstücke auch gegen die Uferwege durch Hecken abgeschottet. Eine erfreuliche Gegenmaßnahme war die Anlage öffentlicher Bade- und Erholungsgelände bei Possenhofen und St. Heinrich. Diese beiden großen ergänzen 14 kleinere Strand-

bäder rundum. Der Rundwanderweg umfasst 48, die Radltour
52 Kilometer, wobei man an vielen Stellen allerdings auf die
Straße ausweichen muss. Die einzige Möglichkeit, viele der
Ufervillen sehen zu können, ist der Blick vom See aus. Ohnedies wird sich kein Besucher das Vergnügen einer Schiffsrund-
fahrt entgehen lassen, die dreimal täglich von Starnberg aus
startet und drei Stunden dauert (mittwochs mit historischen
Kommentaren). Indes die Rundfahrt im Uhrzeigersinn verläuft,
bevorzugen wir in unserer Beschreibung die Gegenrichtung,
weil die meisten Besucher zuerst das Westufer anfahren, an dem
zwei Autostraßen und die Bahnlinie entlanglaufen.

Starnberg, Münchens Villendependance

Das Fischer- und Bauerndorf Starnberg, München am nächsten,
war der erste Ort, den die Großstädter sich zum Villenableger
erkoren. Fabrikanten, Kaufleute, Ärzte, Verleger, Professoren,
Künstler ließen sich von Münchner Architekten – so Gabriel
und Emanuel Seidl, Friedrich Thiersch, Theodor Fischer, später Hans Noris oder Richard Riemerschmid – repräsentative
Park-Villen bauen, Beamten und ›Privatiers‹ behagten gemütliche Landhäuser. Wie in einem Musterbuch der Stile staffelten
sich Bauten von klassizistischer Noblesse, biedermeierlicher
Einfachheit, neobarocker Opulenz sowie solche in allen boden-
ständigen Landhausformen vom Ufer zu den Hügeln, zu
Schloss und Kirche empor. Das einstige reizvolle Bild ist freilich
durch die heute an allen Ecken und Enden dominierenden zeit-
genössischen Bauten verunklart. Den früher so unwiderstehlichen Charme des großstadtnahen Landstädtchens mit seiner
lässig-wohlhabenden und behaglich-ferialen Atmosphäre muss
man heute schon ein wenig suchen.
   Das Herrschaftliche im Gewand klassizistischer Eleganz fällt
auch heute noch bei der *Almeida-Villa* ins Auge, die ursprünglich
Prinz Karl von Bayern 1831 für seine Gemahlin errichten ließ
(Weilheimer Str. 11). Doch ist sie heute so umbaut, dass die
Grandezza, mit der sie auf einem berühmten Bild von Johann

Jakob Dorner überm See thront, nur zu ahnen ist. Die luxuriöse Großbürgergeste wiederum vertreten etwa die breit gela-
gerte, loggienreiche *Villa Lenbach* (Prinz-Karl-Str. 42–44) von
Gabriel Seidl, über deren Bau der Malerfürst 1904 starb, die
dann eine seiner Töchter bewohnte und die heute Eigentums-
wohnungen beherbergt, sowie das durch sein hohes Walmdach
auffallende *Seehaus* am Ufer, das der Münchner Kunstantiquar
Julius Böhler jun. 1919 von Hans Noris bauen ließ (Unterer See-
weg 4). Es steht übrigens zum Teil auf dem Grundstück von
dem 1933 abgerissenen ›*Haus zur letzten Laterne*‹, das 1918–29
dem schon erwähnten Gustav Meyrink gehörte. Er lebte mit seiner Familie von 1911 bis 1932 in Starnberg, höchst beliebt als
amüsanter Phantast und dennoch verlässlicher Ruderwart, und
liegt auf dem Hanfelder Friedhof begraben. Dominierend unter
den Villen in Starnberg sind natürlich die Landhäuser des
Mittelstands meist im liebenswerten Stil der modifizierten Heimatbauweise mit Satteldach und viel vorgeblendetem Holz am
Erker, als Balusterbalkon und Giebellaube.

Gabriel Seidls erste Entwürfe
zur Lenbach-Villa in Starnberg, um 1903

Kleinod des Starnberger Heimatmuseums:
Ignaz Günthers hl. Magdalena, 1755

Ein Prachtexemplar von Holzbauernhaus aus dem 16. Jahrhundert, vom Ufer in die Possenhofer Straße 5 verpflanzt, ist das jetzige *Städtische Heimatmuseum* mit einer Fischerwohnung im Untergeschoss und Räumen einer Hofmarksherrschaft im Obergeschoss, reich bestückt mit Gegenständen der regionalen Kulturgeschichte vom Ackergerät bis zum Bucentaur-Modell. Unvergesslich Ignaz Günthers Figurenfragment der hl. Magdalena (1755): ein Wunder an traumverhangener Anmut und zarter Sinnlichkeit.

Auf dem Schlosshügel begegnen wir dem großen Münchner Bildhauer in der *Alten Pfarrkirche St. Joseph* wieder. Dem massigen Schlosskomplex – der die Andechs-Meranier und die Wittelsbacher als Finanzamt überstand – setzt sie ihre Grazie entgegen, denn den schlichten Bau krönt einer jener zauberhaften Turmhelme, an denen Oberbayern so reich ist. Der Rokokoraum überrascht durch Verhaltenheit. 1766 vollendet, kühlt schon kommender Klassizismus den Überschwang. Sparsam der Stuck von Franz Xaver Feichtmayr, dezent auf Ocker gestimmt und gezähmt durch die Gurtbögen die Fresken mit der Josephs-Thematik von Christian Wink – seine ersten, doch schon trefflich gemalt und interessant (und volkstümlich!) durch ihren Lokalbezug. Überm Chor erflehen Starnbergs Stände – der Bauherr der Kirche, verschiedene Pfleger, der Pfarrer, die Bauern – von Maria und Joseph den Schutz der Dreifaltigkeit: Wenn die Genannten unten beteten, konnten sie sich oben wiedererkennen – eine für uns Heutige unvorstellbare Situation! Der Hochaltar von Ignaz Günther (1766/69) erfüllt den Raum mit Feierlichkeit. Die alabasterweißen Figuren der Hl. Familie sind auf dem Tabernakel um die goldene Weltkugel gruppiert, von Goldstrahlen hinterfangen und flankiert von den ebenfalls weißen Statuen der Schifferpatrone Johann Nepomuk und Franz Xaver: eine raumgreifende Dreieckskomposition von gedämpfter Bewegung – nur das Christuskind setzt einen tänzelnden Akzent – und klassischer Harmonie. Die Kanzel geriet dem Meister zum bravourösen Wurf. Das ›Viergetier‹ der Evangelistenattribute, Adler, Stier, Löwe, Engel, fasst den Kanzelkorb ein: Es trägt das Wort.

Vor der Dampferfahrt lädt die *Seepromenade* mit ausgedehnten Gartenanlagen und Cafés zum Spaziergang ein. Starnbergs Strandbad, ›Wasserpark‹ genannt, liegt in der Nordbucht, wo der Seeuferweg von Starnberg nach Berg über die Nepomuk-Zugbrücke führt, die die Würm überspannt.

Schwinds Pfahlbau am See: Niederpöcking

Gewiss entsprang der schon bei Gründung der Villenkolonie aufgekommene Spitzname ›Protzenhausen‹ für Niederpöcking dem Neid der Villenlosen, nicht dem Mundartausdruck ›Protzen‹ für Kröten, die hier keineswegs scharenweise auftreten; aber mit Kröte hat er trotzdem zu tun, denn eben weil sich diese aufbläst, wird sie ›Protze‹ genannt. Doch ist, was Arnold Zenetti um die Mitte des 19. Jahrhunderts für einen Münchner Freundeskreis ans Seeufer baute, sehr fern von Aufgeblasenheit.

›Maximilianstil‹ am Wasser:
Villa von Miller in Niederpöcking

Mittelpunkt dieses Kreises war der königliche Erzgießer Ferdinand von Miller, Schöpfer der Bavaria auf der Münchner Theresienwiese, mit seinen Kindern im Schlepptau, die mit einem riesigen Schwanenschiff auf dem See herumzusegeln pflegten: Ferdinand, später Bildhauer, Fritz, Goldschmied in spe, und Oskar, der als Gründer des Deutschen Museums berühmt wurde. Die *Miller-Villa* wurde ein Schmuckstück im feinsten ›Maximilianstil‹, wie der attraktive, von Friedrich Bürklein um 1860 entwickelte Münchner Stil aus Elementen englischer Gotik und italienischer Arkadenarchitektur genannt wird. Der zierliche, lichte Bau mit turmartigem Mittelrisalit und seitlichen Erkern, der in der Mitte der Niederpöckinger Wasserfront leicht auszumachen ist, befindet sich immer noch in Familienbesitz.

Nicht mehr vorhanden ist das Domizil des Wiener Malers Moritz von Schwind, der als Residenzfreskant 1828 Wahl-

Die 16-jährige Kaiserbraut Sisi vor Schloss Possenhofen,
1853 gemalt von Karl Piloty und Franz Adam

münchner geworden war, seinen 1855 hier erworbenen holz-
verkleideten »Pfahlbau am See« für den »charmantesten« weit
und breit hielt und Richter und Mörike und tutti quanti in sein
Holzstübchen einlud. Sein Haus stand am Anfang der Kolonie,
rechts von dem viel später von einem fränkischen Fabrikanten
hierhergedonnerten Riesenbau, der vor Jahrzehnten dem DGB
als geräumiges Seminarhaus überlassen wurde. Leider muss
sich das Schiff wegen mangelnder Wassertiefe hier recht fern
vom Ufer halten und von der Straße aus ist die Kolonie überhaupt nicht einsehbar.

Auftritt Ludwig und Sisi

Er kam oft von Schloss Berg nach *Possenhofen* herüber, um den
Vetter, Herzog Max in Bayern, und dessen Gemahlin Ludovika,
seine Großtante, zu besuchen, doch ging es ihm eher um die
weibliche Cousinage, vor allem um Sisi und Sophie. Wenn Eli-

sabeth da war, trat er in österreichischer Uniform auf, »ganz mit Chypre parfümiert« (so Sisi), bestand darauf, sie allein zu sprechen, langweilte sie aber dann durch Stummheit. 1867 ver- und entlobte er sich kopflos und theatralisch im Schnelltempo mit ihrer Schwester Sophie. Erst Jahre später kam es zwischen der Kaiserin und dem König, den beiden Misanthropen, zu jener Seelenfreundschaft, bei der sie einander in Gedichten »Adler« und »Möve« titulierten und zuweilen auf der Roseninsel trafen. Denn das Schloss ihrer Jugend besuchte Elisabeth regelmäßig, doch residierte sie, da das Zeremoniell verbot, im Elternhaus zu wohnen, mit ihrem Hofstaat in einem Feldafinger Gasthof, der daraufhin zum berühmten Hotel ›Kaiserin Elisabeth‹ avancierte.

Herzog Max in Bayern, gebildet, lebenslustig und populär, wegen seines trefflichen Zitherspiels im Oberland nur ›Zither-Maxl‹ genannt, hatte den alten Hofmark-, dann Wittelsbachersitz – ein charaktervoller kubischer Bau mit vier Ecktürmen – 1834 erworben, neugotisch umgestalten und durch eine riesige klassizistische Dreiflügelanlage erweitern lassen, brauchte er doch Platz für zehn Kinder und Scharen von Gästen. Das Gemäuer ist original erhalten geblieben, aber der Super-Chic der heutigen Eigentumswohnanlage hat jeden Hauch der Vergangenheit wegpoliert.

Weit eher vergangenheitsbeschwörend wirkt der feine kleine Bahnhofsbau im ›Maximilianstil‹ in Possenhofen oder die *Roseninsel* gegenüber Feldafing, die Ludwigs Vater 1850 erwarb, Max II., der die ›Nordlichter‹ bewundernde Gelehrte auf dem Thron. Hier setzte er seine naturwissenschaftlichen Neigungen zum Bewahren der Natur ein, indem er den preußischen Gartendirektor Peter Josef Lenné einen von Feldafing bis Tutzing reichenden Landschaftspark konzipieren und durch Karl von Effner anlegen ließ, womit die Bebauung des Seeufers verhindert wurde. Die Roseninsel wurde gartenkünstlerisch einbezogen. Er ließ dort ein ›Casino‹ in toskanisch-alpenländischer Stilmixtur bauen (die keineswegs so skurril ist, wie sie klingt, sogar stilistisch vorbildgebend wirkte) oder ein fabelhaftes Rosarium mit Tausenden von Rosen anlegen. Sein Sohn empfing hier

hohe Besuche, wie die Zarin Maria Alexandrowa, lieber noch
Wagner und Sisi, am liebsten niemanden. Derzeit bemüht sich
der Staat um Wiederherstellung des Verfallenen, das freilich
›romantisch‹ angehauchte Touristen erst recht lockt. Sommers
gibt es an Wochenenden einen Bootsdienst.

Auf dem Höhenberg in *Feldafing* entstand um die Jahrhundertwende eine bedeutende Villenkolonie mit einigen bewun-
dernswerten Häusern, verbunden mit bekannten Besitzer-
namen wie Bernheimer, Hertie, Hutschenreuther, Maffei oder
Pschorr. Das malerische Landhaus der heutigen Künstlervilla
Waldberta der Stadt München von 1901 (Höhenbergstr. 25) und
die von Richard Riemerschmid 1910 gebaute noble Jugendstil-
villa Carl (Nr. 35) gehören dazu. In der Siemensstraße 23 steht
das schlichte, 1919–22 von Thomas Mann gemietete Land-
häuschen, in dem er am ›Zauberberg‹ arbeitete. Der literarische
Erkunder des Starnberger Sees, Dirk Heißerer, auf dessen anre-
gendes Buch ›Wellen, Wind und Dorfbanditen‹ wir uns stützen,
hält in dem wiederhergestellten Domizil ›Vilino‹ reizvolle
Grammophon-Sessionen ab (Anmeldung über das Literatur-
haus München).

Dass einige besonders schöne Häuser der Kolonie abgebro-
chen werden mussten, ist den Nazis zuzuschreiben, die in Feldafing eine ›Reichsschule NSDAP‹ einrichteten und zu diesem
Zweck hier Villen erwarben, bzw. den jüdischen Besitzern
abpressten. Später beschlagnahmten die Amerikaner diese Häuser für ehemalige KZ-Häftlinge und Flüchtlinge als vorüberge-
hendes Asyl, wie Gerhard Schober in seinem Standardwerk
›Frühe Villen und Landhäuser am Starnberger See‹ berichtet.

Schloss Garatshausen südlich von Feldafing am Ufer, ein hoher
Kubus mit Ecktürmen, jahrhundertelang Hofmarksitz, ist jetzt
Sommerresidenz der Fürsten Thurn und Taxis.

Tutzinger Gesellschaftskolumne

Das quirlige geistige Leben, das heute das Schloss der renommierten Evangelischen Akademie in Tutzing erfüllt, hat Tradition. Das Schloss geht auf einen 450 Jahre alten Hofmarksitz

zurück, um den sich das Dorf am Ufer gruppierte, das sich nach dem Anschluss an die Bahnlinie 1865 stürmisch zum zweitgrößten Ort am See entwickelte. Der herausragendste unter den wechselnden Schlossbesitzern war der Stuttgarter Großunternehmer und Verleger Eduard Hallberger (auf ihn geht die spätere Deutsche Verlagsanstalt zurück), der 1869 bis 1880 sommers hier lebte, das vom Vorbesitzer Theodor Graf Vieregg klassizistisch umgebaute Schlossgebäude historistisch ausstatten und von Karl von Effner durch einen reichen Park mit einer Fülle von Parkarchitekturen (heute vereinfacht) umgeben ließ. In diesem Luxusambiente unterhielt er einen wahren Musenhof, zu dem die Maler Lenbach und Defregger, der Münchner Theaterintendant Karl von Perfall, der Schriftsteller Paul Lindau oder der Ägyptologe Georg Ebers gehörten.

Den zweiten Tutzinger Musenhof scharte eben dieser Ägyptologe um sich, der, hochberühmt durch seine bei Hallberger verlegten Ägypten-Romane, 1882 hier ein Buen Retiro von seiner Professorentätigkeit fand, und zwar in einer italianisierenden Landvilla (Midgard-Haus) auf einer Landzunge nah dem Schloss. Seine Stammgäste waren: die Schriftsteller Felix Dahn, Paul Heyse, Ludwig Ganghofer, der Maler Karl von Piloty, der Hygieniker Max von Pettenkofer, der Philosoph Ernst Haeckel, unaufzählbar mehr. Die beiden vor der Villa lagernden Löwen schauen mit immerwährender Gleichgültigkeit auf den See, damals unbeeindruckt von den illustren Namen, heute von den smarten Gästen des derzeitigen ›In-Lokals‹ hinter sich, und auch bei Fototerminen für die Tourismus-Werbung sollen sie überaus cool bleiben.

Ebenfalls um jene Jahrhundertwende parlierten im (heute nicht mehr existierenden) Hotel Simson am See der Graf Keyserling, Lovis Corinth und Max Halbe spirituell-spirituos beschwingt bis zum Hahnenschrei miteinander. Und der anmutige Pavillon zwischen Anlegestelle und Jachthafen behütete 1873 einen eifrig komponierenden Bewohner: Johannes Brahms.

Große Welt in Tutzing, als sei es St. Moritz! Was Wunder, wechseln doch hier elegante Parks mit schattigen Alleen, wie

Dem Standfesten blüht Fangglück:
Der Brauch des sommerlichen Fischerstechens hat lange Tradition

jener zwischen Tutzing und Bernried, und lauschigen Schilfzonen wie dem *Karpfenwinkel,* und von der *Ilkahöhe* (728 m) genießt man einen hinreißenden Alpen- und Seeblick, den Malerei und Theater gemeinsam geschaffen zu haben scheinen.

Den Fischer statt den Fisch harpunieren

Allsommerlich findet am Starnberger See, Ammersee, Schliersee, auch auf Inn und Salzach das traditionelle Fest des *Fischerstechens* statt. Während es die meisten Orte nur alle zwei oder fünf Jahre aufführen, ist es in Tutzing jedes Jahr zu sehen. Bei diesem Wettbewerb der Geschicklichkeit versuchen auf Booten stehende Fischer einander mit langen Holzstangen ins Wasser zu stoßen. Wer oben bleibt, wird Fischerkönig. Der auf mittelalterliche Zunftspiele zurückgehende Brauch ahmt scherzhaft das Harpunieren von Fischen nach, beruht also auf einem ›Analogiezauber‹, der Fangglück bringen soll. Die Spielregeln, der Schmuck der Boote und das Zeremoniell des Festes wechseln von Ort zu Ort. Die Termine sind bei den Verkehrsämtern zu erfragen.

Fangglück kann man übrigens auch heute brauchen, nicht nur früher konnte das Fischen allein seinen Mann nicht nähren. Moderne Methoden haben die Arbeit heute zwar müheloser gemacht, aber die Fische sind durch Überdüngung der Seen auch rarer geworden. Edelfische wie der zarte Saibling bevölkern den Starnberger See nicht immer zur Genüge, darum bleiben sie eine teure Delikatesse. ›Brotfische‹ sind hier Renke oder Aal.

Expressionistische Unruhe in Bernried

Alfred Kerr, der in Berlin seine Feder in Sekt und Säure tunkte, tauchte sie in Bayern in Honig: *»Bernried! Unvergessliches – im Schatten alter Bäume; dem Irren und Streben entrückt. Das alte kleine Schloss zwischen dem Wasser und ansteigend schweren Wiesen. Das Kirchlein auch. Allerhand Häusel sind hie und da verstreut, jedes mit Blumen, jedes einsam . . .«* Und viele davon, ist zu ergänzen, sind sehr alte, tiefbraune Holzbauernhäuser in Obstgärten, zur Blüte ein Zauber ohnegleichen. Schloss und Kirche gehörten zum Klosterbezirk des ehemaligen Augustinerchorherrenstifts, das Graf Otto von Valley 1120 zur Bewahrung einer Armreliquie des hl. Martin gegründet hatte und das später an die Wittelsbacher überging. 1659 wurden Kloster und Kirche barock erneuert, nach der Säkularisation das Kloster zum Schloss umgewandelt. Heute nutzen die Tutzinger Missionsbenediktinerinnen das Gebäude für die Erwachsenenbildung.

In der *Pfarrkirche St. Martin* ist der spätgotische Flügelaltar von 1510 mit der Darstellung der hl. Sippe an der Südwand das qualitätvollste Werk, in der ehemaligen Hofmarkskirche *Mariä Himmelfahrt* gleich gegenüber fallen die exzentrischen Seitenaltäre von Paul Zwinck nach Entwurf von Tassilo Zöpf auf (1769) und in der Gnadenkapelle die herbe Pietà des 14. Jahrhunderts im üppigen Rokokoaltar, eine spannungsvolle Kombination.

Bestimmt ist Bernried das bisher versponnenste Fleckchen am See. Ob es das wohl auch bleiben wird? Fruchtbare Unruhe steht bevor: 2001 wird das *Museum der Phantasie* des Feldafinger Kunstsammlers Lothar-Günther Buchheim unmittelbar am See

und nah am Ort eröffnet. Der interessante Bau des Münchner
›Olympia‹-Architekten Günter Behnisch, wegen des weichen
Untergrunds auf Betonpfählen stehend, präsentiert sich mit viel
Glas, dem in diesem Landstrich oft verwendeten nachdunkeln-
den Fichtenholz und begrünten Dachflächen als Verbindung
von Modernem mit Autochthonem. Auf dreitausend Quadratmetern Fläche sind mehrere Sammlungskomplexe untergebracht. Der wichtigste ist die rund tausend Arbeiten umfassende Kollektion deutscher Expressionisten mit Schwergewicht
auf den ›Brücke‹-Künstlern, womit München, Kochel und Murnau durch eine weitere Expressionismus-Station in Oberbayern
ergänzt wird. Umfangreich und wertvoll ist auch der Bestand
an Graphik des französischen 20. Jahrhunderts. Intimere
Räume beherbergen Exponate naiver Kunst, afrikanischer
Kunst und Ostasiatica, überdies Spezialitäten und Kuriositäten,
wie Paperweights, Guckkastenbilder, Stoffe, Karussellfiguren,
Versteinerungen und, und, und... Ein modernes, buntes,
quicklebendiges Museum an einer der aussichtsreichsten Stellen des Sees!

Der wunderschöne Uferweg nach Seeshaupt durchläuft zu
einem Teil den prächtigen *Nationalpark*, den die schwerreiche
Brauereibesitzerstochter Wilhelmina Busch-Woods aus St.

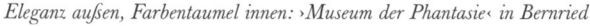

Eleganz außen, Farbentaumel innen: ›Museum der Phantasie‹ in Bernried

Louis und ihr erster Ehemann, Generalkonsul Eduard August
Scharrer, 1911 vom damaligen Schlossbesitzer erwarben, durch
Ankauf von Grundstücken erweiterten und 1950 dem Bayeri-
schen Staat schenkten. Die von ihr und ihren beiden Ehemän-
nern bis zu ihrem Tod 1952 bewohnten Villen und das Schloss
Höhenried (heute Klinik) waren damals gesellschaftliche
Mittelpunkte. Ihr charmantes Teehaus am Ende des Parks im
Wasser ist in Privatbesitz. Der Weg führt an der edlen spät-
klassizistischen *Villa Seeseiten* vorbei, die Georg von Dollmann,
Hauptarchitekt Ludwigs II., 1867 für den bayerischen Minister
Ludwig von der Pfordten baute und die später dem schon
genannten Baron Simolin und heute dem Baron Finck gehört.

Südlich *Seeshaupt* treten die Seen im Rudel auf: 21 größere und
kleinere Wasserspiegel zwischen Buckeln und Dellen umfasst
die Eiszerfallslandschaft der *Osterseen*, ein amphibisches Terrain
von feinen Reizen, in dem Wasser und Land einander wechsel-
seitig durchdringen. So können Seeshaupts Gäste wählen zwischen Spaziergängen an Seerosenbuchten und Schwimmen im
Starnberger See, am bequemsten vom Erholungsgelände von
St. Heinrich aus.

Als man 1992 den ›Gasthof zur Post‹ abbrach, um ihn durch
ein Tagungshotel zu ersetzen, riss man Seeshaupt das Herz he-

raus: Hier war einst die Postagentur, rasteten Kutschengäste, Dampferfahrer, Stellwagenreisende. Spitzweg hat das Hotel 1880 gemalt und Ludwig II. sich 1886 ein legendär gewordenes Glas Wasser erbeten, bevor er zum letzten Aufenthalt nach Berg fuhr. Von den Sommersitzen der Münchner am See sei nur das Landhaus des Münchner Chemikers und Hygienikers Max von Pettenkofer am Steilabfall zum Seeufer genannt (heute als Clubhaus erhalten).

Ostufer-Multitalente

Da die Eisenbahn am Westufer entlanggeführt wurde, ging die Bauentwicklung am Ostufer zunächst langsamer vor sich, blieben die Dörfer länger unangetastet. Ein nicht ganz so anspruchsvolles Publikum ließ sich hier nieder: Ärzte, Rechtsanwälte, Hofräte, ›Rentierswitwen‹, einst Maler zuhauf, heute viele Schriftsteller. *Ambach* ist bei Neugierigen beliebt, leben doch hier Tankred Dorst oder Tilman Spengler, und beim ›Fischmeister‹ an der Dampferanlegestelle kann man zuweilen das verzinkte Multitalent Herbert Achternbusch erblicken, der es lange im ›Ambacher Exil‹ aushielt, und seinen Freund, den ›Fischmeister‹-Gastwirt und Vollblut-Schauspieler Sepp Bierbichler.

Apropos Multitalent: Das weiß leuchtende, zwiebelbetürmte *Schloss Ammerland* muss man aus Dampferdistanz sehen, um sich ein ausbündiges Universalgenie hineinzudenken, denn steht man davor, vergeht einem vor lauter neueingebauten Luxus-Etablissements jede Phantasie. 1685 in bischöflichem Auftrag gebaut, schenkte es Ludwig I. einem ihm dienenden Grafen aus Viterbo. Und der war der Vater von *Franz Graf Pocci* (1807–1876), der ebenfalls bei Hofe diente: als Kämmerer bei Ludwig I., Hofmusikintendant bei Max II. und Oberstkämmerer bei Ludwig II. Aber was tat er alles ›nebenbei‹ und vor allem auf Schloss Ammerland! – Er schrieb vierzig Kasperlkomödien für Papa Schmids Marionettentheater in München, entwarf Plakate, illustrierte Kinderbücher und Jugendzeitschriften, persiflierte und karikierte Gesellschafts- und Hoftypen, war ein

Frech von Pocci karikiert zu werden,
blühte allen Ammerlander Gästen.
Der Kakadu ist sein gräflicher Schwager, 1834

Zeichner von Gnaden, komponierte Singspiele und Lieder. Das
›Ammerlander Gästebuch‹ des ›Kasperl-Grafen‹ ist ein funkeln-
der Brillant. (Das Familiengrab der Poccis liegt auf dem Friedhof in Münsing.)

Den ausladenden, vieltürmigen neugotischen Burgbau, der
südlich von Leoni aus dem Ufergrün emporragt, *Seeburg*
genannt, hat der Münchner Bauunternehmer Heinrich Höch
hierherstellen lassen, keineswegs »zu Ehren« von Kaiserin Elisabeth, wie es oft heißt, sondern weil er darauf spekulierte, sie
werde es erwerben, woraus aber nichts wurde. Immerhin hat
ihn Julius Hofmann, der Architekt von Neuschwanstein,
1892/93 gebaut. Nach mehreren Besitzern, darunter dem
Reichsminister von Brüning, gehört er heute dem Bayerischen
Staat und ist an eine Religionsgemeinschaft verpachtet.

Tausendsassa Himbsel

Lustig, wie sich der Maler Clemens Zimmermann auf einem
Wandgemälde im Himbsel-Haus verewigt hat: Selbstgefällig mit
lorbeerumkränztem Hut auf einem Podest sitzend, blickt er sou-

verän über den Bauherrn hinweg, der ihm, viele Stufen tiefer, mit ausgebreiteten Armen stehend huldigt. Verdrehte Welt! Huldigung verdient hat doch eher der Bauherr, Johann Ulrich Himbsel (1787–1860). Er war der Tausendsassa vom Starnberger See.

Im Jahre 1851 eröffnet er die Schifffahrt mit dem Dampfer ›Maximilian‹, 1854 die wirtschaftlich für die Region so bedeutsame Bahnlinie Pasing–Starnberg, beides Transaktionen in eigener Regie. Dabei ist er keineswegs Unternehmer, sondern Architekt. Der in Paris ausgebildete königliche Oberbaurat errichtet in München das Odeon und das Bazargebäude nach Plänen Klenzes, einige Palais und Häuser auf eigene Faust, darunter sein Stadthaus am Maximiliansplatz. Er gehört zu den Gründern des ›avantgardistischen‹ Kunstvereins und übernimmt, bei einer Englandreise für die moderne Technik entflammt, die Regie beim Bau der Bahnlinie München–Augsburg.

Unweit der ›Pension Leoni‹ des hochbeliebten Hofsängers Guiseppe Leoni, auf dessen Namen der Ort Assenbuch ›schleichend‹ umgetauft wurde (heute steht ein modernes Hotel an der Stelle der Pension), baut sich Himbsel 1827 ein kleines Biedermeier-Landhaus am See (jetzt Haus Buchenried der Volkshochschule). 1842 stellt er ein großes Landhaus daneben (Assenbucherstr. 51, vom Schiff aus bald nach der Anlegestelle Leoni gut zu sehen). Romantischem Zeitgeist folgend, passt er

1 Tölzer Leonhardiritt – fromme Fahrt in festlichem Schmuck
2 Unterm Himmel weiß und blau – Fernblick von der Ilkahöhe
   über den Starnberger See zum Gebirge
3 Klassisch proportioniert und blumenbunt gerahmt –
   Prachtexemplar eines oberbayerischen Bauernhofs

Hl. Leonhard

Selbstdarstellung des Künstlerkreises im Himbsel-Haus:
Kaulbach und Schwind als Figuren des Winters

Berg den ganzen Kosmos einer Zeitenwende mit Krieg, Revolution, Existenzkampf und Identitätskrisen unterzubringen, das
setzte er in Autobiografien oder Romanen vielfach fort, u. a. in
›Dorfbanditen‹ (1932), ›Notizbuch des Provinzschriftstellers
Oskar Maria Graf‹ (1932), ›Anton Sittinger‹ (1937) und am dichtesten und bewegendsten in ›Das Leben meiner Mutter‹ (1940
engl., 1947 dt.). Es ist absurd und zugleich im Jahrhundert der
Fluchtbewegungen ›normal‹, dass er diesen Roman in Brünn
und New York schrieb, am Beginn und in der Fortsetzung seines bis zum Lebensende währenden Exils. Und wenn man sich
in Berg erst 1994 bequemte, den literarischen Chronisten dieses
Landstrichs, dessen Werke sich heute als immer zeitbeständiger
erweisen, am Ortseingang von Aufkirchen durch ein Denkmal
zu ehren, scheint das ebenfalls eine ganz normale Absurdität.

Globetrotter Oskar Maria Graf
ausnahmsweise in seinem angestammten ›Milieu‹
fotografiert von Stefan Moses, 1964

Bezwingend ist freilich die Denkmalsidee von Bildhauer Max Wagner, einen Mann in Lederhosen und schweren Schuhen auf einen Koffer zu setzen: Sind solch unvereinbare Requisiten nicht eine lapidare und eindringliche Metapher für seine Existenz, die Existenz eines dörflichen Globetrotters, dessen Credo lautete: »Provinziell muss die Welt werden, dann wird sie menschlich«?

In *Kempfenhausen* fällt see- wie straßenseitig die Villa de Osa (heute Privatklinik) durch ihren Schlosscharakter auf: ein Neubarockbau in Halbkreisform mit überkuppelter Rotunde in der Mitte, Hauptwerk des Architekten Ernst Haiger, 1910. Die Würdeformel der Rotunde ging auf den Wunsch der Bauherrin nach einer Kapelle im Zentrum zurück. Es war die gebürtige Hamburgerin Augusta de Osa, Witwe des kolumbianischen Botschafters in Paris, die zum Katholizismus konvertiert war. 1944 rettete sie der Tod davor, die schaurige Kriminalstory zu

es mit Flachsatteldach, Giebellaube, Holzbalkonen und Lüftlmalerei (von Kaulbach!) der Heimatbauweise an. Das fulmi-
nante Treppenhaus hingegen gibt sich urban; die Freunde Kaulbach, Rottmann, Schwind, Lebschée, Zimmermann malen es
aus und verstecken in den allegorischen Figuren die Konterfeis
ihres Künstlerkreises. Für den umgebenden englischen Park
stiftet Himbsel eine Kapelle und 14 schöne Kreuzwegstationen
vom Landungssteg zur Marienwallfahrtskirche von *Aufkirchen.*
Und er packt den Künstlertross in Boote und veranstaltet rau-
schende Seefeste oder schleppt ihn auf jenen Hügel, den sogar
der weitgereiste Carl Rottmann als schönsten aller Aussichts-
punkte pries, um ihn mit großem Brimborium *Rottmannshöhe* zu
taufen.

Recht zähneknirschend nimmt sich der *Bismarckturm* südlich
der Rottmannshöhe in dieser lächelnden Landschaft aus. Franz
von Lenbach, Porträtist und Freund des Kanzlers, hatte das
nationale Monument angeregt und für dessen Finanzierung
geworben, ein Leichtes, war doch auch Bayern vom Bismarck-
kult infiziert. Von Theodor Fischer entworfen, wurde das mar-
kige Ding ein Jahr nach Bismarcks Tod, 1899, hier aufgewuch-
tet. Ein Turm ohne Fenster – eine Manifestation ohne Aussicht.

Berg: Ludwigs Tod und Verklärung

Die Aussicht vom Schlossturm in Berg hingegen hielt Lorenz
Westenrieder überschwänglich für millionenwert. Das *Schloss*
war seit 1676 im Besitz der Wittelsbacher und in barocken
Glanzzeiten Schauplatz ihrer zuweilen sonderbaren See- und
Jagd-Verlustierungen, zum Beispiel Rudel von Hirschen ins
Wasser zu hetzen und sie dort zu erlegen. Max II. hatte es 1851
neugotisch zum Kubus mit Ecktürmchen umbauen lassen, Ludwig II. ihm einen hohen Nordturm zugefügt und ihn ›Isolde‹
genannt; seinen Dampfer taufte er zur bedeutungsschweren
Komplettierung ›Tristan‹. Aber zu seiner Zeit wurde es still im
Schloss, in das er sich in politisch brisanten Situationen mehr
und mehr flüchtete, um seinen wachsenden Wirklichkeitsver-
lust zu verbergen, so, als Bayern 1866 gegen Preußen oder 1870

gegen Frankreich mobilisierte. Und hier fand er am 13. Juni 1886 sein Ende.

Am Mittag des vorangegangenen Tages hatte die Entmündigungs-Kommission unter Leitung des Medizinalrats Bernhard von Gudden den König von Neuschwanstein nach Berg gebracht, wo er unter medizinischer und polizeilicher Aufsicht verbleiben sollte. Anderntags, einem verregneten Pfingstsonntag, unternahm Gudden mittags sowie am Spätnachmittag Spaziergänge mit ihm, den zweiten ohne Wächter. Von diesem kamen sie nicht zurück. Um halb elf Uhr nachts fand man beide tot im Wasser nah dem Ufer treiben. So die Tatsachen. Alles weitere bleibt bis heute Spekulation.

Unmittelbar danach begann die Verklärung in Presse und Poesie, heute in der Touristik und sogar der Musiktouristik, wie neuerdings ein Musicalspektakel in Neuschwanstein zeigt. Was Berg angeht, wurde im Schloss gleich nach dem Tod nichts mehr angerührt, um es als Museum zu nutzen. Seit einem Umbau von 1950 aller Türme entledigt, wird es heute wieder von Mitgliedern des Hauses Wittelsbach bewohnt. Oberhalb des *Gedenkkreuzes* im See steht am Ufer die 1896–1900 errichtete *Votivkapelle* von Julius Hofmann, ein neuromanischer Zentralbau mit steilem Zeltdach, innen vielfarbig gefasst und mit Kuppel und Apsisfresken ausgestattet, die Christus in der Mandorla und die von den acht bayerischen Diözesen umgebene Patrona Bavariae darstellen (Freskant August Spiess).

Oskar Maria Grafs literarisches Zentrum

Um 1920 trat in Schwabing ein bäuerischer Bohemien als erfolgreicher Stegreiferzähler seiner Jugenderlebnisse auf. Er, Oskar Graf (1894–1967), war als Bäckerlehrling den Drangsalen seines brutalen Bruders und der dumpfen Dorfgemeinschaft in die Stadt entflohen, deren Pressionen anders, aber nicht weniger beklemmend waren. 1927 erschienen diese Erinnerungen als Buch unter dem Titel ›Wir sind Gefangene‹, warmherzig von Thomas Mann rezensiert, aber auch mit einer Androhung des Galgens für den Revoluzzer von A. Hitler. Womit Graf in diesem Buch begann, nämlich in der Nussschale seines Dorfes

erleiden, dass ihr Sohn mit Frau und Tochter 1951 hier vom Gärtner getötet wurden, der danach Selbstmord beging.

Versteckte Spätgotik und ein Lieblingsziel

Zu den einstigen Hofmarken gehörten bescheidene Schlösser und Kirchen, in denen sich zuweilen noch erstaunliche Kunstschätze erhalten haben. Das idyllisch gelegene Kirchlein von *Mörlbach* östlich Berg ist vom Pflaster bis zum Gewölbe eine spätgotische Kostbarkeit und birgt überdies zwei interessante Schnitzaltäre jener Zeit: einen Flügelaltar, der Werkstatt des Meisters von Rabenden zugeschrieben, von dem in Rabenden die Rede sein wird, und einen Verkündigungsaltar mit flämisch beeinflussten Tafeln (Schlüssel im Haus vor dem Einfahrtsweg von Westen).

Im Dorfkirchlein von *Leutstetten* nördlich Starnberg ist im barocken linken Seitenaltar ein spätgotischer Pfingstwunder-Schrein von großer künstlerischer Verve zu bewundern, dessen Meister im Umkreis von Erasmus Grasser oder Jörg Kriechbaum zu suchen ist (1480/90).

Zwischen den genannten Orten, im Isargrund, liegt ein Lieblingsziel der Münchner, bei dem sie einen Isarspaziergang und die ›Brotzeit‹ im Klosterbräu mit der Besichtigung eines Rokokojuwels zu verbinden pflegen: die *Klosterkirche Schäftlarn*. Berühmte Münchner Künstler taten sich hier zu einer Ensembleleistung zusammen: Johann Michael Fischer und Johann Baptist Gunetzrhainer als Baumeister, Johann Baptist Zimmermann als Freskant und Stuckateur und Johann Baptist Straub als Bildhauer der Altäre und Kanzel. Die Benediktiner betreuen hier seit Zeiten Gymnasium und Internat.

Am Ammersee: Unter vollem Tuch

Anders als der ›Fürstensee‹ stand der ›Bauernsee‹, wie der Ammersee gern genannt wird, jahrhundertelang unter dem Zeichen des Krummstabs. Rund fünfzig Jahre später als am Starnberger See, 1903, traf hier die Eisenbahn von München am

Blick auf den Ammersee mit Schloss Seefeld links,
gezeichnet von Johann Georg von Dillis,
gestochen von Simon Warnberger, um 1802

Hauptort Herrsching ein, und entsprechend länger dauerte es,
bis – weit bescheidenere – Villen am Ufer Platz nahmen, und
keineswegs überall. Denn der drittgrößte See Bayerns mit
47 Quadratkilometern Fläche und bis zu 82 Metern Tiefe ist im
Norden und im Süden durch Moore verlandet, sein ganzes
Westufer und Teile des Ostufers stehen unter Landschaftsschutz und sind deshalb nur mäßig verbaut, an der Ammer-
mündung im Süden liegt überdies ein Vogelschutzgebiet. Die
stillen Moränenlandschaften im Osten und Westen mit Wiesen,
Waldschöpfen, Birkenwegen, Weilern sind reizvoll zum Wandern und zum Radeln, und der See ist mit seinen vielen Segel-
häfen und Segelschulen bei Seglern hochbeliebt. Mit mehr als
4000 zugelassenen Booten steht er also heute hauptsächlich
unter dem Zeichen des vollen Tuchs.

Im Nordosten begleiten den Ammersee drei Trabanten: der
Wörthsee mit dem schönen Hauptort Steinebach, der *Pilsensee* zu
Füßen von *Schloss Seefeld*, das auf einem Bergsporn das Land-
schaftsbild beherrscht, und der winzige *Weßlinger See* im Herzen

des Ortes Weßling – alle drei warme Badeseen voller Reiz, doch
der von der Touristik erfundene Name ›Fünf-Seen-Land‹
scheint vielleicht doch zu hoch gegriffen.

Europa-Union am Kirchenhimmel

Der Adel hat's leicht. Seit jeher vollzieht er europäische Vereinigung durch Ehen, nicht durch Rededuelle. So auch das einst
so mächtige Geschlecht der Andechs-Meranier. Darin bildete es
keine Ausnahme. Dass es aber mit rund zwei Dutzend Heiligen
und Seligen in den Kirchenhimmeln seiner Stammheimat am
Ammersee Platz nehmen konnte, ist freilich außergewöhnlich.

Die bayerische Dynastie der Grafen und Herzöge Dießen-
Andechs-Meranien gebot zwischen dem 10. und 13. Jahrhundert von ihrer Stammburg Dießen, die 1132 auf den Berg von
Andechs verlegt wurde, über immense Besitzungen von Altbayern bis zum lukrativen Brennerpass, von Dalmatien (daher
Meranien = Land am Meer) bis Burgund. Die Männer zogen als
Diplomaten oder Haudegen mit den Stauferkaisern auf Kriegs-
oder Kreuzzüge, gründeten Städte und Klöster, bekleideten
hohe geistliche Ämter, herausragend Bischof Eckbert von Bamberg, Gründer des Bamberger Doms, und der Patriarch Berthold von Aquileia, Freund des Franz von Assisi. Die Frauen
waren Äbtissinnen oder Gemahlinnen europäischer Fürsten
und Könige, engagiert in der religiösen Frauenbewegung und
exemplarisch für die erste Frauenemanzipation im 12./13. Jahrhundert. Hedwig, in Andechs geboren, heiratete Herzog Heinrich I. von Schlesien, wirkte geistlich und karitativ so großartig
zum Wohle ihres Landes, dass sie als Heilige Schlesiens verehrt
wurde und wird, heute erwägt man, sie zur Europa-Patronin zu
erheben. Ihre Nichte Elisabeth, schon als Kind mit Landgraf
Ludwig von Thüringen vermählt, verströmte sich in Nächsten-
liebe und gilt als die große Adelsheilige der Armenbewegung.

Heillos und jäh kam das Ende der Dynastie. An der Ermor-
dung König Philipps durch Pfalzgraf Otto VIII. von Wittelsbach,
die während der Hochzeit des Andechser Herzogs Otto VII. mit
einer Burgunderin 1208 in Bamberg stattfand, wurden die
Andechser der Mitwisserschaft bezichtigt und geächtet. Die

Rehabilitation 1220 kam zu spät, schon waren ihre Besitzungen in Händen der Wittelsbacher, die Burg geschleift. 1248 starb der letzte der Familie im Mannesstamm.

Andechs: Der Heilige Berg

Aus der Burg wurde ein Kloster, aus der Machtostentation ein Ruf-Zeichen des Glaubens. Weithin sichtbar ragt der Andechser Kirchturm im Osten über die hügelig atmende Landschaft um den Ammersee auf, antwortet der gleichfalls herausgehobenen Kirche von Dießen im Westen, beides die historischen Nervenzentren des Landes.

Unter der Nikolauskapelle, Rest der geschleiften Burg, fand man 1388 die von den Andechsern im Heiligen Land gesammelten Reliquien – ein außerordentlicher Heiltumsschatz. Bald wurde er ein Wallfahrtsziel, was den Wittelsbachern als ›Erben‹ zupass kam. Sie errichteten auf dem ›Heiligen Berg‹ (von da an so genannt) um 1430 eine gotische Kirche, dann ein Chorherrenstift, das 1455 in ein Benediktinerkloster umgewandelt wurde. Als 1669 ein Blitzschlag einen Brand auslöste, wurden Kloster und Kirche schwer beschädigt. Der Wiederaufbau war erst 1755 vollendet.

Ein Meisterstück der kompliziertesten Art gelang dem Stuckateur und Maler Johann Baptist Zimmermann und dem Maurermeister Lorenz Sappel mit dem *Kirchenraum.* Denn es galt, die spätgotische Struktur der dreischiffigen Halle zu belassen, sie zugleich aber neuerungswillig in ein ›Rokokozelt‹ zu verwandeln (nicht zu verpacken!). Sie brachen die zwei östlichsten Pfeiler heraus, kuppelten über dem Altar ein erhöhtes Gewölbe auf, ondulierten die bei Wallfahrtskirchen so wichtigen Umgangsgalerien schwungvoll. Ornamentale Raffinessen von Zimmermann – flammender Stuck und frühlingsfarbene Fresken – taten das Übrige, den Raum in eine schier irreale Schwingung zu setzen, das Raumgefühl des Betrachters durch unerwartete Blickwinkel zu narren.

Der Bedeutung der Wallfahrt entspricht ein großgearteter zweigeschossiger *Hochaltaraufbau* für die beiden Marien-Gnadenbilder: unten eine spätgotische, barock bekleidete thronende Madonna (um 1460) mit dem hl. Nikolaus und einer hochgemuten hl. Elisabeth, Meisterwerken von Johann Baptist Straub (1756), oben eine barocke Immaculata von Hans Degler (1609) mit den hll. Benedikt und Scholastika von Franz Xaver Schmädl, von dem auch die ekstatisch bewegten Figuren der hll. Nepomuk und Florian auf den Emporen stammen (1756). Über dem Altar das *Fresko* ›Andechser Himmel‹ mit Heiligen und Seligen, die in Beziehung zum Haus Andechs-Meranien standen,

Kostbare Votivkerzen
im Wachsgewölbe von Andechs

die anderen Freskenfelder über dem Mittelschiff zeigen die Himmelfahrt Christi, den Teich Bethesda und das Engelskonzert. Ausdrucksstarke Bilder des hl. Benedikt und des sel. Rasso von Andreas Wolff (1703) sind in Straubs vordere Seitenaltäre eingelassen.

Die gotische Monstranz, die die Drei Heiligen Hostien birgt, ist das Herzstück der *Heiligen Kapelle* im ersten Geschoss. Die Hostien sollen von Otto II. von Bamberg im 12. Jahrhundert

nach Andechs gegeben worden sein, darunter eine, auf der bei
einer Messe Papst Gregors ein blutendes Kreuz erschienen sei.
Befunde ergaben, dass eine der Hostien wirklich bis ins
6. Jahrhundert zurückreichen kann, die beiden anderen nicht
vor dem 12. Jahrhundert entstanden. Zu den weiteren Heiltü-
mern zählen ein Fragment der Dornenkrone Christi, Braut-
kleid und Brustkreuz der hl. Elisabeth, das ›Siegeskreuz‹ Karls
des Großen (um 1150) und andere Kostbarkeiten. Das *Wachsgewölbe* mit prachtvollen Votivkerzen, darunter mannshohen,
ist eine Rarität. In der nördlichen *Schmerzhaften Kapelle* befindet
sich die Grabstätte des Komponisten Carl Orff, von dem wir
in Dießen hören werden.

Böcke in hellen Scharen

Am Kirchweihtag 1455 zählte man in Andechs rund 40 000 Pilger, erstaunlich viel für die damalige Zeit. Das Erstaunen weicht
allerdings einem milden Lächeln, wenn man vernimmt, dass
just in jenem Jahr hier auch das Bierbrauen begann: So alt ist
also die Allianz zwischen Betern und Zechern – oder soll man
von Personalunion sprechen? Von den etwa 80 000 Hektolitern
Gerstensaft, den die technisch hochmoderne Klosterbrauerei
heute pro Jahr produziert, rinnen rund 13 000 direkt heroben
durch die Kehlen von mehr als einer Million Gästen im Bräustüberl, im Biergarten und in dem gepflegten Klostergasthof.

So stehen also die Böcke in hellen Scharen rund um die Kirche. ›Bergbock hell‹ und ›Doppelbock hell‹, dazu ›Andechser
hell‹, ›Andechser dunkel‹ und ›Spezial hell‹ sind die berühmten
Andechser Sorten. ›Bergbock‹ hat 16 Prozent Stammwürze, d. h.
Anteil an Malzzucker, aus dem die Hefe den Alkohol produziert, der ein Drittel bis Viertel des Stammwürzegehalts aus-
macht, ›Doppelbock‹ hat 18,5 Prozent Stammwürze und 7 Alko-
holgehalt. Sollte sich der Doppelbockberauschte aber von heid-
nisch-bocksbeinigen Kräften erstarkt fühlen, dann liegt er
falsch. ›Nur‹ das norddeutsche Städtchen Einbeck ist an dem
Namen schuld: Da sein stark eingesottenes Bier dem Hof schon
lange mundete, entwickelte das Hofbräuhaus um 1630 endlich
ein Imitat und nannte es ›Ainbock‹, verkürzt ›Bock‹.

Eher fürs Auge als für die Kehle geschaffen:
Jugendstil-Bierseidl von Ludwig Hohlwein, 1907

Aber schauen wir doch bei dieser Gelegenheit etwas tiefer in ›die‹ bayerische Maß hinein (der Betonung wegen so geschrieben). Den Gerstensaft haben bekanntlich die Sumerer vor 5000 Jahren erfunden, die untergärige Brauweise kam um 1380, die obergärige um 1520 aus Böhmen hierher. Was also ist das Besondere am bayerischen Bier? Es ist das unverbrüchlich eingehaltene Reinheitsgebot, mit dem Bayern 1516 das erste Lebensmittelgesetz der Welt einführte: Bier habe nur aus Gerste, Hopfen und Wasser (und natürlich Hefe) zu bestehen. Damit war das Gebot verbunden, nur untergäriges Bier und nur im Winter zu brauen, denn im Sommer konnte sich bei Hitze ›Wilde Hefe‹ entwickeln. Untergärige Hefen bilden sich unten im Gärgefäß und brauchen 6 bis 9 Grad Temperatur, obergärige bei höherem Temperaturbedarf oben.

Als nun das obergärige *Weizen(Weiß)-Bier* aus Böhmen in Bayern bekannt wurde, versuchte der Hof lange Zeit, seine Verbreitung durch Verbote, Verteuerungen, später durch Monopolisierung einzuschränken. Heute hochbeliebt, wird es meist in Flaschengärung hergestellt und hat 11–12 Prozent Stammwürze. Aus jenen Zeiten, da zum Kühlen nur der Keller da war, stammt auch das süffige, ein bisschen süße, ein bisschen bittere *Märzen* (Stammwürze 13–14 Prozent), das letzte Bier, das im Winter gebraut werden durfte, und da es verbraucht sein musste, bevor die Brausaison wieder anhub, wurden die September-Feste erfunden – sehr zur Wonne auch der Frigidaire-Nachkommen. Das Märzen gibt es jetzt ganzjährig, indes für die Vorfrühlingskur das *Salvator-Starkbier* und für die Frühlingskur der *Maibock* zuständig geworden sind. Das spritzige, helle *Pils* (Stammwürze 11–12 Prozent) stammt zwar aus Böhmen, aber entwickelt hat es der Vilshofener Braumeister Josef Groll aus dem aromatischen Saazer Hopfen 1842 in Pilsen, als er dessen Brauhaus auf untergärig umstellte. Genau so ein Hit wurde fünfzig Jahre später das wenig gehopfte *Helle* oder *Lager* (Stammwürze 10–12 Prozent), das Münchner Braumeister gegen den damaligen Welttrend der schnell trinkbaren obergärigen Biere bis nach Amerika durchsetzten. Zu den bekannten Brauereien in Oberbayern, oft aus früheren Klosterbrauereien hervorgegangen, zählen jene in Aying, Holzkirchen, Kaltenberg, Murnau, Maxlrain, Reutberg, Teisendorf, Tegernsee, Traunstein.

Dießen: Theatrum sacrum

An der Schaufront des Marienmünsters prangt das Löwen- und Adler-Wappen der Andechs-Meranier, als sei dieses Geschlecht nicht längst in der Tiefe der Zeiten versunken. Aber das ist es wohl auch nicht: So viele Heilige und Selige halten ja am Leben.

Die *Schaufront* wendet sich nicht dem See zu, wie es barocke Art wäre, sondern, da die Kirche geostet ist, einem weiten, begrünten Platz, der ihrer Schwingung und Spannung, der ihrer eleganten Präzision freien Atem lässt. Sie ist der Auftakt für einen außerordentlichen Kirchenraum, wie er der anspruchsvollen Vergangenheit des Ortes entspricht. Im nahen Umkreis stand die Stammburg sowie das bis ins 9. Jahrhundert zurückgehende, mit Augustinerchorherren besiedelte und 1132 hierher verlegte Hauskloster der Andechs-Meranier. Deren Nachfolge versuchten sich die Wittelsbacher durch großzügige Stiftungen würdig zu erweisen. Und warum sollte sich der baubesessene Kurfürst Karl Albrecht (wie Herbert Schindler zu bedenken gibt), der ja nach der Kaiserkrone strebte, nicht auch ein ›Kaiserkloster‹ wünschen, das der Glorie bayerischer Heiligen und Seligen dient? Vielleicht stand er spendabel im Hintergrund der glücklichen Verbindung zwischen dem ehrgeizigen und kunstliebenden Propst Herkulan Karg und dem renommierten Münchner Baumeister aus der Oberpfalz Johann Michael Fischer (1692–1766), die sich 1732–38 des Neubaus der Kirche annahmen und die besten Künstler dafür herbeiholten.

Er geriet zu einem Theatrum sacrum von feierlichstem Glanz! Die Raumwirkung entfaltet sich bühnenmäßig: Das hohe, weite, lichtvolle *Innere* ist durch Wandpfeiler ohne Emporen gegliedert, die wie gestaffelte Seitenkulissen auf die halbrunde Altarapsis zustreben. Bewundernswert sind Präzision und Harmonie der architektonischen Details: die zarten Kannelierungen und Einmuldungen der Pfeiler, die markanten und reichen Profilierungen des Gebälks, die nur in Dießen auftretenden, höchst reizvollen, sphärisch gekurvten Bögen, dazu der feine Wessobrunner Stuck mit einem förmlichen Stuck-›Vorhang‹ über dem Chorbogen (Gebrüder Feichtmayr, Johann Georg Üblhör).

Die Bühne des majestätischen *Hochaltars* ist voller Bewegung, Gestik, Farbe, gar ›Requisiten‹, wenn man die auffallenden Attribute so nennen darf, die die vier mächtigen Kirchenväter mit großer schauspielerischer Attitüde präsentieren (Altarentwurf François Cuvilliés, Figuren Joachim Dietrich). Dass das Altargemälde der Himmelfahrt Mariens mit anderen ausgewechselt werden kann, ist nicht minder ›theatergerecht‹. Es ist ein Hauptwerk des Münchner Hofmalers Balthasar August Albrecht (1687–1765), der aus Berg stammte und ein italienisch geschulter Barockmeister von Rang war. Und über allem wölbt sich das Fresko der 28 Heiligen und Seligen der Andechs-Meranier, der sogenannte *Dießener Himmel*, ein Name, der im Volksmund auf die ganze Kirche übergegangen ist. Der meisterliche Freskenzyklus des Augsburger Akademiedirektors Johann Georg Bergmüller setzt sich über dem Langhaus mit den Darstellungen der Muttergottes im Kreis der Dießener Patrone (Mitte), der Gründung des Stifts (Osten) und der Einführung der – hier begrabenen! – hl. Mechthild ins einstige Dießener Chorfrauenstift (Westen) fort.

Von der reichen und qualitätvollen übrigen Ausstattung seien nur wenige erlesene Werke erwähnt: die zauberhafte *Kanzel* und der *Schwebeengel* in der Taufkapelle von Straub sowie drei Gemälde an den Seitenaltären, Giovanni Battista Pittonis *Stephanus-Steinigung*, Tiepolos *Sebastians-Martyrium* (3. Seitenkapellen links und rechts) und das furiose *Michaelsbild* des genialen Johann Evangelist Holzer, dem wir später wieder begegnen werden (1. Altar links). Unerschöpflich an meisterlichen Einzelwerken und unerschöpflich an Korrespondenzen zwischen ihnen ist das Gesamtkunstwerk dieser Kirche, in der Spiritualität und Kunstkalkül sich zur Vollendung fügen.

Zwischen Astutuli und Prometheus: Carl Orff

»Im Mai, zur Zeit der abendlichen Marienandacht, fahre ich gern hinüber nach Kloster Andechs . . . stehe dann in der Tiefe der Kirche, dort, wo es am dunkelsten ist, und schaue den Barockaltar an, seinen ausgebreiteten, goldenen Faltenumhang, der die zwanzig brennenden Kerzen hundertfach reflektiert. Nur aus heimatlicher Verbundenheit lässt sich mein Werk erklären«, bekannte Carl Orff 1956, ein Jahr nachdem der Münchner sich in Dießen niedergelassen hatte. Die Schriftstellerin Luise Rinser hingegen, die damals mit ihm verheiratet war, stellte später fest: *»Als wir zusammen in Mykene waren und er ganz allein vor einem dunkeln Himmel stand, an diesem schauerlichen Ort, an dem seine Tragödien-Opern spielen«,* habe sie erkannt: *»hierher gehört er, nicht nach dem lieblichen Oberbayern . . .«* Beides ist wahr, beides prägte Orffs Werk: die heitere Vitalität und Komödianterie des Bayerischen ebenso wie die dämonische Götterwelt der Antike, und diese großen Anregungen für seine Musik gingen beide von der Macht der Sprache aus.

In den dreißiger Jahren hat er sowohl die lateinischen und mittelhochdeutschen Lieder und Gedichte des Benediktbeurer ›Codex Buranus‹ (von dem dort zu sprechen sein wird) in der Neufassung des Sprachforschers Johann Andreas Schmeller als

›O Fortuna, Deine Launen wechseln wie der Mond ...‹,
Beginn des Chores aus Carl Orffs ›Carmina Burana‹, 1934

auch die lateinischen Verse Catulls kennen gelernt und war
durch beider Bildkraft und Vokalreichtum, ihre »vorgeformte
Musik«, fasziniert bis zur Besessenheit. So entstand zwischen
1937 und 1953 die Trilogie über die »Allgewalt des Eros«: ›Car-
mina Burana‹ – ›Catulli Carmina‹ – ›Trionfo di Afrodite‹.
Dazwischen und danach folgten dem Volksmärchen ›Die Klu-
ge‹ das bayerische Trauerspiel ›Die Bernauerin‹ oder die derbe
Mundart-Komödie ›Astutuli‹, danach die Sophokles-Stücke
›Antigonae‹ und ›Ödipus‹ in Hölderlins Nachdichtung und der
›Prometheus‹ von Aischylos – um nur die wichtigsten der Büh-
nenwerke zu nennen. Zwei Welten? Die Sprachmagie der
Orffschen Musik und ihr theatralischer Furor vereint sie.
    Musik umrauschte schon die Wiege Carl Orffs (1895–1982).
Einer seiner Großväter und sein Vater, beide Offiziere, waren
passionierte Musikliebhaber, die Mutter eine Konzertpianistin.
Kein Wunder, dass schon der Knabe Gedichte vertonte und die
Schule sobald als möglich mit vielfältigen Musikausbildungen,
mit der Schauspielschule und mehreren Kapellmeister-Engage-
ments vertauschte. ›Goggolori‹ nannte die bayerische Köchin

den Bub oft, das heißt Kobold oder Spaßmacher und kommt vom italienischen ›giocolare‹ (gaukeln): Der Komödiant war also schon damals unleugbar.

In seiner Experimentierphase in den zwanziger Jahren arbeitete er mit der Tanzpädagogin Dorothee Günther zusammen und fand dadurch zur Grundlage seines Schaffens: Sprache, Musik und Bewegung zur Einheit zu verschmelzen. In diesem Geist entwickelte er in den Dreißigern sein zündendes musikpädagogisches *Schulwerk*, das nach dem Krieg vor allem durch den Rundfunk eine eminente internationale Verbreitung fand, inzwischen auch musiktherapeutisch genutzt wird.

In seiner Kindheit war die Ammerseelandschaft um das Landhaus der Großeltern bei Grafrath sein Paradies gewesen. Nun zog es ihn wieder hierher. Von 1955 an lebte er in einem zu Werkstatt und Wohnhaus umgebauten ehemaligen Bauernhof unterhalb des Schatzbergs in Dießen-St. Georgen. Inspiriert von diesem Ambiente, erlebte er hier nochmals eine glückliche schöpferische Zeit. Seine Werke wurden in der Scala so gut wie auf bayerischen Marktplätzen so gut wie im Marionettentheater in der Münchner Blumenstraße aufgeführt – wo er als Knirps selbst gesessen hatte –, genossen also sowohl Volkstümlichkeit als auch die Anerkennung der Musikwelt, gewiss eine begehrenswerte Art von Ruhm. Wie er es sich wünschte, wurde er in einer Kapelle der Kirche von Andechs, die er täglich vor Augen hatte, begraben. Über seiner Grabplatte hängt das Bild Herzog Albrechts III., der 1455 das Benediktinerkloster in Andechs stiftete, auch er eine Gestalt in seinem Musikkosmos. In Dießen wartet das *Carl-Orff-Museum* im zentral gelegenen Rinkhof mit Bildern, Dokumenten, Filmen und den Instrumenten seines Schulwerks auf.

Raising: Signale aus dem All

In der weiten Ebene im Süden des Ammersees, bei Raisting, glänzen zehn riesige Metallschüsseln und eine Kugel in der Sonne, die in der geruhsamen Landschaft zwar überraschen, aber ein Anziehungspunkt durchaus von Hightech-Ästhetik

sind, attraktiv zu zoomen mit dem obligatorisch dazwischenge-
klemmten St.-Johannes-Kirchlein. Es handelt sich um die seit
1963 hier eingerichtete Satelliten-Funkstation, die von den im
Weltall kreisenden Nachrichtensatelliten Fernsehprogramme,
Ferngespräche und Daten aus aller Welt empfängt. Der Standort in der ›Raistinger Wanne‹ wurde gewählt, weil hier Hügel-
ketten im Osten wie im Westen gegen störende terrestrische
Funklinien abschirmen.

Eine Variation von »Laptop und Lederhose«:
Teleohren und Kircherl in Raisting

Die Schüsseln mit Durchmessern bis zu 32 Metern sind
Antennen, die auf die Satelliten gerichtet sind. Die Halbkugel,
›Radom‹ (Radar-Dom) genannt, deren Plastikhülle einen Stahl-
kern von 300 Tonnen schützt, war die erste der Antennen,
damals eine Sensation, inzwischen längst überholt und
museumsreif. Die größten unter den Schüsseln ›behorchen‹
Satelliten in 36 000 Kilometern Höhe, die die gleichzeitige Über-
tragung von 15 000 Ferngesprächen und mehreren TV-Kanälen
möglich machen. Die Ton- und Fernseh-Daten werden an den
Schaltpulten der Station aufbereitet und weitergegeben. Seit
einigen Jahren können auch die Satelliten von hier aus kontrol-
liert und positioniert werden. Eine Tonbildschau im erwähnten
Halbkugelbau orientiert umfassend über das ganze Projekt.

Willkommene Überläuferin Rocaille

Unter den Mitbringseln des Kurfürsten Max Emanuel aus seiner niederländischen Statthalterschaft – vor allem Gemälde von
Rang – war auch ein kleiner Mensch, in dem ein großer Architekt steckte: François Cuvilliés. Er hatte ihn als Kammerzwerg
am Hof von Mons entdeckt, sein Genie erkannt, in Paris bei
Baumeister Blondel ausbilden lassen und 1725 in seine Dienste
gestellt. Das Mitbringsel von Cuvilliés aus Paris wiederum war
ein graziöses, muschelähnliches Ornament mit einander ent-
gegenschwingenden C-Bögen, ›rocaille‹ genannt, von dem das
Rokoko seinen Namen ableitete. Als der Stuckateur Johann
Baptist Zimmermann mit Hofbaumeister Cuvilliés um 1729 die
Reichen Zimmer der Münchner Residenz ausstattete, machte er
seine Wessobrunner Kollegen mit der neuen höfischen Zier-

*Rocaille aus einem Vorlagenblatt des Augsburger Kupferstechers
Johann Georg Hertel, um 1760*

form bekannt. Und im Nu ließ sich die gelockte, züngelnde, wirbelnde Dame Rocaille, ihre Heimat vergessend, nachhaltig in Bayern nieder, sprang hier – und nur hier – sogleich auf die sakrale Kunst über, ließ sich obendrein, auf ihren Adel pfeifend, drall und kernig zum Volk herab, ob in die Lüftlmalerei, ob auf Bauernmöbel, ob ins Beschlagwerk. Bald nannte man sie »typisch bayerisch«, und die Wessobrunner, denen sie ihre Glanzzeit bereitete, reichten sie von hier aus in Europa herum.

Die baubegierigen und neuerungssüchtigen Prälaten, Pröpste, Äbte waren ihr zugetan. Die gab es in besonders reicher Zahl im ›Pfaffenwinkel‹ – die derbe Übersetzung von ›angulus sacerdotum‹ (Priesterwinkel) wurde als Name geläufig. Dieses Kloster- und Kirchenland liegt zwischen den Südenden von Starnberger und Ammersee und dem Ammergebirge, wird durchflossen vom staustufenreichen Lech, der stellenweise wild tosenden Ammer und im Osten bei Penzberg einem winzigen Loisach-Schlänglein und durchkreuzt von den drei schönsten Fernwanderwegen Oberbayerns, als da sind: der *Prälatenweg* von Marktoberdorf im Allgäu nach Kochel, der im Zickzack quer durchs Voralpenland über Steingaden, Bernried, Seeshaupt, Benediktbeuern führt, der *König-Ludwig-Weg* von Starnberg nach Füssen über den Ammersee, Wessobrunn, Rottenbuch und die Wies, ferner der *Lech-Höhenweg* von Landsberg bis Füssen über Schongau am Forggensee entlang. Parallel zum letztgenannten Weg verläuft die *Romantische Straße* von Würzburg nach Füssen durchs bayerisch-schwäbische Gebiet, dessen bunte und spitzgiebelige Häuser schon die Bauweise des Nachbarlands ankündigen.

Landsberg am Lech: Unversehrte Altstadt

In Vergangenheit versunken das Stadtbild, wie es sich anmutig emporstaffelt vom grünschäumenden Wasser am Lechwehr über farbiges Dächergeschachtel zu mächtigen Kirchtürmen, zu Stadt-, Tor-, Wehrtürmen am Steilhang. Drei Mauerzüge schoben sich im Laufe der Zeiten zur Lechleite empor. Wie denn auch nicht: Der Ort an der Römerstraße, an der Salzstraße und

am Lechübergang, den Heinrich der Löwe durch eine Burg
initiierte und Ludwig von Bayern protegierte, war ja jahrhundertelang ein Zankapfel zwischen Schwaben und Bayern –
Bauernaufstände, Städtehändel, Kirchenstreitigkeiten. Vom
14. Jahrhundert an kamen zur Salzniederlage allerlei Gewerbe,
vor allem Weberei, Kunsttöpferei, Goldschmiedewaren. Dass
die Eisenbahn Landsberg ignorierte, wurde erst durch die Auto-
Ära wirtschaftlich wettgemacht. Indem die Autostraßen aber
dennoch die Altstadt aussparten, überdies die Industrie an die
Ränder zog, ist uns die rare Anschauung eines »künstlerischen
Kleinzentrums« des 17./18. Jahrhunderts unversehrt erhalten
geblieben.

Die vom Berg zur Flussbrücke verlaufende Salzstraße bestimmte das Altstadtbild, prägte auch an einer Straßengabelung
den dreieckigen *Marktplatz*. Mit seinen farbigen Bürgerhäusern
und den Dominanten von Rathaus, Brunnen und Schmalzturm
ist er ein Platzraum von einzigartigem Reiz. Das barocke *Rathaus* prunkt mit einer der schönsten Stuckfassaden Bayerns.
Reich, aber zierlich und nobel ist sie mit dem Bandelwerk des
Régencestils geschmückt, der zwischen Barock und Rokoko in
Bayern für einen französischen Akzent sorgte (1718/19). Ob sich
ihr Schöpfer, der berühmte Wessobrunner Dominikus Zimmermann, träumen ließ, dass er zwei Jahrzehnte später dahinter als Bürgermeister amtieren würde? Von ihm, der sein halbes
Leben hier ansässig war, ist bei seinem Meisterwerk Wieskirche ausführlich die Rede. Die blühende Rathausfassade wird
ergänzt durch den feinen *Rokokobrunnen* mit vornehmer
Madonna (Josef Streiter, 1783) und kontrastiert durch den gotischen *Schmalzturm* (zu Recht auch *Schöner Turm* genannt) aus dem
14. Jahrhundert mit Uhr und dekorativer Spitzhaube.

Lorenz Luidls Windstöße

Den gotisch-barocken Zweiklang Landsbergs schlägt auch die
Stadtpfarrkirche Mariä Himmelfahrt nördlich des Marktplatzes an,
eine dreischiffige Basilika des 15. Jahrhunderts, die um 1700, als
zwei Morde ihre Neueinweihung notwendig machten, innen
barockisiert wurde. Es ist eine Kirche der sehenswerten Schnitz-

Eine verzückt abhebende Tänzerin?
Nein, Lorenz Luidls Trageengel, um 1680

figuren! Ihr Schatz ist vor allem die *Madonna* des großen Ulmer
Bildhauers Hans Multscher links im Chor: eine Bürgerin von
ruhevoller Würde in schönlinig fallendem Gewand (um 1440).
Sie stand einst in einem großen Altar mit acht Flügelgemälden,
wie sie damals zum Stolz einer Stadt gehörten. Nach einer wilden Odyssee durch halb Europa landeten die Tafeln in Berlin.
Jetzt ist sie von Zimmermanns *Rosenkranzaltar* mit kunstvoller
Einlegearbeit in Stuckmarmor (Scagliola-Technik) umgeben
(1721).

Vor allem aber tut sich in dieser Kirche der Landsberger
Lorenz Luidl (1645–1719) hervor, ein bedeutender Barock-
skulpteur dieser Region, der aus einer Bildschnitzerfamilie aus
dem nahen Mering stammte und von 1668 an hier seine Werkstatt hatte, die später der beste seiner drei Bildhauersöhne,
Johann (1685–1765), übernahm. Furios war sein Einstand in

Landsberg mit dem *Palmesel-Christus* (Chorsüdseite), dessen roten Mantel ein wahrer Feueratem aufbauscht, Auftakt seiner »flammenden Sprachgewalt«. Unter seinen Figuren des Hochaltars sind die beiden *Trageengel* besonders exzentrisch: Kleine Windstöße scheinen die knittrigen, goldschimmernden ›Seiden‹-Bahnen ihrer Gewänder in erregtes Geflatter zu versetzen. Auch der *hl. Veit* im Altar an der Westwand ist gülden umwallt, er zeigt so kühl auf den Ölkessel, als heische er nicht für ein Martergerät, sondern für eine Antiquität Aufmerksamkeit. Veits Leidensgefährte *Modestus* am Pfeiler gegenüber – ist er nicht eher ein tänzelnder Operntürke als ein Gefolterter? Er war zwar 1713 das Gesellenstück von Johann, stammt aber in seinem Charme ganz aus dem Geist des Vaters. Kaum ein Seitenaltar in dieser Kirche, der nicht die Figuren von Vater oder Sohn trüge, auch die weiß-goldenen Apostelfiguren schuf Lorenz Luidl.

Mit der 1752 vollendeten schmucken *Johanneskirche* am Vorderen Anger verabschiedete sich Dominikus Zimmermann von Landsberg, bevor er in seinen Austrag nach Wies zog, eine verspielte Architektur aus schwingendem Ovalraum, Halbrundchor und Scheinkuppel, mit einem als Blumenbaldachin gestalteten Hochaltar, der wie eine Porzellanspieluhr anmutet (Figuren Johann Luidl). Die *Heilig-Kreuz-Kirche*, die doppeltürmig über der Lechleite thront, verkörpert wuchtiges und prunkvolles Jesuitenbarock. Nicht verpassen sollte man ihre Deckenfresken des vorzüglichen Augsburger Meisters Christoph Thomas Scheffler, die virtuos die Kreuzeslegende schildern. Unweit der Kirche steht das prachtvolle gotische *Bayertor* (1425) mit Aussichtsplattform in 36 Metern Höhe.

Der smarte Sir und sein Turm

Ein düsteres normannisch-neogotisches Gemäuer mit dem merkwürdigen Namen ›Mutterturm‹, innen von viktorianischer Atmosphäre durchtränkt, gebaut ans hellsandige Ufer des Lech von einem steinreichen Herrn aus Bushey bei London –, wenn das nicht alles ein bisschen ›fanciful‹ wirkt, selbst in Märchenkönigslanden, wo man Grillenhaftes gewohnt ist! Der Herr –

Baronet Sir Hubert von Herkomer (1849–1914) – war ein bettelarmer Holzschnitzersohn aus Waal bei Landsberg. Ein Nordamerika-Aufenthalt der Familie vermochte an deren Elend nichts zu ändern, auf der Rückreise blieb sie in England hängen, der Junge jobbte, studierte und debütierte 1872 in der Royal Academy mit einem ›Milieu‹-Gemälde oberbayerischen Sujets, denn inzwischen hatte er seine Heimat wieder besucht. Das Bild brachte ihm ein Haus in Bushey ein!

Mit Gesellschaftsporträts ging es lukrativ weiter, zumal auch die Königsfamilie ihm ›saß‹. Mit 34 unterhielt er bereits eine eigene Kunstschule und ein Privattheater. Als er die Schwester seiner jung verstorbenen Frau heiraten wollte, was in England verboten war, verschaffte ihm der Landsberger Bürgermeister die deutsche Staatsangehörigkeit. Der Dank des Malerfürsten ist im Rathaus zu besichtigen: zwei monumentale Ratsherren-Bilder von hohem dokumentarischen Wert, dazu noch ein ›sehr englisches‹, mondänes Selbstbildnis mit Ehefrau. Von da an verbrachte er Jahr für Jahr einige Monate in Landsberg. Stets voller innovativer Einfälle, stiftete er hier beispielsweise den ›Herkomer-Preis‹ für Autosportler, den der Bayerische Automobil-

Sir Hubert Herkomers
›Selbstbildnis mit Ehefrau‹, 1905

Club verlieh, in England wiederum gründete er die ›Herkomer-Filmgesellschaft‹. Im viel besuchten *Mutterturm*, den er 1884 zum Andenken an seine Mutter und als Atelier für sich bauen ließ, sind viele Erinnerungen an das Leben des exzentrischen Weltmanns ausgebreitet, indes das *Herkomer-Museum* im Anbau eine Dauerausstellung seines malerischen und zeichnerischen Werkes präsentiert.

Durch ihre kräftige Farbigkeit und ihre kleeblattartige Kreuzform lockt an der Straße nach Weilheim die *Wallfahrtskirche Vilgertshofen*. Staunenswert die Großartigkeit des Innenraums: im Osten ein doppelstöckiger Altar vor einem zweigeschossigen Umgang, im Westen eine doppelgeschossige Vorhalle mit Orgelempore, dazu eine hochbarocke Stuckdekoration, so üppig und kunstvoll, wie wir sie nur in Wessobrunn sehen können und gleich sehen werden. Baumeister und Stuckateur: Johann Schmuzer, 1686–88. Die Stumme Prozession um die Kirche zu Ehren des spätgotischen Gnadenbilds, einer Pietà, am Sonntag nach Mariä Himmelfahrt ist eine eindrucksvolle, bunte, von den Lebenden Bildern der Oberammergauer Passionsspiele beeinflusste Inszenierung.

Wessobrunn: Die weltläufigen Nesthocker

Eine Stuckatorenschule? Eine Berufsgenossenschaft? Ein Sippen-Verbund? Ein Künstlerviertel? Ein Stil? Was als ›die Wessobrunner‹ berühmt wurde, ist alles dies zusammen. Nachdem italienische Meister die Kunst des Stuckierens nach Bayern gebracht hatten, etwa in die Landshuter Residenz 1545 oder nach St. Michael in München 1597, entwickelten sich in Wessobrunn und einigen Dörfern ringsum ›Compagnien‹ von Stuckatoren und Maurern, Kistlern und Vergoldern, bald auch Baumeistern, Bildhauern und Malern, die in zunftunabhängigen Familienzusammenschlüssen lebten und arbeiteten. Kinder kamen bei den stark untereinander versippten Familien in Überfülle zur Welt, doch die Kindersterblichkeit war horrend; Lungenkrankheit gehörte bei den Männern zum Arbeitsrisiko. Begabte Kinder durften in die Klosterschule von Wessobrunn gehen, die Buben lernten überdies am Gerüst arbeiten, die Frauen übernahmen die Nebenerwerbs-Landarbeit, denn die Männer schwärmten im Frühjahr nach gemeinsamem Gottesdienst in ganz Süddeutschland aus, zogen nach Böhmen, Ungarn, Polen, Russland, Frankreich. Im Winter hockten sie daheim und studierten französische Ornamentstiche.

Kein Wunder, dass die Weltläufigen das Vorbild des fleischigen, ja fetten italienischen Barockstucks bald überwanden und zu einem ganz unverwechselbaren Stil von leichthändiger Eleganz fanden, den sie im Rokoko dank der Rocaille zu höchster Virtuosität steigerten. Die Verzahnung von Architektur und Stuckatur sowie die enge Gemeinschaftsarbeit wirkten sich deutlich auf das hohe und stets fortschrittliche künstlerische Niveau ihrer Arbeiten aus. Erst das kurfürstliche Generalmandat von 1770, das »die lächerlichen Zieraten« verbot und die »edle Simplizität« des Klassizismus forderte, läutete das Ende der Wessobrunner ein.

Zwischen 1600 und 1800 soll es über 3000 Künstler im Umfeld des Klosters gegeben haben, 600 sind uns namentlich bekannt, natürlich aus kaum mehr als zwei Dutzend Familiendynastien, wie die Doll, Feichtmayr, Finsterwalder, Landes, Rauch, Schaidhauf, Schmuzer, Üblhör, Zimmermann, Zöpf. Die Kirchen des Pfaffenwinkels sind ein wahres Musterbuch des Wessobrunner Stucks von Renaissance bis Rokoko, sei es als gegossener ›Versetzstuck‹ oder frei an der Wand modellierter ›Antragstuck‹ oder den Verbindungen beider. Hauskloster Wessobrunn ist das beste Beispiel!

Stabreim-Magie und Gipszauber

Wie klingt bayerische Frühzeit? *Dat ero ni uuas/ noh uf himil/ noh paum no pereg ni uuas* (. . . dass die Erde nicht war noch oben Himmel, noch Baum noch Berg nicht war . . .). Das ist Altbairisch mit angelsächsischen Spuren, also erwachsen aus dem von iroschottischen Mönchen mitgeprägten Geist der Missionszeit in Bayern, um 814 aufgeschrieben im Kloster Wessobrunn: ein christliches Weltschöpfungsgedicht mit noch heidnischen Elementen, berühmt geworden als ›Wessobrunner Gebet‹. Dieses

Bravourleistung der Stuckkunst am Ort ihrer Herkunft:
Tassilosaal in Kloster Wessobrunn, um 1705

älteste deutsche Sprachdenkmal befindet sich in der Bayerischen Staatsbibliothek in München. Unter der Dorflinde in
Wessobrunn sind die Anfangsverse in Stein gemeißelt.

Unter einer anderen Linde wurde das Kloster erträumt: Herzog Tassilo sah im Schlaf drei Quellen unter einer Himmelsleiter sich zu einem Kreuz vereinen, anderntags entdeckte sein
Jäger Wesso die Quellen in Wirklichkeit, so ward 753 an dieser
Stelle die Klostergründung beschlossen. Die uralte *Tassilolinde*
hinter der östlichen Klostermauer und das barocke *Brunnenhaus*
über den Quellen hinter der Pfarrkirche sind stimmungsvolle
Sagen-Erinnerungen. In Wirklichkeit war ein Adeliger der
Klosterstifter und Tassilo sein Gönner.

Von der im Barock eminent weitläufig geplanten, dann von
Johann Schmuzer und seinen Söhnen zwischen 1680 und 1730
viel bescheidener verwirklichten Neuanlage des ehemaligen
Benediktinerklosters sind nach der Säkularisation nur wenige
Trakte geblieben, die heute teilweise als Jugendkurheim der

Tutzinger Missionsbenediktinerinnen dienen. Ungeachtet dessen sind darin bei Führungen wahre Glanzstücke der Stuckkunst zu bewundern!

Im *Treppenhaus* und im effektvoll langen Gang des *Gästetrakts* hat der herausragende Johann Schmuzer 1685–90 die Deckenfelder mit hochbarocken, noch italienisch angehauchten Akanthusranken mit ›ausgesägten‹ Blättern, Lorbeerstäben, Muscheln, Früchten, geflügelten Putti gefüllt. Im *Prälatentrakt* waren seine Söhne Franz und Joseph um 1700 am Werk: Deutlich schwingen nun die Akanthusranken feiner aus, sind die Blätter zierlicher geworden. Im fulminanten *Tassilosaal* für die Jagdgäste, wo alle drei um 1705 tätig waren, ist dann handwerkliche Geschmeidigkeit und künstlerischer Esprit zur Bravour gesteigert. In dem malachitgrünen Zauberwald an der Decke springen und jagen rosa Hunde und Hirsche nach Hasen, Füchsen und Wildschweinen, verstecken sich nackte Figuren, brechen Masken- und Fratzengesichter aus dem Laub, spielen Putti die Unschuldsengel. Hier handelt es sich um eine meisterhafte Mischung aus Antrags- und Versetzstuck.

In der im Klosterbereich liegenden *Pfarrkirche St. Johann Baptist* ist vom Spätrokokostuck des Tassilo Zöpf wenig geblieben, dafür freut man sich der volkstümlichen Fresken zur Legende des Kirchenpatrons von Johann Baptist Baader, einem dieser Gegend entstammenden und hier rundum tätigen Maler, ›Lechhansl‹ genannt. Besonders fein gemalt die Embleme in den Kartuschen (1757–59). Das barocke, von einem Prüfeninger Benediktinermönch um 1700 gemalte *Gnadenbild* ›Mutter der schönen Liebe‹ – was ›Maria als Braut des Hl. Geistes‹ bedeutet – ist überaus populär geworden, weil die Wessobrunner auf ihren Reisen eifrig vom Liebreiz der Blumenbekränzten berichteten. Freilich, das alles vergisst man angesichts der romanischen Hoheit des *Viernagelkruzifixus* (um 1250), der wohl aus der einstigen Klosterkirche stammt.

Einige Kilometer südlich Wessobrunn sollte man schnell in das feine Rokokokirchlein *St. Leonhard im Forst* schlüpfen. Vom Meister des Freskos, das hier neben der anderen Ausstattung begeistert, Matthäus Günther, wird noch viel zu sprechen sein.

Der wiederentdeckte Eibenwald

Wahrscheinlich zum Klosterbesitz gehörte am nahen Zellsee einst auch ein Waldareal, das heute ein in Europa unikales Naturreservat ist: der *Paterzeller Eibenwald*. Dieser achtzig Hektar umfassende urwaldähnliche Mischwald aus Fichten, Buchen und Eschen ist mit rund zweitausend Eiben durchsetzt, uralte, bizarre, in Europa äußerst rar gewordene Bäume mit flachen, weichen Nadeln, die schmalen Blättern gleichen und weibliche und männliche Blüten tragen. Sie waren früher weit verbreitet, doch da ihr Holz biegsam und widerstandsfähig ist, konnte man es gut für die Herstellung von Armbrüsten und Bogen, von Musikinstrumenten, für die Kunstschreinerei oder den Hausbau verwenden. Überdies enthalten Eiben das Gift Taxin und wurden deshalb oft von Bauern vernichtet, die um ihr Vieh bangten. So verschwanden die schon seit 600 000 Jahren in Europa heimischen Eibenwälder nach und nach, schon im 16. Jahrhundert musste man in Bayern Strafen für ihr Abholzen verhängen.

Weiche Nadeln, elastisches Holz,
bizarre Stämme: die Eibe

Im Jahre 1908 von einem Weilheimer Apotheker wiederentdeckt, wurde der Paterzeller Wald 1939 unter Naturschutz gestellt. Der flachgründige Boden liegt auf Kalktuffgestein, auf dem Eiben besonders gut wachsen. Von den hiesigen Exemplaren aller Altersstufen erreichen die ältesten bis zu 700 Jahre. Ein Großteil ist bereits abgestorben, doch von Flechten und Moosen ›besiedelt‹ und in ihren Höhlen von Vögeln und Wildbienen bewohnt. Maßnahmen zu ihrer Verjüngung werden durch Einzäunung gestützt, die vor dem Verbiss durch Rehe und Hirsche schützen, denen das Taxin offenbar in kleinen Dosen nichts anhaben kann – und mehr nehmen sie instinktiv nicht. Der Gang durch diesen Wald hat einen urtümlichen Zauber. So wild und geheimnisvoll mögen wohl früher Wälder gewesen sein, wie sonst hätte der mächtige Mythos Wald entstehen können. Dankenswert, dass allenthalben aufgestellte Klapptafeln für Unterrichtung sorgen. Das Weilheimer Forstamt veranstaltet Gruppenführungen.

Talentschmiede Weilheim

Nur wenige Kilometer weiter wieder ein Kunstnest! Diesmal keine Kommune, sondern ein Werkstätten-Zentrum, das Talente anzog und ausschickte, Bildhauer vor allem, darunter einige von hohem Rang, sodass die Kunstgeschichte förmlich von einer ›Weilheimer Bildhauerschule‹ spricht. Die Voraussetzungen dafür schufen die nahen Kunstmetropolen München und Augsburg, die stets Nachwuchs brauchten, die Kirchen und Klöster rundum, die stets auf neue Ausstattungen sannen, und der bald etablierte Ruf des 2000-Seelen-Landstädtchens, eine Talentschmiede zu sein. So versippt und verbandelt wie in Wessobrunn war man auch hier, denn der Weg zu einer Werkstatt führte über die Ehe mit Tochter oder Witwe des Meisters, freilich war man keinem Teamwork verpflichtet, darum weit eher dem Konkurrenzneid anheim gegeben.

Die Initialzündung für die erstaunliche Blüte zwischen 1590 und dem Dreißigjährigen Krieg gab der Beginn der Münchner Hofkarriere des Weilheimers *Hans Krumper* (1570–1634), die gekoppelt war mit der Übersiedlung Hans Deglers von München nach Weilheim im selben Jahr 1590, um hier Mitarbeiter und Schwiegersohn von Vater Adam Krumper zu werden. Beides hatte dieser geschickt eingefädelt, um die Geschäftsverbindung München–Weilheim zu sichern, wie Heinz-Jürgen Sauermost in seiner Monographie ›Die Weilheimer‹ dartut. Hans Krumper wurde ein bedeutender Bronzebildhauer und

›Gnadenstuhl‹ (1620) des Weilheimers
Bartholomäus Steinle im Tassilosaal in Wessobrunn

Architekt, eingedeckt mit Großaufträgen, wie dem Grabmal
Kaiser Ludwigs des Bayern und dem Bennobogen im Dom oder
den Neugestaltungen an der Residenz. Er schenkte den Münchnern ihr geliebtes Wahrzeichen, die anmutige ›Patrona Boiariae‹
an der Residenzfassade.

Der Bildschnitzer *Hans Degler* (1564–1635) hinterließ drei
Altäre in St. Ulrich und Afra in Augsburg (mit 140 Figuren!)
und ein reiches Werk allenthalben in Bayern, dazu eine regelrechte Künstlerdynastie und viele Schüler, die sich auf ihn
beriefen. *Bartholomäus Steinle* (um 1575–1628/29) ist mit seinen
Figuren im ganzen Pfaffenwinkel daheim, nachhaltig bleibt sein
bewegender ›Gnadenstuhl‹ im Tassilosaal in Wessobrunn im
Gedächtnis, und sein grandioser Lebensbaum-Altar in Stams in
Tirol ist eine Reise wert.

Mit dem jüngsten dieser Generation, dem Elfenbeinschnitzer
Georg Petel (1601/02–1634), wurde in Weilheim ein Künstler von

europäischem Rang geboren. Schon als Jüngling von Antwerpen bis Rom ›bewandert‹, gewann er die Freundschaft von Rubens, dem er ein vasengroßes Elfenbein-Salzfass schnitzte, sowie Van Dycks, der den stillen Zauber seiner Erscheinung und seines ahnungsvollen Blicks porträtiert hat (Alte Pinakothek). Er ließ sich in Augsburg nieder und starb verzweiflungsvoll jung bei der Besetzung der Stadt durch die Kaiserlichen. Augsburg, München, Regensburg bewahren seine unvergleichlichen Elfenbeine, besonders die ergreifenden Kruzifixe, oder seine dramatischen Monumentalbronzen.

Nach der kunstfeindlichen Zäsur des Dreißigjährigen Krieges führte erst rund ein Jahrhundert später der Rokoko-Meister *Franz Xaver Schmädl* (1705–1777) die Tradition weiter, indem er 1734 hier in eine Werkstatt der Dirr-Dynastie einheiratete, mit vier Frauen 27 Kinder zeugte und die Kirchen zwischen Andechs und Oberammergau mit der zehnfachen Anzahl von Skulpturen bereicherte.

Und zehnmal soviel Bildhauer wie genannt, dazu genauso viele Maler und über hundert Goldschmiede lebten damals in Weilheim. Das ausgezeichnete *Stadtmuseum* vermag uns sehr lebendig die wichtigsten Namen durch Werke zu illustrieren. Deshalb sollte der erste Weg dem Alten Rathaus am Marktplatz der schmucken Stadt gelten, wo es untergebracht ist. Auch die *Pfarrkirche Mariä Himmelfahrt* ist ein ganz und gar einheimisches Gewächs: Ihr Architekt war Hans Krumper, der die damals ›moderne‹ Wandpfeilerkirche hier einführte (1624), an den linken Seitenaltären und an der Sakristeiwand gibt es Figuren von Schmädl zu sehen, die frühbarocken Deckengemälde stammen von den hiesigen Freskanten Johann und Elias Greither. Das ergreifendste Bild, die ›Beweinung Christi‹ am zweiten Seitenaltar rechts, schuf allerdings der Tiroler Martin Knoller.

Polling: Ein vieldeutiges Motto

›Liberalitas Bavarica‹ steht irritierend lapidar als Wahlspruch an der Giebelfront der Pollinger Pfarrkirche, die früher eine Stiftskirche der Augustinerchorherren war. Bayerische Freigebigkeit oder bayerischer Freisinn? Ist der Spruch ein Dank für die spendablen Mäzene des Klosters? Rühmt er das Kloster des Freisinns oder mahnt er die Vorübergehenden zu Freisinn? Was immer der Rätselspruch meint, liberal war das Kloster zu seinen Glanzzeiten im 18. Jahrhundert gewiss. Wenn sein Universalgelehrter, Dekan Eusebius Amort (1692–1775) »ein nüchterner Liebhaber solider Frömmigkeit« genannt wurde, so ist das eine kernige Umschreibung für den aufklärerischen Geist dieses Philosophen, Theologen, Naturwissenschaftlers, Aberglaubenbekämpfers und Volksbildners. Und diesem Geist sind seine Schüler gefolgt, allen voran Propst Franziskus Töpsl (1711–1796), der sich als Geschichtsschreiber hervortat und dem Kloster seine berühmt gewordene, 80 000 Bände umfassende Bibliothek aufbaute.

Die Augustinerchorherren haben Polling eine *Stiftskirche* von feierlicher Schönheit hinterlassen, die Gotik und Barock selten glücklich eint. Ursprünglich eine spätgotische Halle auf quadratischem Grundriss mit engerem Chor (1420), leitete Hans Krumper den Umbau schon 1603 durch seinen Renaissance-Kirchturm ein (er wurde erst später vollendet). 1621–28 erfolgte die querhausartige Erweiterung des Chors, der Einbau von Kapellen und Emporen. Einigend wirkt vor allem der attraktive Renaissancestuck aus zartfarbigen, in Feldern gerahmten

4 *Johann Baptist Straubs meisterhafter Drachentöter im Hauptaltar*
   der Georgskirche von Bichl
5 *Kloster Seeon – mit Renaissancemalereien gefüllt ist das engmaschige,*
   gotische Gewölbe der Abteikirche
6 *Spätgotische Kostbarkeit in Mörlbach – der preziöse Flügelaltar (um 1520)*
   wird der Werkstatt des Meisters von Rabenden zugeschrieben
7 *Detail des mittelalterlichen Freskenteppichs im Jakobus-Kirchlein von*
   Urschalling – Christus befreit die Gerechten, um 1380

Engelsfiguren, dessen Meister der zweitälteste Stuckator aus der uns schon bekannten Schmuzer-Familie, Jörg, war.

Der Hochaltar ist eine Apotheose für das ehrwürdige romanische Gnadenbild, das *Pollinger Kreuz*, ein mit Pferdehaut überspanntes und mit einem Gekreuzigten bemaltes Kruzifix (um 1180), in dem ein Kreuz stecken soll, das der Sage nach von einer Hirschkuh aus dem Boden gescharrt wurde – für Herzog Tassilo ein Zeichen, an dieser Stelle um 750 ein Kloster zu gründen. Es prangt im Obergeschoss eines Doppelaltars von Bartholomäus Steinle (1623), indes im Untergeschoss das Rokoko-Meisterwerk eines *Tabernakels* von Straub glänzt (1765), umgeben von den Allegorien von Glaube, Liebe, Hoffnung und den Seitenfiguren Heinrichs II. und Kunigundes. 1010 hatte der Kaiser das auf benediktinische Anfänge im 8. Jahrhundert zurückgehende Kloster erneuert.

Herausragend Hans Leinbergers *Thronende Madonna* rechts am Chorbogen, eine mandeläugige Melancholikerin, deren Gewandfall vermittels spielender Putti durch den erregten Geist der Renaissance gezaust und gebauscht wird (1527). In der *Achberg-Kapelle* rechts neben dem Altarraum schuf der ›Lechhansl‹ lebensvolle Deckengemälde der Kindheit Jesu, vielleicht seine besten, und der Wessobrunner Tassilo Zöpf einen späten, gezügelten Rokokostuck (beides 1764). Die Kirche ist nur nach der Sonntagsmesse durch Führung zugänglich.

Der seit der Säkularisation devastierte klassizistische Hauptsaal der *Klosterbibliothek* mit Zöpf-Stuck und Baader-Fresken wurde 1972 von einem Freundeskreis, der gewiss von der ›Liberalitas Bavarica‹ im spendablen Sinn beseelt war, als idealer Konzertsaal wiederhergestellt.

Man würde sich übrigens gern vorstellen – es ist nirgends notiert –, Thomas Mann hätte an dem vieldeutigen Motto seine Freude gehabt: Oft hat er ja seine von 1903 bis 1922 hier auf dem Schweighart-Gut lebende, verwitwete Mutter besucht. »Pfeiffering«, wie er Polling nennt, ist als Dauer-Zuflucht des Adrian Leverkühn ein wichtiger Ort in seinem ›Doktor Faustus‹ geworden. Liebevoll apostrophiert Thomas Mann die Anziehungskraft dieses *»bescheiden-stilvollen Winkels auf jederlei distin-*

guierte Resignation oder verwundete Menschlichkeit«, und mit voller Absicht, wie er selbst schreibt, gibt er das letzte Wort des Romans der oberbayerischen Bäuerin, *»auch einem Stück erlebter Menschlichkeit«.*

›Barockhimmel‹ anno 2000:
Bernd Zimmer

Wo einst Pferde schnaubten oder widerspenstig mit den Hufen schlugen, finden heute permanent lautlose Explosionen statt: Farbexplosionen. Der Maler Bernd Zimmer lebt seit Mitte der achtziger Jahre mit Familie in den ehemaligen Stallungen des Pollinger Klosters. Sein Atelier ist ein Riesensaal, durchsetzt von schlanken Pfeilern unter einem eleganten Klostergewölbe und vollgestellt mit aneinandergelehnten Gemälden, Leinwänden, Tischen voller Farbtiegel und Terpentinflaschen. Solch ungeschönte Werkstätten hatte er zeitweise auch in Mexiko und Berlin, im Ötztal, in Rom oder Rapallo. Aber Polling bleibt ein Fels in der Brandung.

Mitte der siebziger Jahre gründete der gebürtige Münchner in Berlin zusammen mit den Malern Middendorf, Salomé, Fetting u. a. die ›Galerie am Moritzplatz‹: Startschuss für die Berliner ›Jungen Wilden‹. Und was malte er in Kreuzberg? Bayerische Kirchen, Berge, Rapsfelder! Das war freilich von Anfang an keine ›Landschaftsmalerei‹, sondern der Weg zur Darstellung von Natur – Natur als Vorgang, als Prozess, als elementares »Ereignis«. Übrigens sei das nahe liegend, meint er, wenn man in einer geologisch so ›jungen‹ Landschaft wie den Alpen lebt, in der die Faltungs- und Gletscher-Vorgänge förmlich mit Augen zu greifen seien.

War die Farbe in seinen Bildern anfangs noch an gegenständliche Orientierungen gebunden – die Furchen, den Wasserfall, die Bergkontur – so ließ er ihr bald immer mehr Freiheit in Auftrag, Duktus, Technik, bis die Farbe selbst gleichsam Gewitter oder Föhn, Vulkangewaber, Wüstenglut oder Wellensturz wurde. Vehemente Pinselschläge, furiose Schwünge, energiegeladene Stauungen, nervöse Drippings und feinste Nuancierungen artikulieren die Farbräume seiner leuchtenden, vibrierenden, großflächigen Naturimaginationen, die oft genug atemraubend dramatische Schöpfungsvisionen sind, mit Reihentiteln wie ›Himmelbilder‹, ›Strahlung‹, ›Natternlandschaft‹. Da kehren die aufgerissenen Barockhimmel der bayerischen Kirchen auf Riesenleinwänden wieder, so ekstatisch lichterfüllt, so farbenlodernd wie jene, von inhaltlicher Botschaft befreit zur schieren Malerei, die das Metaphysische ins Kosmische umdeutet: entrückende Raumfahrerperspektiven.

Der im In- und Ausland viel ausgestellte Maler ist ein passionierter Globetrotter, der mit Vorliebe in Extremlandschaften wie Mexiko, Arizona, Libyen malt. Und was bedeutet ihm Polling? »Nüchtern ausgedrückt: Es ist mein ›Basislager‹, der für mich notwendige Fundus meiner hier lagernden Bilder aus 25 Jahren. Das mir angenehme Klostergemäuer und die ›Langeweile‹ am Land sind genau das Richtige für meine Arbeit. Aber natürlich ist es auch das ›Basislager meines Privatlebens‹.«

Der Hohenpeißenberg und sein Bauernbub

Vexierlandschaft Voralpenland! Der sanft und nur bis 988 Meter ansteigende Hohenpeißenberg, eine wohltuende ›Befestigung‹ der Augen inmitten der Ebene, überrascht oben durch einen schier hochalpin phantastischen Rundblick. Allgäuer Alpen, Lechtaler Alpen, Wettersteingebirge, Karwendel, Kaisergebirge, Chiemgauer Alpen. Schon 1772 gab es hier eine Sternwarte, 1781 gar das erste Bergobservatorium der Erde, heute sind Satelliten-Funkstationen und Fernsehsender dazugekommen.

Einen Rundumblick genießen auch die Himmlischen im Deckenfresko in der *Gnadenkapelle* – und zwar auf uns hinunter! Die sehen von Schongau eine Prozession mit einem Gnadenbild, von Rottenbuch einen Zug der Augustinerchorherren zum Berg wandern. In der Mitte überreicht Kurfürst Maximilian I. dem Propst die Zueignung der Gnadenkapelle. Auf der anderen Seite kniet ein betender Bub neben einem Pferde haltenden Bauern. Es ist der Freskenmaler Matthäus Günther mit seinem Vater, beide in Tritschenkeit am Nordhang des Bergs zu Hause.

Der Bub, 1705 geboren, will kein Bauer werden, wie sich's gehörte. Er geht justament zu Cosmas Damian Asam nach München in die Lehre, heiratet eine Augsburger Malerswitwe, erwirbt 1730 die Malergerechtigkeit und wird schnell zum begehrtesten Freskanten im Pfaffenwinkel, in Franken und Tirol. Wie er die Freskenmalerei vom tafelbildartigen Wandgemälde zur Illusion des aufgetanen Himmels über der Kirche entwickelt, später zu einer aussparenden Lakonik findet, werden wir an vielen Orten beobachten. 1763 wird er Akademiedirektor in Augsburg, heiratet zum zweiten Mal, wieder eine Künstlerwitwe, arbeitet mit den bedeutendsten Architekten wie Johann Michael Fischer oder Balthasar Neumann zusammen, malt wie ein Berserker buchstäblich bis zu seinem Tod 1788. Fazit: 70 Freskenzyklen, 60 Altar- und Tafelbilder.

Jeder Hügel in Bayern ruft nach einer Kirche. Hier sind es gleich zwei in einer: Die Gnadenkapelle für die von den Schongauern geschenkte Madonna (um 1460) entstand 1514 und wurde 1747 von Joseph Schmuzer barockisiert. Sie setzt sich im Osten in der *Wallfahrts- und Pfarrkirche* fort, die aus dem Frühbarock stammt und mit einer herrlichen Emporenbrüstung aus dieser Zeit prunkt (1619).

Welfenlaune

Die Andechs-Meranier, die jüngere Welfenlinie, die Wittelsbacher – Mitte des 11. Jahrhunderts drängten neue Adelsgeschlechter energisch zur Macht, bestrebt, die Landesherrschaft gegen die Königsherrschaft auszubauen, was ihnen auch gelang. Die schwäbisch-italienischen Welfen wurden 1070 von König Heinrich IV. mit Bayern belehnt, wo sie zwischen Lech und Ammer schon einige Hausgüter besaßen. Ihre neue Stammburg, die glänzende Turniere und Feste sah, wurde *Peiting* am rechten Lechufer. Der erste Bayernherzog unter ihnen, Welf I., der als frommer und papsttreuer Mann das Kloster Rottenbuch gründete, erwies sich dem König gegenüber so illoyal, dass er sein Herzogtum bald wieder verlor. Enttäuscht über den Papst, dessen Vermittlung einer lukrativ scheinenden Ehe zwischen

Welfs Sohn und einer oberitalienischen Markgräfin sich als
Windei herausstellte, beugte er sich dann doch dem König und
bekam sein Herzogtum zurück.

Die folgenden Welfenherzöge dehnten ihre Macht bis zur Ost-
see und Adria aus, womit Bayerns Bedeutung für sie in den
Hintergrund trat. Ihre ständige Auseinandersetzung mit den
Staufern führte sogar zum Verlust des Herzogtums an die
Babenberger. Heinrich der Löwe holte es 1156 zurück, wiewohl
seine eigentlichen Interessen im Norden lagen. Nur sein mächtiger Onkel, Welf VI., war ein treuer Hüter bayerischer Interessen und ein großer Gründer von Siedlungen, Kirchen, Klöstern
in Bayerisch-Schwaben, die Kaiser Barbarossa nach dem Sturz
Heinrichs des Löwen aufkaufte, während er das Herzogtum
Bayern 1180 seinem getreuen Paladin Otto von Wittelsbach verlieh, womit die bis 1918 während Wittelsbacher-Herrschaft
über den Territorialstaat – wie man ihn von da an nennen kann
– begann.

Der beseelte Stein und die verlegte Stadt

Gegenüber Peiting entstand damals am linken Lechufer die
Siedlung Schongau. Recht unüblich, dass ihre Bewohner schon
nach etwa dreißig Jahren, 1230, auf einen drei Kilometer ent-
fernten, lechumflossenen Hügel zogen und ein neues Schongau
gründeten, indes die ›Alte Stadt‹ zum Dorf *Altenstadt* herabsank,
doch ›erhöht‹ durch ihre mächtige, von Welf VI. gestiftete, um
1200 erbaute *St.-Michaels-Kirche*, die eine romanische Rarität
ersten Ranges in Oberbayern ist.

Die aufragende, strenge Zweiturmfassade aus Tuffstein, die
kubische Körperhaftigkeit, die lapidaren Schmuckformen erinnern an lombardische Architekturen, und tatsächlich tausch-
ten Bayern und die Lombardei damals Meister miteinander.
Ungeachtet dessen gehört die dreischiffige Basilika ohne Querhaus aber dem alpenländischen Grundrissschema an. Der
Innenraum gehorcht einer strengen Mathematik der Maßverhältnisse: Das überwölbte Mittelschiff ist doppelt so hoch und
breit wie die Seitenschiffe, der Abstand zwischen den Pfeilern

ist doppelt so groß wie der Pfeilerdurchmesser, vieles dergleichen mehr. Ebenso ist der Steinschnitt der Säulen, sind Blattwerk-Kapitelle und Kreuzgratgewölbe von feinster Präzision. Doch Kalkül und Präzision erzeugten keine Kühle, sondern einen ruhevollen, großen Atem. Und Licht und Schatten beseelen den Stein.

Der monumentale Gekreuzigte in der Apsis mit einem erschreckend bitteren Ernst im Antlitz, Typus des Christkönigs mit Goldreif statt Dornenkrone, heißt im Volksmund ›Großer Gott von Altenstadt‹ (um 1200). Die Gestalten von Maria und Johannes zu seinen Seiten sind Kopien, die Originale befinden sich im Bayerischen Nationalmuseum in München. Edel der Taufstein in der nördlichen Seitenapsis. Die Chorfresken stammen aus dem 14., das neu entdeckte Christophorusfresko vom Ende des 12. Jahrhunderts. Die Kirche wurde zur ›Basilica minor‹ erhoben, ist also eine bevorrechtete ›Päpstliche Basilika‹.

Die Auswanderer aus der Ebene entwarfen ihr neues *Schongau* offenbar am Reißbrett: Die heute noch weitgehend erhaltene Stadtmauer bildet ein Oval, von Pol zu Pol verläuft schnurgerade die breite Achse von Marienplatz und Münzstraße – in ihrer großräumigen Grundanlage eine staufische Prägung. Aber das hüpfende Zickzack der Giebel, die knallbunten Fassaden und die malerischen hölzernen Wehrgänge leugnen fröhlich alles Regelmaß. Fröhlich auch franst an diesen ›Rändern‹ bayerischer Grant zu schwäbischzüngiger Leutseligkeit aus. Mitten am Marienplatz triumphiert das *Ballenhaus* (1419 erbaut, 1515 nach einem Brand erweitert und mit spätgotischem Ratssaal ausgestattet), Wahrzeichen eines an allen wichtigen Straßen liegenden Gemeinwesens, dessen Existenz auf Handel gründete. Heute bringt die Romantische Straße und der Lech-Höhenweg Touristen und Wanderer in die Stadt, auch Industrie und Gewerbe florieren.

Die andere Dominante des Platzes ist die *Stadtpfarrkirche Mariä Himmelfahrt*, außen recht einfach, innen aber von Dominikus Zimmermanns Eleganz geprägt, der aus alten Baubeständen einen Barockraum schuf, dem er zusammen mit einem Wessobrunner Kollegen auch den sparsam-feinen Stuck applizierte

Rare Romanik in Oberbayern:
Der Gekreuzigte von Altenstadt, um 1200

(Weihe 1754). Der wundervoll komponierte Hochaltar mit einer
frühbarocken Immaculata im Heiligenreigen stammt von Franz
Xaver Schmädl. Und die Fresken malte Matthäus Günther
1748. In seinem Langhausfresko hat er eines seiner Lieblings-
motive mit Mariens Krönung im Himmel verknüpft, nämlich
die Fürbitte Esthers für ihr jüdisches Volk vor dem Perserkönig
Xerxes, die sich auf die Fürbitte Mariens für die Christen
bezieht – stets eine so effektvolle wie rührende Szene bei ihm.
Ausgefallen aber wirkt im Chorfresko der Aufnahme Mariens
in den Himmel seine Darstellung des Hl. Geistes als Jüngling
(rechts oben). Der saumselige Maler! Schon drei Jahre vorher,
1745, hatte der Papst dieses (ohnehin seltene) Motiv verboten,
um dem Irrtum vorzubeugen, dass auch der Hl. Geist Mensch
geworden sei.

   Und noch ein Beispiel für die bildhauerische Begabung der
geborenen oder ›gelernten‹ Bayern (denn so dogmatisch ist das

nicht zu trennen): Schongau war der Geburtsort des großen
Barockbildhauers Hans Reichle oder Reichel (um 1570–1642),
Schüler des berühmten Giovanni da Bologna in Florenz, der in
Augsburg (Erzengel Michael am Zeughaus), in Danzig und Bri-
xen Meisterwerke hinterließ.

Tanzsaalgeflirr über der Ammer

Auf dem Weg entlang der Romantischen Straße kommt uns die
Ammer in die Quere, ein temperamentvoller Fluss, der im
Naturschutzgebiet des Ammergebirges entspringt und auf seinem Lauf zum Ammersee einige Kapriolen vollführt, sehr zur
Freude von Wanderern oder Paddlern. Nördlich Rottenbuch
bildet er das *Ammerknie* mit dem höhlenreichen Bergmischwald der Ammerleite, südlich Rottenbuch eine canyonartige
Schlucht, über die in 76 Meter Höhe die *Echelsbacher Brücke* mit
einem 187 Meter langen Eisenbetonbogen gespannt ist, 1929
gebaut und damals eine Sensation. Noch ein wenig weiter südlich, bei Saulgrub, passiert er die Felsenge der *Scheibum*, wo die
Quellwässer der *Schleierfälle* ein seltenes Naturschauspiel bieten.

So wirbelnd wie die Ammer gebärdet sich auch der Stuck in
der ehemaligen Klosterkirche von *Rottenbuch*, die mit ihrem
schlanken Campanile malerisch über dem Ammertal aufragt.
Welf 1. hat sie 1073 für die reformstrengen und romtreuen
Augustinerchorherren gestiftet, die hier einen Mittelpunkt ihres
neuen Ordens schufen. Dass man rund 700 Jahre später im
romanisch-gotischen Gehäuse einen flirrenden Tanzsaal verbergen würde, hätten sie sich nicht träumen lassen. Mit der
Nachsicht des in den Fresken wandelnden Kirchenvaters
Augustinus ist zu rechnen: Amors entzweibrechender Bogen
zeigt es. Dabei haben Joseph und Franz Xaver Schmuzer
bei ihrer Barock- und Rokoko-Umgestaltung (1737–46) die gotische Basilika kaum verändert, sondern eher nur ›überschäumt‹:
mit Licht aus den geweiteten Dreipass-Fenstern und mit weiß-
golden-zartfarbigem Stuck, der phantasievoll, aber nicht zügel-
los alle Formen zwischen Rollwerk und Rocaille durchspielt.
Matthäus Günther, um die 40, ist hier schon ein Meister. Locker

gruppiert er seine Figuren an die Ränder der Gewölbefelder
und Wandmedaillons, lässt dem Licht die Mitte, gibt den Farben venezianischen Schmelz: ›Leben des hl. Augustinus‹ im
Hauptschiff, ›Huldigung Mariens‹ im Chor, Darstellungen verschiedener Heiliger in den Seitenschiffen. Auch der dritte im
Bunde des Pfaffenwinkler Teams, Franz Xaver Schmädl, schuf
mit seinem *Hochaltar* der Mariengeburt-Darstellung, den Chor-
schrankenaufbauten mit den graziösen Figuren von David und
Zacharias, der Kanzel, dem Orgelprospekt hier ein meisterhaf-
tes Riesenwerk, 1760 vollendet. Und die Musik in diesem Tanzsaal? Man muss sie nicht hören, man sieht sie.

Nur streifen können wir das ehemalige Prämonstratenserstift
Steingaden, dessen Stilmischung interessant, wiewohl ein wenig
dissonant ist: Sie reicht von der robusten Romanik von Zweiturmfassade, Portal oder Brunnenkapelle im Kreuzgang über
die Spätgotik von Vorhalle und Kreuzgang, den Spätrenais-
sance- und Frühbarockstuck im Chor und das Rokokogekräu-
sel im Langhaus (bei beidem war die Familie Schmuzer am
Werk) sowie den ›klassischen‹ Spätrokofresken von Johann
Georg Bergmüller bis zur profanen Renaissancemalerei der
Welfengenealogie in der Vorhalle. An den Mittelschiffpfeilern
befinden sich zwei hervorragende goldene Bleiguss-Epitaphien
für den vorhin erwähnten Welf vi., der Steingaden stiftete (gest.
1191), und für seinen 1167 an einer Seuche gestorbenen Sohn
Welf vii. von Johann Baptist Straub (1747).

Die Brüder Zimmermann: Hauptmeister des Rokoko

Johann Baptist Zimmermann (1680–1758) und Dominikus Zimmermann (1685–1766) waren Söhne eines Stuckators in Gais-
point (das später in Wessobrunn aufging). Beide lernten hier
das Stuckatorenhandwerk, beide zog es – anders als die meisten Wessobrunner – bald danach fort, beide heirateten früh,
Johann Baptist eine Zofe, Dominikus eine Stuckatorentochter,
jener hatte fünf, dieser zehn Kinder, doch überlebten nur je zwei
von ihnen die Väter. Beide barocke Multitalente, gingen sie ihre
eigenen künstlerischen Wege, die sich bei einigen gemeinsamen

Johann Baptist Zimmermann mit Sohn (im Profil),
camouflierte Selbstbildnisse in einem Klosterfresko von Benediktbeuern

Arbeiten berührten und ergänzten, um im Alter im Opus sum-
mum der Wieskirche zu untrennbarer Einheit zu verschmelzen.

Johann Baptist, Stuckator und Maler, war in Miesbach, dann
in Freising ansässig und mit vielen Gesellen für Kirchen und
Klöster von Ottobeuren bis Amberg tätig, bevor er 1720 an den
Hof von München berufen wurde, um Schloss Schleißheim zu
stuckieren. Effner, Cuvilliés, Asam, Amigoni, Volpini waren
nun seine Kollegen, er wurde ›Hofstuckator‹, erwarb zwei Häuser, erreichte mit seinen Dekorationen im Preysing-Palais, in
der Residenz, in Nymphenburg europäischen Rang. Bedeutende Fresken und Stuckarbeiten schuf er u. a. in Weyarn, Prien,
Steinhausen, St. Michael in Berg am Laim, Andechs, Landshut,
Schäftlarn. Er starb in München und wurde auf dem Friedhof
von St. Peter begraben.

Dominikus war als Altarbauer, Stuckator und Scagliolist mit Sitz in Füssen tätig, bevor er sich 1716 in Landsberg niederließ und das Haus Nr. 13 am Stadtplatz erwarb. Er kam zu Ansehen, war 1734–45 Mitglied des Inneren Rats, später eine Zeit lang einer der vier Bürgermeister. In zunehmendem Maße auf Architektur konzentriert, schuf er außer in Landsberg vor allem in Maria Medingen, Buxheim, Steinhausen oder Günzburg wichtige, die Wies vorbereitende Werke. Nach dem Tod seiner Frau baute er sich ein Altersdomizil in Wies, wo sein Sohn als Maurerpolier lebte, verheiratet mit der verwitweten Wiesbäuerin Maria Lori, von der wir gleich hören werden. Dominikus wurde in Kloster Steingaden begraben.

Beide Meister haben die Rokokokunst zur Vollendung geführt: Johann Baptist durch ein Dekorationssystem, das nicht nur ›schmückte‹, sondern Architektur, Ornament und Bild in eins verschmolz, Dominikus durch eine völlig unkonventionelle und vergleichslose Raum- und Lichtlösung, die der Architektur die »Dehnbarkeit einer unsichtbaren, aber spürbaren Haut« (Hubala) verlieh: ein Schritt zur ›absoluten‹ Kunst. In der Wies sind ihre jeweiligen Anteile kaum zu trennen. Sicher ist nur, dass der Bau von Dominikus und die Fresken von Johann Baptist stammen; bei den Stuckarbeiten waren wohl beide am Werk.

Die Wies: Irdische Vollendung mit Himmelsblick

Ein Wunder rief den Wunderbau hervor. Bei den Karfreitagsprozessionen in Steingaden wurde eine aus mehreren Fundstücken zusammengebastelte Figur des Gegeißelten Heilands umhergetragen. Da sie missfiel, tat man sie nach wenigen Jahren wieder weg. Kinder fanden sie in einer Rumpelkammer, malträtierten sie, ließen sie liegen – der wiedergegeißelte Gegeißelte. Die Wiesbäuerin Maria Lori holte ihn in ihre Kammer, wo er zu weinen begann. Ein begreifliches Wunder. Es geschah 1738. Die Pilger kamen von Stund' an in Scharen. Schon 1746 begannen die Brüder Zimmermann mit dem Bau, den sie 1754 vollendeten. 1752 wurde die Kirche geweiht.

Ruhevoll geschwungen steht der Baukörper auf der Wiese vor den milden Konturen der Trauchgauer Berge, wirkt mit seinen Außensäulen am Portal ein wenig vornehm, wirkt mit seinen herausgeschnittenen Ornamentfenstern ein wenig verspielt: ein heiter-sanftmütiges Bild der Harmonie. Das beim Eintritt in die Kirche augenblicklich ins Schwindelerregende umschlägt. Denn die Raumwirkung berauscht: Sie lässt sehen und empfinden, wie ein vollkommen durchmodellierter *Rokokoraum* atmet, schwingt, schwebt. Keine Ecke, kein Segment, kein Zierrat, die daran nicht Teil hätten. Eine ovale Rotunde und ein Querrechteckraum gleiten ineinander über. Acht schlanke Doppelpfeiler sind nah vor die Mantelmauer gestellt, mit ihr durch einfache Bogen, miteinander aber durch verwegenste Kurvaturen verbunden. Sie bilden einen in den Chor fortgesetzten Umgang, wie ihn Wallfahrtskirchen brauchen. Sie tragen aber auch das hölzerne Schalengewölbe von beträchtlicher Spannweite – eine ingeniöse Ingenieurleistung.

Mit welchem Raffinement sind die Pfeiler gebildet: nicht rund, nicht quadratisch, sondern aus beiden Formen kombiniert und mit feinen Graten an den Ecken versehen. So hoch setzen sie an, dass sie fast einen Anhauch von Gotik suggerieren. Die großen Arkaden wiederum bilden phantasievolle Rocailleformen; im Chor wechseln sie zu durchbrochenen Rocaillekartuschen über, so märchenhaft, als seien sie fernher vom Maurischen geholt. Vollends unauflösbar ist die Ehe zwischen Architektur und Ornament in der Übergangszone vom blendend weißen Raum zum Freskenhimmel: ein geschweifter, züngelnder, goldblitzender Kronreif aus juwelenhaft gestochenen Einzelformen. Und das Licht? Ist es in seinen schwebenden Übergängen, seinen Schattengeheimnissen, als architektonisches, malerisches, ornamentales Element eingesetzt? Die Länge und Schmalheit des Chors und die feine Helligkeit auf der opulent farbigen Altarwand rücken das Gnadenbild in geheimnisvolle Ferne.

Es ist ein Himmel in lichttrunkenem Gelb und föhnigem Blau, der sich im *Deckenfresko* des ›Jüngsten Gerichts‹ über dem Kronreif zu ›wölben‹ scheint, ihm in Wirklichkeit aber flach aufliegt. In seiner Mitte thront Christus auf einem Regenbogen als Symbol der Verbindung zwischen Gott und den Menschen. Er zeigt auf sein Herz und auf das Kreuz über ihm. Der Thron des Weltenrichters (über dem Chorbogen) ist noch leer, das Tor zur Ewigkeit (über der Orgelempore) noch verschlossen. Der Regenbogen überwölbt die Apokalyptische Maria mit den vier Erzengeln und dem gefallenen Luzifer. Der Erscheinung des Auferstandenen über dem Gemeinderaum steht im doppelstöckigen *Chorraum* das Opfer Christi gegenüber. Es wird Gestalt im dominierenden Rotton des Altarraumes, der das Opferblut versinnbildlicht, im Gnadenbild des Gegeißelten zwischen den Opfer-Symbolen von Pelikan (unten) und Lamm (oben), im brillanten Chorfresko durch die Engel, die Gottvater die Marterwerkzeuge Christi bringen, schließlich im Altarblatt der Heiligen Familie, die auf die Ankunft Christi hinweist. Das Altarbild, einziges nicht in der Kirche entstandenes Werk, stammt vom Münchner Hofmaler Balthasar August Albrecht. Die pathoserfüllten *Evangelistenfiguren* im Chor schuf der in Augsburg tätig gewesene Holländer Egid Verhelst, die nicht minder machtvollen *Kirchenväter* im Gemeinderaum der Füssener Bildhauer Anton Sturm.

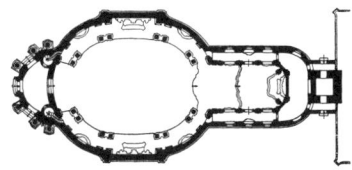

So geistreich wie graziös beschwört die *Kanzel* die Kraft des Wortes durch eine Jünglingsfigur, dem ein Delphin das belebende Quellwasser in die Schale leitet. Und die hier herumturnenden Putti sind drauf und dran, die Kartuschen im ›Kronreif‹ zu erklimmen, in denen ihre Gefährten rundum die acht Seligpreisungen aus der Bergpredigt demonstrieren.

Unter Zugspitze und Benediktenwand

Das weit ausgebreitete Tal von Garmisch-Partenkirchen unterm mächtigen Wettersteinmassiv zwischen den Wächtern Kramer im Nordwesten und Wank im Nordosten lud unwiderstehlich zum Wegebahnen und Siedeln ein. Die Römer, mit Straßen gleich bei der Hand, zogen ihre Alpentransversale von Innsbruck über den Scharnitz-Pass nach Augsburg natürlich hier durch. Den wiederentdeckten Spuren der Römerstraße folgte im Mittelalter die ›Rottstraße‹ der Fuhrleute. In dieser Bezeichnung steckt keineswegs eine wilde Rotte, sondern das lateinische ›rotare‹, d.h. rotieren, denn beim Warentransport wurden die Fuhrleute nach einer bestimmten Reihenfolge in festgelegten Streckenabschnitten eingesetzt. Ihre Zunft hieß ›Rott‹. Aber wild wird es schon zugegangen sein bei den vielspännigen Wagenkolonnen, die Wein, Öl, Gewürze und Stoffe herüber, Eisen, Blei und Kupfer, Holz, Felle und Waffen hinüber beförderten. Die Tore wurden jetzt breiter, die Gewölbe höher gebaut, man stellte Ballenhäuser, Herbergen und noch mehr Wirtshäuser hin. Die Orte nah oder unmittelbar an der Straße bekamen einen Goldschimmer: Mittenwald, Partenkirchen (nicht Garmisch), Ettal, Oberammergau, Murnau. Da es in Isar und Loisach überdies günstige Wasserwege besaß und der Wald Wild und Holz hergab, galt das Werdenfelser Land seither als ›Goldenes Landl‹.

Die Fürstbischöfe des Hochstifts Freising rieben sich die Hände, als es ihnen nach dem Niedergang der Andechs-Meranier, der Welfen, der Eschenloher 1294 gelang, die Grafschaft Werdenfels zu erwerben, sehr zum Neid der Wittelsbacher. Sie umfasste etwa ein Terrain zwischen den Eckpunkten Zugspitze, Scharnitz, Farchant und Wallgau mit der (später verfallenden) Burg Werdenfels als Sitz des Freisinger Pflegers. Bis zur Säku-

Johann Jakob Dorner d. J.,
›Der Eibsee mit Zugspitze‹, 1817

larisation, 1802, blieb die Grafschaft unter dem Mohrenwappen des Hochstifts.

Der heutige Landkreis Garmisch-Partenkirchen ist doppelt so groß, schließt Teile des Ammergebirges und des Estergebirges ein und reicht bis über den Staffelsee nach Norden. Über seinem Mittelpunkt, Garmisch-Partenkirchen, das sich hier als Ausgangspunkt anbietet, thront die Zugspitze, in der das von Osten allmählich ansteigende Wettersteinmassiv seinen Höhepunkt und zugleich sein schroff nach Westen abstürzendes Ende findet. So geschlossen es wirkt, so gestaltenreich ist es beschaffen mit seinen Graten, Kämmen, Schluchten, Wasserfällen, Karenfeldern, Gletschern, Seen. Dem Werdenfelser Land recht verwandt ist das Tölzer Land zwischen Loisach und Isar mit der beherrschenden Benediktenwand über Walchen- und Kochelsee.

Garmisch-Partenkirchen:
Bindestrich mit mildem Zähneknirschen

Was dem einen sein Kramer, ist dem anderen sein Wank; dieser hat die Loisach, jener die Partnach, der eine das Eis-, der andere das Skistadion, Kurparks haben beide und Quellen hat keiner (mehr). Was die künstlerischen Weihen angeht, so hat Peter Heß den Floriansplatz realistisch, Max Beckmann den Marienplatz expressionistisch gemalt, und Adolph Menzel stand klein und bucklig und doch felsenfest im Gewühl der Jodler und Schuhplattler an beiden Orten und strichelte seine duftigen Skizzenwunder ins Büchlein. So lässt das Paritätische eigentlich nichts zu wünschen übrig. Dennoch sind Garmisch und Partenkirchen seit je durch innige Rivalität und grimmige Gemeinsamkeit aneinander gebunden. Seit 1935 treten sie mit Bindestrich auf. Das hat ihre Händel nicht grad' beigelegt, aber das Zähneknirschen doch gemildert.

Ist die Geschichte an der Rivalität schuld? Sie hat Partenkirchen mit der Römer-, später Rottstraße ein langanhaltendes Wirtschaftswunder, dem ein wenig abliegenden Garmisch erst im 17./18. Jahrhundert eine Blüte durch das Schnitzerhandwerk beschert. Die Olympischen Winterspiele 1936 brachten eine wirtschaftliche Angleichung, machten den Doppelort berühmt und bis heute zur vornehmsten Wintersportmetropole Deutschlands mit unaufzählbaren internationalen Veranstaltungen, Pistenkilometern, Förderkapazitäten der Bahnen und Lifte (und statistisch gezählten 150 ansässigen Millionären). Die zeitgenössische Architektur seit dem Bauboom 1936 ist da wie dort recht dominant, doch ist sie an der Heimatbauweise orientiert und vermeidet Rustikalkitsch.

Garmisch wirkt moderner durch Kongresszentrum, Spielbank, die Bahnhofstraße mit eleganten Geschäften. Mit neu hergerichtetem Alten aber warten beiderseits der Loisach *Sonnenstraße, Loisach-* oder *Frühlingsstraße* auf: Reihen malerischer Gebirgshäuser, schindelgedeckt und giebelgeschützt, die mit schweren, dunkelgebeizten Holzaltanen und Zierbundwerk, mit Heiligenstatuen unterm Giebel und den lustigen, von Manndl-

und Weiblfiguren besetzten Bänken neben dem Eingang prunken. In der Fürstenstraße nehmen am *Gasthof zum Husar* ein Husar mit Tschako und ein Dragoner mit Dreispitz in einem empirefein gemalten Scheinfenster die Ankommenden ins Visier, sie sahen von 1859 an Adolph Menzel oft hier absteigen.

Der Martinswinkel war der alte Dorfkern und die Kirche *Alt-St.-Martin* die Mutterkirche fürs obere Loisach- und Isartal. Im Inneren des frühgotischen Baus, dessen Netzgewölbe auf einer Mittelstütze ruht, sind die Wände mit kostbaren, oberitalienisch beeinflussten Fresken bedeckt. Von links nach rechts: Christophorus (um 1300), Passionszyklus (um 1400), die Apostel (um 1430), das ›Jüngste Gericht‹ (um 1430), darunter die hll. Martin und Georg sowie ein Volto-Santo-Kruzifix (um 1250).

Die *Neue Pfarrkirche St. Martin* am Marienplatz hingegen ist ein Barockbau von 1734, bei dem eine uns schon vertraute Künstlergruppe am Werk war: Den großen, hellen Saalraum mit seinem zurückhaltenden Frührokokostuck schuf Joseph Schmuzer mit Schülern, die Decken- und Chorkuppelfresken der Martinslegende der junge Matthäus Günther, jene über der Empore der Lüftlmaler Zwinck. Die güldenen Heiligen stammen von Anton Sturm (Hochaltar) und Franz Xaver Schmädl (Seitenaltäre). Scheint die außergewöhnliche Spätrokokokanzel (Franz Hasp, 1782) sich nicht jeden Augenblick in tänzelnde Kringel aufzulösen?

Partenkirchen hat durch Brände von 1811 und 1865 sehr gelitten, doch der damalige Wiederaufbau der *Ludwigstraße* im traditionellen Geist macht die frühere Bürger- und Bräuhauspracht vorstellbar. Es gibt idyllische Winkel mit bemalten und bundwerkgezierten Häusern, etwa in der *Schorn-* und *Badgasse*, und in der *Ballengasse* und am *Floriansplatz* hat sich ein Hauch jener Dorfidylle erhalten, die uns Gemälde und Lithographien der ›Münchner Schule‹ überliefern.

Riesenschatzkästlein

Das ansehnliche Bürger- und Handelshaus aus dem 17. Jahrhundert in der Ludwigstraße 47, das die Brände fast heil überstand, beherbergt seit 1973 das *Werdenfelser Heimatmuseum*, ein

*Werdenfelser Masken, eher typisierte Porträts
als groteske Verlarvungen*

Riesenschatzkästlein der hochstehenden Volkskultur dieses
Landes. Der Reichtum an qualitätvollen Exponaten und ihre
Präsentation in Raumzusammenhängen macht es zu einem der
bedeutendsten Heimatmuseen Oberbayerns. So wird die Werdenfelser Bauernstube mit allem Drum und Dran von der trocknenden Wäsche rund um den Ofen über Bankheber, Spinnrad,
Herrgottswinkel, Millikasten, Arzneikasterl, Gemälden, bis
hinauf zur prachtvollen, naiv-lebendig bepinselten Holzdecke
vorgeführt, so das kleinstädtische Bürgerzimmer des 18. Jahrhunderts oder ein lustiges Tölzer Schlafzimmer des 19. mit Bie-
dermeier-Puppenwagen und Hinterglasbildern, sogar ein Aus-
tragsstübchen mit Ohrensessel und dem Bild des ›Kaisers von
Deutschland‹. Es gibt eine Mittenwalder Geigenbaustube und
einen Oberammergauer Holzschnitzraum, religiöse Klein- und
Volkskunst und bäuerliche und handwerkliche Geräte, es gibt
Krippen und ganze Reihen von Veduten. Durch erlesene Stücke ist die sakrale Kunst der Gotik und vor allem des Barock
mit Werken auch so bekannter Meister wie Ignaz Günther,
Christian Jorhan oder Franz Anton Zeiller vertreten.

Nicht groß, aber faszinierend ist die Maskensammlung. Da
sich die oberbayerische Fasnachts-Tradition auf das Werdenfelser Land konzentrierte und hier überdies die Holzschnitzerei
blühte, kam es zu Höhepunkten der Maskenschnitzkunst mit

einer auffallenden Besonderheit. Die ›Larven‹ – so heißen sie
hier – kehren nicht die groteske Verzerrung, das Erschreckende,
Lächerliche, Pompös-Erhabene hervor, sondern stilisieren das
Charakteristische des Gesichts ins Allgemeingültige, sind nicht
auf Narretei, sondern auf Magie aus. So kann man diese Larven fast als Physiognomien studieren. Im Übrigen sind die Fas-
nachtsbräuche hier keineswegs ausgestorben. Immer noch ziehen in der narrischen Zeit die ›Schellenrührer‹ in Holzmasken,
mit Kuhglocken am Ledergurt und der geschmückten ›Lebens-
rute‹ in der Hand herum, um in springenden Tanzschritten die
Fruchtbarkeit der Felder zu beschwören. Larven tragen auch die
›Jacklschutzer‹, die den Winter in Form einer Strohpuppe, dem
›Jackl‹, im Sprungtuch durchschütteln und zausen, manchmal
ist damit auch ganz konkret ein Tunichtgut gemeint, dem zur
Strafe ein Schreck eingejagt werden soll.

St. Anton: Das Fresko eines Frühvollendeten

Was wir von dem Leben des großen Malers Johann Evangelist
Holzer wissen, passt in einen Satz: Er wurde als Müllerssohn
1709 in Burgeis im Vintschgau geboren, lernte und arbeitete in
Werkstätten in Passeier und Straubing, dann bei Johann Georg
Bergmüller in Augsburg, starb mit 31 Jahren an einer Fieber-
krankheit am Hof des Kurfürsten Clemens August in Cle-
menswerth. Seine Fassadenmalerei in Augsburg zerstörte das
Wetter, seinen großen Freskenzyklus in Münsterschwarzach die
Säkularisation. Was blieb, sind wenige Gemälde und Stiche
sowie das Fresko in der Wallfahrtskirche St. Anton am Fuße des
Wank in Partenkirchen.

Gleich nach dem Bau von Neu-St.-Martin, 1734, erweiterte
Joseph Schmuzer das 1705 entstandene Achteck-Rondell der
Antonius-Kapelle durch ein ovales Langhaus und verband
beide Bauglieder durch das Gelenk zweier Kapellen. Die Lang-
haus-Kuppel, in die Holzer sein Fresko malte, ist niedrig, aber
er hat sie durch seine Scheinarchitekturen, die die himmlische
und irdische Zone imaginieren, weit aufgetan. Im offenen Himmel schwebt auf der blauen Erdkugel Christus als Licht der
Welt, ihm entgegen strebt der hl. Antonius, um Hilfe für die

Armen flehend. Mächtige Engel sind die Vermittler, sie kreisen zwischen den beiden Zonen, scheinen lebensgroß und so nah, dass man ihren Flügelschlag zu spüren meint: Wirkung der perspektivischen Bravour und der Dramatik und Dramaturgie der Farbe. Unten ein Reigen von Ketzern, Gefangenen, Siechen, Bettlern, Aussätzigen, aber auch Genesenden, Bekehrten, Erhörten, wie dem Blinden, dem das Licht aufdämmert, oder dem Kranken, der sein Bett nimmt und geht (wohl ein Selbstbildnis Holzers). Atemraubend die kühne, geradezu goyeske Realistik dieses Pandämoniums, das schmelzende Kolorit und die traumwandlerische Formsicherheit der Komposition. Dehio nennt es »vielleicht das schönste deutsche Deckenbild des 18. Jahrhunderts«. Holzers Subtilität auch im Kleinfresko zeigen die Embleme der acht Tugenden des hl. Antonius im Achteckraum der ingesamt ungemein stimmungsvollen und mit schönen Werken bestückten Wallfahrtskirche.

»Meine Arbeit fließt wie die Loisach«

Ausgerechnet der von den Moralhütern als »pervers« geschmähten ›Salome‹ verdankte *Richard Strauss* (1864–1949) seine Villa in Garmisch. Denn die Progressisten, die von dieser Nervenmusik enthusiasmiert waren, hatten dem Verleger Recht gegeben, der unvorstellbare 60 000 Reichsmark für die Partitur gezahlt hatte. Als gebürtiger Münchner ein Liebhaber der Berge, der die Sommerfrische gerne im Landhaus seiner Schwiegereltern in Marquartstein verbrachte, wählte Strauss dann Garmisch als Landsitz, unter anderem, weil seine kapriziöse Frau Pauline dort ›an der (Jod-)Quelle‹ des Kurörtchens Kainzenbad sitzen konnte, das aber nur noch bis 1920 existierte und heute ein nostalgisches Schwimmbad ist. Strauss konnte den über die Pschorr-Familie seiner Mutter mit ihm verwandten, renommierten Architekten Emanuel von Seidl, Bruder von Gabriel von Seidl, dafür gewinnen, ihm am Fuße des Kramer nah der Loisach 1907/08 ein repräsentatives, dennoch gemütliches Landhaus mit charmantem Zwiebel-Eckturm zu bauen.

In diesem Buen Retiro ruhte er sich im Sommer von den Turbulenzen seiner Tätigkeiten als Kapellmeister in München,

Bildnis Richard Strauss von Hubert Herkomer,
Kohlezeichnung 1903

Generalmusikdirektor in Berlin oder Operndirektor in Wien und zwischen seinen Gastdirigaten in aller Welt aus. Hier hat er den ›Rosenkavalier‹ komponiert und 1909 an Hugo von Hofmannsthal geschrieben: *»Komponiert sich wie Öl und Butterschmalz«*, oder: *»Meine Arbeit fließt wie die Loisach«*. Auch ›Elektra‹ (1909), ›Ariadne auf Naxos‹ (1911), ›Eine Alpensymphonie‹ (1915), in der manche Musikfreunde eine musikalische Vedute des Wettersteins und der Zugspitze zu hören meinen, ›Arabella‹ (1929) und vieles andere ist hier entstanden. In der Nazizeit als Präsident der Reichsmusikkammer zwischen Opportunismus und Opposition schwankend, legte er das Präsidium 1935 nieder, als man ihm seinen jüdischen Librettisten Stefan Zweig und seine jüdische Schwiegertochter vorwarf und zog sich vollends hierher zurück. Nach vierjährigem Nachkriegsaufenthalt in der Schweiz verbrachte er seine letzten Lebensmonate wieder in Garmisch. Seine Urne ist auf dem Garmischer Friedhof in der Familiengruft beigesetzt.

Kreuzaufrichtung auf dem Westgipfel der Zugspitze,
1851 festgehalten von Max Thoma, dem Vater des Schriftstellers

Die von einem weitläufigen Park umgebene Villa in der Zoep-
pritzstraße 42 ist weiterhin im Besitz der Familie, beherbergt das
Richard-Strauss-Archiv und kann nach telefonischer Anmeldung besichtigt werden (Auskunft Verkehrsamt).

Ohne sich also als Eindringling fühlen zu müssen, erlebt man
die persönliche Atmosphäre des Hauses, eine völlig unstili-
sierte, behaglich-bürgerliche Atmosphäre aus Zirbelholz und
Kirsche, Fliesen und Gobelinbezügen, Hinterglasbildern, Geweihen, Volkskunst aus aller Welt, Impressionisten und Expressionisten an den Wänden des Musikzimmers mit dem Ibach-
Flügel, des Speisezimmers, der Loggia, des Treppenhauses. Seit
1989 werden in Garmisch-Partenkirchen alljährlich im Sommer
die Richard-Strauss-Tage veranstaltet und seit 1999 beherbergt
eine Jugendstil-Villa im Kurpark in Partenkirchen das Richard-
Strauss-Institut für Studium und Forschung.

Für die Einheimischen war der »Zuggeist« auf der Zugspitze, die sie »der Zugspitz« nennen, ein Geiermonster, das die Ruhe des Berges störende Menschlein ohne Federlesens in die Tiefe schleuderte. Nicht verwunderlich bei einem so ehrwürdigen Dreitausender, genauer 2962er, mithin dem höchsten Berg Deutschlands, der seinen Namen von den in Bahnen abgehenden Lawinen-›Zügen‹ schon vor etwa 400 Jahren bekam, früher drei Gipfel hatte, jetzt nur noch einen, und der noch ein bisschen mehr in Sensationsgeschichten als in Wolken gehüllt ist.

In Flöhe gehüllt waren in der Nacht zum 27. August 1820 in der Angerhütte der Leutnant Joseph Naus und seine Gefährten – deren Vermessungsauftrag allerdings allzu hoch hinaus wollte –, bevor er tags mit seinem Diener und dem Führer Johann Georg Tauschl beim zweiten Versuch *»nach einigen Lebensgefahren und außerordentlichen Mühen … um ¹/₂ 12 Uhr die höchste Spitze des noch von keinem Menschen bestiegenen, so verschrienen Zugspitzes«* erkletterte. Der Zuggeist tobte mit Donner, Blitz und Schneegestöber, aber die Erstbesteiger kamen ihm aus und am Abend entkräftet, aber unbeschadet nach Partenkirchen zurück.

Nicht minder halsbrecherisch und schweißtreibend war die Errichtung des Gipfelkreuzes am 12. August 1851 durch eine Kavalkade von 29 Männern, die mit Teilstücken des zerlegten, 300 Pfund schweren Kreuzes auf den Westgipfel keuchten und das Ganze dann auf einer drei Fuß breiten Zinne über dem Abgrund festzurrten. Später wurde das Kreuz auf den Ostgipfel versetzt. 1883 baute man die erste Unterkunft, das spätere ›Münchner Haus‹, am Westgipfel, 1900 eröffnete man die Wetterwarte. Und dann kamen die tollkühnen Männer mit ihren fliegenden Kisten: 1922 landete Franz Hailer mit einem Motorflugzeug auf dem Zugspitzplatt, 1927 wagte Ernst Udet den ersten alpinen Start der Segelfliegergeschichte ebenfalls von dort aus.

Für die Öffentlichkeit ›eröffnet‹ wurde der binationale Berg, bei dem die Grenze akkurat über den Gipfel führt, 1926 durch die Österreicher mit der Tiroler Zugspitzbahn von Ehrwald-

Obermoos aus und 1930 durch die Deutschen mit der Bayerischen Zugspitzbahn von Garmisch-Partenkirchen aus. Beim Bau des bayerischen Tunnels ereignete sich auf der letzten Strecke am 5. Dezember 1929 ein verheerender Tunnelbrand, der vielen Männern auf schreckliche Weise das Leben kostete.

Der ›Zuggeist‹ scheint resigniert zu haben. Er musste mitansehen, wie der Berg mit Bahnen installiert und Bauten möbliert wurde wie ein trautes Heim, wofür man sogar den Haupt- und den Westgipfel abkappte. Wie auch könnte er mit mehr als einer halben Million Menschlein jährlich fertig werden, die ›seinen‹ Berg bewimmeln, in achtzig Minuten vermittels drei verschiedenen Bahnen oben sind, die Runde Zugspitzplatt – Gipfel – Eibsee drehen oder in Schlepp- und Sesselliften mit Skiern und Snowboard herumfuhrwerken? So kann er nur melancholisch beobachten, wie Artisten mit Todesverachtung von einem Gipfel zum anderen seiltanzen, indes Damen in stadtfeinen Schuhen zum Geldautomaten und in die Bar eilen, wie Wildentschlossene sich mit Wahnsinns-Steilabfahrten brüsten, während in luxuriösen Konferenzräumen geschäftliche Höhenflüge in die dünne Luft katapultiert werden, wie sich im ewigen Firn sogar eine moderne Kunstgalerie eingenistet hat, die die Konkurrenz eines gloriosen Fernblicks auf vier Länder und vier- bis siebenhundert Berge offenbar nur als Untermalung empfindet. Bei all dem kann doch selbst ein Geist nur entgeistert sein. Reuevoll hat er freilich inzwischen erkannt, dass jene Wackeren, die dem Allgewaltigen der Nordalpen acht Stunden lang durchs Höllental oder zehn durchs Reintal mit nichts als den Füßen zu Leibe rücken, seine einzigen echten Kumpels sind.

Der *Eibsee* in 974 Meter Höhe in der schroffen Flanke des Waxensteinkamms wurde schon im 19. Jahrhundert ein Tummelplatz der Snobiety. 1880 stellte ein schwäbischer Pfiffikus ein Nobelhotel an sein Ostufer, in dem sich nach dem Ersten Weltkrieg die Berliner Theaterwelt von Albert Bassermann bis Richard Tauber einnistete und die Geschwindigkeitsrekordler der Automobil- und Flugzeugelite von Hans Stuck bis Ernst Udet schnell mal zum Lunch »zwischen dem Kaffee in Berlin und dem Cocktail in St. Moritz« (so Udet) vorbeischauten. Da-

mals kam es an dem zwei Quadratkilometer großen See sogar
zu Irrsinnsrennen zwischen Motorrädern, Autos und Flugzeu-
gen (in der Luft), und Tausendsassa Udet stürzte sich ins Herz
einer kaffeetrinkenden Schönen auf der Hotelterrasse, indem er
ihr mit der Tragfläche seines Flugzeugs die Tasse aus der Hand
bugsierte. Solchen Herrenulk wird man in einer Zeit des sensi-
bilisierten Naturbewusstseins bei einem Spaziergang um den
tiefgrünen See gerne missen, bei dem die Fülle eindrucksvoller
Hochgebirgsbilder begeistert. Der Kessel des Eibsees ist in der
Eiszeit durch herabstürzende Blockschuttmassen entstanden.

Die beiden Gletscher der Zugspitze, Schneeferner und Ferner, haben durch ihre Abflüsse das Reintal mit der Partnach
und das Höllental mit dem Hammersbach geschaffen, in denen
sich im Laufe von Jahrtausenden bizarre Wildwasserschluchten
bildeten. Die von Hammersbach aus begehbare *Höllentalklamm*
verläuft auf einem Weg von einem Kilometer durch Galerien
und Tunnel über Treppen und Brücken am tosenden Wasser
vorbei. Im Winter ist sie unbegehbar. Die noch beliebtere, vom
Partenkirchener Stadion aus erreichbare *Partnachklamm*, 700
Meter lang, mit Steilwänden bis zu achtzig Metern Höhe, kann
hingegen auch im Winter gefahrlos passiert werden, zu dieser
Jahreszeit ist sie mit ihren phantasievollen Eisgebilden zwischen
engen Wänden und gischtenden Wassern besonders reizvoll.

Hausberg und Zauberberg: Wank und Elmau

Die Wanderwege in die nähere und weitere Umgebung von
Garmisch-Partenkirchen sind zahllos. Hier nur zwei Ziele. Der
Wank (1780 m) ist ein richtiger ›Hausberg‹, den harte Männer
zusätzlich domestizieren, indem sie behaupten, er sei vor dem
Frühstückssemmelholen »schnell mal rauf und runter« zu schaffen, indes die stille Hausfrau sich mit drei Stunden hinauf und
zwei hinunter bescheidet. Die Kabinenbahn braucht 13 Minuten zum obersten Plateau. Der Panorama-Rundblick vom Wank
ist schier unübertrefflich, weil die Berghäupter rundum greifbar
nah und so übersichtlich ›geordnet‹ erscheinen, dass sie auch
ohne Karte auszumachen sind: Im Südwesten Zugspitze und

Alpspitze, im Süden Wettersteinkopf, im Südosten das Tal von Mittenwald mit Karwendel, im Nordosten Estergebirge mit Krottenkopf, im Westen/Nordwesten Kramer im Vordergrund, Ammergebirge mit Notkarspitze, Laber und Ettaler Manndl dahinter, im Westen Daniel und die Allgäuer Alpen.

Das zweite Ziel ist kein Berg, sondern ein »lebensfern-liebenswürdiger Zauberberg« (Eleonore Büning), abgeschieden und zugleich beschützt: die *Elmau*. Zu Fuß ist sie vom Ende der Partnachklamm auf einem sechs Kilometer langen Weg am Ferchenbach entlang zu erreichen. Der Autofahrer wird auf der Straße nach Mittenwald bei Klais abbiegen und die Mautstraße emporfahren, bis sich in über tausend Meter Höhe überraschend ein großartiges Bild auftut: In einer anmutig mugeligen Hochebene thront ein mächtiges Schlossgeviert mit einem Spitzturm in der Mitte vor der lichten, schroff aufragenden Wettersteinwand. Das Schloss ist ein Hotel von besonderer Art: eine Stätte der Begegnung für geistig und musisch interessierte Menschen, 1916 gegründet von dem Theologen, Philosophen und Erzieher Josef Müller (1864– 1949) und von dem Architekten Carl Sattler erbaut. Seit damals werden hier Diskussionstagungen, Konzerte und Musikwochen, Literaturlesungen, Tanzforen, Bergtouren, Skiwanderungen veranstaltet, kann der Gast Klaviere bespielen, Tanzstunden nehmen, allein oder mit Kindern an Ferienprogrammen teilnehmen. Oder nichts als faulenzen. Und nach wie vor schlägt sich der ›Geist von Elmau‹ in einer leger-familiären Atmosphäre nieder. Freilich wird er heute durch den Leiter aus der Enkelgeneration der Familie Müller-Elmau mit frischem Elan angetrieben: Unversehens ist der meditative Ort zu einem Forum hochtemperierter Auseinandersetzungen mit brisanten Zeitfragen geworden, die ein bemerkenswertes Echo in der Öffentlichkeit finden.

Hochalpiner Orient am Schachen

Der König saß, so berichtete Louise von Kobell, in türkischer Tracht lesend in seinem Salon und versicherte sich ab und an mit lächelndem Blick seiner Dienerschaft, die ihm, gleichfalls

muselmanisch gewandet, rauchend und Mokka nippend, auf
Kissen rundum zu Füßen lagerte. Ein Pfauenfederfächer ver-
teilte den Duft von Rauchpfannen und den Tabaksqualm im
Raum, einem türkischen Saal, der opulent mit Teppichen,
Schnitzwerk, farbigen Ornamentfenstern geschmückt und mit
einem Springbrunnen und großen pfauenähnlichen Vasen
bestückt war. Das Haus, in dem dieses Tausendundeine-Nacht-
Szenario spielte, präsentiert sich außen wie eine Mischung aus
Gebirgssanatorium und Stationsgebäude im Schweizerstil und
liegt in 1865 Meter Höhe im Wettersteingebirge auf der Scha-
chen-Alpe unterhalb der Dreitorspitze. Der König fuhr mit
einem zweirädrigen, ponygezogenen Bergwagen hinauf. Er
pflegte seine Geburts- und Namenstage hier zu verbringen, und
wenn er nahte, mussten die bunten Kerzenglühlämpchen, die
das Haus umränderten, sowie Feuerwerksraketen entzündet

werden, was nun wieder eher oktoberfestzünftig als orientfern anmutet.

Das *Königshaus auf dem Schachen* ist die erste Inkarnation der orientalischen Träume Ludwigs II., 1872 von Hofbauingenieur Josef Röhrer vollendet, Träume, die gleichzeitig im Wintergarten über dem Festsaalbau der Münchner Residenz im indischen Stil oder im Maurischen Kiosk in Linderhof und in vielerlei Weise in seinem Theater verwirklicht wurden. Die Zeitmode kam ihnen entgegen oder löste sie aus, so waren bei den Weltausstellungen von 1867 und 1878 in Paris orientalische Häuser und Kioske die Attraktion. Architekt Georg Dollmann machte dort für den König Trouvaillen.

Der Schachen ist bis heute nur zu Fuß zu erreichen: von Elmau in drei, von Garmisch in sieben Stunden. Man kann von Juni bis September zweimal täglich die Räume des Schlosses besichtigen. Hochinteressant ist überdies der hier oben vom Botanischen Garten in München angelegte *Alpengarten.*

Bilderbücher im Freien

Ob die ›Lüftlmalerei‹ so genannt wurde, weil sie den ›Lüftln‹ ausgesetzt ist, weiß man nicht so genau, doch der niedliche Name passt gut zu den leuchtenden Bilderbüchern an den Außenwänden der Bauernhöfe. Fassadenmalerei in Städten ist ein uraltes Phänomen – aber wie kam es, dass sie in der Barockzeit in Oberbayern plötzlich so üppig am Land aufblühte, vor allem im Werdenfelser Land? Weil die Rottstraße ihre Anwohner damals wohlhabend und repräsentationsbegierig machte, weil breite Bauernhäuser mit weißen Wänden unter vorkragenden Dächern förmlich den Schmuck herbeiriefen, weil die Bewohner den Schutz der Heiligen für ihr Haus durch Bildbeschwörung zu erflehen suchten. Wo schützende Dächer fehlten, wie zwischen Inn und Salzach (mit Ausnahme Berchtesgadens) oder wo Geld knapper war, konnte sich die Lüftlmalerei nicht niederlassen.

Vom Anfang des 18. Jahrhunderts an wurde es im Werdenfelser Land wie auch in der Tölzer und Schlierseer Gegend

Brauch, die Muttergottes und Christus, Bauernheilige, das ganze Himmelsrepertoire an die Fassaden zu malen, Szenen aus dem Alten oder Neuen Testament darauf zu inszenieren, an Türen und Fenstern Palastarchitekturen vorzutäuschen, lustige oder erbauliche Sprüche zu illustrieren. Die Maler blieben meist ungenannt, weil sie ihre Fresken nicht signierten. Populär wurden nur *Franz Karner* (1737–1817) aus Mittenwald, von dem man lediglich weiß, dass er Kohlenbrenner war, der Glonner *Johann Baptist Böhamb* (1752–1838), der im Leitzachtal malte, und vor allem *Franz Seraph Zwinck* (1748–1792) aus Oberammergau, wo wir seine Fassaden sehen werden. Sein Vorbild war Matthäus Günther, der den Mittenwalder Kirchturm 1746 mit den hll. Peter und Paul bemalte. Doch hat Zwinck darum nicht bei dem Augsburger Akademiedirektor studiert, wie es oft heißt, nein, der Sohn eines früh verstorbenen Kirchenmalers hat sich wohl eher durch das Studium von Stichen (mit Vorliebe Rubens) autodidaktisch geschult, sich wohl auch bei Kleinmeistern handwerkliche Unterweisung geholt. Auch Kirchenfresken und Ölbilder schuf er, und da ja in Oberammergau alles ›zu Theater gerinnt‹, nahm man einige seiner Fresken seinerzeit für die Lebenden Bilder des Passionsspiels zum Vorbild, etwa die ›Kreuzabnahme‹ in der ›Kappel‹ von Unterammergau.

Die Lüftlmalerei hielt sich bis zum Beginn des 19. Jahrhunderts, wurde Ende jenes Jahrhunderts durch die Heimatkunst-Bewegung wiederbelebt und taucht auch in unserer Zeit in herkömmlichen Formen immer wieder in ihren Kerngegenden auf, wobei die Maler Heinrich Bickel aus Garmisch und Sebastian Pfeffer aus Mittenwald hervorragen.

Mittenwald: Korpusmacher, Wirbeldreher, Schneckenschnitzer

Die köstlich klingenden Berufsbezeichnungen in der Überschrift sind keine poetischen Synonyme für Bildhauer, Tänzer und Konditor, sondern waren dort zu Hause, wo der Himmel seit mehr als dreihundert Jahren voller Geigen hängt: in Mittenwald. Vorher waren die Mittenwalder allesamt Bauern,

Geigenbauschule in Mittenwald:
Meister Anton Maller inmitten seines Geigenwaldes

denen es an der Rottstraße gut ging, und noch besser, als die
Venezianer den für italienische wie deutsche Kaufleute so wichtigen Bozener Markt 1487 aus Ärger über die von Erzherzog
Sigismund befohlene Verhaftung venezianischer Kaufleute in
Bozen nach Mittenwald verlegten. Dass die Kesselbergstraße ab
1492 München in Reichweite brachte, war auch nicht zu ver-
achten. Zwei Jahrhunderte später aber blickten die Mittenwalder unfroh in die Zukunft: Der Markt war 1679 nach Bozen
zurückgekehrt und in der neuen Straße Augsburg–Füssen–
Reutte war ihnen auch eine Konkurrenz erstanden.

Gerade recht, dass der junge Schneidersohn *Matthias Klotz*
(1653–1743) aus Italien heimkehrte, wo er Geigenbau gelernt
hatte, wenn auch nicht bei den Genies Amati, Guarneri oder
Stradivari, wie es die Legende will, sondern – wohl unter an-

derem – bei einem Lautenmacher aus Padua. Alles weist darauf
hin, dass er ohnedies nicht mehr an der klassischen Cremone-
ser Schule orientiert war, sondern an dem Tiroler Meister Jakob
Stainer, dessen Geigen mit ihrem hellen, weittragenden Ton für
die Barockmusik maßgeblich wurden. Da Mittenwald ›mitten
im (Scharnitz-) Wald‹ lag, der zur Genüge Ahorn und Fichte als
Tonholz lieferte, machte Klotz unternehmungslustig hier 1683
eine Geigenbauer-Werkstatt auf. Heute steht sein Denkmal, das
Ferdinand von Miller 1890 goss, vor der Kirche, und sein Name
taufte Straßen und Stiftungen.

Mitte des 18. Jahrhunderts existierten hier bereits 15 Famili-
enbetriebe, die Violinen, Violas, Violoncelli, Kontrabässe bauten. Da die Dörfler aber Bauern bleiben wollten, fertigten sie
Einzelteile – Schnecken, Wirbel, Zargen, Corpora – in Heim-
arbeit. Bei solcher Spezialisierung waren es nur die Meister-
stücke, die ganz und gar aus einer Hand kamen. Im 19. Jahrhundert mit seinem Trend zur Hausmusik wurde die Herstellung von Saiteninstrumenten die wichtigste Erwerbsquelle des
Ortes. Instrumentenverleger lösten den Hausierhandel ab und
lancierten Massenproduktion und Internationalisierung des
Absatzes.

Die Geigenbauschule, die auf Anregung von König Max II.
1858 in Mittenwald gegründet wurde, sollte gegensteuern,
drängte auf umfassende Ausbildung, kunsthandwerkliches
Niveau, Individualismus. Heute heißt die inzwischen berühmte
Schule ›Staatliche Berufsfach- und Fachschule für Geigenbau
und Zupfinstrumentenmacher‹, ist die einzige dieser Art in
Deutschland, nimmt jeweils vierzig Schüler für Geigenbau und
zwölf für Zupfinstrumente aus der ganzen Welt auf und veranstaltet alle vier Jahre Internationale Geigenbau-Wettbewerbe,
bei denen die Vielzahl chinesischer und italienischer Namen
auffällt. Die Mitarbeiter der elf Meisterbetriebe, die es heute
hier gibt, sind aus dieser Schule gekommen.

Wer Geigen zu den vollkommenen Geschöpfen auf dieser
Welt zählt, wird auch als Laie im *Geigenbaumuseum* (Ballenhaus-
gasse 3) gerne an den Meisterstücken von Generationen von
Geigenbauerfamilien entlangwandern und in der angeglieder-

ten Werkstatt zuschauen, wie ein solches Geschöpf entsteht. Die Lüftlmalerei an diesem Haus – es ist das (umgebaute) Wohnhaus von Matthias Klotz – stammt von Franz Karner, 1764.

Fassaden-Augenweide

Fortlaufende Zickzackdächer über behäbigen, mit Malerei und Blumenbalkonen geschmückten Fassaden, Giebel mit Zierbundwerk, weit in die Straße ragende hölzerne Dachrinnen, breitmäulige Toreinfahrten – und am Horizont als Kontrapunkt die Zickzackreihung von Karwendel- und Wettersteinmassiv mit dem Wahrzeichen der Viererspitze des Karwendel: Mittenwald ist ein *»lebendiges Bilderbuch«*. Der dies sagte, notierte hier am Morgen des 8. September 1786 beim Aufbruch zur Weiterreise nach Italien: *»Nun aber, im Glanze der aufgehenden Sonne, die dunklen, mit Fichten bewachsenen Vordergründe, die grauen Kalkfelsen dazwischen und dahinter die beschneiten höchsten Gipfel auf einem tiefen Himmelsblau, das waren köstliche, ewig wechselnde Bilder.«*

Am ehemaligen Gasthaus, in dem Goethe Quartier nahm (Obermarkt 2) erzählt die Fassade die frühere Geschichte des Hauses als Rott- und später Poststation. Der Obermarkt ist überhaupt eine Fassaden-Augenweide. Das *Gasthaus Alpenrose* (Nr. 1) prunkt mit Fresken von Franz Seraph Zwinck (1780): ›Marienkrönung‹ im Giebelfeld, ›Die fünf Sinne‹ im fensterverbindenden Mittelstreifen, hl. Margarete, hl. Elisabeth und unbe-

8 *Kirchenrokoko in grandioser Bewegtheit – die Wieskirche*
9 *Rottenbuch – Gotteslob in Stuck und Gold*
10 *Tänzerische Grazie in der Pfarrkirche von Weyarn –*
   Ignaz Günthers ›Verkündigung‹

kannte Heilige im unteren Streifen. Das frühere *Pilgerhaus* (Nr. 4) hat sich unter den Schutz der hll. Maria und Joseph, Peter und Paul gestellt. Matthäus Günthers Schülern wird die üppige Dekoration am *Neunerhaus* (Nr. 24) zugeschrieben, deren Darstellungen der Marienverkündigung und der Zwölf Apostel so souverän und großformatig über die Wand verteilt sind, dass durchaus an professionelle Deckenmalerei gedacht werden muss. Eine St.-Georgs-Darstellung von unbekannter Hand zeigt Haus Nr. 56.

Opulent war nochmals Zwinck am *Hornsteinerhaus* (Professor-Schreyögg-Platz 8) zugange, dessen Giebel er mit dem Motiv ›Judith enthauptet Holofernes‹ zu einer regelrechten Bühne erweitert und illusionistisch vertieft hat, an der Fassade reicher Architektur- und Figuralschmuck, 1775. Karner wiederum schmückte das *Schlipferhaus* (Goethestraße 23) locker und virtuos mit Heiligen- und Mariendarstellungen zwischen den Fenstern, 1762, und das *Hoglhaus* (Malerweg 3) mit einer ›Flucht nach Ägypten‹, 1779. Ein unbekannter barocker Meister malte im ältesten Ortsteil, Im Gries, ans Haus Nr. 30 das Gleichnis vom Balken im fremden und Splitter im eigenen Auge, indes Haus Nr. 18 heutige Malereien von Heinrich Bickel trägt. Die anderen modernen Lüftlmalereien in Mittenwald stammen meist von Sebastian Pfeffer.

Was Wunder, dass Matthäus Günther der Fassadenlust der Mittenwalder entgegenkam, indem er von der farbigen Turmwand der *Pfarrkirche St. Peter und Paul* die beiden übereinandergestellten Kirchenpatrone in den Obermarkt blicken ließ. Ihre Legenden erzählt er innen in den Deckenfresken mit dramatischem Elan und in brillanter Farbigkeit; die Apotheose der Apostelfürsten in der kreisrunden Kuppel ist ein Höhepunkt seiner Kunst. Auch das Hochaltarblatt stammt von ihm (alles 1740–46). Meister Joseph Schmuzer, mit dem er zwischendrin in Oberammergau wieder zusammenarbeitete, hatte dem spätgotischen Chor 1738–40 den Saalraum angefügt und die feinen Rocaille- und Bandelwerk-Stuckaturen geschaffen.

Einen herrlichen Blick auf Mittenwald sowie Wetterstein und Karwendel gewährt der breite Rücken des *Hohen Kranzbergs* (1391 m), Mittenwalds blumenreicher Hausberg im Westen, auf den ein Sessellift führt. Mit der Karwendelbahn kann man im Osten die *Westliche Karwendelspitze* (2384 m) erreichen, von der aus anspruchsvolle Gipfelwanderungen möglich sind. Da das Gebiet lange Zeit nur dem Hof als Jagdrevier zugänglich war und jetzt auf bayerischer wie österreichischer Seite unter Naturschutz steht, sind seltene Bäume wie Zirben, Eiben, Bergahorn sowie die alpine Flora weitgehend erhalten geblieben.

Die im Gebirge bei Halleranger entspringende *Isar* fließt bei Scharnitz durch ein Gletschertal nach Mittenwald und umzieht bei Wallgau mit scharfer Ostwendung die Flanke des Karwendelgebirges. Auf diesem Weg wird die »wilde Tochter des Karwendel« nach und nach zu einer ausgepowerten Dienstmagd gebändigt. Für das Walchensee-Kraftwerk wird sie bei Krün so erheblich zur Ader gelassen, dass sie nur noch in Rinnsalen über das Schotterbett fließt. Die Vereinigung mit dem bereits vorher durch ein Felstunell geschröpften Rißbach bei Vorderriß bleibt matt und freudlos – von welch einem Ungestüm weiß die frühere Literatur zu berichten! Umso überraschender wirkt östlich davon dann die reizvolle ›Fjordlandschaft‹ des *Sylvenstein-Stausees*, der 1954–59 angelegt wurde, um die Isar wieder anzuhöhen, überdies um in Zeiten der Schneeschmelze das Land vor Hochwasser zu bewahren und die Fallhöhe von 26 Metern für Stromerzeugung zu nutzen. Geopfert wurde bei seiner Anlage der alte Weiler Fall, bei dem die Isar einst in schäumenden Katarakten von wildester Gewalt herniederkam – wie es Ganghofers Roman ›Der Jäger von Fall‹ eindrucksvoll schildert. Südlich des Sees ist ein neuer Ort Fall angelegt worden.

›Isarwinkel‹ hat der Volksmund liebevoll die Berge und Täler genannt, die im Bogen der Isar zwischen Vorderriß und Lenggries und weiter bis nach Bad Tölz ruhen, eine abwechslungsreiche Flusslandschaft aus Buschland, Wiesenauen, Geröllfeldern, die streckenweise eine wieder wildromantische Isar beherbergt. Diese Reize aber tragen ihr zwischen Wolfratshausen und Thalkirchen eine andere Knechtschaft ein: Betriebsausflugsbiergaudibeförderung.

Kloster Ettal: Ein Hauch von Rom im Ammertal

Immer wieder eine Überraschung, die Kuppel von Ettal zwischen den Rappenköpfen, dem Kofel und dem Laber auftauchen zu sehen. Denn die römische Attitüde des majestätischen Rundbaus, von Türmen gerahmt und einer geschwungenen Fassade ummantelt, wirkt in einem Gebirgstal zumindest ungewöhnlich. Außergewöhnlich bedeutungsschwer waren auch die mit dieser Gründung von 1330 durch Kaiser Ludwig den Bayern verbundenen Absichten: Von Italien zurück, wollte er seine Position im Erbland Bayern durch ein Landeskloster festigen. Dieses sollte überdies manifestieren, dass sein Glaube trotz des Papstbannes unangefochten war. Eine von Rom mitgebrachte Marmor-Madonna sollte das Kloster zum Ort der Marienverehrung machen. Dessen Lage an einer Fernstraße war ihm aus handelspolitischen Gründen lieb. Und schließlich stellte er der hier etablierten Benediktinergemeinschaft noch einen Konvent für Ritter und deren Frauen zur Seite. Zu viel, um der Realität standzuhalten. Erst viel später, nach 1700, gewann das Kloster Bedeutung. Da erst blühte die Wallfahrt wirklich auf, wurde überdies die 1709 ins Leben gerufene ›Ritterakademie‹ ein Kristallisationspunkt bayerischen und österreichischen Adels. Der ruhigen Weiterentwicklung setzte nur die Nazizeit eine Zäsur, in der die Gestapo den Abt und zwei Patres verhaftete, was den Konvent nicht hinderte, Pater Rupert Mayer und Dietrich Bonhoeffer bei sich zu beherbergen.

Nicht erst der Barockumbau der *Klosterkirche* schuf deren Rotundengestalt, sondern verblüffenderweise schon die Gotik zwischen 1330 und 1370, nämlich einen zwölfeckigen Zentralbau mit Zeltdach und Mittelstütze – eine nur aus dem erwähnten hochfliegenden Programm zu erklärende Bauidee mit Pathos, wie sie ähnlich in der Pfalzkapelle in Aachen oder der Heiligen Kapelle in Altötting verwirklicht wurde. Eben dieser

Materialisierte Mozartmusik: die Empore der Ettaler Kirche,
1909 gemalt von Carl Wilhelm Anton Seiler

Zwölfeckraum wurde nun der Mittelstütze entledigt und durch
Überwölbung mit einer hohen Kuppel zu einem Rundbau von
einer hierzulande ungekannten Größenordnung im Geiste Ber-
ninis verwandelt, und zwar von dem Münchner Hofbaumeister
Enrico Zuccalli, der den Umbau von Kirche und Kloster bis
1724 betreute. Joseph Schmuzer setzte dessen Werk nach Stag-
nation und Brand der Anlage von 1745 bis zu seinem Tode 1752
fort. Die Ausstattung des als eigener Raum aufgefassten Chores wurde erst um 1790 im klassizistischen Stil vollendet.

Der doppelstöckige, farbig überwölbte, gold-weiß-rosa *Raum* vereinigt auf eine unnachahmliche Weise das Würdevolle mit dem Bergenden. Diesen Eindruck bewirkt die hohe Sockelzone bis zur Befensterung, deren Rund durch flache Pilaster und flache Altäre noch betont wird. Auch die zauberhafte *Orgelempore* – Meisterwerk Schmuzers – passt sich der Rundung an und antwortet dem Bogen zum ovalen Chor. Delikate Eleganz zeichnet die bis zum ›Himmel‹ reichende Stuckornamentik von Johann Georg Üblhör und Franz Xaver Schmuzer aus. Dieser *Kuppelfresko-Himmel* des Tirolers Johann Jakob Zeiller ist eine Apotheose der von Heiligen und Engeln umgebenen Dreifaltigkeit sowie des Benediktinerordens. Über dem Chorbogen die Gründungslegende Ettals. Die beiden miteinander korrespondierenden Dreiergruppen der eleganten, flachen *Seitenaltäre* sind Werke von Straub, dessen Meisterschaft wir auch die *Engelsturz-Kanzel* (1760) und die Beichtstühle verdanken. Die Altargemälde stammen von Jakob Zeiller, Martin Knoller, Felix Anton Scheffler und anderen bedeutenden Barockmalern.

Kühler, von Marmor beherrscht wirkt der später ausgestattete *Chorraum*, einer der frühesten Kirchenräume des Klassizismus, in dem sich Martin Knollers *Hochaltarbild* der Marien-Himmelfahrt in seinem schönen *Deckenbild* von Mariens Empfang im Himmel geistvoll fortsetzt (1786, 1769). Von zehn vergoldeten Bleireliefs des Marienlebens von Roman Anton Boos flankiert, birgt die Tabernakelnische Ettals Zentrum: das zierliche *Gnadenbild* der nur 33 Zentimeter hohen, aber in der Auffassung monumentalen Madonnen-Statuette, nach 1300 in Pisa entstanden und erst seit dem Barock bekleidet.

Klosterleben mit Computer und Handy

Die Klosteranlage beherbergt die Benediktiner-Kommunität, ihr berühmtes Gymnasium mit Internat sowie einen Teil der zum Kloster gehörenden Wirtschaftsbetriebe: Bierbrauerei, Likördestillerie, Buch-Kunstverlag, Klosterladen, das Hotel ›Ludwig der Bayer‹, eine Landwirtschaft.

Derzeit hat der Konvent 54 Mitglieder, etwa zu gleichen Teilen Patres (Priestermönche) und Fratres (Laienmönche) mit ewigen Gelübden, dazu einige Mönche mit zeitlichen Gelübden und einige Novizen. An der Spitze stehen Abt, Prior, Subprior, Zellerar. Die Konventsmitglieder, sofern nicht im Ruhestand, sind in den genannten Betrieben tätig und dafür speziell ausgebildet. Der leitende ›Finanzmanager‹ aller Betriebe ist meist sowohl studierter Theologe wie Betriebswirt. Ihm unterstehen knapp 200 Mitarbeiter. Zum Lehrkörper des Gymnasiums gehören, einschließlich Direktor, elf Patres, die die verschiedensten Fächer unterrichten, neben dreißig weltlichen Kräften. Es gibt derzeit 436 Schüler und Schülerinnen, davon zwei Drittel externe und ein Drittel im Internat. Andere Mönche sind in Bibliothek, Verwaltung, Gärtnerei, Schneiderei, Bierbrauerei, Bäckerei, bis hin zum Reinemachdienst tätig. Ihre ›Zelle‹ ist ein Wohn-Schlaf-Arbeitszimmer, durchaus individuell eingerichtet mit Büchern, Bildern, Musikanlage, und wer mit wissenschaftlichen Arbeiten, Publikationen oder Vorträgen befasst ist, hat auf seinem Schreibtisch heute selbstverständlich auch einen Laptop stehen.

Der Tagesablauf der Mönche beginnt um 5.15 Uhr mit der Morgenhore in der Hauskapelle und endet um 19.30 Uhr mit der Nachthore in der Klosterkirche. Dazwischen liegt ein ganzer Arbeitstag, nur unterbrochen von der Mittagshore und der Mahlzeit, und abgeschlossen von der Abendhore um 18 Uhr. Die Mahlzeiten werden im Refektorium schweigend eingenommen, indes ein Vorleser aus der benediktinischen Regel und danach Passagen aus neu erschienenen Büchern der vielfältigsten Thematik vorträgt. Nur an Sonn- und Festtagen wird während des Essens gesprochen. Es ist der Zeitablauf von Menschen, die das benediktinische »Ora et labora« Tag für Tag von neuem mit lebendiger Überzeugungskraft erfüllen.

Kurvilla mit Venusgrotte: Schloss Linderhof

Das einzige Schloss, das zu Lebzeiten Ludwigs II. vollendet wurde und das er auch bewohnte, liegt westlich von Ettal im lauschigen Graswangtal, wo König Max II. in seinem Jagdrevier ein ›Königshäuschen‹ besaß. Eigentlich sollte dieses nur moder-

nisiert werden, doch am Ende trat ein neuer Schlossbau an seine
Stelle und das Häuschen wurde beiseite gestellt. Es dauerte endlos, bis Linderhof fertig war, von 1869 bis 1878, das Schlafzimmer bis 1886, und bedurfte eines riesigen Teams von Bühnen-
bildnern, Malern, Holzschnitzern, Stuckatoren, Möbeldesig-
nern unter Leitung des Architekten Georg Dollmann. Besser:
Unter Leitung des Königs selbst, denn er erfand die Konzeption
und kümmerte sich um jedes Detail: Die Armlehne des Arbeits-
stuhles solle mehr gebogen sein! Die Genien über den Türen
dürfen nicht geschmacklos weiß, sondern müssen vergoldet
sein! Die Venus im Monopteros wirke mit ihren zusammenge-
bundenen Haaren viel zu köchinnenhaft!

Der Bau geriet dann zwar beileibe zu keinem repräsentativen
Märchenschloss, sondern eher zu einer graziösen Villa im Kur-
badstil in Neo-Renaissance mit Neorokoko-Fassade. Aber der
hinter dieser Fassade entfesselte Ausstattungsprunk holt das
Märchenhafte ebenso nach wie der Park mit seinen Bauten.
Hier tritt in der Ausstattung zum ersten Mal jener von seinen
Künstlern (vor allem von dem Theaterdirektor Franz Seitz) für
Ludwig II. entwickelte spezifische Stil des ›Zweiten Rokoko‹ auf,
der vom bayerischen Spätrokoko und vom französischen
Rokoko unter Ludwig XIV. und Ludwig XV. beeinflusst ist, ein
handwerklich brillantes, künstlerisch allzu überanstrengtes
Dekorationssystem, das von der Kutsche bis zum Ornament der
Wandbespannung reicht. Da gibt es keinen Zentimeter Wand,
Holz oder Textil mehr, das dem förmlichen Horror Vacui die-
ses Dekorationszwangs entrinnen konnte, der sich dann noch
in den Spiegeln ins Unendliche vervielfältigt…

Der Nachtkönig huldigt dem Sonnenkönig: Das ist hier das
›Programm‹, das die Ausstattung vom Reiterstandbild im Vesti-
bül bis zum Untertassen-Design bestimmt. Es feiert Ludwig XIV.
und die Bourbonendynastie als Inkarnation des Majestätsbe-
griffs. Noch konnte aber diese Idee, von der der König beses-
sen war, hier nicht genügend ausgreifen, dafür war die Berg-
landschaft zu beengend. Erst auf Herrenchiemsee fand sie zur
ersehnten ›Versaille‹-Apotheose. Der heimliche Name Linder-
hofs: ›Meicost-Ettal‹, ein Anagramm des Sonnenkönig-Mottos

»L'état c'est moi«, ging denn auch schnell auf Herrenchiemsee über. Der Volksmund bildete ein anderes Anagramm: »Mei, kost Ettal vui«.

Mitte und ›Seele‹ des Schlosses mit Gobelinzimmern, Kabinetten, Audienzsaal und Speisesaal sind die beiden Repräsentationsräume des *Schlafzimmers* und des *Spiegelsaals*, beide ganz in Gold und Königsblau. Auf diese Blickachse konzipiert ist auch Karl von Effners *Parkanlage* aus französischen Parterres, die dann in einen englischen Landschaftsgarten übergehen. Wenn der König erwachte (gegen 17 Uhr), erblickte er vom Schlafzimmer gen Norden die Neptungruppe im Bassin und die steile Wasserkaskade zum Hennenkopf. Vom Spiegelsaal auf der anderen Seite sah er die dreißig Meter hohe Fontäne, die flugs angestellt wurde, und die großartige Terrassenanlage mit dem Venustempel zuoberst, dem sein erster Spaziergang galt. In der von der Krone einer mächtigen Linde überdachten Laube im Gartenparterre frühstückte er mit einem ihm nahestehenden Gast, u. a. dem jungen Schauspieler Kainz. Nach dem Diner gegen 22 Uhr folgte eine nächtliche Spazierfahrt durch den Park, ein Besuch der Grotte, manchmal ein Souper in der Hundinghütte. Gegen drei Uhr früh begab er sich zur Ruhe.

Umgeben von einem Naturparadies, lebte er eher nachts als tags in seinen künstlichen Paradiesen. Die *Venusgrotte*, zuerst in Neuschwanstein geplant, war für den König eine Steigerung seiner egomanen Separatvorstellungen, denn hier konnte er Zuschauer und Akteur in einem sein: Er saß im Muschelthron und sah auf die Blaue Capri-Grotte mit schäumendem Wasserfall, schaukelte im Muschelkahn auf dem bewegten unterirdischen See, delektierte sich am fünffarbig bengalisch beleuchteten Tannhäuser-Bühnenbild mit Venusbergszene, fütterte die Schwäne, die stets schnell aus dem Schlossteich herbeigeholt werden mussten, ließ sich dazu Wagnermusik spielen. Der ganze Grottenzauber mit Felsen und Wasser, Riffen, Rosengehängen und Regenbogen war komplett vom ›Landschaftsplastiker‹ August Dirigl geschaffen, bestand aus Ziegeln, Gips und Kristall zum Glitzern und funktionierte vermittels früher Siemenstechnik. Die angenehme Wärme in der Höhle schafften

*Der verdüsterte König inmitten Schwänen, Stalaktiten und Rosen
war natürlich ein Leckerbissen für den Zeichner der ›Gartenlaube‹ 1886*

wohlverborgene Öfen und ihre Heizer her. Heute rieseln Musik
und Farben elektronisch.

Von den einstigen Bauten in Park und Landschaftsgarten sind
bislang sechs restauriert oder rekonstruiert worden. Am besten
erhalten blieb der *Maurische Kiosk,* den zunächst der Eisenbahn-
könig Henry Strousberg bei der Pariser Weltausstellung 1867
erwarb und in seinen Schlosspark von Zbirov in Böhmen ver-
frachtete, doch zehn Jahre später, inzwischen bankrott, dem
schon seit der Weltausstellung darauf begierigen König verkaufen musste. Dieser ließ den Kiosk für Linderhof mit einem
märchenhaft prunkvollen Pfauenthron ausstatten, den ein Pariser Bronzegießer nach dem Entwurf von Franz Seitz schuf.

Umfassend restauriert wurde das *Marokkanische Haus,* eine Errungenschaft von der Weltausstellung 1878, das nach des Königs Tod an einen Privatmann nach Oberammergau veräußert wurde, nun aber wieder hierher zurückversetzt worden ist, sowie der grüne *Musikpavillon.* Mit Hilfe von Fotos detailgetreu rekonstruiert, fanden die hölzerne *Gurnemanz-Klause* nach einem Bühnenbild des ›Parsifal‹ sowie die *Hundinghütte* nach dem ›Walküre‹-Bühnenbild von Christian Jank hier wieder ihre Plätze. Das *Kassengebäude* am Eingang zum Schlossgelände, das einst die Remise war, ist in seine historische Gestalt zurückverwandelt worden, auch wenn es im Erdgeschoss weiterhin Kasse und Museumsladen beherbergt.

Oberammergau: Millenniums-Passion

Er zweifelt und hadert, fleht, schreit, reckt sich gegen den Himmel, sinkt aufschluchzend zu Boden, schwankt empor, gebeutelt von Angst, Verzweiflung, Widerstand, Trauer, Hilflosigkeit. »Hilf, dass nicht die Tiefe mich verschlingt!«

›Jesus am Ölberg‹ war eine der ergreifendsten Szenen der Passionsspiel-Inszenierung 2000, die vom Auftakt der übers Tal hallenden Posaunen bis zur lichtgleißenden Apotheose der Auferstehung gewiss nicht geizte mit anrührenden, aufregenden und schmerzhaften Augenblicken. Wenn die Verlassenheit Jesu im Garten Gethsemane am meisten ans Herz ging, dann nicht allein wegen der zwingenden Ausdrucks-Intensität der Darstellung, sondern weil Zweifel und Verzweiflung Jesu uns heute mehr ›angehen‹, als es die unerschütterliche Sicherheit des Messias vermöchte. Das Lebende Bild, das auf der Hinterbühne jedem Szenenblock in Oberammergau vorausgeht und dessen Präfiguration im Alten Testament in Erinnerung ruft, zeigte hier den ähnlich wie Jesus fassungslosen Moses vor dem redenden Dornbusch, der ihm Gottes Auftrag verkündet, vom Pharao die Befreiung Israels zu fordern: ein machtvolles, zerklüftetes, loderndes Bild.

Nach der Ölbergszene verstummt Jesus fast ganz. Bei den endlosen Verhören hat er nur wenige Sätze oder gar nichts als

Erwiderung. Selbst am Kreuz, verhöhnt, wo denn nun seine Macht bleibe, schweigt er. Die heilig gesprochene Nonne und Philosophin Edith Stein antwortete auf die Anschuldigungen der Nazischergen nach ihrer Verhaftung: »Ich rechtfertige mich nicht.« Hatte sie diesen Hochmut, sprich: Hohen Mut, auf die uns armen Menschlein stets so wichtige Selbstverteidigung zu verzichten, von Christus gelernt?

Nein, der Jesus dieses vierzigsten Passionsspiels war kein sanfter Dulder oder entrückter Heiliger, sondern ein fordernder und widerständiger Mann, Eigenschaften, die der eine der beiden Darsteller eher ahnungs- und leidvoll, der andere eher rebellisch grundierte. Wie ein Sturm fuhr der zornige Heiland in die Rotte der Händler im Tempel, dass die Fetzen und Scherben und Tauben nur so flogen. Er tröstete seine Anhänger nicht nur mit Verheißungen, sondern forderte auch ihre bedingungslose Glaubensbereitschaft ein. Mit seinen hohen Ansprüchen verunsicherte er sogar seine Jünger, vor allem Judas, der hier kein geldgieriger Bösewicht war, sondern ein politischer Hitzkopf, von Jesus bitter enttäuscht, weil er Israel nicht von der Römerherrschaft befreite, später bemitleidenswert in seiner tödlichen Reue. Ausdrücklich als Jude gezeigt, der hebräisch betet und dabei den Talith umlegt, von den Jüngern »Rabbi« genannt, von Maria Magdalena, die ihn leidenschaftlich liebt, zärtlich »Rabbuni« (»Mein Lehrer«), war Jesus freilich ein höchst unbotmäßiger Rabbi, erschreckte die Hohepriester durch seine Prophetenstrenge, trieb sie mit seiner wortkargen Verachtung ihrer Machtgier zu blankem Hass. Wer vermochte da noch zu erkennen, dass ein Stern in ihm leuchtete?

Die neueste Textbearbeitung des Dramaturgen *Otto Huber* und die Inszenierung des schon zum zweiten Mal hier Regie führenden *Christian Stückl* hatten diesmal breiten Raum für die verschiedenen Verhöre und Massenszenen geschaffen. So konnten sie auffächern, wie sich der zunächst religiöse Prozess immer rettungsloser in den politischen Dschungel von Machtrivalitäten zwischen dem jüdischen Hohen Rat und dem römischen Statthalter verhedderte, wobei sie diesmal gerechterweise auch couragierte Verteidiger Jesu im Hohen Rat und seine freilich zusehends schmilzende Anhängerschar im Volk akzentuierten. Denn einmal in den Sog der Massenaufwiegler geraten, schlug das »Hosianna!« der Menge nach wildem Hin- und Hergerissenwerden bald in frenetisches »Kreuziget ihn!« um. Die kluge Betonung der politischen Dimension vermochte den historischen Hintergrund der Passion aufschlussreich transparent zu machen.

Ungemein packend sind die verflochtenen Geschehnisse zu Spielfeuer, Szenenturbulenz, Bühnenmagie umgesetzt worden! Im Oberammergauer Passionsspiel treten ja Schauspiel, Musik, Bühnengestaltung und Kostüme vereint zum Appell an alle Sinne des Besuchers an. Sechseinhalb Stunden – und kein bisschen Langeweile! Jeder der elf Szenenblöcke wird von einem gesprochenen Prolog, Orchestermusik mit Chor und Soli sowie den erwähnten Lebenden Bildern erklärend und deutend an die Hand genommen. Bühnengestaltung und Kostüme sind für die Millenniums-Passion nach vielen Jahrzehnten endlich neu gestaltet worden. Vor allem die *14 Lebenden Bilder* sind berückend schön mit ihren expressiv stilisierten Landschaftshintergründen aus wehenden Bäumen und kantig auffahrenden Felsen, mit ihren flammenden, lilienweißen oder smaragdenen Engelsgestalten und den dynamisch komponierten Figurengruppen, alles auf einen hier leuchtenden, dort mürben Rot-Blau-Gelb-Grün-Klang gestimmt. Nicht minder eine Augenweide *Stefan Hageneiers* extravagante Phantasiekostüme zusamt den verwegenen Piero-della-Francesca-Huttürmen der Würden- und Unwürdenträger bis hin zum Gecken Herodes. Schließlich hat der musikalische Leiter *Markus Zwink* die Opern- und Oratorienmusik des Oberammergauers Rochus Dedler von 1815 durch eine sprödere Melodik weitgehend und sehr zum Vorteil modifiziert.

Natürlich wird das Laienspiel in Oberammergau immer professioneller, das bringt der Weltruhm mit sich. Bühnenbildner Stefan Hageneier und Regisseur Christian Stückl waren Oberammergauer Holzbildhauer, bevor sie an großen Theatern Karriere machten; Dramaturg Huber ist Germanist; Dirigent Zwink, die Solisten und manche Orchestermitglieder sind

Berufsmusiker. Unter den Darstellern, durchweg Laien, haben die Weißbärte schon das halbe Rollenrepertoire absolviert und stehen mit ihren schwarz- und blondbärtigen Söhnen oder den Töchtern und Enkeln zusammen auf der Bühne. Inzwischen dürfen die Frauendarstellerinnen verheiratet und über 35 Jahre alt sein. Auch mindestens zwanzig Jahre lang hier ansässige Ausländer aller Konfessionen können mittun. Das schreibt sich schnell hin, aber welche Kämpfe gab es deshalb in einem vor jeder Veränderung zitternden Dorf.

Und doch ist es eine verschworene Gemeinschaft, die hier alle zehn Jahre entsteht, das halbe Dorf gehört ihr an, denn von 5200 Einwohnern sind mehr als 2000, davon 500 Kinder, am Spiel beteiligt, ob als Kartenabreißer, Beleuchter, Statist, Chorist oder in einer der doppelt besetzten Hauptrollen. Die Verschworenen sind mit konzentriertem Ernst bei der Sache. In der Vorbereitungszeit studieren sie eingehend die Bibel, die Geschichte des Heiligen Landes, fahren nach Israel, diskutieren nächtelang. Bei den Proben setzen sich die Spieler und Sänger vor oder nach dem Auftritt in den Zuschauerraum, um sich kein Detail des Fortgangs entgehen zu lassen, manchmal schlupfen auch Angehörige mit Kindern hinein, die Kinder sind still wie Blümchen, höchstens dass sie vorm Orchestergraben kleben und eifrig mit ihren kleinen Ärmchen mitdirigieren, indes der leidenschaftliche Stückl, der hier schon als Schüler Theater gemacht hat, mit allgegenwärtigen Blicken und ausgreifenden Schritten Bühne und Zuschauerraum ununterbrochen ruhelos umkreist, mit beschwörenden Gesten dahin, dorthin deutet und jedes Wort des Textes mitflüstert. Trotz der Konzentration kann es aber auch geschehen, dass der Chor plötzlich in einen ausgelassenen Gesang ausbricht, weil er einem Geburtstagskind schnell ein Überraschungsständchen improvisiert. Aber bei der Kreuzigung herrscht gespannte Stille. Alle Blicke haften bewegt, aber auch anerkennend oder besorgt an den drei fast eine halbe Stunde lang am Holz Hängenden. »Tut scho a bissl weh«, untertreiben die Darsteller, gestehen aber, dass die Gedanken, die ihnen in dieser halben Stunde durch den Kopf gehen, weit schmerzhafter seien. Welch eine Identifikation mit der Rolle!

In der Kreuzigungsszene gibt es übrigens einen geheimnisvollen Augenblick vor dem Tod Christi, in dem bei den Worten
des Prologsprechers die ganze Riesenszenerie jäh zu traum-
trunkener Reglosigkeit erstarrt, viele, viele Herzschläge lang.
Nur noch die Wolken am Himmel über der Bühne atmen. Denn
bei der Oberammergauer Passion schauen Berg und Baum zu,
spielen Sonne und Regen und die ziehenden Wolken mit.

Und 39 Mal vorher

Das Passionsspiel war aus Tod und Schrecken entstanden. Als
1633 die Pest sogar in diesem abgelegenen Gebirgstal um sich
griff und in wenigen Wochen 80 von rund 600 Seelen hinweg-
raffte, gelobten die Ratsmitglieder, fortan alle zehn Jahre das
Leiden Christi aufzuführen, wenn sie von der Seuche befreit
würden. Tatsächlich soll, einer örtlichen Überlieferung nach,
das Unheil von da an aufgehört haben, und schon 1634 wurde
das erste Passionsspiel auf dem Friedhof neben der Kirche aufgeführt. Der Passionsspiel-Brauch, der bis ins 12. Jahrhundert
zurückgeht, hatte im süddeutschen Raum vom 16. bis zum
18. Jahrhundert eine Hochblüte. Seit 1680 fanden die Oberammergauer Vorstellungen jeweils in Zehnerjahren statt. Nur das

Bühne für die Passionsspiele 1815,
entworfen von Johann Nikolaus Unhoch

durch die Aufklärung bedingte Generalverbot aller Passionsspiele in Bayern von 1770 vermochte das Spiel einmal ersatzlos ausfallen zu lassen. Bei anderen Verboten, bei Truppeneinfällen oder Kriegen holte man es sobald als möglich außerhalb der Reihe nach. 1830 wurde die Bühne an den Nordrand des Dorfes verlegt. 1930 ein Neubau des Bühnenhauses und eine Erweiterung der Zuschauerhalle geschaffen, für das Jahr 2000 die ganze Anlage umfassend renoviert.

Was sich von Beginn an beständig änderte, war der Text. Die älteste erhaltene Textabschrift von 1662 war eine theologisch anspruchsvolle Zusammensetzung im wesentlichen aus einem mittelalterlichen katholischen Passionsspiel und einem reformatorisch orientierten Meistersingertext. Wichtige Neufassungen stammten dann von den Ettaler Benediktinern Ferdinand Rosner (1750) und Othmar Weis (1811) sowie von dem Ortspfarrer Joseph Daisenberger (1860/70). Die letztgenannte wurde zum Basistext und ist besonders in den vergangenen Jahrzehnten oft revidiert worden, um alle nur möglichen Antijudaismen zu beseitigen. Im Jahr 2000 spielte man Otto Hubers bisher umfassendste Bearbeitung des Weis/Daisenberger-Textes.

In der Welt sprachen sich die Passionsspiele erst von der Mitte des 19. Jahrhunderts an herum, als Verkehrsverbindungen Oberbayern erschlossen – wiewohl die Kleinbahn Murnau–Oberammergau erst 1900 zustande kam. Die Majestäten der europäischen Höfe mit der Hocharistokratie im Gefolge, der Geldadel von Rothschild bis Rockefeller und die Spitzen des Klerus waren sich nicht zu fein, schlecht zu schlafen (Zarensohn Sergius Alexandrowitsch lag bei Verleger Lang auf Stroh), um andächtig vor der Bühne sitzen zu können. Die Illustren der Musik, Wagner, Liszt, Bruckner, Clara Schumann, Puccini, Prokofjew, sowie die Stars der Bühne, der Kainz, die Wolter, die Ziegler, die Morena, dazu Regisseur Max Reinhardt, waren sich nicht zu professionell, ihre Laienkollegen ernst zu nehmen. Bruckner verliebte sich unglücklich in eine der ›Weinenden Frauen‹ und verfolgte sie mit Briefen. Ludwig II. ließ sich sogar hier eine Separatvorstellung geben. Auch Berufsspötter, wie die ›Simplicissimus‹-Redaktion, reisten an, und aus der Garde der skeptischen Nachkriegsintellektuellen waren Sartre mit Simone de Beauvoir 1950 hier zu sichten.

Figurenfülle und Farbenverliebtheit

Zu den in Zehn-Jahres-Intervallen auftretenden Hundertschaften von Bibelgestalten und Hunderttausendschaften von Besuchern aller Zungen, Hautfarben und Exaltiertheiten gesellen sich in Oberammergau in Permanenz Abertausende von Holz-Heiligen und Holz-Unheiligen von Nuss- bis Bubengröße in den aneinandergereihten Schnitzereiläden und einige Hundert Krippen-, Spielzeug- und Wachs-Menschlein im nostalgischen Heimatmuseum. Doch auch dieser Figurenreigen ist aus Not geboren. Gewiss, die in den bergumschlossenen Talgrund verschlagene Siedlung war durch eine Abzweigung der über den Ettaler Berg verlaufenden Rottstraße mit den Handelswegen verbunden und hatte überdies durch Kaiser Ludwig den Bayern 1332 das lukrative Stapelmonopol erhalten, das durchziehende Kaufleute zwang, ihre Waren hier auszustellen. Dennoch führten die Bauern ein karges Leben, weil der Gebirgsboden wenig hergab. So lernten sie begierig von den Rottenbucher Mönchen, »das Leiden Christi in einer halben Nussschale« zu schnitzen. 1563 gab es hier schon vierzig Herrgottschnitzer. Zuerst wurde die Ware mühsam von Händlern verkauft, die mit ihren Kraxen weit im Land herumzogen. Im 18. Jahrhundert nahmen ›Verleger‹ den Vertrieb in die Hand und gaben den frommen Schnitzereien auch Spielzeug und Küchengerät bei, und damit ging's nun schon nach Kopenhagen, Petersburg, Amsterdam, Cadiz. Die berühmteste der Verlegerfamilien, Lang sel. Erben, ließ sich hier das opulente Pilatushaus als Wohnhaus und das Verlegerhaus bauen. 1878 wurde die Staatliche Fachschule für Holzschnitzerei gegründet. Heute gibt es 29 Schnitzwerkstätten.

Nicht aus Not, sondern aus Frömmigkeit und Farbenverliebtheit sind die Lüftlpatroninnen und -patrone auf die Häuserwände geschwebt. Am *Pilatushaus* (Ludwig-Thoma-Straße 10) schuf Meister Zwinck 1784 sein Hauptwerk: Er umgab es dreiseitig mit theatralischen Scheinarchitekturen, in die er die bewegt gemalten Szenen ›Christus vor Pilatus‹ und ›Auferstehung

Christi‹ einband. Ebenfalls von Zwinck sind u. a. das *Geroldhaus* (Dorfstraße 24) mit ›Flucht nach Ägypten‹, ›Marienkrönung‹, ›Vertreibung der Hagar‹ und ›Rosenkranzübergabe an Dominikus‹, 1778, *Haus Hohenleitner* (Dorfstraße 43) mit Illusionsarchitektur und Jesus-Medaillons, das *Mußldoma-Haus* (Lüftlmalereck 1) mit schöner Muttergottes und Heiligen, das *Staatliche Forstamt* (Ettaler Straße 3) mit dekorativen Architekturbändern und fein ausgemalten Blindfenstern, um 1785, wobei die Malerei der Vorderseite aus unserer Zeit stammt. 1970 wurde auch das um die Jahrhundertwende umgebaute Verlegerhaus *Lang sel. Erben* (Dorfstraße 20) bemalt, in dem Ludwig Thoma 1867 als Förstersohn geboren wurde.

Die hell leuchtende *Pfarrkirche St. Peter und Paul* über den bemalten Häusern ist innen nicht minder farbenprangend. Das aber ist Matthäus Günther zu danken. Von Mittenwald kam er herüber, um 1741 in einem beispiellosen schöpferischen Raptus in nur zwei Monaten das Kuppelbild und die Deckenfresken des Langhauses zu malen. Für die Kuppel war dasselbe Thema wie in Mittenwald aufgegeben: ›Martyrium und Glorie der Apostel Petrus und Paulus‹ vor der mächtigen Fassade des Petersdoms und im Himmel darüber. Aber hier instrumentierte er es noch ausgreifender und effektvoller in Figuren- und Farbreichtum, vor allem aber in den dramatischen Perspektivwirkungen, die er wohl bei einem Romaufenthalt gelernt hatte, worauf er in seinem Selbstbildnis als Pilger auf der Treppe (über der Orgelempore) hinweist. Das ganze Mittenwalder Team arbeitete von 1736 an wechselweise in dieser Kirche: Joseph Schmuzer schuf anstelle des gotischen Vorgängers einen Rokoko-Neubau mit weitem, lichtem Hauptraum sowie mit seinem Sohn Franz Xaver zusammen den hier von Régence zu Rokoko hinüberspielenden feinen Stuck, Franz Xaver Schmädl nahm sich der Altaraufbauten und Figuren an, wobei ihm die Faltenwürfe der schneeweißen Kirchenpatrone und der sie flankierenden Heiligen Joseph und Joachim am Hochaltar besonders schwungvoll gelangen. Zwei Jahrzehnte später erst, 1761, malte Matthäus Günther die Chorfresken sowie das Hochaltargemälde, alles auf das Thema ›Maria als Rosenkranzkönigin‹ bezogen und als

Werk seiner reifen Jahre entsprechend weniger dramatisch und luftiger in der Farbe gestaltet. Die alttestamentarischen Szenen an der Empore stammen von Meister Zwinck (1787).

Ammertal-Ländlichkeit

Die markantesten Berge, die Oberammergau umgeben, sind im Südosten der *Laberstock* (1686 m) mit dem wie ein Finger aufragenden Ettaler Manndl, im Süden der *Kofel* mit seinem ›Turm‹ (1342 m) und im Norden das *Hörnle* (1496 m). Der mit der Bergbahn erreichbare Laber bietet außer dem *Ettaler Manndl* (1633 m) und dem melancholischen *Soila-See* eine Fülle anderer Wanderziele. Auch auf das Hörnle führt von Bad Kohlgrub aus eine Bahn. Lohnend sind mehrstündige Wanderungen in den Westen über den *Pürschling* mit dem *Teufelsstättkopf* (1758 m) nach *Schloss Linderhof* oder in das entrückte Tal zwischen Pürschling und *Hohem Bleick* (1638 m).

Nordwärts von Oberammergau weitet sich das Ammertal zu einer reizvollen Landschaft der Wiesen, Moore, Filze mit eingestreuten Dörfern und Weilern. Das schöne *Unterammergau* mit seinen alten Bauernhöfen und Gasthäusern ist weitgehend eine ländliche ›Sommerfrische‹ geblieben. Wer an Zwinck seine Freude hat, kann hier in der Dorfstraße seine Lüftlmalerei am Nußlerhaus und Schulmeisterhaus, in der Pfarrkirche seine Emporenfresken und in der nahegelegenen rokokofeinen *Wallfahrtskirche Hl. Blut*, ›Kappel‹ genannt, seine Deckengemälde sehen. Diese ›Kappel‹ ist alljährlich im November Ziel eines traditionsreichen Leonhardiritts, an dem alle Bauern der Umgebung mit ihren Pferden teilnehmen. Vom Handwerk der Wetzsteinmacherei, die hier einst ein lukratives Geschäft war, ist nichts mehr zu finden: Die letzte erhalten gebliebene Wetzsteinmühle steht heute im Freilichtmuseum Glentleiten.

Staffelsee-Puzzle

Trefflicher Loisachgletscher! Rund um Murnau ist ihm eine bewundernswerte Landschaftsmodellierung gelungen. Da hat

er ein breites Tal zwischen Estergebirge und Ammergebirge aus-
geschlürft und in Ypsilon-Form zum Vorland geöffnet, in seinem Stammbecken das Murnauer Moos hinterlassen und jenseits des Bergriegels, auf dem Murnau liegt, zwei weitere Glet-
scherbecken ausgeformt, in die er den Staffelsee und den
Riegsee und den winzigen Froschhauser See bettete. Und den
Staffelsee mit seinen sieben Quadratkilometern Fläche und nur
35 Metern Tiefe hat er gar kapriziös durchmodelliert, indem er
sieben grüne Inseln hineinstreute und rundum viele Buchten
einlappte: ein Puzzle für den Ufergänger, aber ein Labsal für
den Schwimmer, der sich Inselziele setzen kann und nicht
›ins Blaue‹ schwimmen muss, sondern immer dem Grünen entgegen.

Inseln hatten es den Menschen der Vorzeit angetan, die
Hauptinsel *Wörth* war schon damals besiedelt, vom 7. Jahrhundert an stand dann ein Kloster hier, vom 13. bis zum 18. eine
Kirche, die zeitweise sogar Bischofsrang hatte. Zwar gibt es sie
nicht mehr, doch der früheren Bedeutung der Insel ist zu danken, dass sich im alten Fischerort *Seehausen* an Fronleichnam mit
allem herkömmlichen Prunk die einzige in Bayern noch bestehende Bootsprozession erhalten hat, die eben nach Wörth zieht.
Als Nachfolgerin jener Kirche und zum Teil mit ihren Baumaterialien ist in Seehausen 1775 die stattliche Pfarrkiche
St. Michael entstanden, entworfen von dem Münchner Hofbaumeister Leonhard Matthäus Gießl als reizvolle Mischung
aus Rokoko und frühklassizistischen Elementen, zu denen etwa
die zentralisierende Tendenz des Raumes oder der aus Dekor-
überdruss (nicht Geldnot) nur *gemalte* Stuck gehören.

Jedes der Dörfer rund um die Seen ist eine Idylle, sei es das
schöne, mit zwei Strandbädern ausgestattete *Uffing* am Staffelsee im Norden, sei es *Froschhausen* am winzigen, vogelreichen
Froschhauser See im Süden, wo alljährlich am 6. November ein
Leonhardiritt stattfindet, sei es *Spatzenhausen* nah am Riegsee,
bei dem 1809 ein Gefecht zwischen Tirolern und Bayern tobte
– unschön zu hören, denn man würde doch glatt schwören, ›Das
Gefecht von Spatzenhausen‹ könne nur der Titel einer Erzäh-
lung von Gottfried Keller sein. Und wieder verschafft eine

mäßige Anhöhe (800 m), die *Aidlinger Höhe* nördlich des Ortes
Riegsee, den wirkungsvollsten Überblick über das heitere Was-
ser- und Hügelland mit seinen Wiesen, Waldungen, Moorpartien und den dazwischengestreuten Dörfern und Weilern vor
dem gestaffelt aufsteigenden Hintergrund des Gebirges.

Schwermütige Moorlandschaft

Eine Landschaft von sanfter Schwermut ist wiederum im Süden
Murnaus ausgebreitet, eine spiegelnde Wasserfläche bei Hochwasser im Frühjahr und Sommer, ein Webteppich voller Farb-
reize im Herbst. Mit 3500 Hektar Ausdehnung die größte weitgehend unkultivierte und heute naturgeschützte Moorfläche
im Alpenraum, ist sie aus dem verlandeten Loisachgletscher-
see entstanden und weist alle Stadien der Moorbildung auf,
wie Flachmoore, Übergangsmoore, Hochmoore. Flachmoore
(Möser) sind aus Torfschichten aufgebaut, die sich zwar aus
dem nährstoffreichen Grundwasser herausgehoben haben,
doch noch von ihm genährt werden und darum eine artenrei-
che Vegetation entwickeln können. Hochmoore (Filze) hingegen wölben sich wie ein Uhrglas mehrere Meter empor, sind auf
Regenwasser angewiesen und darum artenarm. Da im Murnauer Moos das Flachmoor dominiert, bringt es eine Vielfalt
an Pflanzengesellschaften hervor, rund 1250 Arten, darunter
etwa 160, die anderswo rar oder schon ausgestorben sind, so
Schneidried, Buxbaumsegge, Braune Schnabelbinse u. a. Reich
gefächert ist in diesem feuchten Biotop auch die Fauna. Etwa
zwei Drittel aller Libellenarten Europas sind hier beheimatet,
auch so bedrohte Vögel wie der Wachtelkönig oder das Braun-
kehlchen. Den Kranich allerdings gibt es auch hier nicht mehr.
Eine Besonderheit sind die kilometerweit ausgedehnten
Schnabelbinsen-Schwingrasen, im Volksmund ›Kuhwampen‹
genannt, deren Schilfgras, gemäht, getrocknet und zu ›Strah-
drischen‹ aufgebaut, den Winter über im Moor bleiben, wie es
Franz Marcs Bild ›Hocken im Schnee‹ im Museum von Kochel
zeigt. Auffallend ragen auch waldbeschopfte ›Köcheln‹ wie
Inseln aus der Moorfläche. Es handelt sich um verkieste Hart-

steinhügel aus der Kreidezeit, die leider schon seit den dreißiger Jahren zur Schottergewinnung abgebaut werden, damals fielen dem unverantwortlichen Abbau die Reste einer spätrömischen Siedlung zum Opfer.

Der Wanderer findet eine Auswahl markierter Rundwanderwege vor, an die er gebunden ist. Bei jeder steht ihm das Panorama der Bergkette eindrucksvoll vor Augen, nah im Osten Herzogstand und Heimgarten, im Süden Hohe Kisten, Krottenkopf und Hoher Fricken, nah im Westen Aufacker und die drei Hörnle-Berge. Ausgangs- und Endpunkt aller Wanderungen ist das *Ramsachkircherl* auf dem Hügel über dem früheren Mesnerhaus, das heute der zum Vespern allseits beliebte ›Ähndlwirt‹ ist (an einsamen Tagen gibt es hier den Schlüssel zum Kircherl, sonst ist es geöffnet). ›Ähndl‹ heißt ›die Alte‹ und bezieht sich auf das der Überlieferung nach schon seit der Zeit um 750 bestehende Gotteshaus, das im Barock bunt und bäurisch neu gebaut und mit vielen Abbildungen seines Patrons, des Drachentöters Georg, versehen wurde. Ob der von hier aus mit seinem stürmischen Ross in die Bilder des nahen ›Russenhauses‹ gesprungen ist?

Murnau: Die Weide des Blauen Reiters

In Schwabing wurde gegrübelt, analysiert, diskutiert und ausgeheckt, endlich 1911 ›Der Blaue Reiter‹ zur Welt gebracht. Es war der Name für den heiligen Reiter einer neuen Kunst, der das Ungetüm der abgelebten Kunst überwinden wollte, der Name zugleich für die beiden programmatischen Almanache dieser Kunst und für ihre ersten Ausstellungen. Und es wurde der Name für eine Kunstrevolution.

Auf die Weide aber war der ›Blaue Reiter‹ im Voralpenland geführt worden, zwischen dem Murnauer Moos und dem Staffel- oder Kochelsee. So verrückt wie logisch: Um sich zu verwirklichen, brauchte die abstrakte Kunst heftige Sinnlichkeitsattacken: allmächtige Berge, fette Wiesen, knallbunte Häuser, Tier- und Stallgeruch, Blumen- und Heuduft. Um das ›Geistige in der Kunst‹ herauszutreiben, brauchte sie die Bilderbuchnaivität der Volkskunst. Das Einfache macht die Essenz am augenfälligsten.

Recht handfest haben denn auch die russischen Schwärmer und ihre deutschen Mitverschworenen rund um die Seen gelebt: Die Staffelei stand kuhnah in den Wiesen oder auf einem zugigen Dachboden, man nahm den Spaten in die Hand, weckte Stachelbeeren ein und gab Bulletins über das Befinden des Gartens aus: *»Aprikosen werden gelb. Mittelbeet blüht beinahe vollkommen. Auch alle Nelken.«*

Das berühmte Malerpaar, die Berlinerin Gabriele Münter (1877–1962) und der Moskauer Wassily Kandinsky (1866– 1944), kennt das Voralpenland schon länger, bevor es 1908 nach Murnau kommt und sich 1909 in dem von der Münter gekauften Haus am Westrand des Marktfleckens niederlässt. Ihre ständigen Gäste sind das russische Malerpaar Marianne Werefkin und Alexej Jawlensky; man malt zusammen, entdeckt bei einem Sammler Hinterglasbilder, lässt sich die Technik beibringen. Bald wird das Haus im Dorf ›Russenhaus‹ genannt. Die vier gelangen mit zunehmender Konsequenz zu ihren abstrahierenden ›Findungen‹, die angesichts der Farben und Konturen der Landschaft beileibe keine ›Er‹findungen sind. Kandinskys Farbwunder ›Murnau mit Kirche‹, 1910, wird zu einer Inkunabel. 1911 stellt sich erstmalig auch Franz Marc hier ein, der mit Frau Maria im nahen Sindelsdorf lebt, wo auch Heinrich Campendonk eine Bleibe hat, indes August und Elisabeth Macke in Tegernsee wohnen. Sie alle machen bei der entscheidenden Redaktionssitzung für den Almanach ›Der Blaue Reiter‹ im Oktober 1911 im ›Russenhaus‹ mit.

Ein Happy End gibt es nicht. Kandinsky muss 1914 nach Russland zurück und sieht die Gefährtin nur noch ein Mal wieder. Macke fällt 1914, Marc 1916. Gabriele Münter lässt sich nach langer Vereinsamung 1931 mit dem Kunsthistoriker Johannes Eichner wieder hier nieder und vermacht das Anwesen noch vor ihrem Tod der Städtischen Galerie in München. Ihr Grab liegt auf dem Murnauer Ostfriedhof.

Seit jeher zugänglich, wurde das *Münter-Haus* in Murnau (Kottmüllerallee 6) 1999 durch umfangreiche Maßnahmen in ein wahres Knusperhäuschen der Erinnerung zurückverwandelt, und zwar vom originalen Wandanstrich bis zur Eckbank, vom Frauenakt in Kandinskys Schlafzimmer (wohl von Münters Hand) bis zu den handbemalten Möbeln, den Hinterglasbildern, Volkskunstfigürchen, Staffeleien, Malerpaletten und natürlich Gemälden und Fotos. Die Gemälde draußen vor den Fenstern – nach Süden das Murnauer Moos mit Wettersteingebirge, nach Osten der Ort mit Kirchturm – kommen einem bekannt vor. Und bei näherem Hinsehen werden sie immer weniger naturalistisch. Übrigens haben Bürger und Behörden vor kurzem die Bebauung der Obstwiese unterhalb der Kirche abgelehnt. Löblicher Grund: Sie sei dutzend Mal von den ›Blauen Reitern‹ gemalt worden, so müsse sie bleiben, wie sie ist!

Franz Marc (1880–1916), der 1910 ins Schreinermeisterhaus in *Sindelsdorf* gezogen war und im Wintermantel am feuchten Dachboden malte, vollzog um dieselbe Zeit die Wendung zum freien Farb-Form-Gefüge in einer Reihe von Pferdebildern (in der Nähe liegt das Gestüt Schwaiganger!), darunter dem

Blick aus dem Wohnzimmer des ›Russenhauses‹
auf den Murnauer Kirchturm, der noch
in den abstraktesten Bildern Kandinskys versteckt ist

berühmten (jetzt verschollenen) ›Turm der blauen Pferde‹. 1914
erwarb er ein Haus im nahen Ried, wo seine Witwe bis 1955
lebte. Da dieses Haus nicht mehr zur Verfügung stand, hat man
1986 in *Kochel* in einer Parkvilla das *Franz-Marc-Museum* (Her-
zogstandweg 43) eingerichtet, denn auch hier hatte der gebürtige Münchner auf der Staffelalm oft gearbeitet. Die Sammlung

›Fabeltier‹, 1912, Holzschnitt von Franz Marc
im Museum in Kochel

beherbergt einige Meisterwerke, darunter die kühnen Gemälde
›Hocken im Schnee‹ (1911), ›Drei rote Rehe‹ (1912) oder ›Die
drei Pferde‹(1913), Zeichnungen, Graphik und Holzschnitte
sowie bayerische und exotische Volkskunst, darüber hinaus
Exponate der anderen Mitglieder des ›Blauen Reiter‹.

Auch begraben ist Franz Marc in Kochel. Er liegt auf jenem
Friedhof mit den schmiedeeisernen Grabkreuzen, den die Mün-
ter und Kandinsky immer wieder gemalt haben. Der bei Verdun
Gefallene war zuerst im Park des Schlosses Gussainville bei
Braquis beigesetzt, dann aber hierher überführt worden. Und
stimmiger kann keine Ruhestätte sein für diesen naturbeseelten
Poeten unter den Malern, von dem Kandinsky sagte, »es schien,
die Natur freue sich über ihn«.

In diesem Zusammenhang sei auf eine weitere Künstlerge-
denkstätte im malerischen *Ohlstadt* zwischen Murnau und Ko-

chel hingewiesen: das Atelier des berühmten Münchner Gesell-
schaftsmalers Friedrich August von Kaulbach in seinem groß-
bürgerlichen Landhaus im Heimatstil, das er 1893 selbst entwarf (Kaulbachstr. 22). Nicht nur eine Fülle von Gemälden und
Zeichnungen von ihm sind hier ausgebreitet, sondern auch
Erinnerungen an seinen nicht minder berühmten Schwiegersohn Max Beckmann, der seit 1925 mit seiner Tochter Mathilde,
genannt ›Quappi‹, verheiratet war und in der Nazizeit bis zu seiner Emigration 1937 hier zeitweise ein Refugium zum Malen
fand. Beckmanns Sohn aus erster Ehe, der Arzt Peter Beckmann, gründete durch Zufall in dem klimatisch günstigen Ort
ausgerechnet auf Kaulbach-Gelände 1954 ein Rehabilitationszentrum – erst später erfuhr er die familiären Zusammenhänge.

Das »mitteleuropäische Dorf«

Der ›Blaue Reiter‹ ist in Murnau allenthalben gegenwärtig.
Auch andere Vergangenheitsgeister? Das mittelalterliche Ge-
sicht des im 12. Jahrhundert beurkundeten und früh schon
durch eine Burg geschützten, 1322 von Kaiser Ludwig dem
Bayern zum Markt erhobenen Ort ist durch Brände weitgehend
zerstört worden. Wenn er heute dennoch den Charakter einer
alten Handels- und Handwerkergemeinde erkennen lässt, so ist
dies dem Architekten *Emanuel von Seidl* (1856–1919) zu danken,
dessen Spezialität Stadtgestaltung in historistischer ›Heimatbauweise‹ war. Vor allem am Unter- und Obermarkt stellte er
1906–10 durch Fassadenüberformung, Ensemblebildung und
dekorative Akzentsetzung das angestrebte »farbenfreudige und
behagliche Straßenbild« perfekt wieder her. Zu jener Zeit
konnte Murnau sich das leisten, denn es war bald nach dem
Eisenbahnanschluss 1879 eine beliebte Sommerfrische und
dann ›Stahlbad‹ geworden, da es Stahlquellen hat. Seit den sechziger Jahren des 20. Jahrhunderts ist es hauptsächlich Moor-
kurbad.

Von Murnau begeistert, hatte Seidl für sich selbst schon 1902
am Kapfenberg eine Sommerresidenz mit englischem Park
angelegt, in der er mit der Münchner Künstlerprominenz fürst-
liche Feten feierte. Legendär aber wurde sein ›demokratisches‹

Berliner Theatersterne 1910 in Murnau:
Max Reinhardt, Else Heims, Alexander Moissi und tutti quanti

Fest im August 1910, an dem Königinnen – zugegeben, etwas
abseitige aus Belgien und Neapel – mit Gebirglern das Tanzbein
schwangen. Es begann mit einer Inszenierung des ›Sommer-
nachtstraums‹, die kein Geringerer als Max Reinhardt mit seinem Ensemble an den verschiedensten Schauplätzen des Parks
aufführte, wobei sich Zuschauer und Schauspieler auf höchst
moderne Weise mischten, und es endete mit Böllerschüssen,
Freudenfeuern und einer rauschenden Ballnacht, an der
Erlauchte und Einheimische buntgemischt teilnahmen. Die

Seidl-Villa ist abgerissen und der *Seidl-Park* dezimiert worden, und wenn dort auch nur noch der Dichterhain und der Freundschaftshügel an frühere Opulenz erinnern, ist er dennoch eine Oase für Spaziergänger. Den damaligen ›Sommernachtstraum‹ spielt man neuerdings wacker nach, auch die Gartenparty fehlt dabei nicht.

»Ein mitteleuropäisches Dorf« nennt Ödön von Horváth (1901–1938) Murnau in seinen Dramen. 1923 hatte sich sein Vater, ein ungarischer Diplomat, hier in der Bahnhofstraße ein Sommerhaus bauen lassen, in dem der zuerst in München, dann in Berlin wohnende Schriftsteller sich mit Vorliebe aufhielt, um für seine (intellektuellen) ›Volksstücke‹ Typen und Zeitzustände zu studieren, die in der Provinz deutlicher zu fassen waren als in der amorphen Großstadt. *»Murnau ist in den zwanziger Jahren eine Art Geheimtip, ein Stillhaltepunkt für verkrachte Existenzen, eine Sommerfrische für Leute, die aus nicht ganz durchsichtigen Gründen überwintern müssen ... eine Tauchstation mit Gebirgspanorama ... Eine überkandidelte Halbwelt mimt hier Idylle.«* (Dieter Hildebrandt). Das ›Hotel Schönblick‹ nah dem Horváth-Haus war vermutlich das Vorbild für seine Komödie ›Zur schönen Aussicht‹ (1926), die in einem abgewrackten Hotel eine Bagage von Ganoven, Bankrotteuren, Schiebern, käuflichen Schwächlingen ihr Geldgier-Hickhack austragen lässt. Und das Volksstück ›Italienische Nacht‹ (1931), das den Parteienhader zwischen faschistischen Schlägern und republikanischen Schläfern aufs Korn nimmt, ist wenige Monate vor der blutigen Saalschlacht entstanden, die am 1. Februar 1931 im Gasthaus Kirchmeir in Murnau zwischen den Hakenkreuzlern und den Reichsbannerleuten tobte, die Horváth selbst erlebt und über die er als Zeuge ausgesagt hat. Von den Nazis wegen seiner Stücke angegriffen – in Murnau kam es zu einer Hausdurchsuchung durch die SA –, emigrierte er 1934 nach Österreich und 1938 nach Paris, wo ihn während eines Unwetters ein herabfallender Ast erschlug. *»Ich schreibe nicht gegen, ich zeige nur«*, hat er einmal gesagt. Gerade das heutige Theater versteht es, dieses Zeigens bitterböse, todtraurige und brillante Satire hervorzukehren. Die Horváth-Familiengruft liegt auf dem Murnauer Friedhof (neben dem

Grab Gabriele Münters), doch ist der Schriftsteller in Paris begraben. Das Horváth-Haus wurde durch einen Neubau ersetzt, an dem auf Privatinitiative eine Gedenktafel angebracht worden ist (Bahnhofstraße 17/19).

Im *Schlossmuseum* ist Ödön von Horváth ein sorgfältig gestaltetes Kabinett gewidmet. Auch die Werke des ›Blauen Reiter‹ sind natürlich hier vertreten, besonders umfangreich jene von Gabriele Münter. Ein anderer Glanzpunkt der vielfältigen Bestände sind die Hinterglasbilder der international bekannten Sammlung Udo Dammert, die auch Exponate aus China, Indien und Java enthält. Die weitläufige Schlossanlage stammt aus dem 15. und 16. Jahrhundert.

Aufgehügelt inmitten der Altstadt scheint die *Pfarrkirche St. Nikolaus* über dieser zu schweben, fast wie in Kandinskys Bildern. Ihr ländlich wirkender Bau umschließt einen ungewöhnlichen Innenraum von weiter, ungleichseitig oktogoner Gestalt mit ausgerundeten Ecken unter kreisrunder Kuppel sowie einen erhöhten ausladenden Chor. 1717–21 von einem noch nicht ermittelten Architekten gebaut, ist er eine bedeutende Vorstufe in der Entwicklung des bayerischen Spätbarock im Sinne Johann Michael Fischers. Wieder treffen wir hier Üblhör als Stuckator, vielleicht mit Johann Baptist Zimmermann zusammen, den ›Lechhansl‹ Baader als Maler des Hochaltarblatts und Straub und Schmädl als Meister der Hochaltarfiguren. Das neobarocke Kuppelfresko des Jüngsten Gerichts malte Waldemar Kolmsperger (1895), die Christusdarstellungen des Chorgewölbes Johann Michael Wittmer (1872), ein weitgereister Murnauer Künstler, der im Kreis der Deutsch-Römer um den berühmten Joseph Anton Koch in Rom wirkte und auch Prinz Otto malend nach Griechenland begleitete.

Pioniertat Walchensee-Kraftwerk

Natürlich hatte sich das Ministerium mit diesem Problem an Oskar von Miller gewandt: Wie und wo könne man im kohlearmen Bayern anstelle der vielen kleinräumigen eine landesweite Stromvernetzung erreichen? Und natürlich wusste der

Der Bau des Walchensee-Kraftwerks (1921–25) sorgte für
Arbeit, Fremde, Trubel, Zank und Aufschwung in der Region

ingeniöse Ingenieur Miller Rat – er hatte sich schon 1882 durch die erste Stromübertragung auf lange Distanz, nämlich von Miesbach nach München, und 1903 durch die Gründung des Deutschen Museums ausgezeichnet. Lag nicht der Walchensee (16 Quadratkilometer Fläche, 194 Meter Tiefe) just 200 Meter über dem Kochelsee (5 Quadratkilometer Fläche, 66 Meter Tiefe) und überdies die Isar wiederum höher als der Walchensee? Diese außergewöhnliche Natursituation erzeuge Gefälle, und Gefälle erzeuge Strom. Der Walchensee könnte über ein Kraftwerk in den Kochelsee abgesenkt, die Wasser der Isar wiederum zur Auffüllung in den Walchensee abgezweigt werden. Jawoll, schäumten die Kraftwerk-Gegner, und am nachhaltigsten abgegraben werde das Wasser damit dem Fremdenverkehr. Sie behielten nicht Recht. Aber zunächst legte der Erste Weltkrieg das Projekt der Bayernwerk AG auf Eis, doch danach wurde es ungeachtet der Inflation 1921–25 ins Werk gesetzt. Der Bau von Zufahrtsstraßen und Hilfskraftwerken, der Durchstich des Kesselbergs auf einer Strecke von 1200 Metern, die Anlage von Unterwasserkanälen und was sonst noch an Aufwänden nötig war, rechtfertigte den Superlativ »bahnbrechende Pioniertat« für das Unternehmen.

Bei der Absenkung im Winter und Frühjahr kann der Spiegel des Walchensees zwischen zwei bis sechs Meter niedriger werden. Vom ›Wasserschloss‹ mit seinem mächtigen Bassin am Nordufer leiten sechs Druckrohre von zwei Meter Durchmesser das Wasser den Hang hinab zum Krafthaus am Südufer des Kochelsees, wo es in die Turbinen fließt, die die Generatoren antreiben. Die Jahreserzeugung an Elektrizität beträgt rund 320 Millionen Kilowattstunden. In den fünfziger Jahren entstanden zwei kleinere Kraftwerke in Niedernach und Obernach an den Südecken des Walchensees, die von den Wassern der Isar und des Rißbachs bedient werden. Sie sind ebenso schonend in die Landschaft integriert wie der große Kraftwerkskomplex in Altjoch am Anfang der Kesselbergserpentinen, der Besuchern ein Informationszentrum und Führungen anbietet.

»Wunder der Entrückung«: Corinth am Walchensee

Vom Herzogstand aus gesehen ein wundervoll gefasster Smaragd, gilt der von Bergen umschlossene und mit Wäldern und Wiesen gesäumte, sehr tiefe Walchensee als elegisch und geheimnisvoll. *»Die traurig schöne Perle der Berge«* nannte ihn Karl Stieler. Der fröhliche Sommerspuk von Surfern und Schwimmern vermag ihm diese Aura auch heute nicht zu nehmen. Wenn aber die Sonne gnädig ist, bricht er plötzlich in ein herzzerreißendes Tiefblau aus. Dann vermerkt man dankbar, dass offenbar die Natur zuweilen auch die Kunst nachahmt. Denn es ist das rauschhafte Blau aus den Walchenseebildern Lovis Corinths. Dieser Maler und dieser See, das ist wie Cézanne und der Mont Saint-Victoire: eine Besessenheit.

Im Sommer 1918, am Gipfel seines Schaffens trotz des sieben Jahre vorher erlittenen Schlaganfalls, verbringen Corinth und seine Familie von Berlin aus die Ferien in Urfeld im Hotel ›Fischer am See‹. Schon ein Jahr später wohnen sie in ihrem neu erbauten Holzhaus auf dem Hang über dem Hotel am Fuß des Herzogstands: ›Petermannchen‹, Corinths Frau, hat wieder mal gezaubert. Zweimal, dreimal jährlich sind sie nun hier, zu allen Jahreszeiten, die Staffelei steht oft auf der Wiese mit der geliebten Lärche, aber Corinth schleppt die Leinwände auch auf die anderen Hänge. Er malt und zeichnet beim ersten Hahnenschrei, in der Mittagsglut, bei Regen und Frost, in Mondscheinnächten. *»Er stand vor der leeren Leinwand, ruhig und ernst. Es schien, als saugte das Mondlicht seinen Körper auf. Nur noch das Antlitz war zu erkennen, das sich hin und wieder dem Monde entgegenhob, und ganz deutlich die mit dem Pinsel beängstigend schnell über die Leinwand gleitende Hand. Er realisierte das Werk, das er in seiner Vorstellung bereits fertig in sich trug. Meist benötigte er nur zwanzig Minuten, eine halbe Stunde im äußersten Fall . . . Erschöpft ließ er sich in den Sessel fallen . . . Mit weit aufgerissenen Augen starrte er mich an . . . Ich fühlte, dass er noch nicht recht zu Hause war. Acht Nachtbilder, acht Wunder der Entrückung, sind so in der Zeit zwischen 1920 und 1924 entstanden.«* (Charlotte Berend-Corinth).

Von 1918 und bis zu seinem Tod 1925 hat Corinth vom Walchensee 78 Gemälde, eine ähnliche Anzahl von Aquarellen und Zeichnungen, mehrere Zyklen von Radierungen und Lithographien geschaffen. Der Walchensee hat den Figurenmaler im Alter zu einem Landschaftsmaler verwandelt. Und wenige Künstler haben so hartnäckig, so leidenschaftlich wie er das Immergleiche umkreist und immer andere Bilder daraus geschöpft. Die emphatisch hingewischten und hingepeitschten, die platzenden und schwebenden, die leuchtenden und welkenden Farbbewegungen dieser Gemälde sind ohne Zweifel Visionen der Natur von Gnaden einer »selbstherrlichen« Malerei. Dennoch kann man Perspektiven und Topographie lokalisieren, sind die wechselnden Stimmungen des Atmosphärischen, der Lichtwirkungen und Farbvaleurs eine so sinnlich beschworene Essenz der Wirklichkeit, dass das ganze Walchensee-Œuvre eine einzige Huldigung dieser unverwechselbaren Landschaft bildet.

Rennstrecke und Einöde:
Von der Kesselbergstraße zur Jachenau

Schon mehr als vierhundert Jahre früher als beim Walchensee-Kraftwerk hat man bei der Kesselbergstraße Pionierarbeit geleistet. Herzog Albrecht IV. ließ diese serpentinenreiche Verbindung zwischen Kochel- und Walchensee über das Joch des Kesselbergs schon 1492 anlegen, freilich sind in den Zeitläuften ihre Kurven immer breiter und eleganter geworden, um am Beginn des 20. Jahrhunderts gar eine Weile als berühmte Rennstrecke zu dienen, auf der zuerst der schon erwähnte ›Herkomer-Wettbewerb‹ ausgetragen wurde und in den dreißiger Jahren das Rennfahrer-Idol Hans Stuck sechs Rekorde erzielte. Der französische Philosoph Michel de Montaigne hatte sie 1580 per pedes erklommen, der Herr Philipp Möller, Kaufmann aus Leipzig, am 7. September 1786 mit der Post-Chaise, neben sich eine elfjährige Harfnerin, die er für eine kleine Wegstrecke mitgenommen hatte, ein *»artiges ausgebildetes Geschöpf, in der Welt schon ziemlich bewandert«*, das ihn *»recht gut unterhielt«*. Er hat sie später in der Gestalt der Mignon so unsterblich gemacht wie er es selbst wurde: Johann Wolfgang von Goethe. An einer Straßenkehre schaut seine Bronzebüste auf den See.

Herzog Albrecht und die anderen Bayernherzöge pflegten hier mit Vorliebe zu jagen, daran erinnert der Name eines der beliebtesten Berge Oberbayerns: der *Herzogstand* (1761 m), vom

11 *Wilhelm Trübner, ›Auf Frauenchiemsee‹ (Ausschnitt)*
    Ölgemälde 1891. Wallraf-Richartz-Museum, Köln
12 *Lovis Corinth, ›Walchensee mit Abhang des Jochbergs‹ (Ausschnitt)*
    Öl auf Leinwand, 1924. Niedersächsisches Landesmuseum Hannover
13 *Bernd Zimmer, ›Galaktische Spirale‹,*
    Acryl, Öl, Pastell auf Leinwand, 2000. Privatbesitz
14 *›Moses vor dem brennenden Dornbusch‹ –*
    Lebendes Bild des Oberammergauer Passionsspiels 2000
15 *Wassily Kandinsky, ›Murnau mit Kirche I‹ (Ausschnitt)*
    Öl auf Pappe, 1910. Städtische Galerie im Lenbachhaus, München

Kesselberg aus in zwei Stunden zu Fuß zu erreichen, vom Ort Walchensee auch mit Lift. Der eindrucksvolle Ausblick umfasst im Süden den nahen Hochkopf, dahinter Karwendel- und Wettersteinkette, in der Ferne die Stubaier Alpen, im Norden den Starnberger See, gar den Münchner Olympiaturm.

Die Fortsetzung der Kesselbergstraße sorgt seit jeher für die Belebung des Walchensee-Westufers, heute vor allem mit Ferialbetrieb. Die beiden anderen Ufer des dreieckigen Gewässers aber sind nur schütter besiedelt. Sogar die nah der Straße liegende Halbinsel *Zwergern* wirkt zeitentrückt mit ihren wenigen Höfen, einem Barockkircherl und dem einstigen ›Klösterl‹, das der aufmerksame Goethe von der Ferne linkisch in den Zeichenblock gestrichelt hat. Aber wie überraschend, zu erfahren, dass an diesem verwehten Ort eine Fischerfamilie Zwerger saß, der, wie wir sehen werden, die wichtigsten Schlierseer Stuckatoren, einige Gelehrte und hohe Kleriker in Wien, vor allem aber der große Wiener Baumeister Johann Bernhard Fischer von Erlach entstammten!

Die Mautstraße am Südufer führt in die *Jachenau*, jenes wunderhübsche Tal des Flüsschens Jachen, das von der Südostspitze des Walchensees bis zur Mündung in die Isar durch den Wiesengrund mäandert, beidseitig begleitet von freundlich bewaldeten, mäßig hohen Bergen. Östlich des Ferienfleckens Jachenau gibt es fast nur noch Einzelhöfe, manche mit eigenem Kapellchen, einige mit feiner Lüftlmalerei, in Hinterbichl sogar einer besonders anmutigen von Franz Karner: Maria mit Schäfchen und Schäferstab als gute Hirtin. Viehzucht haben die Talbewohner hier betrieben und tun es immer noch, und da sie sich standhaft gegen die Eisenbahn wehrten, haben sie heute die ›echten‹ Erholungssuchenden als Einnahmequelle hinzugewonnen.

Oberbayern in der Nussschale:
Freilichtmuseum Glentleiten

Baumeister Leo von Klenze und andere Vertreter des Klassizismus waren von den klassischen Proportionen oberbayeri-

Das Idol auf seiner Strecke: Hans Stuck
umkurvt auf Auto-Union die Kesselbergstraße, 1934

scher Bauernhöfe so begeistert, dass sie auf deren Verwandtschaft mit dorischen Tempeln, vor allem in den breiten, flachen
Giebelfeldern, hinwiesen und sich gar zu der These verstiegen,
germanische und griechische Völker entstammten demselben
im Kaukasus beheimateten Ursprung. Diese Spintisiererei
lächelnd beiseite geschoben, von der wirklich edlen Klassizität
der Höfe kann man sich nirgends besser überzeugen als im Freilichtmuseum Glentleiten nördlich überm Kochelsee. Da ist das
ganze bäuerliche Oberland, wie es etwa zwischen dem 16. und
19. Jahrhundert aussah, gleichsam in der Nussschale geborgen.
Die ›Nussschale‹ ist ein ausgedehntes Hanggelände, durchsetzt
von Bäumen, Wiesen, Bächen, Waldpölstern, auf dem seit 1973
bisher 46 historisch kostbare, aber zum Leben und Wirtschaf-
ten nicht mehr geeignete Höfe wiedererstanden sind, das heißt,
sie wurden von ihrem ursprünglichen Standort in den verschiedenen ›Hauslandschaften‹, Balken für Balken nummeriert
und konserviert, hierher verfrachtet. Nochmal soviel sollen in
Zukunft nach und nach dazukommen.

Hier glänzen sie wieder in alter Barockschönheit, die langen, breiten Einfirsthöfe, bei denen alle Funktionen unter einem Dach vereint sind, der Blockbau des Wohnteils sowie der Holzbau von Stall, Scheune, Tenne – ein im Voralpenland am häufigsten vertretener Bauernhaustypus. Meist mit traufseitigem Eingang, den Wohnteil um den kurzen Flur gelegt, stehen sie südlich München, mit der Variation eines durchgehenden Flurs zwischen Wohn- und Stallteil sind sie südöstlich bis zum Inn anzutreffen, mit der anderen Variation einer trennenden Tenne zwischen Wohn- und Stallteil (Mitterennbau) auch im Werdenfelser Land und Chiemgau. Mächtige Vierseithöfe sind im Nordosten des Chiemgaus zwischen Inn und Salzach zu Hause, und der Berchtesgadener Zwiehof separiert Wohnhaus und Stall-Scheune als eigene Bauten.

In Gruppen stehen die Höfe, oft wahre Prachtexemplare, hier in der Landschaft, sommers blumenbunt geschmückt, umgeben von den jeweils typischen Nebengebäuden: Getreidekasten, Backofen, Flachsbrechhütte, Austragshäusl, Kapelle; auch der Taubenschlag, der Brunnen und der Misthaufen fehlen nicht. Eine Wonne im Sommer sind die blühenden Bauerngärten mit verschiedenartigen historischen Zäunen, einer der Gärten präsentiert alle ›Gespinstpflanzen‹, aus denen früher Textilien gewonnen wurden.

Das Innere der Häuser ist von den Möbeln bis zur Bettwäsche minutiös rekonstruiert worden, wo immer möglich nach den Angaben der ehemaligen Besitzer oder der Dorfnachbarn. Und alles sieht man funktionieren. Bauer und Bäuerin führen Getreideernte nach Großväterart vor, der Seiler, der Hafner, der Weber, der Wetzsteinmacher treten in Aktion. Sogar den Kühen und Schafen auf der Weide muss man keinen Stips geben, sie sind wirklich nicht aus Gips. Da überdies in manchen Häusern Dauerausstellungen beispielsweise den Weg des Korns zum Brotlaib oder des Wassers vom Brunnen zum Wasserhahn und vieles andere mehr demonstrieren, sollte man sich viel Zeit nehmen für dieses lebendige Geschichtsbuch vor einem Gebirgspanorama, das den lieblichen Kochelsee im Halbrund umarmt.

Benediktbeuern: Urkloster im Moor

Als Karl der Große um 790 den Mönchen das Armreliquiar des hl. Benedikt stiftete, gaben sie dem Ort Beuern, an dem sie 740 ihr Rodungskloster im öden Moorgebiet der Loisach man muss fast sagen ›aufgeschlagen‹ hatten, und der dunkel darüber aufragenden Bergwand mit dem Zackenkamm den buchstäblich gesegneten Namen des Heiligen. Gestiftet vom Uradelsgeschlecht der Huosi im Zusammenhang mit der Organisation der bayerischen Kirchenregion durch Bischof Bonifatius, der die Klosterkirche 747 selbst weihte, war das Urkloster wohl das älteste in Bayern. Heimsuchungen durch die Ungarneinfälle oder den Dreißigjährigen Krieg unterbrachen, aber hinderten seine stetige Entfaltung nicht: Die Benediktiner mehrten ihre Güter im weiten Umkreis sowie in Tirol, wo sie Salzpfannen und Weinberge besaßen, verwandelten die wilde Jachenau in nutzbares Land, führten die Fischerei im Walchen- und Kochelsee ein, entdeckten die Heilquelle in Heilbrunn, kurz: machten ihr Kloster zum reichsten im Oberland.

Reich war auch ihre Förderung des geistigen Lebens. Sie unterhielten Schulen an vielen Orten rundum, erfreuten sich renommierter Gelehrter unter den Patres – genannt sei der bedeutende Historiker Karl Meichelbeck, der u.a. Geschichtswerke über Freising und Benediktbeuern hinterließ –, bauten eine erlesene Gemäldesammlung und eine Bibliothek mit Kostbarkeiten der Frühzeit auf. Diese zerflatterte leider nach der Säkularisation, aber unter den Pergamenten, die in der Bayerischen Staatsbibliothek landeten, wurde eines dank Carl Orff zum berühmten Allgemeingut: die ›Carmina Burana‹.

Es ist eine ungemein vielfältige Sammlung von Gedichten, Liedern, Texten aus dem 13. Jahrhundert: Liebes-, Zech- und Würfelliedern, aber auch moralisch-satirischen Dichtungen, geistlichen Spielen, Versen über die Passion Christi oder die Kreuzzüge, Evangelienparodien, vieles andere mehr. Sie sind in lateinischer Sprache, oft mit französischen und deutschen Einsprengseln, verfasst. Der Ton reicht von lasziver Derbheit, frivoler Ironie und antiklerikalem Spott bis zur tänzerischen

Beschwingtheit oder zur innigen Klage. Ein großer Teil der Lieder hat ihren Ursprung im süddeutschen Raum und ist wohl von wandernden Klerikern und fahrenden Sängern überliefert, jedoch nicht in Benediktbeuern, sondern, wie die Forschung vermutet, in einem Kloster in der Steiermark gesammelt und zusammengestellt worden, und zwar mit großer Bildung und ohne Prüderie. In Benediktbeuern fand man bei der Säkularisation diese das Leben im Hochmittelalter so einzigartig dokumentierende Anthologie freilich im ›Giftschrank‹ der Bibliothek. Carl Orff, der, wie wir schon hörten, nach der Schmeller-Ausgabe arbeitete, vertonte zwanzig lateinische und vier mittelhochdeutsche Texte daraus, natürlich die attraktivsten Stücke.

Die weitläufige Barockanlage, überragt vom grünbehelmten Turmpaar der Kirche und hoch darüber dem breit ruhenden Rücken der Benediktenwand, ist 1930 in die Hände der Salesianer Don Boscos gekommen, die damals hier eine Philosophisch-Theologische Hochschule, nach dem Zweiten Weltkrieg dann noch eine Fülle verschiedener anderer Bildungsinstitute eingerichtet haben: So ist es heute ein Ort der jungen Leute.

Die ehemalige Klosterkirche, heute *Pfarrkirche St. Benedikt*, wurde nach vier Vorgängerbauten 1681–86 wohl von Max Schinnagl und Caspar Feichtmayr als frühbarocke Wandpfeileranlage errichtet. Die Hauptwirkung ihres Raumes geht vom üppigen, wulstigen Stuck mit seinen schweren Fruchtgehängen und großen Stuckfiguren aus, der natürlich nicht von Wessobrunnern, sondern von italienischen Meistern stammt. Die Deckenbilder des Christuszyklus schuf Hans Georg Asam, Vater der beiden berühmten Barockmeister Cosmas Damian, der 1686 in Bendiktbeuern, und Egid Quirin, der 1692 in Tegernsee geboren wurde. Mit diesem Zyklus, der den Auftakt der barocken Illusionsmalerei in Bayern bildete, begann die Karriere des Vaters. Im Langhaus verwandte er noch Tempera, im Altarraum und in den Seitenkapellen ging er bereits zur Freskotechnik über. Meisterhaft wie stets: Martin Knollers Altarbild der Vision des hl. Benedikt vom Tod seiner Schwester Scholastika im monumentalen Hochaltar.

Ein Glanzstück des Rokoko von Bayerns Spitzenkünstlern ließen sich die Benediktiner mit der *Anastasiakapelle* 1750–58
neben den Nordturm bauen (Eingang von außen). Sie galt der
Ehrung der Heiligen, deren Fürbitte die Kochelseer die Rettung
ihrer Dörfer im Spanischen Erbfolgekrieg zuschrieben und
deren Reliquien schon im 11. Jahrhundert in Benediktbeuern
bewahrt wurden, insbesondere die Kopfschale aus Italien, für
die Egid Quirin Asam 1725 ein silbernes Büstenreliquiar fürs
Tabernakel entwarf. Der elegante elliptische Zentralraum
stammt von Johann Michael Fischer, der graziöse Stuck von
Johann Michael Feichtmayr, das Hauptaltarbild von Jacopo
Amigoni, das Deckenfresko von Johann Jakob Zeiller und die
hervorragenden Holzskulpturen der Seitenaltäre von Ignaz
Günther.

Dasselbe Team hat zwischendurch im nördlich nahen *Bichl*
die zu Benediktbeuern gehörende unscheinbare Hügelkirche
St. Georg geschaffen, die der Kunst-Neugierige sich nicht entgehen lassen sollte. Dessen quadratischen Raum mit abgerun-
deten Ecken und den für Fischer typischen rhythmisierenden
und scharf profilierten Baugliedern hat Zeiller mit dramatischen St.-Georgs-Szenen im Gewölbe ausgemalt. Und Straub
stellte auf den Hauptaltar einen Drachentöter mit einem Ange-
sicht, so blutjung, so zart und erschrocken neben dem großäugig erregten Kopf seines Pferdes – ein Meisterwerk.

Zurück nach Benediktbeuern. Die *Klostergebäude* mit Kreuzgang, Refektorium, Kapitelsaal und dem in seiner komplexen
›Theatrum mundi‹-Bildthematik interessanten Alten Festsaal
können mit Führung besichtigt werden. Künstlerischer Höhepunkt ist der *Neue Festsaal*, jetzt *Kapelle*, den Johann Baptist Zimmermann mit seinem Sohn Johann Joseph schuf: Stuck von
überflussloser Vornehmheit und ein von den üblichen Darstellungen der Jahreszeiten und Elemente umgebenes höfisch-
repräsentatives Mittelfresko, das die Einkleidung des legendären Klostergründers Landfrid durch den hl. Bonifatius inmitten
geistlicher und weltlicher Würdenträger zeigt. Die beiden
Gestalten am Freskenrand in der Nähe des Eingangs deutet Sixtus Lampl als Selbstbildnisse der Künstler: Im Vordergrund der

Großmeister, wie er theatralisch gewandet über eine Brüstung in den Saal hinabblickt, hinter ihm der Sohn im Profil (siehe hierzu Abbildung S. 82).

Ein Physikgenie im säkularisierten Kloster

Wenn Benediktbeuern mit einer Pioniertat der Technik aus der Gründerzeit der bayerischen Technologie verbunden ist, so war das einigen günstigen Fügungen zu danken, die allerdings bös anfingen. Da hält sich der findige Unternehmer und gütige Mäzen Joseph von Utzschneider just in der Nähe der Thiereckstraße beim Dom in München auf, als dort 1804 ein Glasschleiferhaus zusammenstürzt und der zwölfjährige Lehrling Joseph Fraunhofer mühsam aus den Trümmern geborgen wird. Er besucht den Geretteten und vernimmt erfreut, dass der sich

Mitnichten hat Max IV. Joseph
den verschütteten Lehrbuben Fraunhofer gerettet,
wie hier suggeriert wird. Aber Bildjournalisten
waren schon immer effektvoller als die Realität

von dem spendablen ›Schmerzensgeld‹ des Kurfürsten Max IV. Joseph eine Glasschneidemaschine machen lassen will. Sogleich steckt er das Waisenkind in eine Schule, dann zu einem bekannten Optiker in die Lehre. Nachdem er 1804 das Klostergebäude in Benediktbeuern durch Kauf vor dem Abbruch gerettet und darin sein neu gegründetes ›Mathematisch-mechanisches Institut‹ eingerichtet hat, stellt er den Gesellen kurzerhand 1806 als Optiker hier an. Ist es Zufall oder ›Timing‹?: 1806 schaltet Napoleons Kontinentalsperre England als Konkurrenz in optischen Erzeugnissen aus. Und in Bayern ist eine großangelegte Landvermessung im Gange, die Aufträge bringt. Fraunhofer erweist sich als wahres Genie, entwickelt international anerkannte Qualitätsgeräte, etwa Fernrohre mit großflächigen Linsen, entdeckt schließlich jene ›Fraunhofer-Linien‹, die zur Spektralanalyse führen. 1819 wird er Professor in München, doch ein mit der Glasproduktion verbundener Lungenschaden führt schon 1826 zum Tod des 39-Jährigen. Das *Museum der Fraunhofer'schen Glashütte* am Klostergelände macht das Schaffen des großen Physikers vorzüglich anschaulich.

Bad Tölz: Föhn-, Bier- und Möbelstraße Isar

Auf der Isarbrücke, sagen die Tölzer, könne man am besten beobachten, wie der Föhn »wie auf einer Schiene« mit Streifen am Himmel über dem Fluss entlangziehe und jede Kontur bis hin zu den Bergen schärfe. Auch die schöne Stadt in ihrer Terrassenanlage rückt er ins rechte Glitzerlicht: im Westen die Franziskanerkirche mit dem Kurviertel dahinter, im Norden über dem Fluss der Kalvarienberg mit seiner weißen Kirchenkrone, im Osten von der Brücke hügelanstrebend die Marktstraße.

Mit der Isarbrücke beginnt natürlich auch die Geschichte des Handelsplatzes Tölz. Über sie zogen die Packtiere mit Salz, unter ihr schwammen Waren und Holz. So entstand bei der heutigen Salzstraße die Salzhändlersiedlung, an der Isarlände beim heutigen Gries eine Flößersiedlung. Die Isar war ja eine Abzweigung der Rottstraße von Mittenwald, ›Wasserrott‹ genannt, und damals war sie noch mit Zillen schiffbar und führte nicht nur Baumstämme für das bauwütige München, sondern auch Reisende von Italien nach München oder via Donau weiter nach Wien. Und vom späten 17. Jahrhundert an flößte sie sogar das Bier von 23 Tölzer Brauereien in die Hauptstadt! Erst im 19. Jahrhundert errang ja das Münchner Bier Weltgeltung, vorher durfte man getrost »die Eulen nach München tragen«, zumal der Tölzer Gerstensaft aus böhmischem Hopfen, in Tuffsteinkellern gelagert, als besonders wohlschmeckend galt.

Schließlich war die Isar sogar ein bisschen an der Berühmtheit der ›Tölzer Möbel‹ schuld! Denn ohne Zweifel war sie es, die für die Verbreitung der bunten Schränke, Kasten, Himmelbetten, Wiegen aus Weichholz vom 17. bis 19. Jahrhundert sorgte, wobei die über Tölz hinaus im ganzen Isartal von Lenggries bis Wolfratshausen produzierten Waren dazugerechnet wurden. Da mochten die Münchner Kistler noch so mit den Zähnen knirschen, es gab offizielle Erlaubnisse, die Sachen auf den Münchner Dulten zu verkaufen. Und wie konnte man denn auch dieser ansteckenden Volkskunstfröhlichkeit widerstehen, diesen auf blauem oder grünem Grund schwelgerisch blühenden Blumen und Früchten, vor allem den prall gewickelten Rosen und den Vasen in Herzform, den tanzenden Rocaillegespinsten, später den leichthändig hingepinselten Jahreszeiten oder Landschaften?

Die Marktstraße erzählt

Als Samer- und Flößersiedlung im 13./14. Jahrhundert zusammenwuchsen, wurde die Marktstraße ihr Mittelpunkt. Dieser ungewöhnliche Straßenzug, hügelig, kurvig, platzbreit, ohne Regelmaß, baut sich mit prächtigen Fronten unter vorkragenden Giebeldächern dennoch zum geschlossenen Bild auf, spricht von altbairischem Gebirgsort, spricht von wohlhabender Landstadt. Dass er das tun kann, ist einem der beiden schon erwähnten Münchner Städte-›Rettern‹ zu danken, diesmal Gabriel von Seidl, der nach 1900 die durch modische Baupläne gefährdete, teils schon angegriffene Harmonie des Platzes wiederherstellte.

Tölzer Schrank mit den charakteristischen geschlossenen Rosen
und religiösen Motiven auf blauem Grund, um 1820–30

Das Alte Rathaus an der Marktstraße 48 baute er eigenhändig um, und wäre gewiss entzückt, jetzt das *Heimatmuseum* darin untergebracht zu sehen, das uns die Stadtgeschichte vom Salz bis zum Jod, von Möbeln bis zu Trachten, vom Kunsthandwerk bis zur Hochkunst in überreicher Fülle vor Augen stellt. Das *Pflegerhaus* (Nr. 59) und das *Winzerer-Denkmal* von Ferdinand von Miller d. J. (1887) vor dem Rathaus erzählen wiederum von Kaspar Winzerer III. (1475–1542), einem hochgeachteten Pfleger von Tölz, der aber weit in die große Politik ausgriff, als Haudegen gegen die Ungarn von Kaiser Maximilian I. geehrt, gegen den französischen Franz I. wiederum von Kaiser Karl V. belohnt wurde, sich allerdings als Diplomat so zwischen alle Stühle zwischen Bayern und Habsburg setzte, dass Historiker uneins sind, ob er als »einer der bedeutendsten Männer Bayerns« (Georg Westermayer) oder als »Herumtreiber und Zwischenträger« (Benno Hubensteiner) zu gelten habe. An einen blutigen Zusammenstoß zwischen Bayern und Habsburg erinnert die Gedenktafel für eines der Opfer am *Café Höckh* (Nr. 41): Bei der im Unter- wie Oberland schwelenden Empörung gegen die österreichische Besatzung Bayerns im Spanischen Erbfolgekrieg 1705 wagten die Isarwinkler als erste den Handstreich auf München, bei dem sie in der ›Sendlinger Mordweihnacht‹ erbarmungslos niedergemetzelt wurden, ein Schock, der in Tölz mehr Erinnerungen als anderswo hinterließ.

Fassadenmalereien und Stuckgliederungen sind an den genannten und an vielen anderen Häusern zu bewundern. Eine Barockgrübelei fast von Gryphius-Rang ist unter der Christophorusgestalt am *Schretzenstallerhaus* (Nr. 21) zu lesen: ›Christof truge Christum/ Christus truge die gantze Welt/ Sag, wo hat Christoforus/ damals hin den fues gestellt‹. Die tiefgründige, um nicht zu sagen abgründige Frage wird man nicht mehr so leicht los.

Höchst reizvoll auch die erwähnte einstige Flößersiedlung am Gries, wo sich gut erhaltene Handwerkerhäuser mit Zierwerk und Holzstiegen aneinanderdrängen, überragt von der stark regotisierten *Stadtpfarrkirche Mariä Himmelfahrt*, für die Bartholomäus Steinle eine blutvolle Muttergottes im Strahlenkranz unterm Chorbogen schuf (1611). Hinterm Hochaltar steht der Winzerer in Rotmarmor: Grad' so hat man sich das Mannsbild vorgestellt.

Krumme Wege der Inspiration

Ihren heutigen Wohlstand verdankt die 1899 zum Bad erhobene Stadt den 1846 entdeckten Jodquellen sowie den umgebenden Mooren, die Hilfe bei Herz- und Kreislauf- sowie Gelenkerkrankungen bringen. Das *Kurbad* links der Isar mit eleganten Bauten, weitläufigen Parkanlagen und heiterer Atmosphäre bietet einen angenehmen Aufenthalt und kann auch mit Attraktionen wie dem ›Alpamare‹ mit Wellenbad, Thermalsprudelbecken, Solarfreibecken und Wildwasserbahn aufwarten.

Unter den prominenten Dauergästen, mit denen Tölz um die Jahrhundertwende verwöhnt war, sei nochmals Gabriel von Seidl genannt, der hier ein Kurhaus entwarf und ein Wohnhaus für sich selbst an der Wackersberger Leite baute. Nicht von ihm, wie es irrtümlich oft heißt, sondern von seinem Neffen Hugo Roeckl stammt das Landhaus an der Heißstraße 31 hoch über dem Ort, in dem Thomas Mann mit Familie von 1908 bis 1917 lebte, den ›Tod in Venedig‹ vollendete und den ›Zauberberg‹ begann, und es gehört zu den krummen Wegen der Inspiration, dass das Schneeabenteuer Hans Castorps nicht von Davos, sondern von Tölz angeregt wurde, wo der Dichter die erste »Bekanntschaft mit diesem Element« gemacht hat. Bibliophile wird interessieren, dass später Willy Wiegand, der die berühmte ›Bremer Presse‹ gründete, in dieses Haus zog. Und Corinth-Liebhabern soll nicht verborgen bleiben, dass in der Evangelischen Kirche im Kurviertel ein Kreuzigungsbild des Malers von 1897 hängt, ein Werk noch in akademischer Tradition, doch schon erfasst von einem packenden Sog exzessiver Spannungen (rechter Schächer Selbstbildnis).

Festtag für Rösser

Nach dem Debakel der Mordweihnacht stiftete der kurfürstliche Salz- und Zollbeamte Friedrich Nockher einen *Kalvarienberg* zum Dank für die dem Tod Entgangenen. Es wurde eine der glanzvollsten Anlagen dieser Art in Oberbayern. Sie beginnt mit einer *Ölberggruppe* am Fuß der Anhöhe und geht über fünf *Wegkapellen* (früher sieben, die sieben Fälle Christi symbolisierend) und den *Golgathahügel* mit eingebauter Kerkerkapelle und Kreuzigungsgruppe bis zur *Kreuzkirche*, einer Doppelkirche, die ein Heiliges Grab unterm Hochaltar birgt. Darunter liegt die eindrucksvolle *Heilige Stiege* nach dem Vorbild der Scala Sancta in Rom, auf deren Geländer Engel mit den Leidenswerkzeugen Christi hinabsteigen: eine große, bühnengleiche Inszenierung barocker Passionsfrömmigkeit (1711–32).

Die *Leonhardikapelle* einen Steinwurf weiter, eine der wenigen Kapellen dieser Art, die wirklich noch mit einer eisernen Votivkette als Attribut des Gefangenenbefreiers St. Leonhard umgürtet ist, bauten Tölzer Zimmerleute 1718–21 als Dank für ihre Heimkehr aus der Sendlinger Schlacht. Inzwischen war ein Patronatswechsel eingetreten: Des Gefangenenbefreiers hatten vor allem die Kreuzritter bedurft, später verehrte man angesichts der schlimmen Viehseuchen St. Leonhard als Viehpatron, vor allem als Pferdeschützer. Kombiniert mit dem nachwirkenden heidnischen Brauch, Kultstätten mit Pferden zu umkreisen, entwickelten sich die Leonhardiritte. In Siegersbrunn und Kreuth sind sie schon im Mittelalter nachgewiesen. Erst 1855 stieß Tölz dazu, dafür entfaltete sich das Fest hier im Laufe der Zeit zum wohl prächtigsten von allen.

Als wollte man einmal im Jahr, wie sich's für ein Bauernland gehört, den braven Rössern Dank sagen, ist dieser 6. November *ihr* Festtag. Noch bei tiefer Dunkelheit stehen die Frauen auf, um ihnen ihre Festtracht anzulegen. Geschniegelt und gestriegelt sind sie schon, Sättel und Zaumzeug auf Hochglanz gebracht, nun müssen noch Mähnen und Schweife kunstvoll mit Blüten, Strohzöpfen, bunten Bändern verflochten und Schärpen und Glocken umgehängt werden. Die Wagen stehen bereit: Nur für diesen einzigen Tag im Jahr werden die kostbaren alten bemalten Truhenwagen aus der Remise geholt. Und die Tafelwagen des Alltags sind mit ihren roten oder grünen Tüchern, Flechtwerk aus hellem isländischen Moos, Tannenzweigen und Blumen nicht mehr wiederzuerkennen. Dann erst kommt der Spiegel für die Menschen dran: Die verheirateten Frauen ziehen den ›Schalk‹ an, wie ihre Festtracht heißt: schwarzseiden Rock und Oberteil, hellfarbig das Seidentuch drüber, manchmal noch ein Fuchspelzchen, dazu Kropfband, Ketten, Silbernadeln, die Haare mit Dutt unter den schwarzen, mit Goldschnüren umwickelten Hut drapiert. Bei den Unverheirateten darf alles viel farbenfroher sein. Die Männer setzen zu ihren Trachten blumen- oder gamsbartgezierte Hüte auf.

Um neun Uhr läuten alle Glocken von Bad Tölz die Prozession ein. In die im Badeviertel versammelten hochbesetzten Wagen mit ihren Viererzügen kommt Bewegung. Allen voran reiten die feierlich mit Schärpen und Zylindern angetanen Standartenträger, die Wagen der Geistlichkeit und der Stadtväter im Gefolge, dahinter zieht nach vorher ausgeloster Ordnung der ganze bunte Tross: Gäste aus anderen Gemeinden in den unterschiedlichsten Trachten, Schützenvereine, Ministranten, Blaskapellen, verheiratete Frauen, Jungfrauen, Veteranen, Buben mit Stopselhüten, Mädchen mit Krönchen, Kleintiere in Käfig- wagen, Darstellungswagen mit den Modellen von Leonhardi- kapellen, dazwischen immer wieder wackere Reitersleut. Und Schaulustige in hellen Scharen! Die Prozession formiert sich auf der Wiese vor der Wallfahrtskirche, wo der Gottesdienst im Freien stattfindet. Danach umrundet die Kavalkade der Reiter und der Gespanne mit ihren Braunen, Falben oder Gescheck- ten dreimal die Kirche und empfängt dreimal den Segen mit Weihwasser.

Während der langen Prozedur machen bei den Wartenden Schnaps, Selbstgebackenes und Späße die Runde, und die ›Brettlhupfer‹, die auf den hinteren Trittbrettern des Wagens zum Bremsen eingesetzt sind, lassen ihre zwei Meter langen Peit- schen mit lautem Knallen schwingen, man sieht förmlich alle bösen Geister lautlos die Flucht ergreifen. Bei den Heimkeh- renden aber brechen auf den steilen Wegen den Berg hinab und die Marktstraße hinauf alle temperamentvollen Lebensgeister los, unter Rufen, Schellengeläut, Peitschengeknall fahren sie so rasant in die Stadt ein, dass das zartere Geschlecht auf den hol- pernden Wagen wogt und hopst und juchzt. Später geben die ›Goaßlschnalzer‹ mit ihren Peitschen in der Marktstraße regel- rechte Vorführungen ihrer Künste. Wilhelm Hausenstein hat sie bewundernd beschrieben: »*Da stehen sie, beinaufwärts fest, bis in die Hüften unbeweglich. Grätschbeinig stehen sie da, eine Hand in der Hosentasche, aus den Schenkeln herauf gespannt, aus den Hüften heraus sich hin und her werfend und die Rechte mit der gestreckten Geißel weit- ausschwingend ... Es ist ein erregendes Wettspiel: man kommt davon nicht weg*«. Und ehe man sich's versieht, ist mitsamt Brotzeit und Bier und Musik halt dann doch wieder ein Fest für die Menschen draus geworden.

Klausur mit Panoramablick: Kloster Reutberg

Nördlich von Bad Tölz liegt eine jener unwiderstehlichen Anhö- hen, die vor unseren Augen ein unglaubliches Zickzack-Pano- rama entrollen, durch Gewitterstimmung dramatisch, durch

Föhn gestochen, durch Wolkenbäusche heiter inszeniert. Zu Häupten sieht man durch Kastanien altes Klostergemäuer und ein geschweiftes Häubchen blitzen, und wo es Kastanien gibt, sind hierzulande Maßkrüge unvermeidlich, doch hier schaut niemand zu tief ins Glas, denn immer wieder reißt es ja den Blick zum Horizont oder hinunter ins Wiesen- und Moorgrün mit dem blauen Klecks des Kirchsees.

Als die Türken 1291 Nazareth bedrohten, trugen Engel Marias Haus nach Italien in einen Lorbeerhain (lauretum). Von da an wurde es üblich, die Nachahmung jenes Hauses als ›Loreto‹-Heiligtum zu verehren. Die Reichersbeuerner Hofmarksherrin Anna Papafabin ließ 1606 die erste Loretokapelle Bayerns in Reutberg bauen und stiftete zwölf Jahre später noch ein Kapuzinerinnenkloster dazu. Aus gutem Grund: Inzwischen war sie dem Mordanschlag ihres geldgierigen Gemahls glücklich entronnen.

Eine neue, erweiterte Klosteranlage schufen Münchner und Tölzer Meister auf dem abgetragenen Gipfel der Anhöhe 1729–35. Eine Loretokapelle wurde nun als Hochaltarraum in die Kloster- und Wallfahrtskirche eingebaut. Wie das am Felsen klebende, nur durchs ›Engelsfenster‹ belichtete nazarenische Haus ist sie spärlich befenstert, ein Gitterfenster links vom Altar dient der Kommunion der in Klausur lebenden Chorschwestern. Durch den weit vorgezogenen Chor und das enge und dunkle Altarhaus unterm blauen Sternengewölbe herrscht im Kirchenraum Dämmerlicht, was die sanfte poetische Stimmung unterstützt, die von den Freskenmedaillons und Kartuschen mit den Anrufungen der Lauretanischen Litanei ausgeht. Das ›Reutberger Jesuskind‹ aus Bethlehem und das durch die Säkularisation hierhergekommene ›Bittrich-Kindl‹ aus München, beides barocke Gnadenkinder, werden von den Schwestern verwahrt. Nur das Reutberger wird zu Weihnachten in der Kirche ausgestellt. Die seit 1849 hier lebenden Franziskanerinnen unterhalten neben der Ökonomie auch eine kleine Fremdenpension und fertigen nach alter Tradition Klosterarbeiten. Die barocke Apotheke, die Heilige Stiege und die religiösen Volkskunstschätze ihres Klosters bleiben unzugänglich.

Ferienland nach Maß

Am Tegernsee wurde die oberbayerische Sommerfrische ›erfunden‹. Man kann es sogar exakt datieren. Im Jahr 1817 besuchte König Max 1. Joseph das Tegernseer Tal, er war entzückt, erwarb schleunigst von dem Säkularisationsgewinnler Baron Carl Joseph Drechsel, der die halbe Tegernseer Klosteranlage bereits abgerissen hatte, das übriggelassene Gemäuer gegen einen Batzen Geld und den Grafentitel und machte es zu seinem Sommersitz. Seine Begeisterung wirkte in der Residenzstadt ansteckend. Der Hof reiste vollzählig herbei, die wohlhabende Gesellschaft kaufte sich rundum an, die damaligen ›Bildreporter‹ stellten ihre Staffelei vor die Berge, der ›Rest der Welt‹ kam später mit der Bahn – und zahllos.

Denn in den Gebreiten von Tegernsee und Schliersee tat sich ja ein Ferienland wie im Bilderbuch auf: Die Alm- und Waldberge wuchsen nicht schroff in den Himmel, sondern blieben, milde gewölbt, auf ›Hausberghöhe‹ etwa bis Tausendachthundert, dahinter ließen sich in sicherer Entfernung Giganten sehen, die damals noch Schaudern auslösten; die beiden Seen waren handlich, der größere durch Buchten abwechslungsreich; und höchst einladend wirkten die schütter in Wiesen gebetteten Ortschaften mit ihren von Altane bis First holzbraunen und blumenbunten Höfen und den Kirchen und Kapellen. Knapp nach 1901 entdeckte dann überdies der ›Akademische Schiclub München‹ das Sudelfeld bei Bayrischzell als Übungsgelände – und ab ging die Schussfahrt zur Wintersport-Epidemie.

Hauptsächlich in diesem Landstrich setzte die malerische Entdeckung der Gebirgslandschaft durch Johann Jakob Dorner, Georg von Dillis, Wilhelm von Kobell, Max Joseph Wagenbauer, die Brüder Quaglio und viele andere ein, und die literarischen Schilderer waren Heinrich Noë, Ludwig Steub oder

Kloster Tegernsee mit Blick auf den Tegernsee,
gezeichnet von Johann Georg von Dillis,
gestochen von Simon Warnberger, um 1802

Karl Stieler. Gelehrte wie Sommerfrischler begannen sich fürs
bäuerliche Leben und Brauchtum zu interessieren, sammelten
Volkslieder, bewunderten Trachten – die der Hof prompt als
Kostüme bei seinen Festen nachmachte –, bejubelten die dörf-
lichen Laienspiele und förderten damit in ungeahnter Weise ein
Genre, das sie, nicht ganz zu Recht, ›Bauerntheater‹ nannten.
Von der Kuhglocke bis zu den Brettln wurde hier alles als Inbe-
griff Oberbayerns aufgefasst.

Inzwischen haben sich die Orte an den Ufern weit ausge-
dehnt, manch ein Häuserensemble ist modisch-rustikal überzu-
ckert, manch ein Hotel zu großspurig geraten. Aber das beschränkt sich auf die unerschütterlich gleichbleibenden Touris-
tenzentren. Darüber hinaus ist diesem Landstrich die Lust an
seinen fröhlich gelebten Traditionen nicht ausgetrieben worden.

Tegernsee und Rottach-Egern: Kunstsinnige Mönche

Die Ausläufer der Berge drängen die Ortschaft Tegernsee einige
Meilen weit am Seeufer entlang, gewähren da und dort einer

Handvoll Häusern, an den Höhen emporzuklimmen, nur das
Zentrum verdichtet sich auf einer dreieckigen Landzunge. Weiter südlich geht Tegernsee am Scheitel der Egerner Bucht
stracks in den Doppelort Rottach-Egern über. Das Schwemm-
land der Rottach, die oben in die Egerner Bucht, und der Weißach, die wenig westlich davon in die Ringseebucht fließt, hat
dem Doppelort mehr Platz genehmigt, sodass sich Rottach mit
seinem verkehrsreichen Geschäftszentrum und Egern mit seiner Luxus-Hotellerie und seinen Villen und Gärten ausbreiten

Bäuerin mit Kindern in Egern,
gezeichnet 1821 von Lorenzo Quaglio

kann. Wo die Grenze zwischen Tegernsee und Rottach-Egern
verläuft, ist nicht so recht auszumachen, allenfalls dem Rottach-
Lauf entlang, und so mag sie auch hier keine Rolle spielen.

Der Schlossplatz in Tegernsee, unmittelbar am See mit Blick
auf den tintengrünen Wallberg, ist sichtbar die Keimzelle des
Tegernseer Tals. Der preußische Historiker Heinrich von
Treitschke hat es auf den Punkt gebracht: In Tegernsee habe
man ganz Bayern unter einem Dach – das Gotteshaus, das
Königshaus und das Bräuhaus. Tatsächlich liegen alle drei in
einer Front zum Schlossplatz, der Eingang zum Herzoglichen
Bräustüberl just neben dem Portal von St. Quirin, daneben das
frühere Schloss, das davor tausend Jahre lang Kloster war.

Wie in Benediktbeuern war es das Geschlecht der Huosi, das Mitte des 8. Jahrhunderts auch hier ein Benediktinerkloster stiftete und mit den Reliquien des hl. Quirinus aus Rom beschenkte. Der Märtyrerheilige war der Sohn eines römischen Kaisers im 3. Jahrhundert, der seines christlichen Glaubens wegen in den Tiber geworfen wurde, dessen Leiche aber von Glaubensgenossen heimlich begraben worden war. Die Reliquien sollen bald nach der Klostergründung von Rom nach Tegernsee überführt worden sein. Kurz bevor der Zug hier ankam, legten die Träger eine kleine Rast ein. Als sie danach den Schrein wiederaufnahmen, entsprang darunter eine heilende Quelle. Diesem Wunder wurde das Kirchlein *St. Quirin* zwei Kilometer nördlich von Tegernsee gewidmet. Um 1450 erhielt dann ein Mönch vor dieser Kapelle durch einen goldgelben Streifen auf dem Wasser, der vom anderen Ufer bis hierher reichte, den wundersamen Hinweis auf eine wundertätige Ölquelle in Wiessee. So bewährte sich St. Quirin immer von neuem als Schutzheiliger des Tegernseer Tales.

Die »goldgelockte Sol« (wie der Abt schrieb), die erst in die Kirche eingelassen werden konnte, als ein Gönner ihr um 990 bunte Glasfenster stiftete, beschien das Benediktinerkloster nicht über alle, aber über weite Strecken seines Daseins. Privilegien der Landesherren, Weltoffenheit der Äbte und mönchischer Fleiß dehnten den Wirkungsbereich des anfänglichen Kolonisationsklosters weit in den Süden und Osten aus und brachten ihm mehrere Kunstblüten. Vom 10. bis 13. Jahrhundert bestand hier eine Buchmalerwerkstatt von Ruf, von deren Erzeugnissen sich heute einige Zimelien in der Bayerischen Staatsbibliothek befinden. Es gab eine Goldschmiede- und eine Glasmalereiwerkstätte. Auch das literarische Schaffen anonym gebliebener Mönche ging mit einigen Werken in die Literaturgeschichte ein, vor allem mit dem ersten abendländischen Roman ›Ruodlieb‹ von etwa 1050, einem weltlichen Ritterepos in mittellateinischer Sprache, das in seiner Bildungsfülle und Sittlichkeit den späteren französischen Roman vorweg nahm. Im 10./11. Jahrhundert das Vorbild eines nach der Gorzer-Trierer Reform geführten Klosters, zogen im Barock Wissenschaften wie Theologie, Philosophie oder Astronomie hier ein, auch die Musik kam damals zu ihrem Recht. Eine Besonderheit war die 1573 eingerichtete Buchdruckerei, der die Palme unter allen Klosterdruckereien gebührte. Sie gab Weltliches wie Geistliches, sogar Noten heraus, und die verlegten Werke errangen nicht nur wissenschaftliche Anerkennung, sondern zeichneten sich auch durch die hohe Ästhetik ihrer Typographie und Gestaltung aus. Der enorme Schriftenbestand wurde ein Opfer der Säkularisation, wie vieles andere.

Durch Leo von Klenze damals zum Schloss umgebaut und seither so genannt, beherbergen die Klostergebäude heute die Herzogliche Brauerei, ein Gymnasium, einen Barocksaal für öffentliche Veranstaltungen, Räume in herzoglichem Privatbesitz. Bei der *Pfarrkirche St. Quirin*, einem Barockbau mit romanischen und gotischen Elementen, formte Klenze nur die Fassade klassizistisch um. Die gotische Grabplatte über dem Eingangsportal beließ er: Sie zeigt die Klosterstifter Adalbert und Otkar aus der Huosi-Familie, die in der um 1685 in den Hauptaltartisch eingebauten Tumba von Meister Hans Halder (1457) ruhen. Die barocke Umgestaltung des romanisch-gotischen Baus zur tonnengewölbten dreischiffigen Pfeilerbasilika mit Vierung und Querhaus begann 1678 nach den Plänen des Baumeisters der Münchner Theatinerkirche, Enrico Zuccalli, auch der üppige Stuck stammt von italienischen Meistern. Die Fresken des vierzigjährigen Hans Georg Asam zeigen den Maler inzwischen souverän in der Handhabung der schon in Benediktbeuern begonnenen Untersichtperspektive. 1688 ist er von dort hierher gezogen, 1692 wird sein zweiter Sohn Egid Quirin hier geboren, zwei Jahre später übersiedelt die Familie in die Oberpfalz, wo neue Aufträge warten. Seine Darstellungen der Quirinuslegende über der Vorhalle, von Leben, Passion und Glorie Christi über dem Lang- und Querhaus sowie des Allerheiligenhimmels in der Vierungskuppel, an italienischen Vorbildern geschult, in festliche Renaissancearchitekturen gestellt, haben nun beträchtlich an kompositorischer Freiheit und Reichtum der Farben gewonnen. Das Kreuzigungsgemälde im Hochaltar stammt von Karl Loth (um 1690). Beachtenswert sind die

Schlafzimmer im Schloss Tegernsee,
Aquarell von Franz Xaver Nachtmann, 1828/48

nördliche Quirinus-Kapelle mit den Reliquien des Schutzheiligen und die südliche Benediktus-Kapelle, beide in Rokoko ausgestattet mit Figuren von Straub und Wessobrunner Stuck.

Leutselige Majestäten und zuagroaste Künstler
Der Bürgerkönig *Max I. Joseph*, dessen Standbild vor dem Nationaltheater die Münchner sitzend begrüßt, hockte sich hier mit Vorliebe mitsamt Mitgliedern seiner Familie zu Knödel oder Brotzeit zu den Bauern in die Stube, und ›Hofberichterstatter‹ Lorenzo Quaglio malte gleich mit. ›Vater Max‹ ließ rund um den Ort Spazierwege mit ›Parapluis‹ (kleinen Pavillons) zum Regenschutz anlegen und lud Zar Alexander I. von Russland und Kaiser Franz I. von Österreich eigens ein, um ihnen sein geliebtes Tegernsee zu zeigen. Bei seiner Gemahlin *Caroline*, die nach seinem Tod 1825 hier ihren Witwensitz bezog, gab es noch häufigere Potentaten-Auftritte und Lustbarkeiten, denn es galt, manche Verlobung zu stiften und Hochzeit auszurichten, zum Beispiel jene ihrer Tochter Ludovika mit dem ›Zithermaxl‹, Herzog Max in Bayern.

Herzog Max in Bayern mit Prinzessin Ludovika,
seiner Gemahlin, am Tegernsee, Gemälde von Joseph Stieler, 1830

Jähe Stille zog ins Schloss, als ihr Stiefsohn, *Prinz Karl von Bay-*
ern, Bruder Ludwigs I., den Besitz 1841 erbte und nach seiner
zweiten Verwitwung, 1866, darin Daueraufenthalt nahm, ein
einsamer Mann, der hier ein immenses soziales und karitatives
Wirken für die Bevölkerung entfaltete – ›leutselig‹ im tieferen
Sinne. Er kam 1875 bei einem Reitunfall auf dem Seeuferweg
ums Leben. So verehrt wie er wurde dann auch sein Neffe *Her-*
zog Karl Theodor in Bayern, ein durch seine Staroperationen
berühmter Augenarzt, der Tegernsee 1876 übernahm. Er hatte
später in München eine Augenklinik und auch hier eine viel
frequentierte Praxis. Sein Sohn, *Herzog Ludwig Wilhelm*, der als
Regimegegner den Zweiten Weltkrieg in den USA verbrachte,
war ein engagierter Brauchtums-Förderer und führte die ertrag-
reiche Lodenweberei im Tegernseer Tal ein. Wie sein Vater ruht
er in der Gruft der Herzöge *in* Bayern (so heißt der nichtregie-

rende Zweig der Pfälzer Wittelsbacher seit 1799) in der Pfarrkirche.

Dem Hofmaler *Joseph Stieler*, vor allem berühmt geworden
durch seine Schönheitengalerie für Ludwig i., hatte der König
auf der Landspitze Point ein Grundstück geschenkt, auf dem er
für sich und seine Künstlerfamilie 1829 ein Landhaus baute, das
heute noch den Nachkommen gehört und bei Lesungen zugänglich ist. Nahbei steht das Ganghofer-Haus. Und drüben in der
Egerner Bucht siedelte sich die mit Malern und Schriftstellern
ebenfalls gesegnete Familie Kobell aus der Pfalz an. Der zeich-
nende Staatsrat *Egid von Kobell* (1772–1847) schuf einige frühe
Blätter von Egern, sein Bruder, der Schlachtenmaler *Wilhelm von
Kobell* (1766–1855), verwandelte sich am Tegernsee in einen
Landschaftsmaler der lichterfüllten, weiträumigen Sachlichkeit,
und sein Sohn *Franz von Kobell* (1803–1882), ein bedeutender
Mineraloge, überdies ein beliebter Volksschriftsteller, schrieb
hier u.a. die populär gewordene ›Gschicht' vom Brandner
Kaspar‹.

Gulbransson-Museum und Saliterhof

Das Heilklima und die 1956 erschlossene ›Benediktusquelle‹
verhalfen Tegernsee dazu, ein beliebter Kurort bei Herz-, Kreis-
lauf-, rheumatischen Erkrankungen u.a. zu werden. So haben
an vielen Stellen, vor allem im Kurviertel im Zentrum, moderne

*Dagy und Olaf Gulbransson,
in den Anblick des Hirschbergls vertieft,
vom Meister selbst 1930 gezeichnet*

Architekturen die Villen des 19. Jahrhunderts verdrängt. Das *Heimatmuseum* nah dem Schloss in der Seestraße 12 breitet freilich in einem feinen Biedermeierhaus seine Schätze aus, die das klösterliche und bäuerliche Leben so reich dokumentieren wie die Wahltegernseer Prominenz. Ein modernes Gehäuse hat man hingegen dem *Olaf-Gulbransson-Museum* im Kurgarten gebaut, gewidmet dem norwegischen Zeichner und Karikaturisten des unnachahmlich lapidaren Strichs, der beim ›Simpl‹ in München Karriere machte, sich 1929 im Schererhof niederließ, dort die Nazis ›übertauchte‹ und 1958 hier starb. Neben der Dauerausstellung seiner Werke zeigt das Museum regelmäßig beachtenswerte Wechselausstellungen.

Spärlich sind im Ort die prachtvollen Tegernseer Bauernhöfe geworden. Einige kann man in der Rosenstraße bewundern, der schönste aber, ein wahres Bauernschloss in seinen ungemein eleganten Proportionen, liegt am Rande der Rottach auf einer Wiese: der *Saliterhof* (Ludwig-Thoma-Weg 8). Er gehörte früher dem ›Saliterer‹, der das privilegierte Amt des Salpetergräbers inne hatte, wichtig, weil Salpeter die Grundlage der Pulverherstellung ist.

Der Saliterhof in Tegernsee,
Prachtexemplar unter den Höfen rund um den See

Am Ende vorwiegend widerhaarig:
Ludwig Thoma

Auf der Tuften 12 steht ein »nudelsauberer« Bauernhof, dem nur Wiesen und Blumen und der Wallberg in die Fenster schauen. Im geräumigen Inneren sind Bauernmöbel und Bernheimer-Stücke einträchtig vereint, und dem Damenzimmer ganz in Biedermeier halten Kachelofen, Ahorntisch, Eckbank rustikal das Gleichgewicht. Die gute Stube beherrschen Geweihe in Überfülle, und im spartanischen Arbeitszimmer besetzen Schattenrisse der Freunde und Ledergebundenes des 19. Jahrhunderts in langen Reihen die Wände. Es scheint ein Vorurteil, dass Menschen so sind, wie sie wohnen. Der in diesem Harmonie-Fleckerl lebte, Ludwig Thoma (1867–1921), war ein überaus Zwiespältiger: lebenslustig und geistreich, eingespult und widerhaarig.

In Oberammergau geboren, verbrachte er seine Kindheit im Forsthaus seines Vaters in Vorderriß, war Rechtsanwalt in Traunstein und Dachau, ›Simpl‹-Redakteur in München, dann mit zunehmendem Erfolg freier Schriftsteller, der 1906 ein Häuslein auf der Tuften kaufte und stattlich umbaute. »O du alleinseligmachender Misthaufen«, schwärmte er vom Bauernleben und flog zugleich auf die Großstadt-Orchidee Marietta di Rigardo, eine indisch-schweizerische Tänzerin, die ihn nach kurzer Ehe 1911 unglücklich zurückließ. In seinem Werk gesellschaftskritisch aufmüpfig, politisch sozialliberal orientiert, verfiel er dennoch 1916 haltlos dem Nationalrausch, sah »die deutschen Siegesengel fliegen« und wusste »dass wir auf der Welt die Besten sind«. Und indes er 1918 mit der Halbjüdin Maidi von Liebermann ein neues Leben begann (drei Jahre später starb er an Magenkrebs), zog er im ›Miesbacher Anzeiger‹ im vorweggenommenen wüsten ›Stürmer‹-Ton über Juden (»drauf auf die Schnauze«), Demokratie (»Affenwerk«) und Schriftsteller-Kollegen her, nannte etwa Kafka bösartig einen »Galizischen Rotzlöffel«.

Und doch ist sein literarisches Werk nicht veraltet. Er hat darin der bayerischen Sprache zu einem Reichtum verholfen, wie wenige sonst. Seine tragischen Bauernromane und -dramen wie etwa ›Der Wittiber‹ oder ›Magdalena‹ sind in ihrem Realismus von einer Heillosigkeit, die eher dem endenden als dem beginnenden 20. Jahrhundert entspricht. Gestaltenreichtum, Menschenkenntnis, Beschwörungskraft machen seine Theaterwirksamkeit aus, und in seinen Komödien wie ›Die Lokalbahn‹, oder ›Moral‹ weiß er vom liebenswerten Humor bis zur grellen Groteske alle Varianten des Komischen durchzuspielen.(Besichtigung des Hauses nach Voranmeldung.)

In Berlin bejubelt: Tegernseer Bauerntheater

Es war Thoma, der dem Tegernseer Bauerntheater zu seinem größten Ruhm verhalf. Aus zwei Bauernbühnen von 1903 an in Etappen zusammengewachsen, von den Volksschauspielern *Michl Dengg* und *Bertl Schultes* geleitet (ab 1914 von Schultes allein), spielte das Ensemble im Hotel ›Steinmetz‹ in Tegernsee und im Gasthaus ›Zur Überfahrt‹ in Rottach-Egern, ging allherbstlich auf Tournee und hatte mit Anzengruber oder Ganghofer gute Erfolge – trotz waschechter Mundart sogar bei USA-Gastspielen! Aber als Thoma 1910 eigens den Schwank ›Erster Klasse‹ für die Bühne schrieb und inszenierte, gab's im Tegernseer Tal wochenlang keine freien Hotelzimmer mehr, der »kohlschwarze« Abgeordnete Filser wurde zum geflügelten Begriff (er war die Glanzrolle von Schultes) und die Bühne hatte für eine Weile finanziell ausgesorgt. Nach ihrem Niedergang während der Inflation wurde sie 1927 von Schultes und seinen Brüdern als ›Ganghofer-Thoma-Bühne‹ neu gegründet. Wieder ein Thoma-Stück, ›Magdalena‹, zog 1930 prominente Neugierige der Berliner Theaterwelt in den Tegernseewinkel: den Dramatiker Carl Zuckmayer, auf dessen Drängen der Direktor des Reinhardt-Theaters, Robert Klein, mit Max Pallenberg und Fritzi Massary anreiste. Wenig später gastierte das Ensemble bereits in Berlin: 44 Vorhänge am ersten Abend! Publikums- und Kritiker-Begeisterung waren einhellig: »*Diese Leute vom Tegernsee sind glänzende Schauspieler; es sind sogar raffiniert gute Schauspieler. Aber sie sind es auf unauffällige, ganz natürliche Art*«, schrieb das Berliner Tagblatt. Das Theater existiert bis heute unter dem Namen ›Ludwig-Thoma-Bühne‹ in Rottach-Egern, und es kommt vor, dass hier vielversprechende Talente anfangen, wie

*Der Volksschauspieler Bertl Schultes als ›Schmuser‹ (Heiratsvermittler)
in Thomas ›Brautschau‹ (links) und der Volkssänger
und Volksliedforscher Kiem Pauli, beide aus Gulbranssons Stift*

etwa Franz Xaver Kroetz eines war. In Tegernsee wiederum
kann das ›Tegernseer Volkstheater‹ ebenfalls auf eine ungebro-
chene Tradition seit 1898 zurückblicken!

Zum Stammtisch von Thoma, Dengg, Schultes, Slezak in der
›Überfahrt‹ gehörte auch der *Kiem Pauli* (1882–1960) mit seinem
Rottacher Terzett, ein valentindünner Vollblutmusiker, der die
Bassgitarre spielte *»mit fünf Finger am Griffbrett und mit'n linken Ell-
bogen rund um und um«*, wie Herzog Ludwig Wilhelm in Bayern
schrieb, der ihn ermutigt hatte, über Land zu fahren und den
Leuten Volkslieder abzulauschen. 1930 gab der Kiem Pauli mit
dem Musikologen Kurt Huber aus München (der später zur
›Weißen Rose‹ gehörte und hingerichtet wurde) das Gesammelte als Liederbuch heraus und veranstaltete ein Preissingen
in der ›Überfahrt‹, beides Initialzündungen für eine Volkslied-
bewegung, die Authentisches gegen Kitschverwässerung setzte.

Dorffriedhof mit Weltkindern

Die ›Überfahrt‹ ist heute das ›Seehotel zur Überfahrt‹ geworden und das ›Hotel Malerwinkel‹ daneben ging aus dem einstigen Haus des Sängers *Leo Slezak* (1873–1946) hervor. Der Heldentenor der Wiener Oper, Gastspielstar in aller Welt, Filmschauspieler und Autor urkomischer Bücher verbrachte von 1910 bis zu seinem Tod jede freie Minute mit seiner Familie auf seinem schönen Anwesen, mit den Bauern bayerisch böhmakelnd, bedrohlich übergewichtig mit Außenbordmotor in der Bucht herumtuckernd, im Bachmair heimliche Knödel-Attentate auf seine Dauerdiät verübend, gegen Ferienende Arien über den See schmetternd, um seine Stimme wieder geschmeidig zu machen. Nun schaut seine Büste übers Mäuerchen des nahen Dorffriedhofs zum Malerwinkel herüber, wie er es sich wünschte, und auf die Platte des Familiengrabes ließ er für seine vor ihm gestorbene geliebte Frau die Worte eines Liszt-Liedes einmeißeln: »*Und Glück und Leid und Freud und Not/ so miteinander tragen/vom ersten Kuss bis in den Tod/sich nur von Liebe sagen*«.

Dorffriedhof? Das große Geviert um die Rottach-Egerner Kirche, sommers überschwemmt von den Farbwellen der Knollenbegonien, ist im Laufe der Zeit ein Friedhof auch der Weltkinder geworden, wie er seinesgleichen nur noch auf Frauenchiemsee hat. Da liegen, um nur wenige Namen herauszugrei-

Unzertrennlich: Ludwig Ganghofer (links),
Leo Slezak (Mitte) und Ludwig Thoma

fen, hinter der Mauer des Haupteingangs bei der Schule Ludwig Ganghofer, Ludwig Thoma, Maidi von Liebermann, der Münchner Historiker Karl Alexander von Müller, der einen schönen Aufsatz über diesen Friedhof geschrieben hat, auch über seine beredten Bauernnamen wie »Maria Hatzl, Hütlersgütlerin am Hagrain« oder »Leonhard Haltmaier, Weiglschuster in Scharling«. Da ist auch der Arzt des Tegernseer Lazaretts, Carl Friedrich Scheid, der am 4. Mai 1945 mit der weißen Fahne auf dem Weg zu den Amerikanern von einer deutschen Kugel getroffen wurde. Zwischen Brunnen und Kirche liest man auf Familiengräbern oder Mausoleen internationale Adelsnamen, etwa der Grafen Adlerberg, Würdenträger und Botschafter des Zaren in Bayern (Gräfin Amelie Adlerberg aus bayerischer Familie wurde von Stieler für die Schönheitengalerie gemalt), der Prinzen und Grafen Sayn-Wittgenstein oder der Fürsten und Grafen Donnersmarck aus Oberschlesien, die sich am Tegernsee niederließen. Auch Wunderliches fehlt nicht, so Right Honourable William Lord Ponsonby, ein spleeniger Ire, wie erzählt wird, den die Liebe zu einer schönen Rottacherin offenbar mit den gleichen Löwenpranken im Tegernseer Tal festhielt, wie sie nun seinen Sarkophag hinter der Apsis der Kirche tragen. Im nahen Gemeindefriedhof geht es weiter mit Olaf Gulbransson, seinem früh verstorbenen Architekten-Sohn Andreas, der die zeltartige moderne *Auferstehungskirche* gegenüber schuf, sowie dem beliebten Romancier Heinrich Spoerl.

In der spitztürmigen *Pfarrkirche St. Laurentius* im Alten Friedhof, einem gotischen Bau, finden wir den in diesem Landstrich vorherrschenden Schlierseer Stuck, von dem noch zu reden sein wird, und ein schönes Hochaltarblatt des hl. Laurentius von Hans Georg Asam (1690).

Glücksspiegel von oben

Dem Schriftsteller Karl Stieler erschien der Tegernsee »wie ein Spiegel des Glücks«, und wer das im Tal als altmodisch belächelt, der findet es von oben aus gesehen gut gewählt für die blaugrün spiegelnde Fläche, die sich wohlig der sich sanft nähernden Umarmung der Berge anschmiegt. Der See umfasst neun Quadratkilometer und ist 72 Meter tief. ›Von oben‹, das heißt natürlich zuallererst vom Gipfel des trapezartig schön geformten *Wallbergs* (1722 m), dem Hausberg Tegernsees, der zu Fuß in drei Stunden, mit der Kabinenbahn in zehn Minuten zu erreichen ist. Kein Wunder, dass ihn Wanderer und Skiläufer lieben. Im Norden senken sich östlich die Waldrücken von Gindelalmschneid, Baumgartenschneid, Neureut, westlich von Söllberg, Hirschberg und Ringberg herab, im Süden staffelt sich das Panorama von West nach Ost mit Karwendel, den Blaubergen, dem Risserkogel, dem Schinder, dem Sonnwendjoch empor.

Eine bequeme Fußwanderung in Serpentinen durch die höherliegenden Villensiedlungen Tegernsees, dann durch den Wald führt in anderthalb Stunden auf den anderen der Hausberge, die *Neureut* (1261 m), der Fernblicke bis zu den Allgäuer Alpen und dem Großvenediger gewährt. Wer nur bis zum *Lieberhof* kommt, kann nicht klagen: Ausblick und Datschi sind köstlich!

Kreuther Tal: Nicht nur Politiker

Wildbad Kreuth?, brrr, da stelle er sich nichts als todernste Krawattenträger und grässliche Tagungshallen vor, meinte das fernsehgebildete Nordlicht und weigerte sich, an Bachrauschen, Bergeinsamkeit, Blumen und Biedermeier zu glauben. Nacheinander also: Das Bachrauschen erzeugt die Weißach, die am Achenpass entspringt und bis Wildbad Kreuth im engen Tal nach Osten sprudelt, dann über Kreuth breiter und ruhiger nordwärts in den Tegernsee fließt. Diese zweite Talstrecke, ein blumenreiches Auengebiet unter Landschaftsschutz, wo Aurikeln, Zaunlilien, Braunellen, mehrere Enzianarten und andere Seltenheiten zu erspähen sind, wird von Spaziergängern geliebt, indes das einst urwaldwilde obere Weißachtal unter den beiden Gipfeln der Blauberge, Halserspitz (1861 m) und Schildenstein (1611 m), in seiner wildromantischen Einsamkeit eher etwas für versierte Wanderer ist. Sogar das vielbesuchte Hochtal von *Wildbad Kreuth* zu Füßen des Hohlenstein kann zeitweise fast menschenleer wirken. Dann nimmt sich das ländliche, aber edle

Die Idylle Wildbad Kreuth bald nach ihrer Gründung,
1829 lithographiert von Karl Heinzmann

biedermeierliche Kurbad-Ensemble wie eine Hofdame aus, die sich im Wald verirrt und auf eine Lichtung gerettet hat, wo sie immerhin einen Gasthof mit angeklebtem Kapellerl und ein regelrechtes Postamterl findet, und am Kapellerl klebt eine Gedenktafel für den Kiem Pauli, der hier ein Zuhause fand und von hier aus mit Rad und Rucksack und Zither zum Liedersammeln aufbrach – eine schöne Vorstellung an diesem oft so entrückten, nur manchmal turbulenten Flecken (der im Fernsehen prompt auftaucht, wenn Politiker sich hierher in Klausur begeben).

Das Terrain rund um den wichtigen Weg von Tirol nach Tegernsee gehörte den Benediktinern, die natürlich in ihrer kolonisatorischen Findigkeit die Schwefelquelle am Fuß des Hohlenstein entdeckten und nutzten. Die Kapelle war Teil ihres ›Alten Badehauses‹, das aber zu einem Bauernhaus umgebaut wurde, als der Badebetrieb einschlief. König Max 1. Joseph hat ihn wiedererweckt, indem er 1820 ein ›Neues Bad‹ als locker verbundene Baugruppe mit Wandelhalle hierher stellen ließ, ›Molken- und Badeanstalt‹ genannt. Die Molkenkur gegen Lungenleiden kam hoch in Mode. Auf der Geißalm südwestlich von

Wildbad grasten riesige Ziegenherden, die die Milch dafür hergaben. Über Mangel an gesellschaftlichem Trubel, bei dem sie ihre Schuhplattler und Volkstänze – sogar vor dem Zaren-Paar! – vorführen durften, konnten sich die Gebirgler also nicht beklagen, aber mit der Monarchie war das vorbei. Als der Kurbetrieb 1973 eingestellt wurde, erwarb die Hanns-Seidel-Stiftung die Baulichkeiten für ihr Kommunikationszentrum für politische Bildung.

Die historische Tour des Königs zu Fuß und seiner oft auf Eseln reitenden Gäste zur Königsalm ist auch heute noch eine beliebte Wanderung von höchstens vier Stunden hin und zurück. Sie führt am *König-Max-Denkmal* in einem Hain im Wald vorbei zur Alm *Siebenhütten* mit ihrem schönen Schindeldach-Blockhaus. Westlich liegt dann die oben erwähnte *Geißalm*, die 1816 für die Molkegewinnung gebaut wurde. Die *Königsalm* auf 1113 Meter Höhe hatte Max 1. Joseph für die Rinder seines Mustergutes Kaltenbrunn bei Gmund erworben. Der imponierende Blockbau der Viehhütte ist mit 46 Meter Länge der größte in den bayerischen Alpen. Der König ließ überdies eine eigene Käserei errichten.

Was aber hatte es auf sich mit der vorhin erwähnten Quelle in Wiessee, die um 1450 durch einen goldgelben Streifen auf dem Wasser auf sich aufmerksam machte? Das Erdöl, das ihr entsprang, wurde vom Kloster für würdig befunden, in Flakons abgefüllt und als St.-Quirinus-Öl verkauft und verschickt zu werden, und es erwies seine wundertätige Heilkraft nicht nur auf die herbeieilenden leidenden Besucher, sondern auch auf die bresthaften Börsen der Besuchten. Kein wilder, aber ein milder Segen für die paar Bauern von Wiessee.

Rund vierhundert Jahre später waren Flakons vergessen, aber die Worte Erdöl oder Petroleum hatten plötzlich einen Klang nach Macht und Mammon. Gegen 1840 rückten zuerst Konsortien, dann Bohrmaschinen in Wiessee an. Es gab Scheinerfolge, Gase, Explosionsängste, Pleiten. 1904 trat der Ingenieur Adrian Stoop aus Holland auf den Plan und versetzte den ganzen Tegernsee in Panik mit seinen jahrelangen Explorationsbohrungen an Land und im See, verbunden mit der Anlage von Geleisen, Pipelines, Fördertürmen. 1909 war es soweit: Aus 714 Meter Tiefe sprudelte – Wasser. Es stank, aber es war jod- und schwefelhaltig. Da niemand frohlockte, verlegte sich der wendige Minen-Ingenieur selbst aufs Balneologische. Mit zwei kleinen Badekabinen ging es 1910 los. 1922 setzte Wiessee bei rasant steigenden Einwohner- und Kurgastzahlen bereits die Silbe ›Bad‹ vor den Namen.

Es wurde ein europaweit renommiertes Heilbad für Herz-, Gefäß- und Kreislaufleiden, Gelenk- und Wirbelsäulenbeschwerden, Augen- und Hauterkrankungen. Im weitläufigen, am See liegenden Kurzentrum sind die Therapie-Einrichtungen stets à jour (Programme für Computergestresste heißen »Bad W. statt PC«), die Hotels gepflegt bis nobel, die Unterhaltungsmöglichkeiten bis hin zur Spielbank schick. Oberbayern findet hier freilich eher in den ewigen ›Kulissen‹ rundum statt.

Auf der malerischen Anhöhe von *Kaltenbrunn* im Norden des Sees lag zuerst ein Gut des Tegernseer Klosters, dann ein Mustergut der Wittelsbacher, dem kein Gast entgehen konnte, nicht nur wegen der Prachtviecher und der weißen Pfauen, sondern vor allem, weil ihm hier der See mit seinem harmonischen Bergkranz in höchst eindrucksvoller Schrägaufsicht zu Füßen lag. Das tut er natürlich noch heute, und dass aus einem Gutstrakt ein Restaurant geworden ist, zieht den Blick beträchtlich in die Länge.

Keine zwei Kilometer nordwestwärts hinunter- und wieder hinaufgekurvt, erspäht man bei einem vereinzelten Hof das Hügelkircherl *Georgenried*, das einst der reiche Ritter Georg von Waldeck in die Einsamkeit bauen ließ. Es steht zart gegen den großbewegten Wellenhorizont, zu Füßen einen bunten Bauerngarten. Nachdem der Bauer aufgesperrt hat, versinkt man zurückgelegten Kopfs in ein Sternennetz voller Blüten und Ranken und Vögel und anderem Kleingetier zwischen den Gewölberippen, so naturgetreu gemalt, wie es spätgotischer Ehrgeiz wollte, das Blühen und Zwitschern mitgepinselt (1528). Vom kargen, edlen Tuffsteingrau der Wände heben sich die Kanzel und drei farbige Frühbarockaltäre anonymer, aber trefflicher Meister ab: in der Mitte Georg und Sebastian in ausdrucksvoll tänzerischer Pose, flankiert von den in Bayern als Wetterheilige verehrten Johannes und Paulus (1631) und bekrönt von einem feinen spätgotischen Kreuzigungsbild. Und auch Anna Selbdritt im rechten und Pestpatron Rochus im linken Seitenaltar scheinen uns in ihrer Lebhaftigkeit aus den reichen Knorpelwerkrahmungen förmlich entgegenzukommen (1665). Herzerwärmend, wie sich das Herbe und das Zärtliche und das Ländliche hier so selbstverständlich einen.

Von Pipeline bis Gipsküche: Dreieck der Talente

Gmund – Miesbach – Schliersee: Diesem Dreieck entstammen erstaunlich viele Talente, die es zu Rang und Namen gebracht haben, Ingenieure, Architekten, Künstler aus ansässigen Bauern- oder Handwerkerfamilien, in denen spezifische Begabungen plötzlich erblich auftraten. So waren die *Reiffenstuel* in Gmund Bauern, Tavernwirte, Zimmerer, bis zwei aus dieser Folge ausscherten und sich durch eine grandiose Ingenieurleistung auszeichneten: Hofbaumeister Hanns Reiffenstuel (1548–1620), der als erste Pipeline der Welt die Soleleitung von Reichenhall nach Traunstein baute, und sein Sohn und Kompagnon Simon (1574–1620), Hofbrunnmeister, der im Todesjahr des Vaters selbst einer Krankheit erlag.

In der Totenkapelle im Turmanbau der *Pfarrkirche St. Ägidius* in Gmund befinden sich die Epitaphien der Familie, eines zeigt Hans Reiffenstuel mit seinen beiden Ehefrauen und drei Söhnen, darunter Simon, gemalt von dem Münchner Nikolaus Prugger, dessen Tochter den uns schon bekannten Hans Georg Asam heiratete. Von Asam stammt das schöne Hochaltarbild der Ägidiuslegende in der Pfarrkirche. Die meisten Reiffenstuel-Nachfahren hielt es nicht mehr am See, sie lebten in München oder Salzburg meist als Geschäftsleute, zwei als Baumeister.

In Gmund ist auch von einem findigen Metzger zu erzählen, *Max Obermayr*, der sein unergiebig gewordenes Braunvieh in der Schweiz mit Simmentaler Rindern kreuzte und Prachtexemplare von Alpenfleckvieh erzielte, die er bis nach Petersburg exportierte, wohlgemerkt dies alles in Fußmärschen neben einem Verpflegungswagen: in 35 Tagen über die Alpen, nach einem Dreivierteljahr 1839 beim Zaren. Nicht der Name Obermayrs, aber das Miesbacher Alpenfleckvieh ist weltberühmt geworden.

In der Umgebung von Miesbach war das Baumeistergeschlecht der *Gunetzrhainer* beheimatet, das aus dem Stammhof Gunetzrhain auf dem Stadelberg über dem Schliersee stammte. Auch ihre Mitglieder waren Zimmerer, bevor sie Baumeister wurden, im 17. Jahrhundert sind sechs Meister dieses Namens in München nachgewiesen. Berühmt wurden die Brüder Johann Baptist (1692–1763) und Ignaz Anton (1698–1764), beide Repräsentanten des Spätrokoko mit klassizistischen Tendenzen, die das Bild Münchens mitgeprägt haben. Johann Baptist war

Oberhofbaumeister und schuf u.a. die Damenstiftskirche in München, die Kirchen in Landshut-Seligenthal und Schönbrunn bei Dachau oder den Klosterneubau in Tegernsee; dem Stadtoberbaumeister Ignaz Anton dankte München das Palais Törring und die Neugestaltung der Peterskirche, die Karmeliten in Reisach am Inn Kloster und Kirche, die wir sehen werden.

Dass ein Großstadtmensch par excellence, der in Rom, Zürich, Wien, Berlin lebte und als einer der wichtigsten Vertreter der Neuen Sachlichkeit scharfkonturierte Gesellschaftsporträts von mondäner, zuweilen lasziver Eleganz malte, dass *Christian Schad* (1894–1982) ein Oberbayer aus Miesbach war, kann nur den überraschen, der die Eleganz der bayerischen Kunst von Gotik bis Klassizismus verkennt. Mag Schad auch das Gymnasium in Miesbach aus Revoluzzertum vor dem Abitur verlassen haben, später ist er immer wieder in das Landhaus der Familie eingekehrt.

In Schliersee treffen wir Mitglieder der erstaunlichen Familie *Zwerger* vom Walchensee wieder, und zwar als bedeutende, wahrscheinlich prägende Meister des Schlierseer Stucks, Hans Zwerger (1598–1666) und seinen Sohn Georg oder Jörg (1638–1721). Der Schlierseer Stuck, den man lange Zeit aus ungeklärten Gründen Miesbacher Stuck nannte, unterscheidet sich erheblich sowohl vom italienischen als auch vom Wessobrunner. Die durch Model vorgeformten Dekorationselemente wurden an der Wand in gerahmte Felder gesetzt, wodurch schöne geometrische Wirkungen zustande kamen. Diese Feldereinteilung sowie eine gewisse Bilderbuchnaivität machen ihn leicht kenntlich. Akanthusblattranken, Fruchtgehänge, Blumensträuße, Rosetten. Muscheln, Wappen, später auch Heiligenfiguren, Engel und Puttenköpfe gehören zu seinem Formenrepertoire. Der Schlierseer ›Stil‹ ist ungefähr von 1630 bis höchstens 1740 hauptsächlich in den Gegenden Tegernsee, Schliersee und Leitzachtal zu verfolgen. Seine Meister sind mit wenigen Ausnahmen anonym geblieben. Die Zwergers hatten wahrscheinlich im sehr alten Haus des heutigen Schlierseer Heimatmuseums ihre ›Gipsküche‹, doch waren sie nicht nur Stuckatoren, sondern auch Baumeister. Ein vermutlich auch aus dem Schlierseer Familien-

zweig stammender Wolfgang Zwerger war um die Wende vom
17. zum 18. Jahrhundert in München als Kirchenarchitekt tätig.

Schlierseer Rattenfänger

Der stille, harmonische Schliersee (2,2 Quadratkilometer Fläche, 40 Meter Tiefe) beherrscht nicht die Landschaft wie sein
großer Bruder, sondern bildet darin ein i-Tüpferl, nicht anders
als die Waldinsel Wörth in ihm. Die lieblichen Moränenhügel
im Norden steigen mit profilierten Übergängen im Süden zum
Gebirge empor, zur grünen und felsigen Pyramide des Brecherspitz (1683 m), im Westen flankiert von der Bodenschneid
(1669 m), im Osten vom Jägerkamp (1746 m) und dem Spitzingsattel dazwischen. Bunte Orte in der Wiesen- und Baum-
landschaft verbreiten sanftes, heiteres Behagen.

Dazu trugen am Hauptort Schliersee, den die Einwohner seit
je ›Schliers‹ nennen, in der Zeit der Erweckung des Markts aus
dem Dornröschenschlaf vor allem zwei Gasthöfe bei. Der eine
hieß zuerst ›Zur Fischerlisl‹, später und heute ›Gasthof zur Post‹
und wurde heimgesucht von »*Jünglingen*«, deren Werke »*das träge
Volk der Hauptstadt*« darüber belehrten, »*dass es wohl schön und luftig sein müsse an den klaren Seen und in der Kühle milchweißer Wasser-
stürze*«, so Heinrich Noë blumig. Zu denen gehörten u.a. die

Ein berühmt gewordenes Wirtshausschild, hinterlassen von zwei durch Wellen,
Weib und Gesang chloroformierten Kunstjüngern

Maler Peter von Heß, Simon Warnberger, Lorenzo Quaglio, Ludwig Neureuther oder Karl Haider, der sich dann in Schliersee niederließ, oder die Schriftsteller August von Platen und der hier ebenfalls ansässig gewordene Anton von Perfall, von dessen berühmtem Porträt von Leibls Hand wir hören werden. Noch ein bisschen mehr als die malerische und literarische Kunde vom See machte den trägen Hauptstädtern aber die ›Fischerlisl‹ flotte Beine, die Wirtin *Elisabeth Schrädler,* deren Schönheit, Heiterkeit und Sangeslust die Gäste rattenfängerisch

Multitalent Xaver Terofal,
Porträt im Schlierseer Bauerntheater

herbeizog. Ein Wirtshausschild (jetzt im gut bestückten Heimatmuseum), das sie mit zwei Kunstadepten im Boot zeigt und als »Donna del Lago« feiert, nennt Ilka von Vignau »ein Urdokument des bayerischen Fremdenverkehrs«. Als alte Frau drückte die Fischerlisl 1858 König Max II. ans Herz, als er sie besuchte, und rief: *»Grüaß di Gott, Kini Max! Was siechst deim Großvater gleich.«*

Der andere Gasthof steht in der Nähe und ist ein breitbrüstiges malerisches Doppelhaus mit angeschlossenem Theater, und das Gasthaus, das Theater und der Platz tragen den Namen *Xaver Terofals*. Der so mehrfach Geehrte war denn auch ein Mehrfachtalent: Hoteldirektor, Oberkellner, Koch, Schuhplattler, Komödiant, Theaterboss. Ursprünglich ein Metzger aus Halfing, schloss er sich der Truppe des Münchner Komikers Konrad Dreher an, beide erwarben das damals so genannte ›Hotel Seehaus‹ in Schliersee und gründeten 1893 das ›Schlierseer Bauerntheater‹ im Nebenhaus, das nach Plänen Emanuel von Seidls 1902 zu einem schnuckeligen Theater ausgebaut wurde. Köchinnen, Stubenmädln, Kellner, Bauern und Holzknechte bildeten das Ensemble, der Zulauf war mächtig, der Erfolg so sensationell, dass man im Winter auf Gastspielreisen ging und Schliersee in halb Europa zu einem Begriff machte. Das Theater bestand unter Leitung von Terofals Tochter bis 1958, lebte aber durch eine neue Laienspielgruppe unter demselben Namen bald danach wieder auf und spielt fort und fort.

Von ›Zulauf‹ kann man auch beim Grab des Wildschützen *Georg Jennerwein* am Friedhof von St. Martin im Ortsteil Westenhofen reden. Noch hat man die Frage nicht ausgesprochen, schon zeigt die blumengießende Bäuerin in die Richtung: »Den *suchen alle; a paar Reihen vor der Kirche in der Mitt'n.*« Am schönen Grabkreuz hinter dem Moospolster mit Kiefernlatschen sieht man sein Foto: so gewiss ein g'stand'nes Mannsbild wie ein Schlawiner. Eine Papptafel gebietet hier energisch: ›Bitte! Kein Kult an diesem Grab!! Keine Blumengebinde!‹ Jennerwein war 1877 im Alter von 29 Jahren in den Wäldern der Bodenschneid hinterrücks von einem Jäger erschossen worden. Er war nur einer von unzähligen Wildfrevlern im dafür besonders berüchtigten Tegernseer Gebiet. Es gab hier Wild im Überfluss, dem Kloster war wegen des Fastengebots wenig daran gelegen, so sollte alles nur den Kavaliersjägern des Hofs gehören? Die Wilderer sahen nicht ein, warum sie an dem Reichtum nicht teilhaben sollten, überdies liebten sie den Kitzel der Gefahr, und grad' drakonisch waren die Strafen nicht. Ein Schuss aus dem Hinterhalt freilich konnte schnell Klassenhass und soziale Rührseligkeit bei den Zeitgenossen auslösen. Nur bei den damaligen? Das Pappschild lässt daran zweifeln.

Schon 779 ist ein Kloster Schliers beurkundet, es ging in den Ungarnstürmen unter, wurde neu gebaut, dann nach München verlegt. Dessen Kirche *St. Sixtus* erneuerte der einheimische Architekt Kaspar Gläsl 1712–14 als barocke Wandpfeileranlage. Die Ausstattung wurde nicht den Schlierseer Stuckatoren anvertraut, die ihren Höhepunkt schon hinter sich hatten, sondern dem jungen, gerade in Miesbach lebenden Johann Baptist Zimmermann, protegiert von den hier heimischen Grafen (Waldeck)-Maxlrain. Er gab dem Raum eine dezente Feierlichkeit, indem er Stuck und Fresken geschickt auf den Chor konzentrierte. Das Martyrium des Papstes Sixtus II., sein Abschied von seinem rührend schüchtern winkenden Lieblingsjünger Laurentius, seine Enthauptung – so grausam das Thema, so lyrisch mit hingehauchten Hintergründen hat er es gemalt. Auch die Entwürfe für mehrere Altäre stammen von ihm, vor allem für den Hochaltar mit dem Sixtus-Bild von Johann Paul Vogl und Figuren der hll. Benno und Arsatius von Franz Fröhlich. Faszinierend sind im Chor drei spätgotische Werke: die ausdrucksstarke Sitzfigur des hl. Sixtus von unbekannter Hand (um 1520), das bewegte und dekorative Gemälde einer ›Schutzmantelmadonna‹ von dem damals in München führenden Meister Jan Polack aus Polen (1494) sowie der eigenwillige Gnadenstuhl des großen Erasmus Grasser, bei dem Vater und Sohn blockhaft aneinandergebunden sind und doch einander unheimlich fremd zu sein scheinen (um 1480).

Ein vollständig erhaltener spätgotischer Flügelaltar von 1541 steht in der *Nikolauskapelle* neben der Kirche. Und auf dem Hügel, der sich nahbei mitten im Ort aufwölbt und einen herrlichen Ausblick bietet, ist in der netzgewölbten *St. Georgskapelle* ein außergewöhnlicher frühbarocker Hochaltar mit frei stehender Georgsfigur unter einem Triumphbogen wahrscheinlich von Stephan Zwinck (1624) neben zwei weiteren Altären zu sehen.

Ungeachtet der vorbeiführenden Straße ist die Lage von St. Leonhard in *Fischhausen* im Süden des Sees stimmungsvoll.

Die Barockkapelle mit hohem Spitzturm steht neben einer wahren Volkslied-Linde auf freiem Platz, der für die Pferdeumritte am Leonhardstag gedacht ist. Originell ist der achteckige Zentralraum, reizvoll vor allem durch den schon erläuterten Schlierseer Stuck, der hier, großfigurig und reich, zum Meisterwerk von Vater und Sohn Zwerger geriet, die 1657 hier auch die Baumeister waren.

Am Weg ins Gebirge liegt unterm Spitzingsattel (1127 m) der kleine *Spitzingsee* als wohlbekanntes Zentrum einer variationsreichen Wander- und Skizirkulation. Die *Untere* und *Obere Firstalm* am Nordhang des Stümpfling sind historische Skiplätze: Dort fanden in den 1890-er Jahren die ersten, von dem Münchner Buchhändler und späteren Gastwirt von Fischhausen, Willy Finsterlin, organisierten Skiveranstaltungen, auch der heute noch übliche Skifasching statt, dort stand 1909 die erste Skihütte. Die *Stümpfling-Sesselbahn* erschließt das Gebiet von Brecherspitz und Stolzenberg, die *Taubenstein-Kabinenbahn* das von Aiplspitz und Rotwand. Ein Gebirgserlebnis ist das *Tal der Roten Valepp*, die den Spitzingsee nach Süden zum Inn entwässert, mit ihren einstigen Klausen (Schleusen), mit deren Hilfe das Holz nach Tirol getriftet wurde. Das Tal ist der Ausgangspunkt zu Bergtouren auf den Schinder (1810 m) oder das Hintere Sonnwendjoch (1988 m).

Der Wendelstein:
Hausvater, Geologielehrer, Hightech-Labor

Von fern nimmt sich der Wendelstein (1838 m) gemütlich wie ein Eierwärmer aus, da würde der lustige Name Wendelin gut zu ihm passen, von dem er ja abgeleitet ist, doch je näher man kommt, desto mehr wird er zum eminenzgrauen dreieckigen Charakterkopf. Er ist der beliebteste und am meisten besuchte aller bayerischen Berge, wirkt er doch weder so unnahbar wie die Zugspitze noch so geheimnisvoll wie der Watzmann, sondern vertraut wie ein Hausvater. Dazu hat man ihn ja nun auch nachhaltig domestiziert. Und da er mit der Zeit ›geht‹, ist er auch Geologielehrer und Hightech-Labor geworden.

Der Bauer aus Bayrischzell, der seine Gipfelregion 1718 vielleicht als erster bestieg, wird sich wohl eher auf der Suche nach seinem Vieh dorthin verlaufen haben, jedenfalls fand er seine Herde und baute zum Dank eine Kapelle, die dem Viehpatron Wendelin geweiht wurde. In den folgenden 200 Jahren kamen die Höhensüchtigen vom König bis zum Bauern per pedes heroben an und vertausendfachten den Ruf des Geschichtsschreibers Lorenz von Westenrieders: »Herrlich! Herrlich! Herrlich!«. Wie denn auch nicht – angesichts des grandiosen Panoramas vom Wilden Kaiser im Südosten über Großglockner, Großvenediger, Zillertaler Alpen bis zu Karwendel und Wettersteingebirge mit Zugspitze im Südwesten, das der Hauptgipfel bietet, indes der Ostgipfel die Chiemgauer Alpen und den Inn von Rosenheim bis Wasserburg ins Visier bringt.

Dem 20. Jahrhundert war dann die ›Anbindung‹ und ›Ausstattung‹ des Berges vorbehalten. 1912 wurde die erste Bergbahn der bayerischen Alpen von Brannenburg zur Bergstation gebaut, eine Zahnradbahn, die heute mit Doppeltriebwagen modernisiert ist und nur dreißig Minuten braucht. Bei Mondscheinfahrten werden die alten ›Nostalgie-Wagen‹ mit der fast doppelten Fahrzeit eingesetzt. Seit 1970 verbindet eine Seilbahn auch Osterhofen auf der Westseite mit der Bergstation. Außer mit Bergbahnhof, Unterkunftshaus und Kirche ist die Gipfelregion bestückt mit dem Sendemast des Bayerischen Rundfunks, einer Wetterstation, einer Universitäts-Sternwarte, die mit Spiegelteleskop und Photometeranlage hochmodern ausgerüstet ist (donnerstags zu besichtigen), sowie einer Wind- und einer Sonnenenergieanlage.

Über Zeit und Ewigkeit des Berges belehrt der *Geo-Park*. Der Weg in Jahrmillionen vom Meer zum Berg und von Afrika nach Bayern verbindet den Wendelstein mit den anderen Häuptern ringsum. Das Besondere aber ist, dass hier die verschiedensten Formationen und Bauglieder aus Erdmittelalter und Erdneuzeit auf engstem Raum zusammen liegen und gut zu beobachten sind: vom Muschelkalk, der 240 Millionen Jahre alt ist (die Erde: 4600 Mio.) und den Felssporn des Wendelstein bildet, über den zehn Millionen Jahre jüngeren, widerstandsfähigen

Wettersteinkalk, der die Nordalpen prägt, oder den nochmals zwanzig Millionen Jahre jüngeren Hauptdolomit bis zu den weicheren Flysch- oder Molasse-Zonen, die ›erst‹ vor 65 Millionen Jahren entstanden. Das Pressen, Schieben und Biegen der Alpenbildung hat bewirkt, dass diese Formationen nicht brav nach Alter übereinander, sondern ganz schön durcheinander liegen, das zeigt der Gipfel, der ausgerechnet aus dem ältesten Gestein besteht. Eine weitere Besonderheit des Wendelstein ist sein Höhlensystem, 1882 von Max Kleiber erforscht, ebenfalls durch Dehnung und Zerrung entstanden, durchs Wasser erweitert, durch Menschen ausgebaut. Eine Höhle nah beim Bergbahnhof, 300 Meter lang, überrascht nach 82 Stufen und 200 Meter Zickzackweg mit einem eindrucksvollen Dom. Im Geo-Park sind vier Wege mit insgesamt vierzig Stationen ›angelegt‹ worden, an denen Erklärungstafeln nicht nur über die Geologie orientieren, sondern über alles, was von den Algen bis zur Wasserkraft zu Zeit und Ewigkeit gehört. Der Gipfelweg ist mit 16 Stationen der wohl umfassendste.

Die Deutsche Alpenstraße schlängelt sich von Bayrischzell am Südhang des Wendelstein über den Sudelfeld-Pass (1123 m) bis zum Tatzelwurm (764 m), von wo schmalere Straßen nach Brannenburg und Oberaudorf hinabführen, die letztgenannte wird begleitet vom langgezogenen Brünnstein und einer dramatischen Staffelung von Bergkonturen bis hin zum Kaisergebirge. Der *Tatzelwurm* ist eine Klamm mit Wasserfall im wildromantischen, mit Wäldern voller Felsblöcke und Schluchten dahinziehenden Auerbachtal, in das die Sage ein schnaubendes Schuppenvieh hineindachte. Es inkarnierte sich 1863 überraschend zutraulich als ›Feuriger Tatzelwurm‹, ein Gasthaus an der schönsten Stelle unterhalb des Wasserfalls, das der Bauer Simon Schweinsteiger auf Anregung des Schriftstellers Ludwig Steub baute und das sogleich von den Künstlerfreunden aus dem Tal annektiert wurde. Inzwischen ist die Inkarnation immer voluminöser geworden, aber ihr Kern ist ursprünglich erhalten geblieben: eine urgemütliche Gaststube ganz in Holz mit einem Deckengemälde der Tatzelwurmsage, einem breiten Kachelofen von Künstlerhand, Geweihen, Porträts, Gedichten,

Zeichnungen an den Wänden: vom Leibl, vom Perfall, vom Vischer, vom Steub, vom besonders eifrig in allen Altersstufen hier verewigten Viktor von Scheffel. Semmelknödel mit Nostalgie – gar keine schlechte Mischung!

Bayrischzell: Nörgelnde Mönche, fröhliche Skiläufer

An der fröhlich mäandrierenden Leitzach öffnen sich der Kessel von Bayrischzell und das Becken von Fischbachau zu besonders malerischen Tälern. Das vom Wendelstein im Norden, dem Kleinen Traithen im Süden und dem Seeberg im Westen umlagerte, aber nicht eingeengt wirkende Bayrischzell ist die reinste Schmuckschatulle – dabei hat es sich viel von seiner bäurischen Bausubstanz erhalten, viel auch von einer gelassenen Atmosphäre ohne Tourismushektik. Es bestand bis ins 19. Jahrhundert aus nur fünf Höfen wohlhabender Viehbesitzer, die noch heute im Kern des Ortes stehen, wenn auch verändert. Wendelstein-Wanderer und Sudelfeld-Skiläufer sorgten dafür, dass es sich zum Urlaubsort zu entwickeln begann, noch bevor es – erst 1911 – den Bahnanschluss bekam. Vor allem aber war dies dem Geschick des leidenschaftlichen Skiläufers und Leiters der Grenzwache von Bayrischzell, Hermann Hartmann, zu danken, der die Mitglieder des ›Akademischen Schiclubs München‹ zum Sudelfeld lockte, das sich als ideal für Übungsfahrten aller Schwierigkeitsgrade herausstellte, und der sie obendrein die ›Norweger-Methode‹ des Skilaufs mit zwei Stöcken zu lehren vermochte. So wurde ›die Zell‹ – wie die Einheimischen ihren Ort früher nannten, wiewohl er bis 1835 offiziell ›Margarethenzell‹ hieß – winters ein Treffpunkt der Brettlfahrer, denen heute sechzig Kilometer präparierte Abfahrten und Loipen und 18 Lifte zur Verfügung stehen.

Die Urzelle des Ortes war ein Eremitorium zweier adeliger Einsiedler gewesen, das eine Ahnfrau der Wittelsbacher, Gräfin Haziga, Gemahlin Ottos II. von Scheyern-Wittelsbach, zu einem Kloster erweiterte und im Jahre 1080 Benediktinern aus Hirsau übergab. Doch den zwölf Mönchen und zwölf Laienbrüdern passte es hier nicht: Sie klagten über das harte Klima, die dichten Wälder, die schlechten Wege. Und zogen 1085 nach Fischbachau. Viel zu nah dran! 1104 übersiedelten sie auf den Petersberg bei Dachau, 1119 ließen sie sich dann endlich ganz in Scheyern nieder.

Von der Klosterkirche blieb jahrhundertelang nur ein Provisorium als Filiale von Fischbachau. 1733 entstand unter Einbeziehung des alten Turms die neue *Pfarrkirche St. Margaretha*. Der außen einfache Bau umfängt den Eintretenden in einem ausgerundeten Rokokoraum von herzerwärmender Bewegtheit, Farbigkeit, Harmonie, so die Fresken von Melchior Puchner mit Szenen der Klostergründung und Margarethenlegende, so der Stuck von Thomas Glasl, der wohl zum spätesten Schlierseer Stuck gerechnet werden kann, schon an Wessobrunn orientiert (1736), so der grazile und doch feierliche frühbarocke Hochaltar mit den vergoldeten Schnitzfiguren der »drei heiligen Madln« Margarethe, Barbara, Katharina, flankiert von den hll. Petrus und Paulus (Meister unbekannt) und einer Herz-Jesu-Figur neueren Datums im Zentrum.

Anmutiges Leitzachtal

Einzeln oder in kleinen Gruppen begleiten mächtige Bäume, auch Wäldchen und Büsche zwischen Auen und Wiesen den Lauf der *»schönströmigen Leitzach«*, wie August von Platen sie nennt, durch ihr nach dem Verlassen der Gebirgsenge so anmutiges, streckenweise idyllisches Tal. Einzelhöfe oder Weiler, Kapellchen, Bauerngärten liegen etwas abseits der Straße, und immer wieder sieht man von ferne zwischen dem überschäumenden Blumenflor auch Lüftlgemaltes blitzen. Auf dem Weg nach Fischbachau lernt man Werke des schon genannten Johann Baptist Böhamb (oder Pöheim) kennen, der in Fischbachau und Aibling ansässig und hier viel mit seinem Sohn Michael tätig war, auch als Maler von Bauernmöbeln, von denen einige im Schlierseer Heimatmuseum zu sehen sind. In *Osterhofen* hat er an Haus Nr. 19 eine Paradies-Darstellung hinterlassen, am Jodlhof in *Hagnberg* marschieren die volkstümlichen Heiligen Notburga, Katharina, Johannes der Täufer,

Sebastian, Florian, Andreas, Christophorus an den Wänden auf, und der Sündenfall findet *übereck* statt: Noch hat Eva den Apfel in der Hand, schon ist die Schlange mit einem zweiten Apfel schneller, aber Adam scheint dem Evasapfel zuzuneigen – ein köstlicher malerischer Einfall des Meisters, dessen Eigentümlichkeit es ist, die Fassade durch Einzelfiguren und die Fenster durch Rokokorahmungen zu strukturieren. Auch in der Kapelle beim Hof hat er ein Deckengemälde hinterlassen.

Das heitere, locker weitausgebreitete *Fischbachau* verrät durch seinen Namen, dass der Fluss einst fischreich gewesen sein muss, und weil er auch reißend war, wurde er 1968 reguliert. Und dass das Tal früh besiedelt wurde, zeigt uns der romanische Kubus des *Martinsmünsters*, 1100 geweiht. Aber der Kubus führt irre: Innen wartet eine Rokokobonboniere. Zwischen 1628 und 1738 wurde die querschifflose Basilika neu und üppig – ähnlich Rottenbuch – ausgestattet: mit Barock-, Regence- und Rokokostuck von Wessobrunner Meistern, Fresken vor allem der Martinslegende, der Benediktiner-Historie und der Rosenkranzgeheimnisse von Melchior Puchner (1738) und einem Hochaltar mit dem Bild der Klosterstifterin Gräfin Haziga von Johann Baptist Deyrer aus Freising (1766). Herausragend die königliche Mondsichelmadonna im südlichen Seitenschiff von 1740, deren Meister unbekannt ist.

Im Leitzachtal pflegen Pfarrkirche und Friedhofskircherl beieinander zu stehen wie Mutter und Kind. Die *Friedhofskirche Mariä Schutz* ist hier noch älter: Schon 1087 entstanden, war sie das Gotteshaus unserer rastlosen Mönche aus Bayrischzell. Ihre beiden spätgotischen Reliefs des Marientods und der Schutzmantelmadonna am Hochaltar, von hoher Qualität, sind sehenswert, vor allem aber – leider nur in der Karwoche! – der barocke Bühnenaufbau eines Heiligen Grabes, das 1786 von einem Kistler konstruiert und von Meister Pöheim bemalt wurde, ein seltenes Stück, reich an Figuren und Szenen. Die Inszenierung Heiliger Gräber zu Ostern war früher ein beliebter Brauch in ganz Bayern, der freilich, wie anderes Brauchtum auch, langsam einschlief und durch die Liturgiereform Ende der 1960-er Jahre fast gänzlich aufhörte. Neuerdings scheint er wieder aufzuleben.

Charakteristischer Schlierseer Stuck in Elbach

Außer in Fischbachau sind u. a. in den Kirchen von Schäftlarn, Habach bei Weilheim oder Gaißach bei Bad Tölz in der Karwoche Heilige Gräber zu sehen.

Im nördlich gelegenen *Elbach* darf man sich die Friedhofskapelle *Hl. Blut* nicht entgehen lassen, denn hier brilliert Jörg Zwerger, der auch den Bau 1670 schuf, mit üppigem, farbigem Schlierseer Stuck von immenser Motiv- und Formfülle. Gewiss wirkt die Frömmigkeit dieses wahren Bilderbuchs durchaus naiv, etwa, wenn das Blut Christi sich wie Telefonschnüre in die Schalen windet oder die Engel mit ihren lustigen Gesichterln nicht gar so schwer an den Leidenswerkzeugen zu tragen scheinen. Vieles ist ganz einfach ›liab‹, alles zusammen ein Meisterstück.

Das nahe Wallfahrtskirchlein *Birkenstein*, waldumgeben am Fuß des Breitenstein, wäre ein Ort mit Aura, würde sie nicht innen erdrückt durch überaus Güldenes, drumherum durch überaus Menschenwimmelndes.

Abstecher zum Mangfallknie: Ein Engel ist angekommen

Unberechenbare Mangfall! Schlängelt sich geruhsam aus dem Tegernsee nach Nordosten, dabei die Endmoräne des Tegernsee-Gletschers durchsägend, heimst auf dem Weg die aus dem Schliersee kommende Schlierach ein, macht bei Grub plötzlich kehrt, um sich auch noch die Leitzach einverleiben zu können, womit sie einen riesigen A-Winkel in die Landschaft schreibt, und enteilt nach Osten, begierig, sich in den Inn zu stürzen. Obendrein schiebt sie diese Launenhaftigkeit auf den Inngletscher und dessen Zweigbecken-›Manöver‹, damals, anno Zighunderttausend. Wir freilich danken solchen Kapriolen eindrucksvolle Schluchten, Uferschotter, Steilhänge mit Weißtannen und Kiefern, weidesamtige Wiesen und Moränenhochflächen rund ums Mangfallknie.

Unser Abstecher nach *Weyarn* am Rand der Mangfallschlucht, nördlich von Miesbach, gilt dem großen Rokokobildhauer Ignaz Günther (1725–1775), von dem hier mehrere bedeutende Werke zu sehen sind. Aus einer Altmannsteiner Schreiner- und Bildhauerfamilie stammend, war er sieben Jahre Schüler bei Johann Baptist Straub – sechs schrieb die Zunft vor –, ließ sich in seinen Wanderjahren – auch sie ein Zunftzwang – in Salzburg von Raphael Donner, in Mannheim von Paul Egell beeinflussen und bekam einen Preis der Wiener Akademie. Von 1754 an lebte er als ›Hofbefreiter Bildhauer‹ in München, das heißt, frei von Zunftzwängen und unter dem Schutz des Hofes, doch stellte der Hof ihn aus Mangel an freien Stellen nie an. Als ein kunstsinniger Prälat der damaligen Augustinerchorherren-Stiftskirche in Weyarn ihn 1764 mit dem großen Auftrag betraute, galt er bereits als renommierter, übrigens auch als exzentrischer Künstler, besaß ein Anwesen am Oberanger und hatte neun Kinder, von denen vier am Leben blieben.

Die bis ins 12. Jahrhundert zurückgehende Stiftskirche, jetzt *Pfarrkirche St. Peter und Paul*, baute der Graubündner Lorenzo Sciasca nach einem Brand 1687 als barocke Wandpfeileranlage neu auf, und Johann Baptist Zimmermann stattete sie 1729 mit zartem Frührokokostuck und feingemalten Deckenfresken aus, die Szenen aus den Legenden der Kirchenpatrone und des hl. Augustinus darstellen.

Außergewöhnlich und faszinierend, dass drei der Werke Ignaz Günthers hier allansichtig mitten im Raum stehen. So kann man nah herangehen an die *Verkündigung* auf der linken Seite: Ein Engel ist auf einer Wolke angekommen, leicht, mit wehenden Gewändern und tänzelnder Bewegung, gespreizt der eine, geknickt der andere Flügel, gestreckt der eine Arm mit der Lilie, aufwärts gebogen der andere mit dem Fingerzeig auf den Hl. Geist, und er blickt mit sanft geöffneten Lippen zu Maria herab. Zu ihr, der mit gesenktem Blick Knienden, deren Körperhaltung ein Fragezeichen aus Anmut und Demut bildet, indes die unvergleichliche Geste der Hände, die Linke zum Herzen, die Rechte scheu zur Lilie weisend, schon ihre Gewissheit über die Botschaft andeutet. Es ist ein Augenblick atemloser Nähe, es ist eine in einem Stück Holz beschworene Vergegenwärtigung einer zitternden Schwebe, die soviel entrückt Ätherisches wie verzückt Erotisches ausstrahlt. Die ganze Kühnheit Ignaz Günthers wird hier pointiert Gestalt: wie er Geistigkeit und Sinnlichkeit, feininstrumentierte Gefühlsschilderung, sakralen Ernst und kunstvolle, gar kokette Attitüde so leichthändig zu einen weiß.

Rechts gegenüber steht die *Pietàgruppe*: selten schmerzvoller in Antlitz und Gebärde die Muttergottes, selten so vollkommen in der Schönheit des fast exaltiert hingegossenen Körpers der tote Christus, beide besänftigend umspielt von den Gewändern, die noch den rührend trauernden Putto einbeziehen, der einen unfehlbaren Akzent in der Dreieckskomposition bildet. *Maria vom Siege* im Altarraum gehört zu den schlanken, langhalsigen Frauentypen Günthers: Sieghaft scheint sich diese Immaculata mit elegantem Schwung, aber kühler Gelassenheit so auf dem geringelten Satan zu drehen, wie es die Weltkugel unter ihm tut.

Die Allansichtigkeit der drei Werke erklärt sich daraus, dass sie als Tragefiguren für Prozessionen gedacht waren, die zwei Erstgenannten wurden von der in Weyarn angesehenen Rosenkranzbruderschaft bestellt. Um bei ihrer Größe noch tragbar zu sein, wurden sie innen ausgehöhlt. Die Immaculata ist heute noch manchmal bei Prozessionen dabei. *»Und dieses Getragenwerden, dieses Schimmern im Sonnenlicht, dieses leise Schwanken, es schöpft sozusagen den Ausdrucksgehalt der Figur bis ins letzte aus«* (Herbert Schindler).

Weitere Arbeiten Günthers sind das brillante *Tabernakel* des Hauptaltars, das alle Einzelteile kraftvoll zu plastischer Einheit zusammenschließt, sowie die beiden großen Engel auf dem von ihm umgearbeiteten *Valeriusschrein* am südlichen Mittelpfeiler. Ein erschütterndes Hauptwerk steht in der Jakobskapelle gegenüber der Pfarrkirche. Es ist eine im unglaublichen Schwung des Gewandes vor Schmerz erstarrte *Mater dolorosa*, deren farbige Fassung später abgelaugt wurde, eine Barbarei, der wir freilich zu danken haben, dass hier die Schnitzarbeit des Bildhauers minutiös ablesbar wird. Auch die beiden Heiligen *Sebastian* und *Leonhard* am Hauptaltar stammen von Günther, unverkennbar sein Werk in Physiognomie, Haltung und Gewandbehandlung, allerdings durch eine nachträgliche, schlechte farbige Fassung beeinträchtigt.

Die Marter der Missionare

Einige Autobahnkilometer südostwärts tut sich vom Irschenberg jene Postkartenansicht einer Zwiebelturmkirche mit Kapellchen vor melodischen, vom Wendelstein dominierten Bergsilhouetten auf, die jedem Autofahrer vertraut ist. Kaum einer aber weiß, was es damit auf sich hat. Es lohnt sich, hinauszufahren, denn die Aussicht vom Gasthaus Moarhof neben der *Wallfahrtskirche Wilparting* ist noch schöner, dazu blech- und geräuschfrei. Als der Irschenberg noch ein Bärenberg war (der Name kommt von ›ursus‹, Bär) und rundum Urwald lag, lebten die iroschottischen Wandermönche, Bischof Marinus und sein Diakon Anianus, vierzig Jahre lang erfolgreich missionierend hier in Einsiedeleien. 697 wurde Marinus von wendischen Marodeuren ins Feuer geworfen, zu gleicher Stunde starb Anianus in seiner Klause. Die von den umliegenden Gemeinden verehrte barocke Wallfahrtskirche, licht und farbenreich, birgt ihr Hochgrab und erzählt ihre Geschichte in schönen Fresken von Joseph Martin Heigl (1759) und Tafelbildern von Johann Blasius Vicelli (1728).

Ach ja, die uralte bayerische Kultur. Die Postkartenansicht Wilparting wird nach und nach ›überlagert‹. Beispielsweise neuerdings durch den nicht eben bescheidenen Bau einer Fast-Food-Kette an der Autobahn. Die Bürger-Proteste verloren sich

im Dickicht der Interessen. Nun rollen Wildwests Watte-Rund-
linge durchs langsam schwindende Paradies.

Einige Autobahnkilometer nordwestlich von Weyarn, in
Kleinhelfendorf, starb ein noch berühmterer Missionar des 7. Jahrhunderts, der hl. Emmeram. Er war der Legende nach aus Gal-
lien zu Herzog Theodo nach Regensburg gewandert, war dort
zum Bischof erhoben worden und hatte den Grundstein zur
Reichsabtei St. Emmeram gelegt. Neider und Verleumder aber
stellten ihm nach, als er 652 nach Rom pilgerte, und töteten ihn
auf seinem Weg hier auf die grausamste Art, indem sie ihm die
Glieder stückweise vom Leibe rissen. Drastisch ist der Vorgang
in der Marterkapelle St. Emmeram in Kleinhelfendorf dargestellt, die im 15. Jahrhundert (damals vor dem Ort) um den
legendären granitenen Marterstein herumgebaut wurde. Auf
dem Findling in der Mitte des Kirchleins liegt der Heilige auf
einer Leiter, umgeben von den ihm mit erhobenen Dolchen und
Fäusten zu Leibe rückenden Schergen: eine einzigartige spätbarocke Inszenierung in Lebensgröße, die einen Abstecher hierher wert ist. Eine monumentale Holzfigur des Heiligen, wahrscheinlich von Erasmus Grasser vom Ende des 15. Jahrhunderts, ist in der qualitätvollen barocken Pfarrkirche des Ortes
zu sehen.

Jahrmarkt in Glonn um 1900

Bevor wir diese Region verlassen, sei mit einer ihrer zupacken-
den Schilderungen bäuerlichen Alltagslebens an die Erzählerin
Lena Christ (1881–1920) erinnert. Als uneheliches und unge-
wolltes Kind in Glonn geboren, das wenig nördlich des Mang-
fallknies liegt, wuchs Lena Christ dort glücklich bei ihren Großeltern auf, musste aber mit sieben Jahren unheilvollerweise zu
ihrer Mutter nach München ziehen, die sie quälte und miss-
handelte. Ihre Fluchtversuche scheiterten, jener in die Ehe geriet zur Katastrophe, der sie mit drei Kindern entkam. Eine
zweite Ehe mit einem Schriftsteller regte sie zum Schreiben an,
doch auch sie war überschattet durch ihre fortschreitende
Tuberkulose und Depression. Sie nahm sich mit 39 Jahren am

Münchner Waldfriedhof das Leben. Das nachfolgende Zitat ist ihrem bei Glonn spielenden Roman ›Madam Bäuerin‹ (1920) entnommen, der neben ›Erinnerungen einer Überflüssigen‹ (1912) oder ›Die Rumplhanni‹ (1916) zu ihren Hauptwerken zählt. Einige Dialektworte seien erklärt – Banzen: Bierfass, Ganter: Gestell, Degerl: Tiegel, Milliweidling: Milchhafen, Schmieserl: Baumwollspitze für den Halsausschnitt, Pfoad: Bauernhemd.

Und drunten beim Unterwirt dampfen die Lungenwürste und der Leberkäs, droben beim Oberwirt duften die Braten und Soßen, und drüben beim Posthalter rollt man einen Banzen um den andern auf den Ganter, und die Kellnerinnen rufen und schreien sich schier heiser: »Kriagst a Maß? Du aa oane? Ös zwee aa a Maß?« Und hinten bei den Barren stehen die Bauern, greifen den Kühen an die Bäuche und den Ochsen an das Genick, schauen den Rössern ins Maul und befühlen ihre Fesseln und Hufe; indes vorne bei den Dultständen wiederum ein Anpreisen und Einladen, ein Markten und Schimpfen durcheinanderschwirrt, dass man sein eigenes Wort kaum mehr hört.

Da plärrt die Lebzelterin: »An süaßen Honigzelten, an Lebzelten, a Busserl, a Platzerl hab i no! Einkaaft, einkaaft, gehts her und suachts enk was aus!«

Und die blecherne Geschirrfrau tut, als bete sie die Litanei von allen Heiligen: »Große Degerl, kloane Degerl, weiße Schüsserl, blaue Schüsserl, Milliweidling, Suppenseiher, Hafadeckel, Nudlpfannen, was geht ab?«

Oder die tucherne Annemirl mit ihren Schätzen!

»Scheene Schmieserl, feine Kragerl, guate Pfoad und warme Strümpf! Ausgsuacht, Leutln! Spitzerl, Knöpf und Hosenträger! Litzerl, Banderl, Fingerhüat!«

Und droben auf dem hohen Turmseil wiegt sich im rosenfarbenen Trikot ein üppiges Mädchen mit Papierrose in den dunklen Locken und veranlasst manche Bäuerin und manche Dirn, dem mit lüsternen Augen und wässerigem Maul dastehenden Begleiter einen derben Rippenstoß zu geben und eine Predigt zu halten; »Dass d'fei hänga bleibst da droben an dem Strick! Schaamst di net! Dees nackate Weibsbild da drobn gafft er o. Aber inseroaner is dees ganz Jahr der Aff…«

Zwischen Kiefersfelden und Burghausen

Wer einst am Inn siedelte oder seine Existenz auf den Inn gründete, hatte nicht auf Wasser gebaut. Flumen Aenus bestimmte
besonders seit den Römern Handel und Wandel der beiden Pro-
vinzen Noricum und Raetien, zwischen denen er die Grenze
zog, die seine Brücken aber zugleich überwanden. Sogar die
Eisenbahn richtete sich später streckenweise nach dem Lauf des
Inn und der ihn begleitenden Straßen als vorgegebenem Ner-
vensystem zwischen Tirol und Bayern, Oberitalien und der
Donau. Stromabwärts glitten von Hall aus Salz, Seide und
Salami, von Wasserburg aus bayerische Soldaten gegen die Türken nach Ofen, Ungarns Hauptstadt, Kurfürst Max Emanuel
mit seiner Prunkflotte zur Hochzeit in die Kaiserstadt und
Arbeitslose aus Tirol auf dem billigsten aller Verkehrsmittel,
dem Floß, nach Bayern, selbst das Theater oder der Trachten-
hut ›sickerten‹ auf diesem Weg von Tirol nach Oberbayern ein.
Stromaufwärts wurden gezogen: gefangene Türken und ihre
Haremsdamen von Ungarn in die Residenzstadt des Türken-
siegers Max Emanuel, Korn aus Bayern für das getreidearme
Tirol, auch Arbeitslose zum Bergbau in die ›Silberstadt‹ Schwaz.

Plätte mit Pferden auf dem Inn, um 1810,
gezeichnet von Friedrich Wilhelm Doppelmayr

So war der Inn Handelsvermittler und Arbeitgeber, Heerführer und Reisebegleiter, Namensgeber und Hochzeitsstifter, und, wie wir sehen werden, sogar Baumeister und Föhntransporteur.

Der oberbayerische Teil des Inn, gesegnet mit Schmuckstädtchen von seinen Gnaden, fließt von Kiefersfelden durch eine abwechslungsreiche Landschaft der Sommer- und Winterkurorte bis Rosenheim, das wir als Hauptort des Landkreises zum Ausgangspunkt nehmen wollen. Auf dem Weg nach Wasserburg eilt er durch beschauliches Bauernland, um von da an in ein traumtrunkenes Gekringel auszuarten, als wolle er partout die flaschengrünen Auen und zärtlichen Hügel nicht verlassen. Östlich Mühldorf lässt er huldvoll die Alz mitfließen, bevor er seine ihm so gleichende Schwester, die Salzach, an die Hand nimmt, die kurz vorher zum Abschied noch einen Trommelwirbel auch ihrer Baukunst zurücklässt: Burghausen.

Harte Flusswirklichkeit ist freilich die Kraftwerkskette aus 15 Staustufen, die der Inn von Kiefersfelden bis Passau über sich ergehen lassen muss. 1924 wurde bei Töging das erste Kanalkraftwerk eröffnet, womit die Zeit der Innschifffahrt endgültig beendet war und die Epoche der Technik begann mit ihren Problemen, etwa dem Treibzeuganfall an den Stauwehren, natürlich auch ihren Wohltaten, wie einer heutigen Stromleistung von sechs bis sieben Prozent des bayerischen Bedarfs. Natürlich werden die neueren Staustufen der Flusslandschaft immer schonender angepasst – eine ›schonende Tortur‹ also?

Umgedrehte Dächer und verdrehte Leut'

Wuchtige Kubenhäuser? Horizontalen statt Dachschrägen? Laubengänge mit Bogenöffnungen? Der Neuling, der durch Rosenheim, Wasserburg, Neuötting, Tittmoning, Laufen bummelt, sieht Italien übers Gebirg' grüßen. Wenn Seide und Zitronen aus Italien kamen, warum nicht auch die Bauweise? Aber die Bürgerhäuser des Innstadttyps, der auch die Salzachstädte prägt, ist keineswegs Import, sondern Eigenwuchs.

Das Flusstal bestimmte den langgezogenen Grundriss der Städte. Die Hauptstraße weitete sich in seiner Mitte zwischen den Toren zum langen, breiten Platz. Die Bürgerhäuser gaben ihre Einzelexistenz auf, wurden schmaler und höher, verloren Vordach und Giebel, verschmolzen zu Baublöcken mit geschlossenen Platzfronten. Die Vorschussmauer, an die bei Bränden die Feuerleitern angelegt werden mussten, wurde bis über die Firsthöhe hochgezogen. Und die Dächer? Sie sind da, aber stehen Kopf! »*Verbogene* Dächer gegen Feuer« hatte Kaiser Maximilian 1. 1504 angeordnet. Es sind auch *verborgene* ›Grabendächer‹: Je zwei Pultdächer fallen zur Dachrinne in der Mitte der Fassade (!) ab, das Dachdreieck ist also umgedreht. Den fehlenden Schutz des Vordachs glich man mit den Laubengängen aus, die Waren und Fußgänger vor Regen schützten (dies nur am Inn, nicht an der Salzach). Flache Erker und stattliche Portale bildeten den einzigen Schmuck der reizvoll unregelmäßigen Fassaden, die der Lüftlmalerei nun kein Obdach mehr bieten konnten. Dieser *Inn-Salzach-Stil* reicht von Innsbruck bis Passau und von Hallein bis Burghausen und strahlt teilweise in Gebiete der Traun, der unteren Donau sowie bis Südböhmen aus.

Nicht nur Festgebautes, sondern auch Luftiges transportiert der Inn, nämlich einen warmen, trockenen Wind, der die schönen Städte, deren Baumeister er ist, oft genug in Brand steckte. Der *Föhn* ist natürlich ein Klimaregisseur in ganz Oberbayern bis zur Donau, doch da das Inntal vom Engadin über Tirol bis Passau eine der wirkungsvollsten ›Föhnstraßen‹ ist, sei hier über ihn gesprochen. Föhn ist ein Fallwind, der durch Saugwirkung entsteht, wenn der Luftdruck am Nordrand der Alpen unter jenen am Südrand absinkt. Die dort aufsteigende feuchte Luft strömt dadurch nordwärts, regnet sich über den Alpen ab und fällt im diesseitigen Voralpenland ein. Sie räumt hier Schlechtwetter-Wolken weg und hinterlässt hingewischte Streifenwolken (›Föhnfische‹) am tiefblauen Himmel.

Doch über den Föhn nur lexikalisch sprechen, hieße, bei ›Don Giovanni‹ die Musik weglassen. Denn ein Verführer ist auch er. Sickert in die Nerven, saust im Kopf, raubt den Schlaf, macht die Sinne wirr und toll, der böse Bube! Zieht süffisant die Brauen hoch, wenn alle Menschen unablässig über ihn reden und jeder alles auf ihn schiebt, was »saubläd daneb'n glaffa is«,

der Deifi, der! Breitet einen Fieberglanz übers Land, der alle
Farben entzündet, alle Linien schmerzhaft schärft, mit Fernem
und Nahem sein Spiel treibt, jenes greifbar nahrückt, dieses selt-
sam entrückt, ach, der Betörer!

Rosenheim: Menschengewühl seit je

»Ein Menschengewühl wie auf dem Boulevard Sebastopol«
belächelte Ludwig Steub um 1860 im Bahnhofsrestaurant von
Rosenheim. Doch liebevolle Ironie beiseit': Tatsächlich war
Rosenheim vor dem Regiment des Autos ein wichtiger Kno-
tenpunkt der Reisewege zwischen Rom und München, Wien
und Paris. Die um die Zeitenwende gegründete römische Mi-
litärstation Pons Aeni, Inn-Brücke, die Rosenheims Keimzelle
wurde, lag ebenfalls nicht in der Ödnis, sondern in einem bunt-
gemischten Siedlungsgebiet von alteingesessenen Kelten, neu
hinzugekommenen römischen Veteranen, germanischen Wehr-
siedlern und ziehendem Krämervolk. An der nördlichen Peripherie der Stadt, um Westerndorf St. Peter, hat man Römerzeit-
Geschirr in einer Fülle ausgegraben, die darüber belehrt, dass
hier zwischen dem 1. und 3. Jahrhundert die größte Keramik-
manufaktur des Voralpenlandes mit regelrechter Massenproduktion bestanden hat. Im Rosenheimer Heimatmuseum und
in der Prähistorischen Staatssammlung in München kann man
diese ›Terra sigillata‹ bewundern, die keineswegs simpel wie
Massenware ist, sondern durch ihr feines Dekor oder den
Schmuck mit Reliefs von Götter- und Menschenfigurinen aus-
gesprochenen Charme hat. Unter den vielen Namen, die die
Römer uns ›hiergelassen‹ haben, sind auch die der damaligen
Brückenorte ›Leonhardspfunzen‹ und ›Langenpfunzen‹ – wer
kann ahnen, dass sich hinter dem urbayerisch klingenden ›Pfun-
zen‹ das lateinische ›Pons‹ (Brücke) verbirgt.

Die Inn-Brücke, später an die Einmündung der Mangfall verlegt, gebar am linken Ufer den Markt. Der duftende Name fiel
ihm aus dem Rosenwappen der im Mittelalter hier kurze Zeit
residierenden Hallgrafen von Wasserburg zu, die im 13. Jahrhundert durch die Wittelsbacher verdrängt wurden. Wirt-

*Der Max-Josefs-Platz in Rosenheim
vor der Veränderung durch die Gründerzeit, um 1815*

schaftliche Impulse gaben 1478 das Stapelrecht, 1504 das Salz-
niederlagerecht, 1810 die Verlängerung der Soleleitung Reichenhall–Traunstein bis hierher, 1857–67 die Eisenbahnan-
schlüsse und der Bau des Bahnhofs im prächtigen neuromani-
schen Stil. Später ist das Gebäude kurzerhand zum Rathaus
avanciert – eine Umfunktionierung, die so recht die herzerfri-
schende Nüchternheit dieser Wirtschaftsstadt demonstriert.

Denn die drittgrößte Stadt Oberbayerns mit 57 000 Einwohnern hat alle historischen Wirtschaftskrisen stets vital über-
wunden und ist heute mehr denn je ein umtriebiger Mittelpunkt
von Industrie, Handel und Ausbildungswesen für das gesamte
Umland, mit Produktionszweigen von Maschinen bis Beklei-
dung, Nahrungsmitteln bis Papier. Spezialisiert aber ist Rosenheim auf Holzwirtschaft. Es hat eine Holzbörse, verschiedenar-
tige Ausbildungsstätten für Berufe in der Holzwirtschaft, außer-
dem das einzige *Holztechnische Museum* in Deutschland.

Die gute Stube und das Markttreiben

Dem *Max-Josefs-Platz*, in der ersten Hälfte des 14. Jahrhunderts
auf der Ost-West-Achse zur Inn-Brücke angelegt, sieht man die
charakteristische Inn-Salzach-Bauweise an, mag er auch baulich

stark überformt sein. Die wohlhabenden Bierbrauer, Schiffmeister und Handelsleute Rosenheims hatten zwei oder drei der
ursprünglichen schmalen Handwerkerhäuser zu breiten Patri-
zierhäusern zusammengefasst und mit Eckerkern und Portalen
geziert. Nach schweren Bränden, 1542 und 1641, erstanden sie
in wuchtigen Renaissance- oder Barockformen neu, um dann in
der Gründerzeit des 19. Jahrhunderts vielfach stark verändert
zu werden. Doch gibt es in der ›guten Stube‹ der Stadt vom
mittelalterlichen ›Flötz‹, einem durch die ganze Tiefe des Hauses reichenden Hausflur (Nr. 13), über das spätgotische Rundbogenportal (Nr. 15) und den Renaissancehof (Nr. 14) bis zur
Frührokokofassade (Nr. 20) genug Altes zu entdecken. In die
Stadtpfarrkirche St. Nikolaus mit ihrem fröhlichen Turm – außen
eine neugotische Zuckergusstorte, innen gotisch restauriert –
mag man wegen eines spätgotischen Bildes der Schutzmantelmadonna an einem Seitenaltar hineinschauen sowie wegen der
schönen Grabplatten, darunter dem Scherr-Monument des
Michael Zürn d. J., einem hochbegabten, aber früh kraftlos
gewordenen Spätling der Bildhauerfamilie Zürn, der einige
Jahre hier lebte. Das *Mittertor*, das den Platz abschließt und als
einziges der Tore übriggeblieben ist, beherbergt das schon
erwähnte *Heimatmuseum* mit stadtgeschichtlichen Schätzen,
Terra sigillata, Möbeln von Anton Perthaler, dem Modell eines
kompletten Schiffszuges und anderen Attraktionen.

Im 15. Jahrhundert bildete sich östlich des Mittertors ein zwei-
ter Markt aus, heute *Ludwigsplatz* genannt, auf dem das bunte
Treiben der Vieh-, Sau- und Kastanienmärkte stattfand, im
Brunnen die lebenden Fischfänge ausgebreitet wurden und die
Bauern sich an Lichtmess (2. Februar) neue Knechte oder
Mägde ausguckten. Auch heute noch ist hier der Warenmarkt.

»Lasst's arschlings rinna!«

Mit diesem Kommando dirigierte der Hauptflussmeister Franz
Thaler in den 1950-er Jahren bei einer Flussbereisung das Schiff
mit dem Heck voraus flussabwärts. Das Staunen der Mitfahrer
über diesen Ausdruck gab ihm den Anstoß, das Rosenheimer
Inn-Museum in einem prächtigen alten Stadel am Inn aufzu-

bauen, um die fürwahr verwegene Kulturgeschichte der Inn-schifffahrt nicht in Vergessenheit geraten zu lassen.

Es ist die Geschichte der »stromharten« Schiffleut, deren pittoreske Karawanen auf den schwarz-weiß gemusterten, beflaggten und geschmückten ›Plätten‹ von 24 bis 34 Metern Länge und bis zu sieben Metern Breite vom 14. bis ins 19. Jahrhundert den Inn beherrschten. Die ›Naufahrt‹ mit dem Strom, die sechs bis zehn Tage von Hall nach Wien benötigte, war ein Kinderspiel im Vergleich zur ›Hohenau‹ (›in die Höhe‹) *gegen* den Strom. Deren Schiffzüge bestanden aus einem Kommandoschiff von 41 Metern Länge und mit 2000 Zentnern Ladung, drei oder vier normalen Plätten und einem Schwarm von kleinen ›Zillen‹, die sich um Seile und Pferde kümmerten. Denn der Schiffzug wurde von vierzig und mehr berittenen Zugrössern vom Land aus am starken Hauptseil und mehreren Nebenseilen gegen den Strom gezogen, wobei waghalsige Vorreiter mit langen Stangen die Flusstiefe auskundschafteten. Schiffleut und Rossleut zählten zusammen an die sechzig Mann und brauchten fünf volle Wochen von Krems nach Rosenheim.

Die Inn-Nomaden oblagen einer strengen Hierarchie, frommen Bräuchen, wilden, heidnischen Trankopfern, aber auch abergläubischen Grausamkeiten, wenn sie etwa ins Wasser gefallene Kameraden nicht retteten, weil der Flussgott angeblich drei Opfer pro Jahr fordere, weshalb sie auch gar nicht erst schwimmen lernen wollten. Ihre Sprache war grob, ausdrucksstark, erfindungsreich und von hallendem Klang: »Hoboda! Nahui! Ahee!«. ›Oiih-Aussi-Reiter‹ wurde der zweite Stangenreiter genannt, ›Afterreiter‹ der letzte, ›schoppen‹ hieß das Abdichten der Schiffsfugen mit Moos, ›Schopper‹ der Schiffbauer, und die Abdichterinnen rief man ›Miastweiber‹.

Zu dieser Kulturgeschichte aber gehörten auch die stolzen Schiffmeister, die in reicher Zahl in Rosenheim saßen, manchmal mehr als zehn zu gleicher Zeit. Es waren harte, abenteuerlustige, oft weltläufige Unternehmer großen Stils. Nehmen wir als Beispiel Joseph Rieder aus Erl. Er avancierte in Rosenheim vom Ehemann einer Schiffmeisterwitwe zum Gatten einer Patriziertochter und vom ›Weingastgeb‹ zum Leibschiffmeister der

Kurfürsten Ferdinand Maria und Max Emanuel, war bei allen
großmächtigen Aktionen gegen die Türken dabei, organisierte
1685 die unvorstellbar luxuriöse Hochzeitsfahrt Max Emanuels
nach Wien, die wir hier durch die Aufzählung der Schiffe wenigstens ahnbar machen können: Da gab es das Hofleibschiff mit
dem Kammerschiff und dem Hofmeisterschiff, das Silberschiff,
das den Goldschatz für die Braut und das Tafelsilber des Hofes
barg, das Kuchelschiff mit dreizehn Chefköchen und unzählba-
rem Küchenpersonal, das Zergaden-, das Güter-, und das Kel-
lerschiff, zwei Hofgesindeschiffe, 19 Rossplätten mit 86 Rössern, dazu Geleit- und Rennzillen. Max Emanuels Verrat an
Österreich, 1703, bezahlte sein Schiffmeister mit Haft in Tirol,
weil man ihn unglücklicherweise geschnappt hatte. Dennoch
wurde er von den Österreichern so respektiert, dass er als Bürgermeister Rosenheims die Stadt im Erbfolgekrieg vor den
Repressalien der kaiserlichen Besatzer zu schützen vermochte.

Gemeinsinn für Kunst

Von der Allianz zwischen dem schnell vergänglichen Gerstensaft und den Hoffnungen aufs Unvergängliche war an anderer Stelle schon die Rede: In der Bierbrauerstadt tat sie sich in
Kirchenstiftungen kund. Der Brauer Hans Stier ließ sich – wie
später Asam in München – ans mächtige Stockhammerhaus
1499 eine Hauskapelle bauen, die er vom ersten Stock seiner
Wohnung aus betreten konnte (Heilig-Geist-Str. 1). Im oberen
Raum der doppelstöckigen *Hl.-Geist-Kirche* ist im Zentrum einer
gotischen Scheinarchitektur eine seltene ›Volto-Santo‹-Darstel-
lung zu sehen, die auf die Legende zurückgeht, ein bekleideter
Christus habe einem armen Spielmann seinen goldenen Schuh
als Lohn für sein Spiel zugeworfen. Die Figur des Krüppels
daneben weist darauf hin, dass die Erbauung der Kirche mit
einer Spitalstiftung zusammenhing. Der Brauer Martin Schmet-
terer ließ ebenfalls die von ihm gestiftete *Roßackerkapelle Zu den
Sieben Zufluchten* 1737 direkt neben seinen Sommerbierkeller
hinstellen, eine Situation, die sich bis heute erhalten hat (Am
Roßacker 5). Das in die Häuserfront eingezwängte Kirchlein
stammt von dem Landbaumeister Abraham Millauer, der Stuck

von Johann Baptist Zimmermann und die Deckengemälde der
Maria-Magdalena-Legende mit ihrem unbekümmerten Kolorit
von dem Münchner Johannes Zick – bekannte Meister also, die
sich der Bierbrauer da leistete!

Kunst kam selten zu kurz in der Stadt, die der »Meister der
Kritik und Sprache«, der Allgäuer Josef Hofmiller, 1922 zu seiner Wahlheimat machte und in der im 19. und 20. Jahrhundert
viele Künstler lebten und heute noch leben. Der Kunstsammler
Max Jakob Bram stiftete 1935 Rosenheim seine Sammlung der
Münchner Schule, für die die *Städtische Galerie* gebaut wurde, ein
bei Künstlern wie Publikum hochbeliebtes Ausstellungshaus
heutiger in- und ausländischer Kunst. Und dem weitläufigen
Ausstellungszentrum *Lokschuppen*, das aus einer Lokomotiv-
remise von 1860 hervorgegangen ist, hat ein aus ganz Bayern
anreisendes Publikum kulturhistorische Gesamtdarstellungen
etwa über die Bajuwaren, den Inn, das Salz in Bayern oder die
Römer zu danken.

Rosenheim bietet sich als Ausgangspunkt an, einige Ziele
westlich des Inn und flussaufwärts anzusteuern, um dann dem
Inn nach Nordosten zu folgen.

Urbayer mit kölschem Dialekt: »der Leibl«

»Zum Sakramenter!« war das einzige bayerische Wort, das er
zuwege brachte – und das war falsch. Dennoch wollte er ab dreißig nichts anderes, als leben wie ein Bauer in Bayern, aber
natürlich als Maler. Und das tat er denn auch. Sohn eines Kölner Domkapellmeisters und Enkel eines bayerischen Försters,
geht Wilhelm Leibl (1844–1900) mit zwanzig Jahren an die
Münchner Akademie, malt Porträts, stellt 1869 im Glaspalast
das ›Bildnis der Frau Gedon‹ aus, wird vom begeisterten Cour-
bet sogleich nach Paris eingeladen. Drei Jahre hält er es danach
noch in München aus, hat zwar Erfolg, wird aber der Groß-
stadt-Querelen immer überdrüssiger, setzt sich aufs Land ab. Er
wohnt in Graßlfing bei Dachau (1873–74), Unterschondorf am
Ammersee (1875–77), dann westlich von Rosenheim nah dem
Inn: in Berbling (1878–81), Bad Aibling (1881–92), Kutterling

*Wilhelm Leibl mit seinem Freund Johann Sperl auf der Hühnerjagd,
eine der Gemeinschaftsarbeiten beider, 1890*

bei Bad Feilnbach (1892–1900). Der mittelgroße, athletische
Mann mit dem breitspurigen Gang und dem scharfen Profil
liebt die Jagd und die Naturmenschen, er lebt und malt in nie-
drigen, dürftigen Bauernstuben mit kleinen Fenstern, selbst sein
neu gebautes Atelier in Aibling fällt dann nicht viel anders aus.
Die Bauern und Bäuerinnen sind dem »Leibi« zugetan, sitzen
ihm geduldig ohne Murren, er muss sie dabei in ihren Stellun-
gen »zurechtrücken wie Marionetten«. Für den Schriftsteller
Anton von Perfall ist die Sitzung am Ammersee freilich ein
Lebenserlebnis. Ein Ausschnitt aus seinem Bericht zeigt, wie der
Menschenschilderer Leibl keine Einzelheit anschaute, ohne das
Ganze mitzusehen:

»... *Von der Stunde an war ich für ihn eine Erscheinung, wie ich stand,
wo ich ging, wohin ich mich wandte, nie verließ mich sein Auge. Er saugte
mich förmlich ein, zwei Wochen lang, jede Miene, jede Bewegung, er baute
mich förmlich in seiner Seele auf, bis seine Stunde kam, dann fesselte er
mich plötzlich bei einer zufälligen Bewegung mit einem Machtwort auf den
Boden – das Bild Der Jäger war erzeugt! Seltsame Wochen begannen
am Ufer des Sees, er malte bei Nebel und Sonnenglut, nur im Freien ...*

Er lebte nur in mir, ich war seine Welt, an der er immer Neues entdeckte, mein Wesen erfüllte ihn ganz. So muß man malen, die große Liebe zur Erscheinung im Herzen, gleichviel, was sie vorstellt . . . Die Schondorfer Zeit ist ein Kleinod meines Lebens geblieben, das ich vor jedem rauhen Luftzug hüten möchte.«

Damals, in Unterschondorf, hat der Maler eine Liebe, die Wirtstochter Teres, sie bekommt ein Kind von ihm, er will sie heiraten, aber die Eltern sperren sich; als der Bub bald an Keuchhusten stirbt, löst sich auch die Verbindung. Leibl bleibt einschichtig, lebt in Aibling und Kutterling in Künstlergemeinschaft mit seinem ›Alter ego‹ zusammen, dem Landschaftsmaler Johann Sperl, der diese ursprüngliche und innige Landschaft in Bildern voller Duft und Schmelz verewigt hat, einige davon sind gemeinsam mit Leibl gemalt.

In Berbling, wo er den Gastwirt kochen lehrt und beim Schmied Hufe schmieden lernt, arbeitet Leibl mehr als drei Jahre fast nur an dem Bild ›Drei Frauen in der Kirche‹. Die Kirche ist entweder eiskalt oder feucht oder so heiß, dass die Farben zu schnell trocknen, sein malerisches Gelingen scheint ihn verlassen zu haben, er übermalt manche Stellen mehrere Male, auch die langmütigsten Modelle werden mal krank, natürlich zur Unzeit. Und dann droht das Ende des Unternehmens: Der bisherige Pfarrer, sein Freund, stirbt, und der Nachfolger verbietet Leibl, in der Kirche zu malen. Erst der Umweg über den kunstsinnigen Prinzen Luitpold, den späteren Prinzregenten, rettet die Situation. Der bringt den Pfarrer mit einer eleganten Finte zur Räson: Er bittet ihn, doch den Fortgang des ihm persönlich so am Herzen liegenden Bildes zu beobachten und ihm diskret darüber zu berichten. Das Gemälde mit der emailhaften ›Holbein‹-Oberfläche ist trotz dieser Unbilden ein Höhepunkt im Schaffen Leibls geworden, umfasst alles, was seine Kunst auszeichnet: das eindringliche Seelenerspüren und die natürliche Wahrhaftigkeit, die Detailkostbarkeiten und den großen Atem. Dankenswert, dass eine Kopie des in Hamburg hängenden Originals in der Berblinger Kirche zu sehen ist, einer Kirche, über die noch zu sprechen sein wird. Leibl, schwer herzleidend, ist in einer Klinik in Würzburg gestorben, wohin ihn seine Verwandten holten, und ist auch in Würzburg begraben worden.

Das Kölner Wallraf-Richartz-Museum erwarb später die Einrichtung von Leibls Kutterlinger Bauernstuben-Atelier, fand aber dann doch keinen Platz dafür, und so erschien der Kölner Oberbürgermeister persönlich im *Heimatmuseum Bad Aibling*, um ihm die Einrichtung 1937 zum Geschenk zu machen: Es war Konrad Adenauer! Von den Paletten, der Staffelei, der Tabakspfeife bis zum mächtigen Kachelofen mit umlaufender Sitzbank, die unter ihrer Holzkrinoline winters die Hühner wärmte, ist kein Jota verändert worden. Ein Hauch von Gestern ist hier spürbar gegenwärtig. Auf eine liebevolle Weise ist das im ganzen Museum im Kurviertel des bekannten Moorbads der Fall, das alte Handwerkerdinge, gediegene Bürgerporträts, vornehme oder kunterbunt bemalte Schränke, unendlich viel anderes vorführt.

Wie aus bayerisch böhmisch wird: Die Dientzenhofer

Die experimentellen Raumlösungen des böhmischen Hochbarock, das schalenartig Geschichtete, exzentrisch Kurvierte – es stammt schlicht aus dem bayerischen Oberland. Südlich Brannenburg, wo das Inntal sich recht jäh aufbuckelt, liegt weit oberhalb des weißleuchtenden Kirchleins St. Margarethen ein

19 *Johann Georg von Dillis, ›Der Tegernsee‹ (Ausschnitt)*
Öl auf Kupfer, 1825. Bayerische Staatsgemäldesammlungen, München
20 *Daniel Fohr, ›Chiemsee‹ (Ausschnitt)*
Aquarell und Feder über Blei und Kreide, um 1840.
Kurpfälzisches Museum der Stadt Heidelberg
21 *Max Joseph Wagenbauer, ›Kampenwand‹ (Ausschnitt)*
Öl auf Leinwand, 1826/27. Städtische Galerie im Lenbachhaus, München

Hof aus dem 14. Jahrhundert mit traumhaftem Blick über den Inn und auf die zerklüftete Westseite des Heubergs. Es ist ein charaktervoller Einfirsthof mit viel Holz, leider unbewohnt und heruntergekommen, genannt ›Zum Gugg‹ und das heißt ›Zum Kuckuck‹. Weiß der Kuckuck, wie es sich mit den Begabungs-Genen von Wessobrunn über Weilheim und Gmund bis zum Guggenberg verhält, diesen merkwürdig epidemischen Aus-brüchen, jedenfalls wuchsen in diesem Hof in einer Generation fünf der bedeutenden Baumeister der Familie Dientzenhofer auf: Georg (1643–1689), Wolfgang (1648–1706), Christoph (1655–1722), Leonhard (1660–1707) und Johann (1663–1726). Alle fünf Brüder lernten das Maurerhandwerk, alle fünf waren zunächst Analphabeten, denn die Schule lag weit weg und der Vater war arm, alle vier zogen dem ältesten nach Prag nach, zu-samt einem weiteren Bruder, über den aber nichts sonst bekannt ist, und zusamt der Schwester Anna, die den Prager Stadtbaumeister Abraham Leuthner heiratete.

Christoph blieb für immer in Prag und machte Karriere, er prägte gemeinsam mit seinem in Prag geborenen Sohn Kilian Ignaz (1689–1751), wohl dem genialsten von allen Dientzen-hofern, maßgeblich das Prager Hoch- und Spätbarock durch kühne Synthesen der oberitalienischen (guarinesken) Raum- und Gewölbeverschneidungen mit dem altbayerischen Wand-pfeilersystem. Georg ging nach Waldsassen und wurde durch die Wallfahrtskirche ›Kappel‹ berühmt, Wolfgang machte sich durch seine Amberger Sakralarchitekturen einen Namen, Leon-hard und Johann lebten in Franken, jener zeichnete sich durch die Neue Residenz in Bamberg und Kloster Banz, dieser durch den Dom in Fulda und Schloss Pommersfelden aus. Da die Brü-der ihre Mitarbeiter aus der engeren Heimat zu holen pflegten und einen regen Kontakt mit dem Inntal aufrecht erhielten, sind ihre künstlerischen Spuren auch hier ein wenig zu verfolgen.

Das Gemälde mit den drei Bäuerinnen in *Berbling* kennt jeder, die *Kirche Heilig Kreuz*, in der sie beten, ist nur wenigen bekannt, dabei ist sie so unwiderstehlich wie das vom Moor zu den Morä-nen aufgehügelte Dorf mit seinen regellos beieinander stehen-den alten Höfen und den wilden Bauerngärten. Allseits ge-

Riesenzwiebel nahe Rosenheim:
Wallfahrtskirche Hl. Kreuz in Westerndorf am Wasen

schweift und geschwungen, dennoch voller vibrierender Gespanntheit, überhöht ihr weißgelber Baukörper mit der doppelt eingezogenen Haube die Höfe. Die Kurve ist sein Element! Die Vorhalle und der Chor bilden Querovale und nehmen das in der Mitte eingebuchtete Hauptschiff zwischen sich. Durch Pilaster und Arkaden entsteht ein kurvierter Acht-Arkaden-Raum mit originellen Architekturdetails, wie etwa den Kerben an den Wandpfeilerköpfen oder den dreigeteilten Halbkreis-Fenstern. Das alles sind böhmische Elemente, die die hiesigen Landbaumeister Philipp Millauer und Hans Thaller 1751–56 den Architekturen der Dientzenhofer entlehnt haben. Der Stuck, die auf die Kreuzeslegende bezogenen Fresken des Zimmermann-Schülers Johann Martin Heigl, die Altäre und Figuren des Günther-Schülers Joseph Götsch haben Teil an der zärtlichen Geschmeidigkeit dieses Rokokobaus. So auch die Bänke, an denen Enthusiasten noch heute eingetrocknete Farbpartikel aus Leibls

Palette wahrnehmen wollen. Die wundersame Stimmung des Raumes verführt ja dazu!

Ein ausgefallenes Gebilde südwestlich von Rosenheim auf der Straße nach Miesbach ist in *Westerndorf am Wasen* die *Wallfahrtskirche Hl. Kreuz.* Geradezu orientalisch nimmt sich die bombastische Zwiebelkuppel auf niedrigem, rundem Tambour neben einem minarettartig zierlichen, ebenfalls zwiebelbekrönten Turm aus. Der außergewöhnliche Grundriss eines gleichschenkeligen griechischen Kreuzes in einem Kreis, mithin ein vierblättriges Kleeblatt von Apsiden um einen quadratischen Mittelraum, erklärt sich aus dem für Wallfahrtskirchen typischen Symbolismus (Hl. Kreuz!), nicht minder aus der Experimentierfreude Konstantin Paders, der wahrscheinlich den Entwurf lieferte, den Georg Zwerger 1668 ausführte. Aufschlussreich aber ist, dass man eine Skizze dieses Grundrisses in einem Dientzenhofer-Musterbuch fand, so hat möglicherweise Georg hier mitgearbeitet, der 1684 die Wallfahrtskirche ›Kappel‹ in Waldsassen begann, die – laut Erich Bachmann – zweifellos von Paders Werken abzuleiten ist. Der hervorragende Schlierseer Stuck von Meister Zwerger bezieht sich auf Motive des Hl. Kreuzes, die Altarplastiken, außer der Kreuzigungsgruppe, stammen von dem Rosenheimer Blasius Maß.

Samerberg, Berginsel der Salzsamer

Der Inngletscher hat nach seinem Austritt aus dem Alpentor seine Eiszungen und Zweigbecken wie die Glieder eines Fächers aufgeschlagen. Sein Zentralbecken um Rosenheim, jahrhundertelang gefüllt mit einem fünfzig Kilometer langen See, strahlte zwischen Mangfall im Westen und Simssee im Osten viele Zweigbecken aus, heute Seen und Moore, deren Flüsse zum Inn streben. Auch der äußere Moränenkranz beschreibt die Form eines offenen Fächers, der den kleineren Fächer vom östlichen Chiemseegletscher wie ein Kind an sich drückt. Die großräumige Landschaftsformung spiegelt sich im Kleinen in hufeisenförmigen Moränenkränzen um Hochmulden wider. So auch im Samerberg südöstlich von Rosenheim, wo das ›Hufeisen‹

nach Westen hin zum Tal geöffnet ist. Dieser einzige Vorberg
der Chiemgauer Alpen im Westen ist eine Insellandschaft für
sich, voller Kuppen und Kämme mit weichen Matten und mun-
teren Waldschöpfen, zwischen deren Auf und Ab Einöden, Weiler, Dörfer auftauchen und sich wieder verstecken, nur zwei
kantige Kirchen erklimmen die Hügel. Aber vom Scheitel der
sanften Anhöhe bei *Obereck* schweift der Blick ungehindert
hinab ins Inntal und den Chiemgau und empor zu den Wänden
von Hochries, Karkopf, Feichteck und Heuberg.

Auch wenn im schmucken Gemeindesitz Törwang an einigen
Häusern Blumen und Lüftlmalerei um die Wette blühen und
sommers mehr rheinische als heimische Laute zu hören sind
oder sich an der Grainbacher Station der Kabinenbahn zum
Hochries (1569 m) stets Menschenschlangen einfinden, ist der
Samerberg außerhalb des Saisontrubels ein auf kostbare Weise
verwehter, unendlich liebenswerter, auch ein wenig schwermü-
tiger Weltwinkel, dessen einstiges karges Leben man zu ver-
spüren meint. ›Rossersberg‹ wird er auf alten Karten genannt,
und die vielen mit der Silbe ›Ross‹ zusammengesetzten Orts-
und Flurnamen zeigen schon, worum es hier ging. Da der
Boden sauer war, züchtete man Rösser, und als es mit dem
Handel nicht recht klappte, belud man sie mit Salzfracht, denn
unweit des Berges zog die wichtige Salzstraße von Reichenhall
nach Rosenheim entlang. ›Saum‹ hieß das Gewicht einer Trag-
last (vom lateinischen ›sagma‹), so bildete sich ›Säumer‹ oder
›Samer‹ als Berufsbezeichnung aus, und die taufte dann auch
den Berg.

Zu Wohlstand kamen die Sämer aber nicht, denn um den
Salzhandel rissen sich damals alle, und die Leute im Tal hatten
es näher zu den Salzsiedestädten und konnten sich deren
Erlaubnis zur Salzausfuhr mit Getreide erkaufen. Kein Wunder,
dass der Spruch umging: »*Samerglöckei, Samerglöckei,/ Um an Kraizer Spitzlweckei,/ Um an Kraizer roggas Brot,/ Samer, liegt's vor Hunger tot.*« Erträglich wurde das Leben der Samerberger erst, als
sie ihre Existenz auf den Inn setzten und Ross und Reiter als
Schiffreiter in Rosenheim, Neubeuern und Nußdorf anheuer-
ten. Nun hatten sie viele Wochen im Jahr Lohn und kamen in

der Welt herum – aber dass ihr wildes Leben oft genug im Strudel des Inn versank, lassen uns die Votivbilder in ihren Kirchen sehen.

Die grauweiß und einsam auf den Hügeln stehenden Gotteshäuser von *Steinkirchen* und *Grainbach* halten ihre eckigen, schmucklosen Formen gegen die Klüfte und Schründe der Berge: hierzulande ein seltenes ›gotisches‹ Landschaftsbild. Spätgotisch geprägt sind alle vier Kirchen des Samerbergs, auch die barock umgestalteten von *Roßholzen* und *Törwang*. In Roßholzen begegnen wir Inntaler Schnitzkunst der Zeit um 1510 aus Rosenheimer Werkstätten. Vier Relieftafeln aus einem früheren Hochaltar im Altarraum schildern kraftvoll-realistisch Marter und Bekehrungswerk des hl. Bartholomäus durch breitgesichtige und gedrungene bäuerische Gestalten und versuchen sich in den Hintergründen zaghaft an Landschaften und Innenräumen. Aus derselben Zeit stammen die prächtigen Schnitzfiguren der hll. Bartholomäus, Urban und Johannes d. Ev. im barocken Hochaltar. Das Prunkstück in Törwang ist ein tumultuöses, geradezu hysterisch flatterndes Kreuzigungsbild am südlichen Seitenaltar, ein Typus aus der Mitte des 15. Jahrhunderts, der ›Kreuzigung im Gedräng‹ genannt wird – und das Gedräng ist hier fürwahr gewaltig! Unvergesslich aber bleibt in Steinkirchen ein erschütternder Erbärmdechristus (um 1460), mag er noch so empfindlich beschädigt sein, dessen großes Anlitz um Mund und Augen zu einem einzigen eindringlichen Ausdruck von schwerem, dunklem Schmerz gesammelt ist. Und auch hier wieder – wie bei der Wies-Figur – wurde der Geschundene vor zwei Jahrzehnten durch eine rätselhafte, mehr als ein Jahr dauernde Entführungs-Irrfahrt abermals geschunden.

Kultur-Mix in Neubeuern

Dass das unter einem weit ins Tal vorgeschobenen Felsrücken nistende Neubeuern einst eine wichtige Schiffmeisterstadt war, sieht man seiner Bauweise nicht an, denn es bietet die schiere Musterbuchansicht eines altbayerischen Markts mit nur wenigen Innstadt-Einsprengseln. Dem Felsen und dem abfallenden

Terrain eingepasst, stellt es zwischen zwei Toren Flachgiebel-
fassaden mit Erkern, Altanen, Lüftlmalerei, Türbekrönungen
und Hausmadonnen zur Schau. Gabriel von Seidl hat den von
Bränden heimgesuchten Ort Ende des 19. Jahrhunderts in der
›Heimatbauweise‹ schmuck vereinheitlicht, und heute macht
Neubeuern sich für die Touristen erst recht schön. Als »Kultur-
pauschale« wird diesen ein Mix ›vom Feinsten‹ angeboten:
Schlossbesichtigung, Wanderungen auf Wegen, auf denen
Hugo von Hofmannsthal nicht allein spazierte, sowie eine Fahrt
nach München zu einem Konzert des Neubeuerner Chors unter
seinem hier ansässigen Stardirigenten Enoch zu Guttenberg,
dessen Tenne ein beliebter Ort für Theateraufführungen und
Weinfeste ist.

Das den Felsen bekrönende *Schloss* ist ebenfalls ein Mix von
Stilen, zumal es seit 1925 ein Landschulheim beherbergt und
immer wieder erweitert wird. Der Herrschaft der Grafen Preysing vom 17. bis 19. Jahrhundert dankt es eine (schwer zugäng-
liche) Rokokokapelle der Brüder Gunetzrhainer, Gabriel von
Seidl einen Neorenaissance-Flügel, Henry van de Velde die
Jugendstil-Ausstattung einiger Räume und Hugo von Hofmannsthal jene Besuche mit tourismuswirksamen Folgen. Denn
das Schloss erlebte unter dem letzten Besitzer, Baron Jan von
Wendelstadt, eine Glanzzeit weltbürgerlicher Geselligkeit. Zu
seinen regelmäßigen Besuchern gehörten der Kunstförderer
Harry Graf Kessler, die Dichter Rudolf Borchardt, Rudolf Alexander Schröder, Alfred Heymel, Henry von Heiseler, Annette
Kolb oder der vergessene, damals hier lebende Albrecht Schaef-
fer, der Philosoph Rudolf Kassner oder der Politiker Walther
Rathenau.

Den Dichter Hofmannsthal freilich zog die von 1909 bis zu
seinem Tod 1929 währende Beziehung zu der jung verwitweten
Schwägerin der Schlossbesitzerin, Ottonie Gräfin Degenfeld,
sehr häufig hierher sowie im Sommer auf ihren nahen Gutshof
Hinterhör. Hier arbeitete er an dem Drama ›Der Turm‹ und
an den Libretti zu ›Die ägyptische Helena‹, ›Rosenkavalier‹
oder ›Ariadne auf Naxos‹ (»*Ihre* Ariadne« schrieb er 1911 an die
Gräfin). Der empfindsamen, mancherlei Wandlungen unter-

worfenen Beziehung mag man im Briefwechsel zwischen beiden nachgehen. Dass sie dereinst als Routenprogramm für ein Gruppenwochenende benutzt werden würde – um sacht mit Hofmannsthal zu sprechen: ». . . was das für Dinge sind«.

Ottonie von Degenfeld und ihr Haus in Hinterhör waren später ein Anziehungspunkt für ›entartete‹ Maler und gefährdete Schriftsteller, und 1948 veranstaltete die Gruppe 47 ihre vierte Tagung hier – Beginn einer neuen Zeit, der sich diese späte Nachfahrin der kosmopolitischen Salon-Kultur früherer Epochen bis zu ihrem Tod 1970 nicht verschloss.

Überm Inn und in den Innauen: Petersberg und Reisach

Das reizvolle Tal innaufwärts ist von Neubeuern über Brannenburg, Flintsbach, Oberaudorf bis Kiefersfelden eine einzige Ferienlandschaft. Ein einstündiger Aufstieg auf den *Petersberg* oder *Kleinen Madron* (847 m), einen Vorberg des Riesenkopfs im Süden von Flintsbach, verschafft einen herrlichen Überblick übers Inntal bis nach Tirol hinein. Das umwaldete, ehrwürdige Kirchlein auf dem uralten Kultplatz des ›Mons maderanus‹ ist weitgehend romanisch erhalten geblieben (Weihe 1139). Bär und Widder am Rundbogenportal muten noch heidnisch an und vierschrötig-derb ist das Petrusrelief im Giebel. Inmitten der Renaissance- und Barockausstattung des niedrigen Saalraums unter der Kassettendecke ist ein eindrucksvolles spätromanisches Dreinagel-Kruzifix das älteste Stück (nach 1200). Als Gnadenbild dieser früheren Freisinger Propstei- und Wallfahrtskirche wurde die spätgotische Petrus-Skulptur im Hochaltar verehrt. Das damalige Propsteigebäude ist heute ein Gasthaus.

Bei einem Inn-Spaziergang sollte man *Kloster Reisach* bei Niederaudorf nicht übergehen, das nah an einer alten Furt über den Fluss liegt; darum heißt das Schlösslein nahbei Urfahrn, also Überfahrt. Eine Karmeliter-Gründung des Barock von 1732, waren Kirche und Kloster nach Art des Bettelordens überflusslos konzipiert, was dem schon zum Klassizismus tendierenden Johann Baptist Gunetzrhainer als Planer entgegenkam.

›Die Himmelfahrt des Elias‹,
Altarrelief von Johann Baptist Straub im Kloster Reisach, 1757

Abraham Millauer aus der nahen Hausstätter Baumeisterfamilie war der Ausführende. Stuck und Deckenmalerei fehlen denn auch in dem strengen, spannungsvoll gefügten Saalraum der Kirche – die ihren dennoch unleugbaren Glanz von sieben Altären bezieht, vor allem den vier außergewöhnlichen Seitenaltären von Johann Baptist Straub: retabellosen, rokokogerahmten Bildern aus farbig gefassten Holzreliefs vor gemalten Hintergründen, ein Altartypus, den Straub entwickelt hat (1747–57). Vorne einander gegenüber: ›Himmelfahrt des Elias‹ und ›Übergabe des Skapuliers an den hl. Simon Stock‹, dahinter einander gegenüber: ›Tod des hl. Albert von Sizilien‹, ›Anna und Joachim‹.

Der Theater-Trieb folgt den Bergketten: Kiefersfelden

»Ein Bergtal ist ein natürliches Theater, und sonderbar genug, der theatralische Trieb des südlichen deutschen Stammes folgt den Bergketten.« Diese verblüffende Bemerkung Hugo von Hofmannsthals haben die Theaterwissenschaftler bestätigt: Laienspiele auf der ›Spieltenne‹ setzten sich vom Tiroler Inntal, wo sie seit dem 16. Jahrhundert betrieben wurden, am Inn entlang nach Bayern fort. In Kiefersfelden, Oberaudorf, Flintsbach, Rosenheim begann das ländliche ›Theaterg'spiel‹ früher oder später im 17. Jahrhundert, Rott am Inn und Wasserburg zogen nach – aber weiter weg vom Gebirge versickerte die Spiellaune zusehends.

Allenthalben wurden bis zum 19. Jahrhundert nur geistliche Spiele, vor allem Passionsdarstellungen, aufgeführt. Und keineswegs waren die dörflichen Darsteller Bauern. Das bäuerliche Mundarttheater setzte erst mit dem Fremdenverkehr ein. Im Tirolischen waren es Bergknappen und Handwerker, in Kiefersfelden die Schmiede und Schmiedegesellen des hier seit 1611 ansässigen Hammerwerkes, darum datiert Kiefersfelden seine Theatertradition auf das nicht urkundlich belegbare Jahr 1618. Und wie kamen die Schmiede am leichtesten zu Kostümen? Indem sie Ritterrüstungen schmiedeten! So entwickelten sie schnell die Eigenart, ihre geistlichen ›Comödien‹ stets von heiligen Rittern handeln zu lassen, das Hochdeutsch dieser Texte war barock stilisiert, ihr Spiel von erhabenem Pathos getragen. Im 19. Jahrhundert hatten die ›Kieferer‹ mit zwei hochbegabten Theaternarren Glück: Der eine war der Zollamtsdiener Wolfgang Schwarz, der 14 Stücke schrieb und ebenso zum Motor des Theaters wurde wie dann der Tiroler Holzknecht und Kohlenbrenner Joseph Schmalz, der die um 1830 beginnende Ära der profanen Stücke mit Sprachgewalt und Phantasie, nicht mit Trivialität einleitete. Von den 23 Dramen dieses »Bauern-Shakespeare von Kiefersfelden«, wie ihn Ludwig Steub nannte, sind zwölf erhalten und werden bei den ›Ritterspielen Kiefersfelden‹ auch heute noch gespielt, etwa ›Weinhard und Adelise, oder Der Retter aus der Wildnis‹ oder ›Valentin und Orso, oder Das

verlorene und wiedergefundene Diamanten-Kreuz‹. Und gespielt wird auch weiterhin in barocken Drehkulissen und
weitgehend im traditionellen Geist. Zulauf und Jubel ist diesem berühmten Unikum des alpenländischen »theatralischen
Triebs« längst sicher.

König Ottos dreimaliges Lebewohl

Kiefersfelden hatte der Jüngling verschlafen. Als er es in Tirol
gewahrte, bestand er darauf, zur Grenze zurückgefahren zu
werden, um dort am 7. Dezember 1832 mit den Worten »Leb
wohl, mein teures Vaterland, lebt wohl, ihr lieben Bayern!« zum
dritten Mal auf seiner Königsreise nach Griechenland von Bayern Abschied zu nehmen.

Zu dieser Reise kam es, weil König Ludwig 1., der als enga-
giertester Philhellene den Freiheitskampf der Griechen gegen
die Türken unterstützt hatte, sich seinen zweiten Sohn Otto auf
den Thron des 1830 befreiten und einen König suchenden Landes wünschte, wobei er hoffte, dadurch werde Bayern wieder
eine beachtete Rolle in Europa spielen. Die Großmächte England, Frankreich und Russland stimmten 1832 zu, und der sieb-
zehnjährige Prinz Otto begab sich noch im Winter über die
Alpen.

So groß war die Freude in Bayern über diese politische Aven-
türe, dass patriotische Bürger beschlossen, an den drei
Abschiedsstationen Ottos Monumente zu errichten, die durch
Stiftungen aus den eigenen Reihen finanziert werden sollten.
Der Steinmetz Anton Ripfl stiftete und entwarf die *Ottosäule* in
der später *Ottobrunn* benannten Gemeinde an der Peripherie
Münchens, wo sich der Prinz von seinem Vater verabschiedet
hatte: eine fast neun Meter hohe dorische Säule mit der Büste
Ottos in Überlebensgröße, bereits im Februar 1834 enthüllt.
Das *Theresienmonument* an der *Mangfallbrücke bei Bad Aibling*, das
des Abschieds von der Mutter an dieser Stelle gedenkt, spen-
dierten die »Frauen und Mütter« des Landes: eine zwölf Meter
hohe neugotische Turmspitze, die in einer Nische eine Madon-
nenstatue birgt, von Georg Friedrich Ziebland und Johann Bap-

tist Stiglmaier entworfen und 1835 eingeweiht. Ebenfalls neugotisch ist die *Ottokapelle in Kiefersfelden* von Baumeister Joseph
Daniel Ohlmüller, die 1835 mit einem Riesenfest, Feuerwerk
und dem Kiefersfelder Ritterspiel ›Valentin und Orso‹ eingeweiht wurde. So fein restauriert sie auch an der Landstraße hart
an der Grenze nach Tirol auf Besucher wartet – die Autobahn
stiehlt ihr rettungslos die Schau.

»Der arme Bua«, sagte Kaiser Franz von Österreich, sein
Onkel, unnachahmlich k.-und-k.-elegisch, als ihm von Ottos
Griechenlandmission erzählt wurde. Wie wahr! Obwohl der
König sich wacker hielt, gar einer Verfassung zustimmte, war es
unmöglich, sich gegen das intrigenreiche Kräftespiel der Großmächte, die unsägliche innenpolitische Wirrnis und Finanzma-
laise und andere Imponderabilien zu behaupten, zu denen etwa
das Problem der Erbfolge durch die Kinderlosigkeit seiner Ehe
gehörte. Die Revolution von 1862 vertrieb ihn, fortan lebte er,
griechisch gewandet und griechisch parlierend, in seiner Bam-

Ottokapelle in Kiefersfelden von Joseph Daniel Ohlmüller, 1835

berger Residenz – nur noch fünf Jahre lang. Ein ruhmreiches
Kapitel war freilich die Wirkung der bayerisch-griechischen
Episode auf die Kultur beider Länder, vor allem Athens und
Münchens.

Rokoko-Abschied in Hochform: Rott am Inn

Zwischen Rott am Inn und Wasserburg schlängelt sich der Inn
gleichsam an einer Allee gestikulierender Ignaz-Günther-Figu-
ren entlang, die von Majestäten bis Knecht und Magd, vom
pathetischen Apostelfürsten bis zum träumerischen Zimmermann reichen. Ihren grandiosesten Auftritt haben sie in der Kirche von *Rott am Inn*, einem Gesamtkunstwerk des Rokoko an
der Schwelle zum Klassizismus von höchstem Rang. Von außen
ist das kaum zu ahnen. Die große Baugeste in spektakulärer
Landschaft ist in Bayern ja nicht häufig anzutreffen. Die ursprüngliche Lage des um 1085 gegründeten romanischen Benediktinerklosters am Rand des hier sehr breiten Inntales und vor
einer vom Wendelstein bis zum Hochfelln reichenden Berg-
silhouette hatte einst weiten Atem. Aber inzwischen ist der Ort
sehr nah an die Baugruppe herangerückt.

Vier Große fanden sich zwischen 1759 und 1763 in Rott zum
Neubau zusammen. Johann Michael Fischer, den wir in Dießen
und Benediktbeuern schon trafen, schuf hier mit 68 Jahren das
letzte seiner großen Werke. Nochmals variierte er sein Lieb-
lingsthema der Kombination von Längs- und Zentralraum,
indem er einen Achteckraum in die Mitte einer dreischiffigen
Langhausanlage stellte und in den Diagonalen emporendurch-
brochene, lichtdurchflutete Nebenräume um das Oktogon
legte, das er mit einer kreisrunden Flachkuppel überwölbte.
Doch so makellos klar das Raumgefüge gegliedert ist, erst beim
langsamen Durchschreiten offenbart es seine spannungsvolle
Kompliziertheit, seine kreisende Bewegtheit, die Überraschun-
gen seiner Überschneidungen, Durchblicke, Schrägen, Arka-
denwechsel, seiner ganzen mathematischen Harmonie.

Teil dieser Harmonie sind natürlich der anmutige, nicht aus-
bündige, nur akzentsetzende Wessobrunner Stuck der Meister

Franz Xaver Feichtmayr und Jakob Rauch und die Fresken von Matthäus Günther, nicht minder gezügelt, indem sie auf die drei Haupträume beschränkt, an Rahmen gebunden und in kühler Farbigkeit gehalten sind. In der Kuppel ist in großartig dramatischer und figurenreicher Komposition die ›Glorie des Benediktinerordens‹ dargestellt, im Osten ›Verbrennung und Verklärung des hl. Marinus‹, im Westen der ›Tod des hl. Anianus in seiner Wilpartinger Klause‹, beide Patrone der heutigen Rotter Pfarrkirche.

Wiewohl sie ihr Eigenleben prangend behaupten, steigern die Figuren von Ignaz Günther in Bewegung und Farbigkeit auch die Raumwirkung. Monumental und weißleuchtend in marmor-imitierendem Lindenholz (alle anderen sind farbig gefasst), umkreisen sie den Hauptaltar: das Kaiserpaar Heinrich II. und Kunigunde, die Bischöfe Korbinian und Ulrich, die Hl. Dreifaltigkeit im Auszug. Gehört hier schon die hochgestimmte, modische Damenhaftigkeit der Kaiserin, die sich der Feuerprobe des nackten Fußes auf der Pflugschar höchst kokett entledigt, zu den artifiziellen Charakterisierungen Günthers, so ist der Kardinal Damianus (westlicher Hauptraum links), der in müde wissender Spätlingsarroganz auf die Gemeinde herabblickt, ein psychologisches Kabinettstück, und der Putto über ihm, der sich seinen Hut geschnappt hat und anprobiert, eine entzückende Drolerie. Gegenüber (westlicher Hauptraum rechts) posieren die Bauernheiligen Notburga und Isidor so vierschrötig und verzückt, dass man schon von exaltierter Naivität sprechen kann. Ganz das Gegenteil die meditative, asketische Demut der versilberten Anianus-Büste (nordöstliche Diagonalkapelle). Unmöglich, die Fülle der eigenhändigen Figuren Günthers aufzuzählen, zu denen noch die nach seinen Entwürfen von dem Ötztaler Joseph Götsch aus Aibling geschaffenen Arbeiten kommen. Für diesen begabten Bildhauer war das Zusammentreffen mit seinem Vorbild hier eine Sternstunde. Zwar formal zeitlebens an Günther angelehnt, entwickelte er dabei aber beachtliche eigene Ausdruckskraft, wie die Altäre kleinerer Kirchen etwa in Vogtareuth oder Prutting im Chiemgau zeigen, auf die hier nicht eingegangen werden kann.

Noch ist Ignaz Günthers verhaltenere Zeit hier nicht gekommen. Noch bringt sein temperamentvolles Figurenwerk reizvolle ›unklassische‹ Akzente in das abgeklärte Rokoko dieser Kirche, das »im Besitz seiner höchsten und verfeinertsten Ausdrucksmittel ist und über sich selbst hinauswächst«, wie Herbert Schindler sagt. Kloster Rott mit seinem Abt Benedikt Lutz gehörte zu den Protagonisten der geistlichen Aufklärung in Bayern, für die sich vor allem Benediktiner und Augustinerchorherren engagierten. Dass der damit verbundene Stilwandel zum Klassizismus hier in einer so kostbaren Schwebe verharrt, ist der Meisterschaft der Künstler und der Gunst der Stunde zu danken. Mit dem bereits erwähnten Generalmandat des Kurfürsten Max III. Joseph gegen die »lächerlichen Zieraten« und für die »edle Simplizität«, 1770, wurde der neue Stil per Dekret eingeführt.

Christkind mit königlicher Aussteuer

Nördlich von Rott nach Griesstätt hinüber quert die einzige Brücke zwischen Rosenheim und Wasserburg den Inn, und gleich drunten in den Flussauen, umgeben von mächtigen Bäumen und Gärten, liegt versteckt *Altenhohenau*, das erste Dominikanerinnenkloster Bayerns, 1235 gegründet, von den Wittelsbachern protegiert, nach der Säkularisation in Privathänden, erst 1923 vom Dritten Orden des hl. Dominikus wieder besiedelt. Die Ordensfrauen sind seither erzieherisch tätig und unterhalten heute ein Kinderheim mit einer Heimvolksschule.

Der stille Klosterflecken hatte lange Zeit Anziehungskraft auf Wallfahrer. Nach einem urtümlichen Astkreuz verehrten sie das kleine, stoffumbauschte ›Altenhohenauer Jesuskind‹ (18. Jahrhundert), dann das traubenhaltende ›Kolumba-Jesulein‹ (15. Jahrhundert), das der im 18. Jahrhundert hier lebenden Mystikerin Kolumba Weigl ans Herz gewachsen war, ein liebes, von den Schwestern verwöhntes Kindlein, für das in einem eigenen Kleiderschränkchen im Kloster auf zierlichen Holzbügelchen viele glitzernde Gewänder aus schwerem Brokat, schneeweiße Hemdchen und Reihen von Lederschühlein

Viel verehrt ist das Kolumba-Jesulein von Altenhohenau (15./16. Jh.)

verwahrt werden – eine wahrhaft königliche Aussteuer aus so vielen fleißigen Nonnenhänden.

Zur Zeit der höchsten Wallfahrtsblüte durch die stigmatisierte Mystikerin wurde die barocke Kirche 1767 mit einer opulenten Rokokoeinrichtung versehen: Fresken von Matthäus Günther und drei Altären von Ignaz Günther. Schon bahnt sich bei dem Bildhauer jene Feierlichkeit und Beseelung an, die seine Spätzeit kennzeichnen wird, ob im emphatischen Auftritt der Apostel Petrus und Paulus auf seinem fulminanten Bühnenaufbau des Hochaltars, in dem alles außer der zentralen Strahlenkranzmadonna des 17. Jahrhunderts sein Werk ist, ob in den elegant parallel zurückgebogenen Figuren des hl. Joseph mit entrückter und der hl. Anna mit aufgewühlt leidenschaftlicher Mimik am südlichen Seitenaltar. Am nördlichen ist nur der hl. Sebastian von ihm, nicht der hl. Sigismund, der einen (ausgerechnet!) verbrannten hl. Florian des Meisters ersetzt – feine Ironie des Ungeschicks.

In der Pfarrkirche von *Griesstätt*, das damals zu Altenhohenau gehörte, sind ein Gekreuzigter und eine Mater dolorosa ergreifende Arbeiten aus Günthers Werkstatt, für die auf einer Anhöhe gelegene, opulent ausgestattete ehemalige Klosterkirche von *Attel* am anderen Inn-Ufer schuf er eine anmutige Immaculata (1762–65), die heute im Bayerischen Nationalmuseum steht, und in *Kircheiselfing*, wiederum am rechten Ufer, ist eine wundervolle, dem Mittelalter nahe Pietà (1758) von ihm zu bewundern.

Wasserburg: Stehen gebliebene Zeit

Er hat sie gezeugt, er fließt durch ihren Namen, er machte sie reich und glücklich, er machte sie arm, als er nichts mehr für sie bedeutete, doch er blieb ein untrennbarer Teil ihrer Schönheit. Der Inn war das Schicksal aller seiner Städte, aber bei keiner anderen ein so unentrinnbares wie bei Wasserburg.

Seine hartnäckige Wühlarbeit nach dem Heraustreten aus dem einstigen Rosenheimer See grub in die Hochfläche eine immer tiefere Schleife und modellierte einen nur schmalen Zugang zur Halbinsel, die außen von pittoresk zerklüfteten hellen Steilwänden, innen von Sandbänken umgeben ist. Nichts lag näher, als in diesem geschützten Bezirk zu siedeln. Über einem Fischerdörfchen errichtete der Hallgraf Engelbert, vermutlich ein Andechser, an der schmalsten und höchsten Stelle 1137 eine ›Burg am Wasser‹, die mit der Siedlung 1248 an die Wittelsbacher fiel. Die Innschifffahrt und die den Inn hier querende Salzstraße zogen 1332 das Recht der Salzniederlage und andere Privilegien herbei, und was immer davon durch Landesteilungen und Erbfolgekrieg wieder verlorengehen mochte, als Handels- und Kriegshafen und als ›Innlände‹ des Hofes blieb Wasserburg wichtig. All dem machte die Eisenbahn den Garaus, der Ort geriet ins Abseits, 1972 wurden auch noch der Landkreis Wasserburg und damit das Amtsgericht aufgelöst. Durch die umliegende Industrie und eine der Erholung dienende Infrastruktur ist die Stadt heute auf guten Wegen, wieder Regionalzentrum zu werden.

Aber die stehen gebliebene Zeit: Welch eine Augenweide ist sie uns! Die *Schöne Aussicht* vom Kellerberg auf der rechten Inn-

Wasserburg mit Innbrücke,
Aquarell von Wilhelm Scheuchzer, 1837

seite oder zumindest von der Höhe der *Burg* kann helfen, sich
der Stadtgestalt zu versichern, was durch ihre eingesenkte Lage
von nur wenigen Blickpunkten aus möglich ist. Man gewahrt
die enorme Dichte der mittelalterlichen Anlage mit den recht-
winkligen Straßenzügen, darunter wenigen saalartigen Platz-
räumen, die blockhafte Monumentalität der Innstadtbauweise,
unterbrochen von herausragenden Toren, Türmen, Treppen-
giebeln, zugleich die Fröhlichkeit ihrer pastellfarbigen Häuser-
fronten, besänftigt von den tiefen Rot-Braun- Tönen der wel-
lenförmig ein- und auftauchenden Dachlandschaft. Von der
schönen, im Bogen gezogenen Südfront mit dem repräsentativen Brucktor an der Brücke schweift das Auge zur Stadterwei-
terung auf den vom Inn angelandeten Kiesbänken im Nordost-
bogen, und immer wieder dem lichtblauen Fluss entlang so
rundum es geht und dann bis dorthin, wo er in der Ferne ›auf-
wärtsfließend‹ wieder auftaucht.

Die Kanzel der Brüder Zürn

Aus den geschlossenen Zeilen des *Marienplatzes* schert das *Rathaus* mit großem und kleinem Treppengiebel aus, das in seiner Doppelarchitektur einst Ratsstube und Tanzhaus, Brothaus und Kornschranne beherbergte. Baumeister war Jörg Tünzl Mitte des 15. Jahrhunderts. Die beiden Hauptsäle sind mit Wandmalereien des 16. und 20. Jahrhunderts geschmückt. Eine reiche Patrizierfamilie, die Schiffmeister und Handelsherren von Kern, wohnte gegenüber, ihre nicht minder betuchten Nachfolger, die Familie Steib, ließ dem Dreierhaus 1738–40 eine Rokokofassade vorblenden, bei der Johann Baptist Zimmermann sein höfisches Frührokokovokabular ins bürgerliche transponierte: Gegenstück zu der Fassade seines Bruders Dominikus in Landsberg! In der backstein-gotischen *Frauenkirche* am Markt, innen barockisiert, entzückt am Hochaltar eine Madonna des ›Weichen Stils‹ um 1430.

In eine verwinkelte, malerische Idylle gerät man rund um die mächtige *Pfarrkirche St. Jakob*, die am Kreuzpunkt zweier Jakobs-Pilgerwege lag, dem Landweg von Wien und dem Wasserweg von Passau nach Innsbruck. In der Blütezeit Wasserburgs, dem 15. Jahrhundert, holte man sich die Größten zum Bau der spätgotischen Hallenkirche mit steilem Satteldach und kantigem Turm: Hans von Burghausen und seinen Neffen Hans Stethaimer fürs Ziegelmauerwerk des Langhauses sowie Stephan Krumenauer für das Tuffquaderwerk von Chor und Turm (Bauzeit etwa von 1410 bis 1478). Das Prunkstück in dem durch die weite Bogenstellung zwischen den Schiffen offen wirkenden Raum ist die Kanzel, ein 1638 vollendetes Meisterwerk manieristischer Schnitzkunst der Brüder Martin und Michael Zürn. In einem preziösen Knorpelwerkstil gehalten, wirkt sie, bei aller Größe, so feingliedrig im Aufbau wie in der Behandlung der Figuren, die von Physiognomie und Gestik bis zu Faltenknicken und Drehlocken äußerst sensibel gestaltet sind. An der Brüstung Christus, die Vier Evangelisten, Franz von Assisi, auf dem Schalldeckel die Kirchenväter, unter dem Baldachin die Muttergottes, darüber der hl. Jakobus. Die Gottvaterfigur am Pfeiler gegenüber ist ein Werk David Zürns, um 1640.

Die berühmte Bildhauerfamilie Zürn stammte aus Waldsee in Württemberg. David Zürn (1598–1666) war 1628 in Wasserburg ansässig geworden und zog seine hochtalentierten Brüder Martin und Michael nach, die einige Jahre älter waren. Die Zürns brachen hier in die Domäne der Bildhauerfamilie Hartmann ein, es kam zu heftigen ›Revierkämpfen‹ und Verbalinjurien wie »Stümpler« und »Fretter«, die in Beschwerden an den Münchner Hof endeten. Das Dekret, bei Kirchenaufträgen seien nur die im Gerichtsbezirk ansässigen Künstler zu beschäftigen, lediglich adelige und klösterliche Hofmarken hätten das Recht der freien Künstlerwahl, war zwar eine grundsätzliche Regelung, aber was konnte es gegen die Feindschaft zwischen alt- und neuansässigen Künstlern ausrichten? Einem Sohn von David Zürn, dem genialischen Michael Zürn d. J. (ca. 1636–1691), sind wir in Rosenheim begegnet, wo er kurz vor seinem Tod 1698 wenige Jahre bei seiner Mutter lebte, doch war zu dieser Zeit seine Schaffenskraft bereits erschöpft, die ihren Höhepunkt in acht herrlichen Marmorengeln für Kremsmünster gefunden hatte.

Die innen wie außen an der Kirche angebrachten Epitaphien der Wasserburger Patrizier bilden eine ›Kunstausstellung‹ für sich. Hier sei die Aufmerksamkeit nur auf eine Arbeit des Wasserburger Steinmetzen Wolfgang Leb gerichtet, der seit 1500 in Erscheinung tritt und dessen Werke der damals dominierenden Salzburger Grabplastik ebenbürtig sind. Sein in allen Details mit edelsteingleicher Präzision gestaltetes *Gumpelzhaimer-Epitaph* an der äußeren Südwand, zwischen 1514 und 1520 entstanden, verewigt eine Handels- und Ratsherrenfamilie der Stadt.

Im prächtigen spätgotischen Haus des *Städtischen Museums* in der schönen Herrengasse wird das Leben der Patrizier, Handwerker und Künstler Wasserburgs durch Porträts und Dokumente lebendig. Besonders reich bestückt ist das Haus mit Bauernmöbeln und Wachsvotiven. Überdies beherbergt Wasserburg noch zwei ungewöhnliche Sammlungen: das *Wegmacher-Museum* mit Exponaten zur Straßengeschichte und das *Imaginäre Museum* mit Nachschöpfungen von Gemälden aller Jahrhunderte.

Ausgerechnet da, wo sich der Inn mit großen Schleifen oder kurzwelligen Windungen zwischen sandigen Steilwänden, samtenen Wiesen und dunklen Waldstücken als Tänzer produziert, achten nicht viele Besucher auf seine Künste. Fast kann man dieses stille, heitere Bauernland noch als unberührt bezeichnen. Zwei Klöster setzen ihm Akzente, Gars einen doppelspitztürmigen oberhalb des linken Innufers, Au, von der Flussschleife umkringelt, einen doppelbarocktürmigen in der Talsenke. Über Au erhebt sich auf einer Bergnase das Ruinenidyll des *Stampflschlössls*, das einst den Klostervögten, den Grafen von Mögling, gehörte. Der Blick von da oben ist denn auch ›herr-lich‹.

Beide Klöster wurden im 8. Jahrhundert als Priesterzellen gegründet und gehörten zur Benediktinerabtei St. Peter in Salzburg, sind im 12. zu Augustinerchorherrenstiften umgewandelt und im Barock weitreichend umgebaut worden. Gars ist seit 1858 mit Redemptoristen besetzt, die Lehrerfortbildung und Internat betreuen, Au seit 1854 mit Dillinger Franziskanerinnen, die eine Sonderschule unterhalten. Die Fülle großartiger Rotmarmorgrabplatten namentlich aus der Spätgotik, meist Salzburger Arbeiten, sind das eigentlich Sehens- und Studierenswerte beider Kirchen. In der nur sparsam dekorierten Wandpfeileranlage von *Gars*, die die Graubündner Christoph und Caspar Zuccalli 1662 bauten, ragen überdies die bemalte Steinguss-Pietà (um 1430) des um 1400 europaweit verbreiteten ›Weichen Stils‹ sowie die Kreuzigungsgruppe des Landshuter Bildhauers Christian Jorhan (1762) hervor. Auch *Au* ist eine Wandpfeileranlage (1722), von einheimischen Baumeistern geschaffen, doch die überkuppelte Chor-Rotunde mit effektvollem Lichteinfall und der reiche, farbige Spätbarock- und Rokokostuck geben ihr eine fröhlich-festliche Stimmung. Das Hochaltarbild ›Mariä Himmelfahrt‹ mit den Medaillons der hl. Felicitas und ihrer sieben Söhne, Patrone der Kirche, malte 1796 der in Burghausen ansässige Johann Nepomuk della Croce.

Nicht nur in der Skulptur, auch in der Malerei ist der ›Weiche Stil‹, auch ›Internationale Gotik‹ genannt, mit seinem Wohl-

klang der Linie und Schmelz der Farbe berückend. So finden
wir das schönste Gemälde dieses Landstrichs in *Altmühldorf* in
der Pfarrkirche anstelle des Hauptaltars: die ›Kreuzigung‹ eines
Salzburger Meisters von 1410, die italienische und böhmische
Elemente vereint. Italienische Umarmungsgestik prägt die
Klage-Gruppe links, indes der Hauptmann rechts von Kopf bis
Fuß den böhmischen Typus verkörpert. Eindrucksvoll ist auch
der rechte Flügelaltar der ›Passion Christi‹, ein Werk des Meisters von Mühldorf, das der expressiven Donauschul-Malerei
von 1510 angehört.

Als Innstadt, wie sie im Buche steht, baut sich *Mühldorf am Inn*
höchst imponierend zwischen zwei Toren auf: Kaum mit einem
Blick zu fassen ist der lange, leicht gebogene Straßenmarkt mit
seinen prachtvollen Bürgerhäusern des 15. bis 17. Jahrhunderts,
die sich an der Nordseite zu Lauben öffnen. Helle Farben, drei
alte Brunnen, Menschengetriebe beleben die edle Strenge dieses ›Saales‹. Die schon zur Römerzeit wichtige Stadt am Inn-
übergang, natürlich mit Salzniederlage im Mittelalter, war jahrhundertelang der »Salzburger Dorn im bayerischen Fleisch«,
denn es gehörte dem Stift Salzburg, dessen Enklave bis an die
Rott im Norden und bis südlich Gars im Westen reichte. 1802
wurden dann die endlosen Streitigkeiten beendet, indem die
Enklave zu Bayern kam.

Das auf einer Hangterrasse am rechten Innufer weiter östlich
liegende *Neuötting* ist in seiner geschlossenen Innstadt-Bauweise
und seiner historischen Bedeutung als Salzstapelplatz Mühldorf
weit verwandter als Altötting. Im frühen 13. Jahrhundert von
den Wittelsbachern als Ableger Öttings gegründet und mit
eigenem Stadtrecht ausgestattet, wurden die beiden Schwester-
städte durch ›Alt‹ und ›Neu‹ unterschieden. Der ersten Blüte im
14. und 15. Jahrhundert dankte Neuötting stattliche Bürgerhäuser am langen Straßenmarkt und die imposante Stadtpfarrkirche St. Nikolaus, eine der bedeutendsten Hallenkirchen der
Backsteingotik in Altbayern und ein Hauptwerk Hans von
Burghausens, an dem er von 1410 bis 1429 baute, das aber erst
1623 vollendet, später im neugotischen Stil ergänzt und ausgestattet wurde.

Altötting: Im Dienste der Schutzpatronin Bayerns

Im Jahre 1489 fällt ein »dreyjähriges knäblein« in den Möhren-
bach, die Mutter zieht es nach einer halben Stunde tot heraus,
legt es dennoch in der Marienkapelle dem Marienbild zu Füßen,
es schlägt die Augen auf und lebt. Die Nachricht von dem Wunder bekommt Flügel – seit einigen Jahrzehnten gibt es ja die
Buchdruckerkunst –, sogleich ziehen Kolonnen von Pilgern
nach Altötting vor die 65 Zentimeter hohe Lindenholz-Mutter-
gottes mit Kind aus dem frühen 14. Jahrhundert, die bald vom
Kerzenruß zur ›Schwarzen Madonna‹ eingedunkelt und im
Barock mit einem Brokatmantel umhüllt wird. Inbrünstig
bestürmt vom Wunderglauben Abertausender, beladen mit den
Nöten von Millionen, überhäuft mit Devotionalien, steht sie
bescheiden im goldenen Gnadenaltar. Mehr als das Gold glänzt
ihr Nimbus als bayerische Nationalheilige.

Der Platz, wo ihre Kapelle gebaut wurde, ist die Keimzelle des
sehr alten Ortes, im 6. Jahrhundert wohl eine Thingstätte der
Germanen, im 8. ein Hof der Agilolfinger, im 9. die Residenz
des Karolinger-Königs Karlmann mit Chorherrenstift und Kirche, in der er auch beigesetzt ist, vom 12. an Amtssitz der Wittelsbacher von geringer Bedeutung – bis zur Wallfahrtszeit.
Diese Keimzelle ist heute der mehreckige *Kapellplatz,* der in seiner Überdimensioniertheit völlig auf Wallfahrer-Bewegungen
angelegt und unter anderem von der Stiftskirche, der Jesuitenkirche, dem Wallfahrtsmuseum, dem Rathaus, dem ›Hotel zur
Post‹ gesäumt ist.

Denkbar bescheiden wirkt die *Heilige Kapelle* in seiner Mitte,
ein ehrwürdiges karolingisches Oktogon des 8. Jahrhunderts,
mithin eine der ältesten Kirchen Deutschlands, vielleicht damals die Haus- oder Taufkapelle des Hofes. Das Langhaus kam
1494, der Umgang 1517 hinzu. In der Fülle der hier aufge-
hängten Votivbilder dominieren 59 außergewöhnliche Tafel-
gemälde mit spätgotischen Mirakeldarstellungen. Die wertvoll-
sten Devotionalien drängen sich um das Gnadenbild in der
engen Kapelle, die nur für wenig Menschen Platz hat. Seitlich
des funkelnden Gold- und Silberaltars knien die zwei lebens-

*Wilhelm de Groffs Silberfigur des Kurprinzen Max Joseph
in der Heiligen Kapelle, 1737*

großen Silberfiguren des zehnjährigen, damals schwerkranken
Kurprinzen Max Joseph (später Max III. Joseph), 1737 von Hofbildhauer Wilhelm de Groff höchst meisterlich geschaffen,
sowie des heilig gesprochenen Kapuzinerbruders Konrad von
Parzham, 1931 von dem Münchner Bildhauer Georg Busch
gefertigt. In den Nischenvitrinen stehen die Urnen mit den Herzen zahlreicher Wittelsbacher, u. a. Kaiser Karls VII. mit Gemahlin, zu der eine ganze Denkmalsgruppe mit Büste des Kaisers,
trauernder Bavaria, Löwe und Adler von Straub gehört (1748).

Altötting entwickelte sich ja sehr bald auch zum Gnadenort
für die Majestäten: Kaiser Friedrich III. war schon 1491 hier,
Herzog Heinrich von Braunschweig opferte 1508 seinen Har-
nisch, auch Kaiser Maximilian I. und Kaiser Karl V. beteten in
der Kapelle. Nach dem Erliegen der Wallfahrt in der Reforma-
tionszeit nahm diese in der Gegenreformation politisch-natio-
nale Dimensionen an, als Kurfürst Maximilian I. die ›Schwarze
Madonna‹ zur Schutzpatronin Bayerns erklärte und sein Feld-
herr, Graf Tilly, ihr Bild auf seine Fahne heftete. 1683 wurde

die ›Altöttinger Allianz‹ als Verteidigungsbündnis zwischen
Max Emanuel und Kaiser Leopold gegen die Türken geschlossen – man kniete und konspirierte also, und wenn's sein musste, lieh Altötting dem Hof auch mal Geld zum Kriegführen.
Kamen die hohen Herrschaften beladen mit Silber und Klein-
odien im Körpergewicht des Devotanten, so zogen die Bauern
mit Pferden, Widdern, Kälbern, Lämmern, Käse und Eiern an,
die Bürger mit Wachs, Schmuck oder Geld. Die Vielfalt und
Phantasie der einstigen Votivgebilde – im Unterschied zu den
heutigen – war staunenswert.

Das zeigen auch die erlesenen Opfergaben aus Elfenbein,
Gold und Silber in der *Schatzkammer* der Stiftskirche (eigener
Eingang). Die berühmteste ist das ›Goldene Rössl‹ (1392), eine
Arbeit aus Gold, Email und Juwelen von höchster künstleri-
scher und handwerklicher Raffinesse. Sie stellt den vor Maria
im Rosenhag knienden König Karl VI. von Frankreich mit Pferd

Die Kreuzigung Christi in Altöttings Panorama:
Ausschnitt aus dem kolossalen Rundgemälde Gebhard Fugels, 1902/03

und Pagen dar und war ein Geschenk seiner Gemahlin Isabeau de Bavière. Als der König das kostbare Stück später an ihren Bruder, Bayernherzog Ludwig den Gebarteten, aus Geldnot verpfänden musste, gelangte es nach Altötting. Ein anderes wundervolles Stück ist ein Füllkreuz aus Ebenholz und Elfenbein mit Diamanten, Perlen, Rubinen und Lapislazuli aus den Niederlanden (um 1580). Neben Altärchen, Kruzifixen und Madonnen gibt es hier auch sehr private Geschenke an die Gnadenkapelle zu sehen, so ein Silbermodell des Schlosses Schleißheim von der Kurfürstin Maria Anna oder den Brautkranz der Kaiserin Elisabeth von Österreich. Votivgaben der Volkskunst zeigt in Fülle das *Wallfahrts- und Heimatmuseum*.

Die mächtige, doppelspitztürmige *Stiftskirche* König Karlmanns, jetzt Pfarrkirche, ist eine spätgotische Halle mit romanischen Elementen, einem Kreuzgang des 15. Jahrhunderts und weitgehend klassizistischer Ausstattung. Berühmte Pilgerziele

sind hier die hohe Standuhr in der Emporenecke mit dem sen-
seschwingenden mechanischen ›Tod von Eding‹ (Ötting) aus
der Pestzeit (1634) und die Tillykapelle in der Südostecke des
Kreuzgangs mit dem Sarkophag des 1652 hier beigesetzten Feld-
herrn.

Die Passion als Panorama

Eine sehr eindrucksvolle kulturgeschichtliche Rarität stellt das
Panorama im mächtigen Rundbau östlich des Kapellplatzes dar.
Ein Rundgemälde von 1200 Quadratmetern Fläche, in dessen
Mitte sich der Zuschauer auf einem Podium bewegt, illusioniert
durch realistische Malerei, plastische Kulissenelemente und
wechselnde Lichtwirkungen den Passionsweg und die Kreuzigung Christi. Ganz Jerusalem baut sich vor uns auf: der Hero-
des-Tempel, die elegante Königliche Halle, der Hasmonäer-
Palast, die düstere Herodes-Festung. Davor dehnen sich die
biblischen Landschaften mit der Straße nach Bethlehem und
dem Weg nach Emmaus, mit Gärten und Villen, Volksge-
dränge, Kamelzügen und weidenden Schafherden. Im Tag- und
Nachtlicht des Zentrums stehen die dramatischen Vorgänge auf
der Richtstätte von Golgatha. Die Faszination, die von diesem
Panorama heute ausgeht – jenseits der künstlerischen Beurtei-
lung –, liegt wohl in der Magie einer schweigend gebannten
Dauer, der wir als Konsumenten einer tönend bewegten Bil-
derüberflutung so verfallen, wie die Menschen vor hundert Jahren umgekehrt den ersten laufenden Bildern verfallen sein
mögen.

Die gleichsam begehbare Wirklichkeit im Maßstab 1 : 1, die
hier imaginiert wird, ist eine Kombination aus Bühnenbild, His-
torien- und Vedutenmalerei sowie Architekturelementen. Wie
man ermittelt hat, wurden die Architekturen und Landschaften
nach dem damaligen Stand der archäologischen Forschung und
eigenem Augenschein der Künstler wiedergegeben. Das Panorama stammt von dem Maler und Freskanten Gebhard Fugel
(1863–1939), einem Bauernsohn aus der Ravensburger Gegend, der an der Stuttgarter Kunstschule studierte, sich 1890 in
München niederließ und als christlicher Historienmaler von

religiöser Überzeugungskraft durchsetzte. Er schuf das Rundgemälde zusammen mit einigen spezialisierten Mitarbeitern
1902/03 in Eigeninitiative, zu einer Zeit, als diese Kunstform des
19. Jahrhunderts gerade noch beliebt war. Sie hatte sich nach
endlosen Schlachtendarstellungen seit 1886 vereinzelt auch der
Kreuzigungsthematik angenommen. Dennoch ist Fugels Werk
das einzige noch erhalten gebliebene Kreuzigungspanorama in
Europa. Nach jahrelanger Restaurationsarbeit ist es seit 1989
wieder zugänglich.

Als der Kapellplatz Adolf-Hitler-Platz hieß

An einem Ort, dessen Um und Auf vom Glauben geprägt ist,
mag sich die Frage stellen, wie es ihm in der Zeit der Nazidik-
tatur erging. Der aus Altötting stammende renommierte Journalist Herbert Riehl-Heyse hat die Haltung der Bürger geschildert, eine wenig nazifreundliche Haltung, die dennoch die Katastrophe nicht verhindern konnte, dass noch vier Tage vor
Einmarsch der Amerikaner im März 1945 sieben Männer umge-
bracht wurden, die für eine kampflose Übergabe Altöttings ein-
traten. Einer davon war Herbert Riehl-Heyses Vater, Hans
Riehl.

*Unsere kleine Stadt war bestimmt keine fromme Insel im gottlosen Drit-
ten Reich, aber sie war ganz offensichtlich eine Stadt mit unterdurch-
schnittlicher nazistischer Durchseuchung. Der Boden wäre dafür auch
nicht sehr geeignet gewesen. Altöttinger waren (und sind) in der Mehrheit
katholisch. Altöttinger waren (und sind) konservativ und hatten schon deshalb mit dem Nazismus und dessen revolutionärem Getue nicht so sehr viel
im Sinn. Gewiß muß es auch hier schon zu Beginn der zwölf Jahre jenen
Riß durch die einheimische Gesellschaft gegeben haben, durch den die alten
Stammtische nach und nach die paar forschen Mitglieder verloren, die
immerzu begeistert von der neuen Zeit redeten; gewiß verschwand der alte
Bürgermeister plötzlich für einige Zeit im KZ, und der altehrwürdige
Kapellplatz hieß eines Tages Adolf-Hitler-Platz. Aber daran, was den
Altöttingern wichtig war, konnten die neuen Herren, wie es scheint,
erstaunlich wenig ändern. Hätten sie sich darüber nicht so geärgert – vor
allem, wenn sie im benachbarten Mühldorf saßen und sich auch noch als
»Marien-Kreisleiter« verspotten lassen mußten –, dann hätte es die SA*

nicht nötig gehabt, im August 1935 mitten auf dem Kapellplatz eine »ari-
sche Hochzeit« aufzuführen, auch wäre nicht sieben Jahre später, nach
einem Kreisparteitag in Mühldorf, eine Horde von Rowdys nachts über die
Stadt hergefallen und hätte die Kreuze aus dem Rundgang des Marien-
heiligtums an den Bäumen aufgehängt. Aber irgendwie war das alles noch
erträglich: Am Tag nach solchen Provokationen feierten die Altöttinger
Sühnegottesdienste und danach wurde weiter die heilige Jungfrau um bal-
digen Frieden angefleht, auch wenn der SA-Führer D., ein Justizwacht-
meister am Altöttinger Amtsgericht, brüllte, er würde die Kapelle am liebs-
ten als Verkehrshindernis beseitigen lassen, und der Kreisobmann Sch. von
der Deutschen Arbeitsfront jedem, der es hören wollte, erzählte, er werde
erst glücklich sein, wenn er sich im Schutt dieser Kapelle wälzen könne.
Die Altöttinger dachten, so erzählt man heute, mehr als große Sprüche
seien das nicht, die müsse man gar nicht zur Kenntnis nehmen. Und im
übrigen, nicht wahr, kannte man sich ja ganz gut und wußte, daß ein
Altöttinger schließlich kein Verbrecher ist.

Aber dann war es plötzlich soweit, daß Herr Sch. . . . alle Chancen
hatte, seinen unfrommen Wunsch in Erfüllung gehen zu sehen, und die
Angst war mit einemmal so groß, daß er und seinesgleichen wirklich ver-
suchen würden, sich im Schutt der Kapelle zu wälzen. Aber wie konnte
das nur sein? Längst war doch vom Dach des Altöttinger Wehrmeldeamts,
dessen Volkssturm man neun italienische Gewehre zur Verteidigung der
Stadt zur Verfügung gestellt hatte, zu sehen, wie die glitzernden Geschwa-
der der Amerikaner in riesigen Wellen auf die Stadt zuflogen, längst mußte
jeder halbwegs Einsichtige wissen, daß nun nichts mehr zu retten blieb als
die eigene Haut. Was also hat die örtlichen Nazi-Größen daran gehindert,
so schnell wie möglich ihre Hakenkreuze im Boden zu vergraben? Was hat
die letzten versprengten SS-Haufen, die noch in der Gegend standen, daran
gehindert, ein letztes Mal abzurücken in Richtung Alpen oder gleich auf-
zugeben und sich nach Hause durchzuschlagen? Es kann nur eine grau-
envolle Mischung aus Wut, Sadismus und Realitätsverlust – und deut-
schem Ordnungssinn der Grund gewesen sein: Solange es eine Regierung
gab, wurde eben gekämpft und wenn es aus ein paar dürftigen Gräben
heraus sein mußte, in denen noch ein paar Halbwüchsige steckten, oder
mit Hilfe einer alten Lokomotive, die in der Neuöttinger Straße aufgestellt
wurde, als Bollwerk gegen amerikanische Panzer.

Zwar ist der Inn keine europäische Verkehrsader mehr, aber darum hat er noch lange nicht ausgedient. Seine Wasserkraft und die der Alz, die aus dem Chiemsee kommt und in den Inn mündet, führten am Beginn des 20. Jahrhunderts zu den Anfängen der Industrie im Bereich beider Flüsse. So bestimmten die Alzkraftwerke in Trostberg und Tacherting von 1911 an die Kalkstickstoff-Produktion der Bayerischen Stickstoffwerke. In Töging am Inn gründete die Bayerische Aluminium Aktiengesellschaft zwischen 1919 und 1924 ein Kraftwerk und eine Aluminiumhütte. Der visionäre Elektrochemie-Unternehmer und Kraftwerksplaner Alexander Wacker ließ die Alz in einem 16 Kilometer langen Kanal von Margarethenberg nach Burghausen und in die Salzach führen und begann 1922, die Wacker-Chemie zu einer Pionierin der Acetylenchemie zu entwickeln. In Gendorf bei Burgkirchen an der Alz siedelte sich 1939 die IG-Farben an. Immer systematischer wuchs dann in der zweiten Hälfte des Jahrhunderts das Südostbayerische Chemiedreieck zusammen, das zwischen Waldkraiburg, Burghausen und Trostberg liegt, heute 20 Unternehmen von internationaler Reichweite umfasst und rund 25 000 Menschen Arbeit gibt.

Das Burghausener Werk der Wacker-Chemie ist mit 10 000 Mitarbeitern der größte Betrieb. Seine Produktionsbereiche sind Halbleiter, Polymere, Silicone und Werkstoffe. Die bedeutende PVC-Herstellung, für die vor sechzig Jahren in Burghausen das erste Verfahren entwickelt wurde, wird in Gemeinschaft mit der Hoechst AG betrieben. Überdies ist Burghausen der Sitz der petrochemischen Raffinerie, die von der Transalpinen Ölleitung von Triest nach Bayern mit rund 3,5 Millionen Tonnen Rohöl jährlich bedient wird. In Gendorf sind sieben Produktionsgesellschaften der Unternehmensgruppe Hoechst auf Gebieten wie Organische Spezialchemikalien, Pflanzenschutz- und Schädlingsbekämpfungsmittel, PVC, Hartfolien u. a. tätig. Das Innwerk Töging ist auf Aluminiumgusslegierungen spezialisiert, indes Waldkraiburg Additive für Kunststoff, Kautschuk- und Klebstoffindustrie fertigt.

Die Kooperation der Unternehmen hat zu einem Verbund-system in der ganzen Region geführt, das von der heute natür-lich nicht nur von Wasserkraft, sondern auch von Erdöl gespeis-ten Energieversorgung über Umweltschutzmaßnamen bis zu Neubauten von Wohn- und Sportanlagen reicht.

Für den Landkreis Altötting ist das Chemiedreieck zum Lebensnerv geworden. Burghausen zum Beispiel, das durch die erzwungene Abtretung des östlichen Innviertels an Österreich 1779 seiner Bedeutung als Regierungsstadt und seines Hinter-lands beraubt wurde und damit verarmte, hatte um 1900 rund 3500 Einwohner, jetzt hat es 18 000 und ist eine der wohlha-bendsten Städte Bayerns.

Burghausen: Das zweistöckige Schiff

Eine am Berg aufragende Burg, unter der sich die Stadt aus-breitet – alle gewohnten Vorstellungen davon macht Burghau-sen zunichte. Burgkomplex und Altstadt ziehen sich, von Osten gesehen, gleichlang und gleichlaufend in zwei Stockwerken hin, das obere unruhig wechselnd getürmt und gezackt, das untere elegant mit waagrechten Fronten dem Fluss angeschmiegt. Zum Süden wiederum zeigt sich das zwischen Salzach und Wöhrsee aufsteigende Gebilde mit dem hohen, kühnen Bug der Haupt-burg als gigantisches, vertäutes Schiff. Wuchtig und steinern, malerisch und verspielt, mythisch ernst und jazz-quirlig heiter – solch Vielgesicht könnte man sich höchstens aus altdeutschen Gemälden zusammenträumen, wäre es hier nicht Wirklichkeit.

Welch ein Unikum schon die Burg! Zwar scheint sie martia-lisch lang – mit 1034 Metern die längste Deutschlands –, aber mit ihren locker und in viel Grün aneinander gereihten, rund dreißig Häusern und Türmen auf dem Nagelfluhrücken schaut sie fröhlich drein. Übrigens war sie friedlich wie keine andere und sehr schnell überflüssig! Befestigungen zum Schutz des Sal-zachübergangs waren wohl schon früh da, urkundlich wird die Burg im 11. Jahrhundert als Herzogshof erwähnt, ihre langsame Erweiterung zur Zweitresidenz der Herzöge von Niederbayern (neben Landshut) beginnt nach der ersten Teilung Bayerns in

Ober- und Niederbayern 1255 und wird unter Herzog Georg dem Reichen 1480–90 mit fortifikatorischem Aufwand zu heutiger Ausdehnung vollendet.

Aber zu welchem Nutzen? Nach dem blutigen Landshuter Erbfolgekrieg kommt es 1505 zur Wiedervereinigung Bayerns, so ist die Teilresidenz überflüssig, hochwichtig war sie ohnedies nie. Doch haben die reichen Landshuter Herren ihre Gemahlinnen gerne hier in haftähnliche ›Sicherheit‹ gebracht, um zu Hause in aller Ruhe dem Seitensprungtraining zu obliegen. Da freut es, zu hören, hübsches Küchenpersonal habe auf die eine oder andere Weise den Rachedurst der Herrinnen gestillt. Die unselige Gemahlin Herzogs Georg wurde hier mit Verbannung bestraft, weil sie keinen Erben zustande brachte, drei Söhne starben ihr gleich nach der Geburt, ihr, der schönen Polin Jadwiga oder Hedwig, die der Herzog mit solchem Saus und Braus gefreit hatte, dass die ›Landshuter Hochzeit‹ heute noch davon zehrt. Erst Napoleon fand die Großmannssucht der Burg sinnlos und ließ die Festungswerke 1809 abtragen. Dass die Österreicher die Salzach-Brücke in Burghausen aus Zorn über die französisch-bayerische Allianz zerstört hatten, hielt ihn nicht davon ab, in Österreich einzufallen: über einen schnell errichteten Ponton.

Der *Burgberg* war eine aus sechs Höfen bestehende autarke Stadt, zu der es keinen Zugang von außen, nur einen innerhalb der Mauern gab, wobei die dann abgetragenen Nord-Fortifikationen vor dem äußeren Hof besonders kompakt waren. Just diesem Hof (jetzt Eingang, Parkplatz Cura-Platz) geben heute die Einbauten von Privatwohnungen eine gemütliche Atmosphäre, denn auf der Burg wohnen rund hundert Bürger, darunter mehrere Künstler. In der einstigen Burgstadt der Beamten und Handwerker gab es die Rentmeisterei als Regierungsbehörde, die Türme des Forstmeisters oder Kaminkehrers (6. Hof), das Kastenamt, das die Steuern in Form von Naturalien eintrieb, gleich daneben auf grünem Rasen die zauberhafte Hedwigskapelle, die Burgbaumeister Ulrich Pesnitzer 1480–89 mit filigranem spätgotischen Rippen- und Maßwerk ausstattete und in der ein hölzernes Stifterrelief das Herzogspaar Georg

und Hedwig verewigt (5. Hof). Zuchthaus, Folterturm und
Hexenturm waren hier hinauf verbannt, und wenn die Stadt-
richter es mit Todesurteilen besonders wichtig hatten, wie im
18. Jahrhundert, kamen in kurzer Zeit Tausende zu Tode
(4. Hof). Im 3. Hof mit dem mächtigen Bau des einstigen Zeug-
hauses und den Schwalbenschwanz-Zinnen, die ›Schwurfinger‹
genannt werden, sieht man sich verblüfft auf Augenhöhe der
förmlich schwebenden Barockhaube des Kirchturms von St.
Jakob gegenüber, der 78 Meter hoch aus der Stadt empor-
wächst, und auf der Holzbrücke über dem Einschnitt im Bergrücken genießt man den hinreißenden Doppelblick auf die Salzach wie auf den Wöhrsee hinunter. Hinter dem schweren Ge-
orgstor mit dem Allianzwappen unseres Herzogspaares öffnet
sich der imposante *Hof der Hauptburg*, den im Nordostwinkel der
Bergfried, im Osten der Herzogsbau (Dürnitz), im Westen der
Kemenatenbau der ›Frauenzimmer‹ umstehen. Die gotische
Halle, die Wohngemächer und der Tanzsaal des Dürnitzbaues
beherbergen heute Mobiliar und Gemälde des Mittelalters aus
den Bayerischen Staatsgemäldesammlungen, im Kemenatenbau
hat das *Stadtmuseum* seinen Sitz. Ein Juwel ist die um 1343 entstandene, 1417 veränderte *Burgkapelle St. Elisabeth*, frühester
gotischer Bau Südbayerns, darin vor allem ein feiner Flügelaltar von 1520 zu bewundern ist.

22 *»Vielleicht das schönste deutsche Deckenbild des 18. Jahrhunderts« –*
   Ausschnitt aus Johann Evangelist Holzers Fresko in der Wallfahrtskirche
   St. Anton bei Partenkirchen, 1736
23 *Rundumblick aus der Warte der Himmlischen – Matthäus Günthers*
   Deckenfresko (1747) in der Gnadenkapelle auf dem Hohenpeißenberg
24 *Packende Dynamik – Johann Michael Rottmayrs kraftgeladener ›Engelssturz‹*
   (1697) in der Schlosskapelle von Tittmoning

Fassadenschönheit in der Altstadt

Im ›Erdgeschoss‹ wuchs entlang der Salzach seit dem 12. Jahrhundert die Bürgerstadt der Salzsender, Kaufleute und Handwerker, ihre Häuserzeile folgte dem gebogenen Schwung des Flusses und verbreitete sich auf dem *Stadtplatz* zu einem der anmutigsten aller Inn-Salzach-Plätze. Denn wenn anderswo die charakteristischen Blendmauern schnurgerade verlaufen, unterbricht hier mal ein gotisch getreppter, mal ein renaissancen betürmter, mal ein barock geschweifter Giebel das Regelmaß, und die Fensteraugen der abwechslungsreich geschminkten Fassaden sind mittelalterlich ernst, rokokohaft geschnörkelt oder biedermeierlich vornehm gerändert. Die Baumreihen zeichnen Schattenkringel aufs Pflaster: Sommerwonne, hier zu sitzen und die Augen flanieren zu lassen!

Da die Häuser meist aus dem Spätmittelalter oder der Renaissance stammen, lohnt es sich, neugierig zu sein: Man wird Arkadeninnenhöfe mit Brunnen, Flötze und Einfahrten mit Kreuzrippen- oder Sterngewölben entdecken. Indes die Westseite Hotels und Gaststätten präsentiert, im Sommer mit Biergärten auf dem Platz, prunken auf der Ostseite unter anderem das blaue Stadtsaal-Gebäude mit zierlichem Renaissancegetürm und Kurbayern-Wappen, denn es beherbergte von 1505 bis 1802 den Regierungssitz (Nr. 108), die spätgotische Fassade des zum Rathaus gehörigen Wachszieherhauses (Nr. 111), das einstige Palais Tauffkirchen-Lerchenfeld in seinem Rokokostuck (Nr. 97) oder die spätbarocke Schutzengelkirche mit der Schutzengelgruppe von Johann Georg Lindt in der Nische über dem Portal, die innen reich in Rokoko ausgestattet ist.

Die frühbarocke Studienkirche St. Joseph, ehemals Jesuitenkirche, begrenzt den Platz im Norden, die dreischiffige gotische Basilika der Pfarrkirche St. Jakob mit dem erwähnten hochragenden Turm im Süden. Sie ist ein Werk vor allem von Konrad und Oswald Pürkhel von 1430–50, innen nach Einsturz der Gewölbe im 19. Jahrhundert weitgehend neugotisch ausgestattet. In der südlichen Altstadt, wahrscheinlich dem ältesten Siedlungsgebiet, geht es ›In den Grüben‹, der parallelen Messerzeile oder der Spitalgasse mit der Fassadenschönheit weiter. Hier saßen vor allem die Handwerker, aber auch die Künstler.

In Burghausen sind aller Wahrscheinlichkeit nach der schon erwähnte große Baumeister der Spätgotik, *Hans von Burghausen* (1370–1432), sowie sein Neffe *Hans Stethaimer* (1400–1460) geboren, beide wurden lange Zeit irrtümlich miteinander identifiziert. Hans von Burghausens Charakterkopf kennen wir von seinem berühmten Porträt an der Südwand der Landshuter Martinskirche: ein kluges Rundgesicht mit tief herabgezogenen Mundwinkeln. St. Martin und die Spitalkirche in Landshut, Kirchen in Salzburg, Neuötting, Straubing, Wasserburg sind seine Hauptwerke, die sein Neffe Stethaimer meistens mit- und weiterbaute. In Burghausen sind beide offenbar nicht tätig gewesen. Ebenfalls in der Spätgotik muss *Benedikt Ried* in seiner Wanderzeit nach 1480 einige Jahre hier beim Burgbau gewirkt haben, bevor er am Prager Hof seinen kühnen Wladislaw-Saal schuf. Vorzügliche Lokalmeister des Rokoko waren der aus dem Trentino stammende Maler *Johann Nepomuk della Croce* (1736–1819), der hier Stammvater einer ganzen Malerdynastie wurde und Tausende von Werken hinterließ, sowie der Kärntner *Johann Georg Lindt*, seit 1785 Burghausener, ein Charmeur der Rokokoskulptur.

Swinging Burghausen

Diese Stadt kann aber auch mit glitzernden heutigen Namen aufwarten, saxophon- und trompetenglitzernd sozusagen und seit einiger Zeit in Bronze ins Pflaster eingelassen mitsamt dem denkwürdigen Datum ihres hiesigen Erscheinens beim Jazz-Festival: Count Basie, Dave Brubeck, Ella Fitzgerald, Stan Getz, Dizzy Gillespie, Dexter Gordon, Lionel Hampton ... so mythisch verklärt geht es noch Dutzende Male weiter in dieser ›Street Of Fame‹ in der Altstadt zwischen Mautnerschloss und Rathaus, die 1999 zum 30. Jubiläum der Internationalen Jazzwoche eingeweiht wurde. Von dem Jazzkenner Helmut Viertl und dem Jazzprofessor Joe Viera 1970 ins Leben gerufen, hat sich das Konzept dieses alljährlichen März-Festes (neuerdings im Mai) bis heute bewährt: Alle Spielarten von Bebop bis Free-

Internationale Jazzgrößen wie Ray Brown
erweisen Burghausen alljährlich ihre Referenz

Jazz, Swing bis Ethnosound sind zugelassen. Einzige Einschränkung: Qualität muss sein. An die zähen Anfänge gibt es heute nur noch lustige Erinnerungen, etwa jene des Organisators Herbert Hebertinger, wie man Oscar Peterson, der in keiner Stadt unter 50 000 Einwohnern gastieren wollte, am Münchner Flughafen weisgemacht habe, München sei ein Vorort von Burghausen, darum müsse man jetzt ein Weilchen unterwegs sein.

Längst geht's ohne Kniffe: ›B' Jazz‹ ist in der globetrottenden Szene von New York bis Kamerun ein fester und beliebter Termin. Zentrum der an vielen Schauplätzen der Altstadt sowie in der Wackerhalle der geschäftigen nördlichen Neustadt stattfin-

denden turbulenten Woche ist der stimmungsvolle Jazzkeller im
Renaissancebau des Mautnerschlosses ›In den Grüben‹, das
einst das Mautamtshaus war. Es beherbergt auch das 1972
gegründete ›Studienzentrum für zeitgenössische Musik‹, dessen
Jazzkurse in nachdenkenswert steigendem Maß internationale
Teilnehmer anziehen. Dass ein Jazz-Festival sich ins vierte Jahr-
zehnt jamt und dabei immer quirliger boomt und dass bei-
spielsweise einer der Musiker von Abdullah-Ibrahim schon vor
Jahren hinter der Bühne über das Publikum ausrufen konnte:
»If we could only take these people to New York!« ist eine
Leuchtreklame für Swinging Burghausen.

Barocke Fanfaren: Raitenhaslach

Vier Kilometer am Salzach-Treidelweg südlich nach Raitenhaslach gewandert und durchs Portal der lauschig im Flussbogen
gelegenen ehemaligen Zisterzienserkirche getreten: Da schmet-
tern barocke Fanfaren los! Zuerst reißen die pompösen Säulen-
architekturen im Deckenfresko den Blick in den Himmel, dann
zieht ihn die theatralische Vorhangdraperie durch die Kulissen-
straße der Seitenaltäre zum gleichfalls säulenreichen Hauptal-
tarraum hin: eine gewaltige, farbenreiche Inszenierung, wenn
auch etwas formelhaft in Prunk erstarrt, die zuerst darüber weg-
täuscht, dass sie in romanischen Mauern des 12. Jahrhunderts
stattfindet. Die Barockisierung begann 1694 und war 1752 mit
der reizvollen Westfassade des Trostbergers Franz Alois Mayr
vollendet. Johann Zick aus Ottobeuren hat sich mit seinem
Deckenfresko vom Lebensweg des hl. Bernhard von Clairveaux
bravourös raumübergreifend ins Zeug gelegt (1739), er malte
auch das Hauptaltarblatt ›Mariä Himmelfahrt‹. Johann Michael
Rottmayr, von dem noch zu hören sein wird, hat in den vorderen und mittleren Seitenaltarpaaren vier seiner schmelzend
gemalten Werke hinterlassen. Den dezenten Frührokokostuck
schufen Johann Baptist Zimmermann und Martin Zick. Obwohl
Zisterzienserklöster eigentlich der Laienwelt abgewandt waren,
begrub man hier im Kreuzgang (mit hervorragenden Grabsteinen) einige Burghausener und Salzburger Familien, so fand

Das prunkvolle Deckenfresko von Johann Zick
in der Pfarrkirche von Raitenhaslach, 1739

auch die unglückliche Herzogin Hedwig mit 44 Jahren hier ihre letzte Ruhe.

Die pralle Wallfahrtskirche *Marienberg* auf einer Anhöhe über Raitenhaslach, schon von Burghausen aus ein lockender Blickpunkt, ist ein reizvoller Zentralbau über griechischem Kreuz von Franz Alois Mayr mit viel Mariensymbolik (die drei Anfangsstufen der Treppe und ihre fünf Absätze zu je zehn Stufen symbolisieren z. B. den Rosenkranz), einem effektvollen Hochaltar von Johann Georg Lindt und Fresken von Martin Heigl.

Im Umkreis des ›Bayerischen Meeres‹

Ein verschwenderisch weiter See, der im Westen vor zerlappte Buchten zwei Inseln emporhält, die gegensätzlicher nicht zu denken sind, hier ein Fischerdorf, dort ein einstiges Königsrefugium, um sich dann schier uferlos gen Osten zu dehnen. Eine Alpenarchitektur im Süden, die in seltener Eleganz der Linien je nach Lichtstimmung plastisch ausgeformt vor dem Horizont steht oder ihm als zarter Umriss aufgesetzt ist. Und ein verwobener Hügelkranz, der den See nach Norden zu im Halbrund umgreift, durchsetzt von Dörfern, Weilern, Kirchtürmen: Die Chiemseelandschaft ist eine Fest-Inszenierung. Das Fest heißt ›Klassische Landschaft‹ und Regie führte die Gebirgsfaltung und das Licht. Eckart Peterich hat es erklärt: *»Wo die dem Kalkgebirge vorgelagerten niedrigeren, verfließenden Flyschketten fehlen, nämlich im Chiemgau zwischen Inn und Traun, und die harten, hellen, größtenteils nackten Kalkalpen – Kampenwand, Hochgern und Hochfelln – fast unmittelbar an die Wiesenanmut des Moränenvorlandes angrenzen, kann die Landschaft von außerordentlicher Größe, von einer geradezu klassischen Klarheit sein wie sonst nirgends nördlich der Alpen, besonders wenn im Föhnlicht oder unter einem weißblauen Sommerhimmel ausgeprägte Luftspiegelungen das silbergraue Gebirge dicht an das Grün der Wälder und Wiesen, das lichte Blau des großen Sees, das satte Braun der Filze heranrücken.«*
Die alte Kulturlandschaft zwischen dem Inn im Westen und der Traun und unteren Alz im Osten, zwischen dem Gebirge im Süden und einer nicht bestimmbaren Linie auf der Höhe etwa von Wasserburg im Norden ist seit dem 8. Jahrhundert urkundlich als Chiemgau fassbar, war aber vorher schon von Kelten besiedelt, von der Römerstraße durchzogen, von einer Handvoll iroschottischer Mönche zur Christianisierung erkoren. Übrigens hat sie ihren Namen von dem 744 bezeugten Hof-

eigner Chiemmi, dessen Siedlung Chieming zuerst dem Seeteil bei der Siedlung, dann dem ganzen See und bald dem ganzen Gau den Namen gab.

Anders als im westlichen Oberbayern übte hier jahrhundertelang das Erzbistum Salzburg Einfluss aus. Das Ringen der frühen Wittelsbacher mit dem Erzstift Salzburg um Territorium endete zwar 1275 mit dem Verzicht Salzburgs auf die chiemgauischen Besitzungen, doch die kirchliche Macht bis zum Inn blieb von 798 bis 1803 bei der Erzdiözese Salzburg, jenseits des Inns herrschte Freising. Das wird an der Kirchenkunst ablesbar, die sich freilich auch die schaumigere Münchner Kunst, vor allem im Rokoko, nicht ganz entgehen ließ. Allerdings war man in diesem Land der ausgebreiteten Bauernkultur, in dem der Adel nach der Frühzeit eine zwar einflussreiche, aber keine entscheidende Rolle mehr spielte, nicht so beflissen auf Neuerungen aus wie in anderen Teilen Oberbayerns, weshalb hier eine Fülle mittelalterlicher Kunst erhalten geblieben ist. Von den dreißiger Jahren des 19. Jahrhunderts an nahmen dann Münchner Freilichtmaler in dunklem Loden und mit breitkrempigen Hüten gemütlich auf ihren Stühlchen in der Wiese vor dem See Platz – und die Gründung von Künstlerkolonien wurde epidemisch.

Dass die Herzkammern einer Kulturlandschaft aber mitten im Wasser liegen, ist ein Unikum der besonderen Art. Sie heißen Frauenchiemsee und Herrenchiemsee und beleben zusammen mit der kleinen Krautinsel den ›Inselsee‹, wie der Westteil im Unterschied zum ›Weitsee‹ des Ostteils genannt wird. Das »Bayerische Meer« hat eine Ausdehnung von 84 Quadratkilometern und eine Tiefe von 72 Metern. Der lückenlose Rundwanderweg ist sechzig Kilometer lang.

Frauenchiemsee: Nonnen und Fischer

Eine Königstochter als Äbtissin und ein steinerner Dämon aus der Tiefe, traditionsbewusste Fischer, Managerseminare, emsige Benediktinerinnen, narrische Künstler, karolingische Engel – auf diesem Eiland von 13,5 Hektar Boden mit rund 300

›Fischfang vor der Fraueninsel‹, eines der beliebten Ölgemälde
von Joseph Wopfner, um 1880

Einwohnern, das man in einer halben Stunde umrunden kann,
ist die Vergangenheit auf eine eindringliche Weise stets gegenwärtig und die Gegenwart wird gelassen bedient. Seit Jahrhunderten leben hier zwei Welten miteinander. Die eine manifestiert
sich im Klosterbezirk mit Konventsgebäuden, Torhalle, Münster und dem kurzen, achteckigen, weißleuchtenden Campanile
unter einer Zwiebelhaube aus Holzschindeln. Die andere ist das
Dorf mit seinen sommers überschwänglich blumengeschmück-
ten Häusern, die locker einen Lindenhain umkreisen und durch
gewundene Fußpfade verbunden sind. Töpferwaren trocknen
auf langen Brettern, am Ufer liegen die Boote der Fischer, es
riecht nach feuchtem Holz und Teer und Fisch und Blumen.

Die ersten, die sich auf die beiden damals wilden Inseln trau-
ten, waren eine Handvoll Mönche und Nonnen, für die Herzog
Tassilo III. nach 766 zwei parallele benediktinische Klöster
gründete. Das Frauenkloster wurde später Reichsstift und ihre
erste Äbtissin war die viel verehrte, selig gesprochene Irmen-
gard, Tochter des ostfränkischen Königs Ludwig des Deutschen, die 866 mit 34 Jahren hier starb und deren Zinnsärglein

im Münster zu sehen ist. Sie schuf als kluge Kirchenpolitikerin eine karolingische Klosteranlage, wie sie im bayerischen Raum selten sind. An handfester Klugheit haben es die Benediktinerinnen hier offenbar nie fehlen lassen. Als Ludwig I. sie nach der Säkularisation 1837 wieder einsetzte, widmeten sie sich erzieherischen Aufgaben. Und als ihr so traditionsreicher Schul-, Internats- und Kindergartenbetrieb finanziell nicht mehr tragbar war und 1995 geschlossen wurde, wandten sich die 38 Schwestern ohne Larmoyanz der Erwachsenenbildung zu, rüsteten die Internatszimmer zu Gästezimmern (140 Betten), die Klassenzimmer zu Seminarräumen um und organisieren heute Kommunikationstrainings für Manager, Kongresse der Weltgesundheitsorganisation, Partei-Tagungen oder Malkurse, natürlich mit Computerbuchhaltung, Beepern, Sponsorensuche und allem, was sie sich als Mathematik- oder Deutschlehrerinnen nicht hätten träumen lassen. Nach den Kindern freilich haben sie Sehnsucht... Auf der Weiterführung ihrer uralten Traditionen aber bestehen sie unverbrüchlich. So wird der Kräutergarten am Klosteranger seit Jahrhunderten mit Fachkenntnis gehegt und gepflegt, denn hier ›wächst‹ ja der beliebte Kräuterlikör, von dem die Expertinnen vier Variationen anbieten können. Auch die anderen Ordensfrauen haben ihre Spezialgebiete: eine betreut die Bienenvölker und die Herstellung des ›Inselhonigs‹, die andere fabriziert Marzipan, die dritte Lebkuchen, jene ist eine treffliche Wachszieherin, diese eine passionierte Hinterglasmalerin. Und sogar eine Duftsäckchenabfüllerin gibt es. Der Andrang im Klosterladen zeigt, wie man solch fachkundigen Fleiß zu schätzen weiß.

Die traditionellen Hausnamen der Fischerfamilien, die nicht identisch mit den Familiennamen sind, kann man im Münster von den alten Emailschildern an den Bänken ablesen: Wicklfischer, Hoixlfischer, Stachlfischer, Gaberhellfischer, Gürtlerfischer ... Wie die Familien des Inselwirts oder des Inseltöpfers, die seit 200, bzw. gar 300 Jahren hier ansässig sind, hat auch jede der sechs Fischerfamilien eine weit zurückreichende Berufstradition an diesem Ort, die durchaus eine Art Standesbewusstsein geprägt hat, das sich von modernen Karriereverlockungen nicht anfechten lässt. Sie teilen sich mit zwölf Familien am Ufer die Chiemsee-Beute an Renken, Brachsen, Forellen, Zandern und den selteneren Hechten. Das Pachtrecht bekommen sie vom Bayerischen Staat, alles andere wird genossenschaftlich geregelt: ihre Fischplätze im See, die Anzahl der Netze, die jeder auslegen darf, die Maschenweite für bestimmte Fischarten. So karg wie bei ihren Vorfahren, die vom Kloster abhängig waren, geht's bei ihnen nicht mehr zu. Moderne Stahlkähne mit Außenbordmotoren, Nylonnetze, die von den Fischen nicht wahrgenommen werden, Elektrojagd auf Aale, Kühlanlagen – das alles erleichtert die Arbeit und bringt weit bessere Gewinne als früher, wiewohl durch die Überdüngung des Sees, bevor 1989 der Ringkanal angelegt wurde, Edelfische wie der in Deutschland nur hier heimische Perlfisch ausgestorben waren. Die Fischereigenossenschaft hat inzwischen junge Perlfische aus dem Bruthaus wieder im See ausgesetzt. Die ›Wicklfischer‹-Familie Lex bewahrt die Standarte der Inselfischer auf: ein feingemaltes Bild des Chiemseemalers Joseph Wopfner im bestickten Samtrahmen, das den ›Reichen Fang‹ darstellt, den Jesus und Petrus den verblüfften Fischern bereiten (1903). Es ist eine Art Heiligtum für sie – auch als Erinnerung an die aufregende Künstlerära der Insel.

Sommerinsulaner mit Palette

»Kuhmelker« nannten die Konservativen an der Münchner Akademie die Neuerer, die Natur vor der Natur malen lernen wollten und nicht vor den Landschaften in der Pinakothek. Zu den ›Pleinairisten‹ gehörte Maximilian Haushofer, der mit drei Kollegen auf der Suche nach Motiven 1828 sein leuchtendes Orplid im Chiemsee entdeckte. Er sagte es weiter, und ungebärdig wie der Sturm, der ihn im Einbaum angeblich so sehr gezaust hatte, rauschte nun allsommerlich ein buntes Künstlervölkchen über die Insel. Ihre damals noch kaum bekannten Namen sind heute das Glück der Auktionatoren: der Niederbayer Eduard Schleich, der Düsseldorfer Andreas Achenbach, der Hamburger Christian Morgenstern, Großvater des gleichnamigen Dichters, der Tiermaler Friedrich Voltz. Max Haus-

Stoßseufzer des Malers Hermann Koch auf der Fraueninsel:
»Jessas! da kommt scho' wieder a Moler!«, 1889 in die Inselchronik gepinselt
von seinem Kollegen August Dieffenbacher

hofer und sein Freund Christoph Ruben reüssierten mit ihren Chiemseebildern im Kunstverein und in Bürgerwohnungen und mit ihrer Person bei den Töchtern des Inselwirts, Anna und Susanna, die sie heirateten. Haushofer ging später als Professor nach Prag und entfesselte bei den tschechischen Malern ein Faible für die »Alpy«.

Bei der zweiten Generation der Kolonie-Insulaner wurde der Tiroler Joseph Wopfner der erklärte ›Insel-König‹. Er war ein glänzender Maler der Lichtstimmungen des Wassers und der Wolken, aber weit mehr Gefallen beim Publikum fand damals seine Vorliebe für Fischermühsal, Mädchenfrommheit und Nonnenandacht. Anders Wilhelm Trübner oder Max Slevogt, die ungewöhnliche Insel- oder Seeausschnitte kühn ins Bild rückten, oder Franz Roubaud, der als erster eine Segelregatta ›dokumentierte‹, denn inzwischen konkurrierten schon Segelboote mit den Einbäumen. Längst waren auch Schriftsteller und Musiker mit von der Partie, so Scheffel, Dahn, Stieler, Gang-hofer, Thoma, sogar Anton Bruckner war bei einer klavier-

Frauenchiemsee: Engelfresko
in der Doppelkapelle der Torhalle, um 860

spielenden Malersfrau hier gern zu Gast. Die Künstlerkolonie
Frauenchiemsee existierte bis in die dreißiger Jahre des 20. Jahrhunderts, lange begleitet von der Chronik des ›Insel-Poeten‹
Max Haushofer, Sohn des ›Insel-Entdeckers‹. Eine Auswahl dieser Chronik erschien 1924 im Druck.

Manche Inselverliebte sind für immer hier geblieben. Das
zeigt ein Gang über den zwischen Münster und Dorf gelegenen
kleinen *Friedhof*, der das Einwärts- wie Auswärtsgewandte dieses merkwürdigen Eilands so augenfällig spiegelt. In der Mitte
begegnen uns die Namen der Fischer, Handwerker, Wirtsfami-
lien. Die Steine an den Mauern entlang aber tragen Namen von
Sängern, Bildhauern, Schriftstellern, Malern, Professoren, Ärz-
ten. Da liegen der eben erwähnte ›Insel-Poet‹ Max Haushofer,
der Nationalökonom und Politiker von Beruf war, sein Maler-
Sohn Alfred, der genannte Christoph Ruben, der Arzt und
Schriftsteller Felix Schlagintweit, der Maler Emil Lugo und der
Schriftsteller schwülstiger Chiemsee-Romane Wilhelm Jensen,
der Panorama-Maler Franz Roubaud aus Odessa, die Bildhauer
Heinrich Düll und Theodor von Gosen, die Eichendorff-Enkel
Arnold und Karl von Eichendorff, deren Schwester hier Äbtis-

sin war. Inmitten dieser schweigenden Zusammengehörigkeit mag allerdings das Grab des 1946 nach den Nürnberger Prozessen hingerichteten Generalobersten Alfred Jodl erstaunen.

Verwehte Engel, versteckte Propheten

»Man möchte hier nicht mehr zwischen den Lindenbäumen und den Bauwerken unterscheiden«, schrieb der früh vollendete Eugen Gottlob Winkler in seinem subtilen Prosastück ›Die Insel‹, und fürwahr gehört es zum Geheimnis der sanftmütigen Schönheit dieses Fleckens, dass Natur und Kunst hier so selbstverständlich eins sind. Von der karolingischen Klosteranlage Irmengards, die auf weit älteren Fundamenten zwischen 850 und 880 entstand, hat sich die *Torhalle* erhalten, die als ältestes unversehrt auf uns gekommenes Architekturdenkmal in Bayern angesehen werden kann, ein monumentales, karges Gegenstück zur eleganten Torhalle von Lorsch. Umso überraschender, im oberen Saalraum dieser Doppelkapelle (heute Museum) zarte, verwehte Fresken zu finden, in Englischrot leicht und sicher auf den Putz gezeichnet: fünf fast lebensgroße Erzengelgestalten von kühler »klassischer Schönlebendigkeit« (Hans Sedlmayr), die einem Hofkünstler von Rang zuzuschreiben sind und als ein Hauptwerk der karolingischen Renaissance um 860 gelten.

Auch das Tympanonrelief des *Münsterportals* mit seinen zeichenhaft verschlüsselten Motiven von Rad, Herz und Keim ist ein scheuer Rest jener Zeit von anrührend urtümlicher Aura. Eine kunsthistorisch spektakuläre ›Ausgrabung‹ fand auf dem Dachboden des Münsters statt. Dort kamen in den sechziger Jahren ausgezeichnet erhaltene Fragmente eines ganzen *Zyklus von Wandmalereien* zum Vorschein, Prophetenköpfe von ikonenhaftem Pathos, in tiefdunklen Konturen durchmodelliert, die zu den erlesensten Werken byzantinisch beeinflusster hochromanischer Freskenkunst aus dem Salzburger Umkreis um 1130 gehören. Zu besichtigen sind sie freilich nicht, weil die Hochgadenwände, an denen sie sich befinden, durch das später gebaute gotische Gewölbe der Kirche verdeckt werden. Dieses zu beseitigen, wäre allzu aufwendig, überdies nutzlos, da die so hoch oben schwebenden Malereien von unten kaum zu sehen wären. Als sie entstanden, kümmerte man sich nicht um ›Publikumswirkung‹. Doch sind ausgezeichnete Kopien davon in der Torhalle angebracht worden, die die zwingende Ausdruckskraft dieser Köpfe zu vergegenwärtigen vermögen.

Aus derselben Zeit und demselben Umkreis sind auch im *Kirchenraum* des Münsters an den Bogenlaibungen des Chores und des nördlichen Seitenschiffs Fresken mit Christus, Maria und Martha oder Motiven aus dem Themenkreis des Paradiesgartens freigelegt worden: auch dies ehrwürdige Reste aus der ursprünglichen Erbauungszeit der dreischiffigen Basilika. Spätere Zeitläufte haben die Kirche dann mit einem Durcheinander von Stilen und Dingen überschwemmt, die von barocken Monumentalaltären bis zu bunten Votivbildern reichen und das Feierliche mit dörflicher Alltagsfrömmigkeit zu vertraut-behaglicher Atmosphäre einen. Und behaglich wirkt auch der *Münsterturm*, der im 10. Jahrhundert entstand und wohl ein Wehrturm war, in der Gotik ein wenig wuchs und mit feinen Blendfeldern eingemuldet wurde und in der Renaissance das Mützlein aufgesetzt bekam, 1572, eine der ersten Zwiebelhauben Süddeutschlands, noch schüchern geschwungen, noch eher Glocke als Zwiebel, und gerade darum so liebenswürdig, dass sie sehr bald zum Wahrzeichen für den ganzen Chiemgau geworden ist.

Freilich, dem lieblichen Eiland kann auch das Dämonische nicht fremd sein, liegt es doch in dem ungebärdigsten und wetterwendischsten der bayerischen Seen, dessen Fläche in wenigen Augenblicken von sonnenseligem Gekräusel zu bleierner Reglosigkeit erstarren und dann in gischtende, kochende, stürzende Wellenwut ausbrechen kann. Ist der rätselhafte ›Steinerne Mann‹ mit Bart und großen, leeren Augen in der Torhalle, den man auf der Insel ausgegraben hat, eine Verkörperung jener Naturdämonie?

Herrenchiemsee: Attrappen für den König

Als Gefährt zur Insel stellte Ludwig II. sich eine Schwanengondel an einem Drahtseil vor, in der er in fünfzig Meter Höhe den

See überqueren würde, in bengalischer Beleuchtung natürlich. Schon ließ er die Konstrukteure brüten. Wenn er zur Inspektion des Schlossbaus kam, mussten die Große Allee durch Attrappen auf Flößen in den See verlängert, mit Heckenkulissen und Kübelblumen Gartenpracht simuliert, Pappfiguren in nachgemachten Louis-quatorze-Kostümen an den Fenstern des Rohbaus aufgestellt werden. Zuerst hatte der königliche Grillenfänger das Schloss als Bühnenbild am Theater imaginieren lassen, nun ließ er die ganze Insel zum Bühnenbild umkrempeln. Die Schönheit der Realität sah er mitnichten. Die Chiemseelandschaft war ihm sogar »unangenehm«, man musste sie durch Kunst »vergessen machen«. In Afrika hatte er vergeblich nach einer Insel suchen lassen, nun fand er sie 1873 vor der Tür, entriss sie ausbeuterischen Holzspekulanten (um den Wald dann für seinen Schlosspark selbst abholzen zu lassen), schaffte durch die Baustelle den Chiemgauern Arbeit (die königliche Bettdecke beschäftigte zwanzig Stickerinnen sieben Jahre lang): perfekte Ironie unbeabsichtigter Guttaten.

Es war das ehrgeizigste und kostspieligste seiner Unternehmen. Hier sollte jenes ›Neue Versailles‹ entstehen, für das Linderhof zu beengt war: eine steinerne Verherrlichung des »idealpoetischen« Königtums, dessen Inbild für ihn der Sonnenkönig und sein Versailles war. In einer gewaltigen Kopie von Versailles wollte der Machtlose seine Träume inkarnieren. Aber nach siebenjähriger Bauzeit (1878–85), in der er den säumigen Architekten Georg Dollmann gegen Julius Hofmann austauschte und 16 Millionen Goldmark verbrauchte, meldete die Kabinettskasse Bankrott. Der König hatte ganze neun Tage im Schloss gewohnt.

Mag es auch nicht vollendet sein – nur der Mitteltrakt wurde fast fertig – so wirkt es keineswegs unvollendet, freilich auch nicht als Kopie von Versailles, sondern eher als dessen liebenswürdigere Duodezausgabe. Prunkvoll erhebt sich die lange, zweigeschossige Dreiflügelanlage, in eine breite Parkavenue hineinkomponiert, hinter den drei verschwenderischen Brunnen des Gartenparterres, dem originellen *Latona-Brunnen* in der Mitte, auf dem die Göttin Latona aufbegehrendes Bauernvolk

*Aufriss der Hauptfassade von Herrenchiemsee von Georg Dollmann,
wie sie der Ausführung entspricht. Die hier nicht zu sehenden zurückspringenden
Anschlüsse konnten nicht mehr gebaut werden*

in Frösche, Lurche und Schildkröten verwandelt, dem *Fama*-
und dem *Fortuna-Brunnen*.

Die Ausstattung des Schlosses mit Dekor im Stil des in
Linderhof erläuterten ›Zweiten Rokoko‹ ist hier schier zur Fre-
nesie gesteigert. Wohin das Auge sich wendet, bleibt es in Zier-
raten aus Stuck, Stuckmarmor, Schnitzwerk, Stickerei hängen,
wird es durch Gespiegel, Geglänze, Geflimmer irritiert, sind
Götter und Göttinnen als Bettpfosten, in Friesen, auf Vorhängen gegenwärtig, nur noch übertrumpft an Unzählbarkeit und
Vielfalt der Erscheinung vom Sonnenkönig. Bewunderte Ein-
zelattraktionen in den Appartements und Kabinetten: das
Tischleindeckdich, die anilinblaue Glaskugellampe, die den
Illuminator anderthalb Jahre Farbexperimente kostete, die
Meißner Unikatanfertigung eines Lüsters, goldgeschnitzte,
vogelbevölkerte Laubbäume... Höhepunkte von feierlicher
Bedeutung aber sind das Paradeschlafzimmer und die Spiegel-
galerie, die Rücken an Rücken in der Mitte des Schlosses liegen.
Sie bilden dessen inhaltliche Essenz.

Das *Schlafzimmer* ist seiner Bestimmung nach ein ›Allerheiligs-
tes‹, in dem das Bett zum Thron avanciert, wenn beim Zeremoniell des ›Lever‹ und ›Coucher‹ der Hof vorbeidefiliert. Diese
Bestimmung ist hier so ernst genommen, dass eine wahrhaft
sakrale Aura suggeriert wird. Das Bett wirkt wie ein Altar, die
Balustrade wie eine Kommunionschranke. Da es keineswegs als

reales Schlafzimmer für Ludwig II. gemeint war, verbannte dieser alle auf Bayern bezüglichen Symbole, wie Löwen, Wappen, Rauten; auch seine dem Apoll an der Decke applizierten Züge mussten denen des Sonnenkönigs weichen. Die *Spiegelgalerie* wiederum verkörpert die festliche Verherrlichung des Monarchentums – aber diese die ganze Gartenseite ausmessende Saalflucht zwischen 17 Bogenfenstern und gegenüberliegenden Spiegeln, die nachts im Licht von zweitausend Kerzen eine irrlichternde Goldgrotte gewesen sein muss, scheint kein realer Raum mehr, sondern eher ein imaginärer, zu dem Lachen, Tanzen, Atmen nicht passen wollen.

Zwei Räume zeigen, dass der Träumer doch auch ein Kind seines ausgehenden Jahrhunderts war: die *Prunktreppe* mit ihrer Glas- und Eisenüberdachung, durch die sie ein wenig die Anmutung eines Industrieausstellungsraumes annimmt, und das spleenige *Badezimmer*, gleichsam eine raumgroße freskierte Badewanne, die gut in Hollywood zu Hause wäre. Ach, all die elegischen Widersprüche: Die große Vision erstickt in der Summierung handwerklicher Virtuositäten. Die Kopie ist zu einer rückwärtsgewandten Utopie, der Absolutismus zur Stilübung geraten. Und Ströme um Ströme von Menschen ziehen seit einem Jahrhundert durch das Gespensterschloss eines Einsamkeitsfanatikers, der einst befahl, der Blick des Volkes dürfe seine Schlösser nie entweihen.

Das *König-Ludwig-II.-Museum* im Erdgeschoss veranschaulicht in großzügig ausgebreiteter und einfallsreicher Präsentation mit persönlichen Gegenständen von Taufkleid über Krönungsmantel bis Totenmaske die Biografie des Königs, in Bühnenbildaufbauten, Theatermodellen, Originalpartituren, Kostümentwürfen seine und Wagners Theaterwelt, durch Einrichtungsgegenstände, gar einer Teilrekonstruktion seines Wintergartens auf dem Dach der Residenz, seine Lebenswelt.

Klausur der Mönche und der Staatsdenker

Die erwähnten ›Ströme‹ pflegen vom Schiff so schnurgerade zum Schloss und zurück zu streben, als sei die Insel nur dessen

Anhängsel. Gewiss, sie ist Staatseigentum und hat praktisch keine Einwohner, einige Dutzend Pendler vom Festland kommen täglich hierher zur Arbeit. Aber die 240 Hektar Land mit weiten Wiesen, Äckern, Koppeln und einem Rundwanderweg sind ein Paradies für Spaziergänger.

Überdies gibt es die mächtigen Reste der Vergangenheit nah der Anlegestelle: ein Klostergeviert (›Altes Schloss‹), den Dom-Torso, das ehemalige Seminarium (jetzt Schlosshotel), alles Anlagen des 17. und 18. Jahrhunderts mit romanischen und gotischen Vorgängern. Jüngste Ausgrabungen haben Holzbauten des mittleren 7. Jahrhunderts nachgewiesen, also ein Kloster schon vor Tassilos in Frauenchiemsee erwähnten Gründungen. Die Erzdiözese Salzburg richtete 1130 anstelle der Benediktinerabtei im Zuge der Reformbewegungen jener Zeit ein Augustinerchorherrenstift ein und erhob es 1215 zum Suffraganbistum Chiemsee mit Sitz in Salzburg. Der dortige ›Chiemseehof‹, um 1300 erbaut, um 1700 neu errichtet, heute Sitz der Salzburger Landesregierung, war rund 500 Jahre lang Residenz der Bischöfe von Chiemsee, die hier im Kloster nur Gast waren. Von dieser Vergangenheit gibt es nur noch wenig zu sehen, der Dom harrt seit Jahren seiner Restaurierung, der Kaisersaal mit Illusionsmalereien von Benedikt Albrecht ist leider unzugänglich, der Bibliothekssaal mit Gemälden und Stuck von Johann Baptist Zimmermann kann zu wechselnden Kunstausstellungen besucht werden. Kürzlich renoviert aber wurden jene Räume des ›Alten Schlosses‹, in denen der ›Verfassungskonvent von Herrenchiemsee‹ vom 10. bis 23. August 1948 tagte und die jetzt eine Dauerausstellung darüber beherbergen.

Als damals elf Herren, einige Gendarmen und zwei Geheimpolizisten anrückten und der Wirt des Schlosshotels die Journalisten fragte, was eigentlich hier los wäre, antwortete der später renommierte Hans Ulrich Kempski: »ein dickes Ding!« Und war es das denn nicht wirklich? Die ersten Schritte zu einer Demokratie, zu einem Länderbund sollten hier getan, die Geburt des Grundgesetzes sanft eingeleitet werden. Noch nicht die Verfassung war auszuarbeiten, aber ein Vorentwurf als Grundlage für die anschließenden Verfassungsdebatten im Par-

lamentarischen Rat. Die Delegierten der elf westdeutschen Länder waren erfahrene Verfassungsrechtler, wie der Völkerrechtler und Politiker Carlo Schmid, Oberlandesgerichtspräsident
Paul Zürcher, Staatssekretär Hermann Brill, Stadtverordneter
Otto Suhr, Völkerrechtler Theo Kordt – um nur einige zu nennen. Sie waren verantwortungsvoll genug, um ihren dickleibi-
gen ›Bericht‹ als Provisorium aufzufassen, der vor allem keine
nationale Spaltung zementieren wolle. »Akademische Beschaulich-
keit und hohe Würde, die oft an platonische Philosophengespräche erinnert«, bescheinigte der Journalist Joachim Schilling damals den
Staatsdenkern, die sich die verlassene Insel ausgesucht hatten,
um hier abgeschirmt und unabgelenkt zu sein. Aber abends
kamen die Ehefrauen ›herüber‹, und man fragte die Journalisten, ob sie Klavier oder Mundharmonika spielen könnten. »Die
Journalisten waren bedauerlicherweise alle unmusikalisch. Nun, so sang
der ganze Tisch um die kraftvolle Gestalt von Professor Schmid vierstim-
mige Kanons und alte vertraute Volkslieder.«

Lagunenszenerie und Lichtschmelz

In einer wundervoll klaren, nur einmal unterbrochenen Linie
bietet sich das Chiemgauer Bergpanorama dem frontalen Blick
von den Inseln oder vom nördlichen Ufer dar. Dramatischer
und unvergleichlich aber ist die Schrägaufsicht von der *Ratzinger Höhe* (694 m) zwischen Prien und Rimsting, die See, Morä-
nen und Alpen in ihrer ganzen Bewegtheit in eins fasst. Wie eine
zerrissene Lagunenszenerie aus Buchten und Inseln mutet von
ihrem Scheitel aus das Westufer des Chiemsees an, der, bis zu
den fernen östlichen Rändern überschaubar, als kühlblaue Fläche im Grün und Samtbraun der Wiesen und Moore liegt. Die
mäßig hohen Massive schieben sich fassbar nah als großge-
formte, großatmende Skulpturen von Westen her ins Bild. Ihre
Physiognomien sind in der gestaffelten Reihung gut unterscheidbar: das liegende Pharaonenhaupt des Heubergs, der
Elefantenrücken des Hochries, die Zinnen der Scheibenwand,
der Hahnenkamm der Kampenwand, der zum Achental abfal-
lende Hang der Hochplatte, danach das Kuppenpaar des Hoch-

Viel geliebt und uralt: das ›Priener Bockerl‹

gern und Hochfelln, endlich der langgestreckte Sattel zwischen
Rauschberg und Inzeller Kienberg.

Der Blick auf die Festszenerie im Südosten wandelt sich in
einen Blick auf stilles Bauernland im Südwesten, wenn man auf
die andere Seite der Ratzinger Höhe gelangt. Ihr liegt der lang-
ovale *Simssee* wie ausgestochen in der schweifenden Ebene zu
Füßen, und am Horizont herrscht jetzt der Wendelstein mit seinen Trabanten.

Vom Reiz dieser Lagunenszenerie und dem Lichtschmelz der
Farben überm Wasser leben viele Bilder der Münchner Landschaftsmalerei, die mit Johann Georg Dillis schon 1788 hier
ihren Anfang nahm. Mit Vorliebe haben die Maler von der *Lud-
wigshöhe* über Rimsting und den umliegenden Hügeln den Weit-
blick über die Schafwaschener Bucht bis zu den Bergen gemalt,
Peter Heß hat ihn in dem wohl schönsten aller Chiemsee-
gemälde von 1812 ganz in Sonne getaucht, der Heidelberger
Romantiker Daniel Fohr in einem Nonfinito-Aquarell von 1840
zauberhaft unwirklich verflüssigt. Schon diese frühen Land-
schaftserkunder nahmen meist in Prien Quartier, wo sich von
da an in gleichmäßigen Abständen Künstlergemeinschaften zu-

sammenfanden, deren Bilder ein Spiegel der jeweiligen Kunst-
strömungen waren, realistisch, sezessionistisch, expressionistisch, vor allem aber: ein Spiegel der Chiemseelandschaft.

Mit allen Seewassern gewaschen: Prien

Der Priener Segelhafen ist ein wichtiger Anlaufplatz für Was-
sersportler am Chiemsee. Bei den beiden Priener Einbäumen
im liebevollen *Heimatmuseum* handelt es sich um den ältesten mitten im Ort ausgegrabenen (vielleicht 2000 Jahre alt) sowie den
letzten, bis 1900 noch benutzten Einbaum des Chiemsees. Das
›Priener Bockerl‹ ist ein weit über hundert Jahre altes Hätschel-
kind der Nostalgie, das mühsam, grün und fröhlich seine
1,9 Kilometer kurze Schmalspur vom Bahnhof bis zum Hafen
Stock fürbass stapft. Es kam zur Welt, als 1887 Schloss Herrenchiemsee für die Öffentlichkeit zugänglich wurde und Neugierige in hellen Scharen an der Schnellzugstation Prien ausstiegen.
So verschaffte die Familie Feßler, die damals wie heute die
Chiemsee-Schifffahrt betreibt, ihren Dampfern durch die Anlage der Kleinbahn Passagiere. Man sieht: Alles was im um-
triebigen See-Hauptort Prien berühmt ist, hat mit Wasser zu
tun. Der Priener Hut eigentlich auch, denn er kam reichlich altmodisch von Tirol den Inn herabgeschwommen, wie wir schon
hörten, aber ›d'Hueterernanni‹, Anna Kopp in Prien, hat ihn in
schicker Form als niedrigen, breiten, schwarzen Frauenzylinder

Viel geliebt und teuer: der Priener Hut

mit Krempe und Goldstickerei und Goldquasten erneuert, dafür 1890 in Nürnberg eine Silbermedaille eingeheimst und dadurch der noch jungen Trachtenvereins-Bewegung einen mächtigen Auftrieb gegeben. Heute kostet ein doppelquastiger Priener Hut runde zwei Tausender!

Auch die ›Seeschlacht von Lepanto‹ hat mit Wasser zu tun. Dass die Priener Darstellung so berühmt ist, verdankt sie Johann Baptist Zimmermann, der sie mit seinen Söhnen und einigen Gesellen gar so schön an die Decke der Priener Pfarrkirche malte. In jener denkwürdigen Schlacht von 1571 siegte bekanntlich die Katholische Mittelmeerflotte über die türkische Seemacht. Da sich die Rosenkranzbruderschaften durch ihre Fürbitten diesem Sieg besonders verbunden fühlten, bevorzugten sie dieses Thema in der Kunst. Der einflussreichen Priener Rosenkranzbruderschaft zuliebe, die 1739 ihr hundertjähriges Jubiläum feierte, wählte man es auch für den 1738 vollendeten barocken Neubau der gotischen *Mariä-Himmelfahrts-Kirche.* Zimmerman räumt dem Schlachtgetümmel der Galeeren und der lässigen Siegerpose des Don Juan d'Austria nur die Ränder des 200-Quadratmeter-Freskos ein. Ins Zentrum stellt er die Kraft des Gebets, in das Papst Pius v. unterm Triumphbogen versunken ist, und die Glorie Mariens, die dem hl. Dominikus den Rosenkranz überreicht. Die Schwierigkeiten der riesigen Fläche durch Aussparungen überspielend, die als elegante Überflusslosigkeit wirken, breitet er auf dem Grund eines zauberischen Himmelsglanzes die subtilsten Farbnuancen von Brandigrot über Fliederviolett bis Rosagrau aus.

Die Altäre des Salzburgers Georg Doppler aus schwerem Untersberger Marmor in strengem kirchenfürstlichen Spätbarock und das fürstlich-münchnerische Rokoko von Fresko, Dekor, Kanzel und Kreuzwegstationen Zimmermanns erzeugen in diesem Raum jene spannungsvolle Harmonie, der wir im Chiemgau oft begegnen werden. Der Tausendsassa aber, der den siebzig Meter hohen gotischen Spitzhelm beim Umbau der Kirche unzerlegt vom alten auf den neuen Turm befördert hat, und zwar auf Walzen über eine Brücke zwischen Himmel und Erde, war ein Dorfzimmermann vom Simssee.

Auf der buckligen Anhöhe, die sich aus dem Gebirge bis zur Ratzinger Höhe zieht und unter der sich die Prien entlang schlängelt, steht weithin sichtbar südlich von Prien Urschallings *Jakobus-Kirchlein* mit Turm und Zipfelmütze, für uns lockend, für die einstigen Pilger nach Santiago mühselig, aber sie umgingen natürlich die gefährlicheren Täler, suchten überdies absichtlich das Unbequeme. Die im 12. Jahrhundert hier herrschende Familie der Falkensteiner, auf die das noch heute romanische Kirchlein zurückgeht, hat den Wallfahrern zu dem auch von ihr verehrten hl. Jakobus darin einen Freskenreichtum ohnegleichen bereitet. Dieser frühesten Schicht von etwa 1200, leider nur sehr fragmentarisch freigelegt, gehört die großartige Sündenfall-Darstellung an der Chornordwand an, die Adam und Eva, schuldvoll gekrümmt, Feigenblätter in Kalebassenform vor ihr Geschlecht haltend, unter einem förmlich böse wirkenden, mit Früchten umpunkteten Baum zeigt. Die Übermalung mit einer zweiten Schicht in der Gotik um 1380 war nicht minder üppig und ist 1942 vollständig aufgedeckt worden. Sie breitet das Alte wie das Neue Testament in ganzen Szenenfolgen sowie in vielen Einzelgestalten aus. Nur beim Eingang ist mit dem Gehenkten auf das Jakobuswunder von Santo Domingo de la Calzada hingewiesen. Der dichte Freskenteppich ist voller Geschick und Inbrunst gemalt, wennzwar nicht von einem bedeutenden, sondern sichtlich von einem oder mehreren Lokalmeistern, wobei manche Kopftypen mit schwermütigem Blick unverkennbar (auch) auf einen böhmischen (Wander)Maler hindeuten.

Kontrastreicher Hinweis für Theaterfreunde: Südlich auf dem dörflichen Friedhof von *Hittenkirchen*, der einen rühmenswerten Blick auf den See gewährt, ist zwischen den einfachen Kreuzen eine schneeweiße Marmorflamme mit goldenem Autogramm der Schauspielerin Elisabeth Flickenschildt (1905–1977) zu entdecken. Die ›Magic Lady‹ des deutschen Theaters hat hier viele Jahre gelebt. Zu dem Begräbnis der amtlich beurkundeten ›Meister-Bäuerin‹ spielte die Trachtenkapelle.

Zwischen Bockerl und Intercity

Das Hinterland des Chiemsee-Westufers bis zum Simssee ist eine besonders feingeformte Moränenlandschaft mit blitzblanken Dörfern und weiten Wiesen, durch das von Prien über Urschalling bis Aschau das ›Aschauer Bockerl‹ pfeift, genau so alt und hoffentlich weiterhin so zäh wie sein Priener Pendant. Westlich ihrem Haltepunkt Umrathshausen liegt das zwiebelbetürmte barocke *Landschlösschen Wildenwart* überm Priental, Sommerresidenz und dann Asyl des letzten Bayernkönigs Ludwig III., dessen Gemahlin und Tochter bis zu ihrem Tod hier lebten, und das heute noch in Wittelsbacher Besitz ist.

Bilderbuchbayerisch ruht südwestlich davon auf einem weit ausschwingenden Wiesenhang eine gotische Schindelturmkirche, neben sich die Glucke einer barockbäuchigen Brunnenkapelle, hinter sich die Kampenwand groß im Bild: *Sankt Florian*. Der Ritter mit dem Wasserkübel war ja ein aus gutem Grund von den Bauern recht eifrig verehrter Heiliger. Hier entstand an dem als wunderkräftig geltenden Bründl schon im Mittelalter eine Wallfahrt zu ihm, die später von den Hohenaschauer Grafen Preysing durch Stiftungen gefördert wurde. So kam die Kirche zu einem opulenten und interessanten, wenn auch zusammengesetzten spätgotischen Schnitzaltar: Im Schrein stehen die Figuren eines rundgesichtigen Florian mit junger Mutter Anna und edlem Wolfgang, die Flügelinnenreliefs zeigen in derberer Manier Szenen der Florianslegende, die Außenseiten hingegen wundervoll gemalte, donauschul-expressive Passionsszenen, die Rückseite wiederum ein grotesk dargestelltes ›Jüngstes Gericht‹ (1500–20). Viele schöne Einzelwerke sind überdies zu bewundern, leider meist hinterm Zwischengitter.

»Menschenscheu und wundersam«, wie Heinrich Noë meinte, ist der *Simssee* heute wohl nicht mehr, der sich acht Kilometer weit zwischen Riedering und Endorf erstreckt und mit gepflegten Badeplätzen, Bootsanlegestellen, Seerestaurants aufwartet. Aber es gibt Moorpartien in seinem Nordosten und Südwesten, von mächtigen Baumgruppen und dichten Moorwäldchen durchsetzt, von Bächen mit hohem Schilf gesäumt, die verschwiegen und schwermütig wie je liegen. Auch der Blickpunkt dieser Landschaft, die Kirche von *Hirnsberg*, burgartig schroff auf einem Waldberg über dem Ostufer aufragend, gibt sich düster. Da das Westufer durch die Eisenbahnlinie München–Salzburg blockiert und das Ostufer nur schütter besiedelt ist, müssen die Liebhaber dieses Sees kaum um ihre Ruhe bangen. Und die Endorfer Gäste nicht um den großen ›Naturkurpark‹ unterhalb ihres auf einem Hügel liegenden Kurzentrums.

Bad Endorf erfreut sich als Thermal- und Moorbad sowie als Rehabilitationszentrum nach operativen Eingriffen eines stetig steigenden Rufs. Wie in Bad Wiessee bohrte man auch hier nach Erdöl und fand 1963 neunziggrädiges, aus 4800 Metern Tiefe kommendes Wasser, das sich mit 47,2 Milligramm Jodid pro Liter als konzentrierteste Jodquelle Europas erwies. Zu den wichtigsten Indikationsbereichen gehören hier Erkrankungen des Herz-Kreislaufsystems, Wirbelsäulenleiden, Rheumatismus, Hauterkrankungen, Frauenleiden.

Bundwerkkunst und Bauernschlösser

Wo andere Landstriche mit Lüftlmalerei prunken, kann sich der Chiemgau mit Bundwerk brüsten, jener Zimmermannskunst, deren grafisch reizvolle Geometrien die Traufseiten der Stadel

Bundwerkknoten und geflügelte Fabeltiere, Schlangen, Monstranz und Segensspruch überm Tennentor

Die stattlichen Itakerhöfe fallen durch ihre reiche Anzahl von Fenstern auf,
die oben den Getreidespeicher kaschieren

schmücken, und, je mehr wir in den Nordosten kommen, auch andere Trakte des Hofes. Es ist ein Holzzierwerk aus diagonalen Gittern, Andreaskreuzen, ›Knoten‹ mit überkreuzten Holzbändern, Säulen und Riegeln, alles mit gekanteten Holznägeln zusammengehalten, denn natürlich darf sich kein Eisen in ein Bundwerk verirren. Dieser phantasievolle ›Verbund‹ liegt vor der Holzverschalung, hat also auch noch einen Nutzen für die Ernte, die der trocknenden Luft offen steht, wenn die Bretter dahinter entfernt werden. Nach der Mitte des 19. Jahrhunderts, der Blütezeit des Bundwerks, wurden an Toren, Giebeln und Lüftungsöffnungen noch Dämonen abwehrende, oft farbige Schmuckformen angebracht, wie Drachenköpfe, Schlangen, Fratzen, Füchse, Löwen, Herzen, Hostienkelche und natürlich die Jahreszahl und die Initialen des Zimmermanns.

Eine andere architektonische Besonderheit des Chiemgaus sind die Itakerhöfe, eine Hausform, die Mitte des 19. Jahrhunderts hier auftauchte. Es handelt sich um wahre ›Bauernschlösser‹ aus vielfach unverputztem Naturstein, mit Firsthöhen von zwölf, Traufhöhen von acht Metern und Frontseiten von zwanzig und mehr Fenstern. Der Dachboden, listenreich kaschiert, verbirgt sich hinter der Fensterreihe des zweiten Obergeschosses, die ein Wohnstockwerk vortäuscht, denn die Fenster sitzen in Wirklichkeit auf dem Fußboden auf. Die meist einzelstehenden Höfe, die sich nur reiche Bauern leisten konnten, sind an ihren imponierenden Proportionen und der reichen Fensterzahl zu erkennen. Ein besonders schöner aus Schlacken- und Feldsteinen steht in Dirnsberg unterhalb der Ratzinger Höhe, einige, meist verputzte, sind in Rimsting und rund um die Eggstätter Seenplatte zu sehen, die meisten in Alteiselfing bei Wasserburg. Da sie von italienischen Maurern gebaut wurden, die damals als Saisonarbeiter gerne hierher kamen, bekamen sie den Namen ›Itakerhöfe‹. Die Frage, ob sie hiesiger ›Eigenwuchs‹ sind oder auf italienischen Einfluss zurückgehen, ist strittig.

»Ach du lieber Bedaius!«: Seebruck

Am unruhigen nördlichen Ufer des Chiemsees schieben sich die zungenförmigen Halbinseln *Sassau* und *Urfahrn* weit zur Herreninsel vor, *Breitbrunn* streckt sich bequem von seiner auftrumpfenden Hügelkirche bis zu seinen Gasthöfen am Ufer aus, das schmucke *Gstadt* am Hang schickt seinen stets turbulent frequentierten Landungssteg weit ins Wasser, und am Zenit des hoch nach Norden ausschwingenden A-Bogens macht sich der Ferienort und Jachthafen *Seebruck* aus der Römerzeit breit. Als diese hier noch ›zuoberst‹ lag, war die heutige Seebrucker Seestraße die wichtige Fernstraße zwischen Salzburg in Noricum und Augsburg in Raetien, und wenn der Chiemsee wieder mal tückisch von Blau zu Giftgrün umschlug, riefen die ›Seebrucker‹ entsetzt: »Ach du lieber Bedaius!« Denn so hieß ihr Sonder-Herrgott, benannt nach dem Ort seiner Verehrung, nämlich Bedaium, das auf antiken Karten genau an Seebrucks Stelle liegt. Wer hier an Asterix und Obelix denkt, hat Recht, denn die waren noch im Spiel, man nimmt an, dass Bedaius ein keltischer Lokalgott war, vielleicht ein personifizierter Chiemseegott, den die in religiöser Hinsicht großzügigen Römer adaptiert haben. Einen Bedaius-Tempel hat man nicht gefunden, aber Weihesteine, deren Inschriften auf einen solchen hindeu-

ten. Dass Jupiter damit nicht außer Kraft gesetzt war, erweisen
Ausgrabungen von Jupiter- und Junofiguren.

Die hiesige Siedlung römischer Kaufleute, Handwerker,
Fischer und ›Benefiziarier‹, die als Außenkommandeure der
Legion wichtige Straßen kontrollierten, bestand etwa von 50 bis
400 n. Chr. Sie hatten sich am Alzausfluss niedergelassen, ihre
Brücke lag wenige Meter nördlich der heutigen, ihr Straßendorf
aus Steinbauten mit Boden- und Wandheizungen zog sich am
Ufer entlang, sogar eine Räucherkammer für Fisch und Fleisch
wurde gefunden (sie ist in situ zugänglich). Wo heute die Kirche steht, befand sich vom 3. Jahrhundert an ein Kastell zum
Schutz vor den bereits anrückenden Alamannen; ein Mauer-
stück ist vor dem Kirchenaufgang zu sehen, Kastellmaterial
wurde auch beim Bau der gotischen Kirche durch Meister Jörg
von Schnaitsee 1477 verwendet. Im Ortsteil Graben hat man
einen Römerfriedhof mit 250 Grabstellen gefunden, in der
Mehrzahl Brandgräber, aber auch Körperbestattungen, was
ebenfalls auf ein Fortleben der keltischen Tradition zurückzuführen ist. Die Ausgrabungsplätze sind wieder zugeschüttet
worden, doch das *Römermuseum Bedaium* in Seebruck präsentiert
in sehr ansprechender Weise sämtliche keltischen und römischen Funde dieser Gegend: Grabsteine, Münzen, Schmuck,
Terra sigillata, Werkzeuge, Waffen, Spielzeug: 500 Exponate.

Aus dem römischen Ort Usinga bei Seebruck ist das heute so
geliebte *Ising* geworden, geliebt, weil sein Zinnenturm und sein
Zwiebelturm stets vertraute Orientierungspunkte vom See aus
sind, geliebt als Reitsportzentrum mit Nobelherberge, geliebt
von Kunstfreunden und Hochzeitern wegen seines feinen Wall-
fahrtskirchleins, das ein Madonnen-Gnadenbild mit ganz und
gar eigenwilligem Rokokostuck umspinnt. Möge das Schlösslein mit dem Zinnenturm, heute ein Landschulheim, von seinen
Zöglingen auch geliebt werden.

Kabinettstück der Natur: Eggstätter Seenplatte

Eine träumerische Landschaft der Spiegelungen breitet sich im
Hinterland des nördlichen Ufers aus. Die großartige Chiem-

seeszenerie findet in den Gewässern im Norden ihre filigrane Paraphrase. Dieses amphibische Land entstammt den Verschmelzungszonen des großen Inngletschers mit dem kleinen Chiemseegletscher, die ein Eiszerfallsgebiet von seltener Figurenfülle hinterließen: Kessel und Mulden mit schimmernden Wassern und zartfarbigen Mooren, tintig beschopfte lange Rücken, ganze Rudel von grünen Buckeln. Siebzehn Gewässer zählt die unter Naturschutz stehende Eggstätt-Hemhofer Seenplatte, zu fünft sind die Seeoner Seen östlich davon, im Ameranger Moos nordwestlich verstecken sich drei Teiche, andere Wasseraugen liegen einsam im Wiesenland.

»Kabinettstück der Natur« haben Naturwissenschaftler die Eggstätt-Hemhofer Seenplatte genannt, dieses Gewebe aus Wasser, Inseln, Halbinseln, Buchten, Hügeln. Jeder der Seen ist eine Individualität: Viellappig und dicht umpolstert der *Langbürgner See* mit seinem weichen Wasser. Der *Pelhamer See* wetterwendisch vielfarbig. Rund, kühl und sumpfgrün im Wald der *Blassee*. Der *Hartsee* verschattet von Hochwald und gesäumt von Schilf. Blasser, melancholischer *Schlosssee*. Just dort, wo sich die Seen am dichtesten verschränken, haben die Römer ihre Straße zwischen Seebruck und Rosenheim durchgefädelt. Ortsnamen mit der Silbe ›Straß‹ – Straßham, Straßöd – markieren ihren Verlauf. In den Wäldern um Hartsee und Schlosssee ist sie an einigen Stellen an handtellergroßen Pflastersteinen sogar noch sichtbar, geheimnisvoll anrührende Spuren aus der Tiefe der Zeit. Funde, Namen, Überlieferungen weisen auf früheste Siedlungen, heidnische Kultplätze, mönchische Einsiedeleien, Urhöfe mit eigenen Kirchlein.

So geht denn auch das Barockschloss *Hartmannsberg* auf schmaler Landbrücke zwischen Langbürgner- und Schlosssee auf einen der ältesten Feudalsitze des Chiemgaus zurück. Die Wittelsbacher jagten es in der Mitte des 13. Jahrhunderts den schon erwähnten Falkensteinern ab, später gehörte es lange Zeiten den Freiherren von Pienzenau, deren berühmter Ritter Hans von Pienzenau im Landshuter Erbfolgekrieg Kaiser Maximilian 1. bei der Belagerung der damals bayerischen Feste Kufstein 1504 zunächst auf Granit beißen ließ, was ihn am Ende

zwar seinen verwegenen Kopf kostete, aber auch zum Nachruhm verhalf: als Held in den bayerischen, als Verräter in den
österreichischen Geschichtsbüchern.

Es musste ein Impressionist sein, der die feinen Lichtstimmungen dieser Landschaft aufspürte: Leo Putz hat sie in vielen
Bildern über badende Mädchen und Kahn fahrende Damen
gebreitet. Natürlich schleppte der Meraner um 1910 seine
Münchner Malerkollegen allsommerlich nach Hartmannsberg
und Hemhof, denn ohne Malerkolonie konnte damals eine
Idylle nun mal nicht bleiben.

Die gewiss wirkungsvollste Inszenierung von Landschaft und
Kunst bietet *Höslwang.* Mit steilem Dachstuhl und zierlich
geschweifter Haube erhebt sich die Dorfkirche auf der Kuppe
eines Hangs, tief unter sich den unregelmäßigen Kreis des
Pelhamer Sees in der Wiese, gegenüber die Alpenkette von
Dachstein bis Zugspitze. ›Mit Haselstauden bewachsener Hang‹
bedeutet der putzige bayerische Name. Indes, dieser Herrensitz,
der bald Pfarrsitz wurde, stand vom 12. bis zum 19. Jahrhundert
unter Salzburgs Protektorat: So kommt es in dem beglückenden
Kirchlein zu einer kunstgeographischen Synthese von phantasievollem Rokokostuck von 1734 – der erste im Chiemgau! –
des Wessobrunners Engelmund Landes, der lange im Salzburgischen tätig war, und den so tänzerischen wie innigen
Heiligenfiguren unseres kärntnerischen Burghauseners Johann
Georg Lindt – man sehe, welche Anmut dabei herauskommt.

Farbtupfenlandschaft um Amerang

Die zartesten Augenreize dieses Seenlandes aber sind in den
Mooren zu finden. Das wohl schönste ist das *Ameranger Freimoos,*
das sich zwischen Amerang und Halfing erstreckt und alle
Moorstadien mitsamt deren vielfältiger Vegetation von Moosen
und Farnen bis zu Bergkiefer und Heidekraut versammelt. Zwischen dem fetten Braun der Torfstiche dehnen sich Farbtupfenflächen, die Froschgrün, Aschblond, Grauviolett, Sepia, Rehbraun, Goldgelb, Lackgrün nebeneinander setzen. Und ein rieselndes Licht breitet sich über dem Feuchtland aus.

Amerangs ›toskanischer‹ Arkadenhof,
ein rares Stück Renaissance in Oberbayern, um 1570

Aus der bewaldeten Anhöhe darüber lugt das Schlösslein von *Amerang*, das einst durch seine Besitzer, unter anderen die Veroneser Scaliger, mit europäischer Geschichte von Italien bis zum Habsburgerreich verbunden war und auch heute noch in Privathänden ist. Doch kann es besichtigt werden und sein loggienreicher Renaissancehof gibt allsommerlich ein beliebtes, kerzenflackerndes Konzert-Ambiente ab.

Das schöne Amerang aber hat noch zwei weitere Attraktionen zu bieten: das reiche und doch übersichtliche und gemütliche ›Ostoberbayerische Bauernhausmuseum‹, das auf die Hauslandschaften der Ostregion spezialisiert ist und hervorragende Führungen und sonntägliche Handwerksvorführungen veranstaltet, sowie das weitläufige ›Museum für deutsche Automobilgeschichte‹ mit 220 Musterexemplaren von 1886 bis heute, ergänzt durch 1200 Eisenbahn-Modelle aller Art und Nationalitäten. Wenn das nicht in Trab hält!

Kloster Seeon spiegelt die benediktinische Inselpastorale von Frauenchiemsee in einer – man möchte sagen – innigen Form wider. Hinter dem behäbigen Charme, mit dem seine kurztürmige Kirche zwischen aneinander gedrängten Bauwürfeln auf einer Halbinsel im Wasserrosensee hockt, bleibt die Ehrwürde des Ortes versteckt. Und was heute Kulturzentrum statt Kloster ist – wie soll es ahnen lassen, dass einst der elfjährige Mozart durch seine Gänge irrwischte, mit den Patres musizierte, auf der Orgel improvisierte, dem Abt in Windeseile das erwünschte Offertorium komponierte. Als Kind, noch als Jüngling, war er auf seinen Wegen zwischen Salzburg und München häufig hier zu Gast. Denn Seeon war zu jener Zeit eine Musikabtei von Ruf. Ihr Kammerorchester, ihre Musikbibliothek, nicht zuletzt ihr Klosterbier bewogen die Musiker vor allem Salzburgs von Leopold Mozart bis Michael Haydn, der ja eine ›Chiemseemesse‹ schrieb, zu regelmäßigen Visiten. Achthundert Jahre vorher, bald nach Gründung des Stiftes 994 durch Pfalzgraf Aribo I. mit Regensburger Mönchen aus St. Emmeram, gingen aus seiner Miniatorenwerkstatt Kostbarkeiten romanischer Buchkunst hervor. Dazwischen, zur Zeit der Spätgotik, schuf der sogenannte Meister von Seeon dem Kloster berückende Bildwerke des ›Weichen Stils‹.

25 *Neorokoko im Graswangtal – Märchenkönigs Linderhof,*
   ab 1869 von Georg Dollmann gebaut
26 *Barocker Paukenschlag im Ammertal – Kloster Ettal repräsentiert die*
   Majestät seines Gründers, Kaiser Ludwigs des Bayern
27 *Zäsur im Priental – zwischen Kampenwand und Zellerhorn stellt sich*
   Schloss Hohenaschau sperrig in den Weg

Im 20. Jahrhundert spielte Seeon als zuerst glanzvolle, dann melancholische Exilresidenz der Fürstenfamilie Romanow-Leuchtenberg nochmals eine Rolle. Diese Familie ging aus französisch-bayerisch-russischen Verbindungen hervor: Max 1. Joseph hatte seinen Schwiegersohn Eugène Beauharnais zum Herzog von Leuchtenberg erhoben, einer von dessen Nachkommen eine Tochter der Zarenfamilie Romanow geheiratet und dadurch die Linie Romanow-Leuchtenberg gegründet. Ihr entstammte der Herzog Georg von Leuchtenberg, der sich 1905 mit seiner Gemahlin, der Fürstin Olga von Repnin, aus Petersburg nach Seeon zurückzog, dessen Klostergebäude nach der Säkularisation als Schloss durch mehrere Privathände gegangen und schließlich seiner Familie zugefallen waren. Von da an holte der Kutscher am Endorfer Bahnhöflein ›Exoten‹ wie den Patriarchen von Petersburg, Zaren-Sprosse oder Kaiser-Abkömmlinge aus Brasilien ab. Diese mondäne Szenerie der Hochadelswelt versank mit dem Untergang des Zarenreichs. Der Herzog und seine Familie, die im Ersten Weltkrieg wieder nach Russland berufen wurden, kehrten danach als Exilierte nach Seeon zurück. Der Reichtum floss nun ihren Schicksalsgenossen zu und zerrann schnell. Nach der Zwangsversteigerung des Schlosses 1933 lebte die inzwischen verwitwete Herzogin im Verwalterhaus. Sie ist auf dem Friedhof vor dem Dammweg zur Kirche gegenüber dem mächtigen kyrillischen Grabmonument ihres Gemahls begraben. Eine Urne mit dem Namen Anastasia Manahan erinnert an jene Unbekannte, die sich ihr Leben lang beharrlich als Zarentochter Anastasia ausgab und unbedingt hier begraben sein wollte.

In der ehemaligen *Abteikirche St. Lambert* verschränken sich die Jahrhunderte. Kern ist eine dreischiffige romanische Basilika ohne Querschiff des 11./12. Jahrhunderts, von dem das Portalgewände der Vorhalle zeugt. Im Vorraum umkreisen zehn Abtstumben das Hochgrab des Klostergründers Aribo 1., ein Prachtwerk der Salzburger Grabmalskunst von Hans Haider (1395), von dem auch die Grabplatte des Abts Simon Farcher an der Westwand mit Hofnarr in der linken Ecke stammt (um 1410). Dieser Abt initiierte die einschneidenden gotischen Verände-

rungen der Kirche, von Konrad Pürkhel 1433 mit einem eng-
maschigen Netzgewölbe vollendet. Ein anonymer Salzburger
Maler warf dem Gewölbe 1579 ein farbenreiches Renaissance-
gewand über, das aber Figuren und Füllornamente den gotischen Fältelungen empfindsam anzupassen wusste.

Die Werke des unbekannt gebliebenen, doch vermutlich hier
heimischen, vom Salzburger ›Weichen Stil‹ beeinflussten Meisters von Seeon sind längst in Museen gewandert, zwei nach
München ins Bayerische Nationalmuseum, doch eine Kopie der
mädchenhaft-innigen ›Seeoner Madonna‹ steht im neugotischen
Hochaltar, und eine andere Madonna dieses höfisch-eleganten
Stils ist in der Sakristei zu sehen. Ein interessantes Werk der in
Wasserburg genannten Bildhauerbrüder Martin und Michael
Zürn ist das Grabmal für den Abt Honorat Kolb, das dieser
schon mit 33 Jahren 1636 für sich in Auftrag gab und zwar gar
als Kreuzaltar für die Kirche! Sein obstinater Schädel, seine
gebieterischen Hände, sein nichtachtender Blick an dem Gekreuzigten vorbei, sein vor Opulenz schier ›funkelndes‹ Gewand leugnen die Verehrungshaltung des Knienden: Ohne
Zweifel handelt es sich um eine porträtähnliche Darstellung dieses gebildeten und energischen, aber selbstherrlichen und verschwenderischen Abtes, der seine aus Eitelkeit resultierenden
Verfehlungen im Alter als Wallfahrtspriester in Maria Eck
büßte. Seine Gestalt ist von einer Fülle von Kleinformen umgeben, die den Marmor schier sprühen lassen, besänftigt durch die
flankierenden Gestalten der hll. Lambertus und Stephanus.

Zum Zauber dieses Fleckens gehören die Erlen, Eichen und
Buchen rundum, der bäuerliche und aristokratische kleine
Friedhof oder der Holzsteg von der Halbinsel über den ver-
schilften Klostersee zum schindelgedeckten Wallfahrtskirchlein
Bräuhausen. Vier weitere, kleinere Seen durchsetzen die Misch-
wälder und Moore der unter Naturschutz stehenden lauschigen
Seenplatte mit dem gepflegten Dorf *Seeon* als Mittelpunkt, wo
der breite Renaissancehof des ›Alten Wirt‹ mit seinen runden
Ecken, die früher noch Zwiebeltürme trugen, so sehenswert ist
wie der mächtige schlohweißhaarige Christophorus an der
Nordwand der Kirche.

Heute steht das Kirchlein von Rabenden traumverloren neben seinem Hain von handgeschmiedeten schwarzen Ranken mit farbigen Blüten und Knospen: einem Kleinod an Friedhof. Einst lag es an der Römer-, später der Salzstraße und an einem viel begangenen Jakobus-Pilgerweg, und das wird wohl der Grund sein, weshalb es damals mit einem repräsentativen Altar ausgestattet wurde, welcher längst als Hauptwerk jenes bedeutenden, aber namentlich unbekannt gebliebenen spätgotischen Bildschnitzers gilt, der danach seinen Notnamen ›Meister von Rabenden‹ erhielt. So sind die Pilger heute wenigstens noch Kunstfreunde, spärlich genug.

Traumverloren schauen auch die drei Heiligenfiguren des Hauptaltars (1510–15) in die Ferne: Jakobus d. Ä. mit Muschelhut und Pilgerstab, ein leiderfahrener, milder Patriarch, Simon Zelotes mit der Säge, bäuerisch-derb Nase und Backenknochen,

Mittelschrein im Altar des Meisters von Rabenden, 1510–15

doch zaghaft der Mund, sehnsuchtsvoll die Augen, Judas Thaddäus mit der Keule, ein stürmischer Jüngling, aber auch er voller Melancholie im Blick. Die Brüder Simon und Judas haben
heidnische Zauberer durch Wundertaten entmachtet, Jakobus
gilt als wortgewaltiger Dämonenüberwinder – hier aber sind
sie, in ihrer Erscheinung so vornehm und bauschig gewandet
wie prachtvoll gelockt, in ihrem Ausdruck versonnen, die Boten
einer Spätkunst, wie sie das Werk des Meisters von Rabenden
verkörpert. Die Domäne des fränkisch und schwäbisch beeinflussten Bildschnitzers ist das südöstliche Oberbayern, namentlich der Chiemgau, seine Werkstatt wurde lange in Rosenheim,
seit kurzem wird sie in München vermutet.

Das phantasievolle Gesprenge des Altars ist ein Wunderwerk
für sich. Von unbekannter Hand sind die plakativen Altartafeln
mit Marienszenen auf der (offenen) Feiertagsseite, mit Kirchen-
vätern und Volksheiligen auf der (geschlossenen) Werktagsseite
und einem ›Weltgericht‹ auf der Rückseite, wohin die Beichten-
den in den im Chorhaupt aufgestellten Beichtstühlen schauten.
Aus der Werkstatt des Meisters von Rabenden stammen der
südliche Seitenaltar (1510–15), die Sitzfigur des hl. Jakobus an
der südlichen, wohl auch die Pietà an der nördlichen Lang-
hauswand (beide um 1525).

Durch ihre Lebensgröße vielleicht noch eindrucksvoller wirken die in einen neugotischen Altar gestellten Figuren des Meisters in der St. Lorenzkirche im westlich nahen *Obing*. Die Heiligen Lorenz und Jakobus d. Ä. stimmen mit den Figuren in
Rabenden stark überein, auch wenn sie zehn Jahre später entstanden sind, indes die Madonna, die sie flankieren, mit ihrer
rauschenden Gewanddraperie und dem zarten Antlitz ohne
Zweifel von Riemenschneider beeinflusst ist (1515–20).

Romanik und Rokoko vereint: Baumburg

Baumburgs ehemalige Klosterkirche liegt landschaftsbeherr-
schend auf einem Steilhang – und macht doch keine Imponier-
Geste daraus. Zum Alz- und Trauntal hinab schaut die geschwungene Ostfassade, die Doppelturmfassade aber wendet

sich einem weiten Innenhof mit baumumstandenem Weiher zu. Sie wirkt, als sei sie ernst und kantig aus dem Boden dieser Nagelfluhlandschaft gewachsen und habe sich später nur das Kurvenspiel der originellen Zwiebeltürme oder des überaus charmanten ›Tempietto‹-Vorbaus applizieren lassen, um just zu beweisen, wie gut Romanik und Rokoko zueinander passen können. Das einflussreiche Augustinerchorherrenstift, 1111 gegründet, ließ die romanische Kirche mit barocken Elementen 1754–57 im Rokokostil umbauen. Baumeister war Franz Alois Mayr, der bei den Brüdern Gunetzrhainer gelernt und mit Raitenhaslach Furore gemacht hatte, bevor er hier tätig wurde. Eher konservativ, bevorzugte er auch hier das Wandpfeilersystem und überließ das ›Moderne‹ absichtlich den Ausstattern.

Und die machten den Raum zu einem strahlenden und schwingenden Festsaal. Der Prager Hofmaler und Asam-Schüler Felix Anton Scheffler breitete farben- und lichtschimmernd im gebauschten Gewölbe des Langhauses die Episoden der Augustinus-Legende in ebenso drastischen wie poetischen Szenen aus. So wird Augustinus' Sinnenlust vor der Bekehrung durch den rüden Kampf Amors mit der Buhlschaft personifiziert oder die berühmte Begegnung des Kirchenlehrers mit dem meerausschöpfenden Knaben einfallsreich auf dem Schiffssegel der Glaubensboten untergebracht. Nicht minder geschickt macht der Maler in der Apotheose der Kirchenpatronin St. Margareta überm Chor die Klosterstifterin Adelheid von Mögling und ihre drei Ehemänner zu weißen Statuen, die auf ihre Gründung hinweisen. Gleichwertig trat die Wessobrunner Dekorationskunst von Bernhard Rauch neben die Freskenkunst und setzte mit den feinen Stuck-Schaumkronen der Rocaillen und Scharen von allenthalben nistenden Putti den Raum in schwebende Bewegung – eine Rarität im Chiemgau, der mit Rokoko-Opulenz nicht verwöhnt ist.

Qualitätvolle Altäre und Grabsteine zeichnen die Kirche aus. Unter den Epitaphien gebührt dem Rotmarmorstein mit dem Relief der schönen Adelheid von Mögling neben dem Turmeingang die Palme (1444). Aus ikonographischen Gründen wiederum fesselt das Hochaltarbild von Josef Hartmann, das

Himmelfahrt und Passion der hl. Margareta zeigt. Dabei fällt
ein Kurfürstenpaar auf, das (mit einem Kind als Wunsch auf
den Armen) die Heilige als Nothelferin in allen Kindersorgen
offenbar um Fürbitte für einen Thronfolger anfleht – aber der
Kurfürst trägt die Züge Ludwigs xiv.! Man weiß, dass Max iii.
Joseph und seine Gemahlin bei ihrem Besuch in Baumburg 1756
die Gemeinde darum baten, ihren Kinderwunsch alle Sonntage
zu wiederholen. Aber warum diente Ludwig xiv. als Camou-
flage für den doch so ›vielgeliebten‹ Kurfürsten? Wollte man die
Köpfe austauschen, wenn der Wunsch in Erfüllung ginge? Ach,
er wurde nicht erhört – und so begann denn hier Sonnenkönigs
Seiten-Karriere als vielbemühte Ausrede in der bayerischen
Kunst.

Nagelfluhland an der Traun

Der graue, harte, löchrige Fels setzt der Landschaft rund um die
Gabelung von Alz und Traun Meilensteine. Über Nagelfluh-
bänke rinnen die Alzwasser unterhalb Baumburg, und an eine
bizarre Nagelfluhwand klammert sich das Burggenist von *Stein
an der Traun* mit seinen dreifachen Wällen und Mauern: auf
dem Grat ein mittelalterliches Hochschloss, in der Mitte eine
Höhlenburg des 16. Jahrhunderts, die als besterhaltene
Deutschlands gilt, am Fuß ein neugotisch umgebautes Renais-
sanceschloss, jetzt Landschulheim. Viele Adelsgeschlechter,
u.a. die Herrn von Stein, die Grafen Toerring oder der Fürst
Nikolaus Romanowski, waren seine Besitzer, wobei die kinder-
reichen Besucherscharen natürlich ihren Hauptspaß an den
vom Schlossführer erzählten Gruselgeschichten über die frühen
Burgritter haben, unter denen sich der ›Herr Heinz von Stein‹
wahrhaft draculisch aufgeführt haben muss.

Aus Nagelfluhquadern besteht auch die großangelegte Hal-
lenkirche St. Andreas in *Trostberg* mit ihrer Lichtfülle unter den
verspielten Netzrippengewölben, die im Kirchenfenster des
Südschiffs den hochgeachteten Trostberger Pfleger Hans von
Pienzenau verewigt, von dem in Hartmannsberg erzählt wurde.
Die heute durch umliegende Industrie prosperierende alte Han-

delsstadt an der Salzstraße zeichnet sich durch ein Zwiegesicht von großem Reiz aus: Zur Marktseite hin lässt sie ernste Innstadt-Gradlinigkeit sehen, zur tiefer liegenden Alzseite hingegen gibt sie sich mit dem Orgelpfeifen-Gestufe der Häuser ausgelassen.

Traunstein: Das Salz fließt zum Wald

Von den einsilbigen Zauberwörtern, die der Menschheit vor Begehrlichkeit nach dem von ihnen Benannten oft genug den Verstand gekostet haben – Salz, Gold, Öl –, hat das erste seine Magie am schnellsten verloren. Was heute ein Massenprodukt ist, war einst ein Kriegsgrund. Die Salzzwiste zwischen den Erzbischöfen von Salzburg und den bayerischen Herzögen währten Jahrhunderte. Als der alte Salzumschlagplatz Traunstein 1275 bayerisch wurde, umgingen ihn die Salzburger mit ihren Salzfrachten aus Reichenhall einfach, und erst die von Ludwig dem Bayern 1346 ausgebaute ›Güldene Salzstraße‹ von Reichenhall über Inzell nach Traunstein brachte dem Ort Aufschwung. Nun rissen sich alle Bürgerfamilien um die erbliche Salzsender-Lizenz, die ihnen erlaubte, das Salz vom Siedeherren zum Stapelplatz zu bringen, in diesem Fall von Reichenhall nach Wasserburg, keinen Schritt weiter. Immerhin waren um 1500 von 170 Bürgern in Traunstein 28 Salzsender. Herzog Wilhelms V. staatliches Salzhandelsmonopol von 1587 machte dem Reichtum erst mal ein Ende, aber 1619 kam es zu einer fürstlichen Entschädigung: Die Sudpfannen in der Au wurden angeheizt: Start des Salinenbetriebs!

Wie kam es dazu? In Reichenhall hatte man 1613 eine hochgrädige Solequelle angeschlagen – aber die Wälder ringsum waren bereits verfeuert. In Traunstein stand der Wald zum Beheizen der Sudpfannen noch dicht – aber das Gebirge lag dazwischen. Hofbaumeister Hans Reiffenstuel und sein Sohn Simon – wir hörten bereits von ihnen – wagten dennoch, eine *Soleleitung* zu bauen. Sie führten das 32 Kilometer lange Rohr über sieben Pumphäuser und eine Steighöhe von 238 Metern von Reichenhall nach Traunstein. Es war zusammengesetzt aus

8400 handgebohrten Rundhölzern von je vier Metern Länge
(Deichen oder Deicheln), die innen durch kleine Eisenrohre,
außen durch große Ringe verbunden waren. Um die Druck-
werke in den Pumphäusern anzutreiben, wurden alle Bäche und
Rinnsale als ›Aufschlagwasser‹ für die Kunsträder benutzt. Das
»Wunderwerk«, wie es hochgelobt wurde, war zwischen 1617
und 1619 vollbracht und funktionierte rund 200 Jahre lang ohne
Veränderung. Der ingeniöse Mechaniker und spätere Salinen-
rat Georg von Reichenbach (1771–1826) verlängerte die Pipeline 1810 nach Rosenheim (zweite Soleleitung), 1817 nach
Berchtesgaden (dritte Soleleitung) und ersetzte die Pumpen
durch die von ihm entwickelten Wassersäulenmaschinen. In
dieser modernisierten Form waren alle drei Soleleitungen rund
150 Jahre in Betrieb, bis die Salinen in Traunstein 1912 und in
Rosenheim 1958 aufgelassen und von Berchtesgaden nach Reichenhall 1961 eine moderne Leitung gelegt wurde.

Die rechtlich selbständige Salinenstadt *Au*, durch Treppchen
und die holzüberdachte Salzmaierstiege mit dem höher liegenden Traunstein verbunden, war eine frühneuzeitliche Indus-
triesiedlung mit Holztriftanlagen, Sudhäusern, Trockenstadeln,

Deicheln der Soleleitung:
handgebohrte Rundhölzer über Eisenrohren

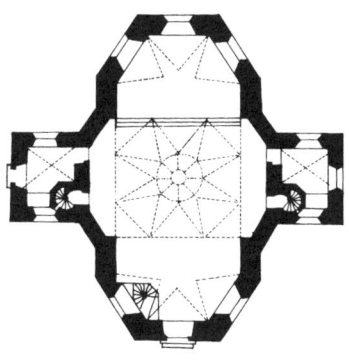

Grundriss der Traunsteiner Salinenkapelle
von Wolfgang König, 1630

Beamtenwohnstock und niedrigen Arbeiterwohnstöcken. Sie
unterstand dem mächtigen, Hofmarksrechte ausübenden Salz-
maier. Die Saline arbeitete mit vier, später mit fünf Sudpfannen
rund 300 Jahre lang und erzeugte in ihren besten Zeiten 200 000
Zentner Salz jährlich. 1912 wurde sie wegen Unrentabilität
geschlossen.

   Heute Wohngebiet, hat sich auf diesem Terrain noch sehr viel
der alten wohlproportionierten Bausubstanz und damit der früheren, übrigens sehr behaglichen Atmosphäre erhalten. Die
beherrschende *Salinenkapelle* ist ein sehenswertes frühes Archi-
tekturexperiment: Der Zentralbau auf dem Grundriss eines
gestreckten Kreuzes mit zwiebelbekröntem kurzem Mittelturm
über einem Klostergewölbe entstammt zwar dem Frühbarock
(1630), doch gotische Einzelformen – Gewölbe mit aufgesetzten
Rippen und Spitzbogenfenster – lassen an eine Vorform der
böhmischen ›Barockgotik‹ denken. Da jene Sonderausprägung
des Barock im 17./18. Jahrhundert von italienischen Baumeistern ausgelöst wurde, könnten dem Traunsteiner Architekten
Wolfgang König solche Ideen in Salzburg zugeflogen sein, wo
sich die Einflüsse mischten. Von Herzog Maximilian I. gestiftet,
steht die Kapelle unter dem Patronat des hl. Maximilian sowie

unter dem des Salz-Heiligen Rupert, von dem hier eine Schnitzfigur von selten lieblicher Schönheit zu sehen ist.

Liendlbrunnen, Georgiritt
und eine Bauernbub-Karriere

Die gemütliche Behörden- und Schulstadt ist weit mehr vom 19.
und 20. Jahrhundert geprägt als vom Mittelalter, dessen Bausubstanz viele Brände weitgehend zerstört haben. Erhalten
geblieben ist der altbayerische Straßencharakter des *Stadtplatzes*
mit einigen alten Gebäuden wie dem Brothausturm oder dem
Heimathaus sowie dem Wahrzeichen des Liendlbrunnens,
jenem Marktbrunnen, auf dessen Säule ein Geharnischter mit
Fahne und Schild von Steinmetz Stephan von Traunstein, 1525,
die städtische Gerichtsbarkeit verkörpert, wobei der Name für
den Pferdepatron Leonhard, ›Liendl‹, in diesem Zusammenhang etwas rätselhaft ist. Die mächtige *Stadtpfarrkirche St. Oswald*
wurde nach Bränden 1675 nach Plänen des Münchner Hofbaumeisters Caspar Zuccalli als Wandpfeileranlage neu gebaut und

Stadt und Saline Traunstein, gezeichnet von Johann Georg von Dillis,
gestochen von Simon Warnberger, um 1802

von anderen Münchner Hofkünstlern mit einem viel gerühm-
ten Hauptaltar ausgestattet. Davon aber hat sich nur der Unter-
bau original erhalten, wie denn auch die übrige Originalaus-
stattung durch weitere Brände litt. Das *Heimathaus* neben dem
Brotturm ist außerordentlich reich mit Dokumenten des Bür-
ger-, Bauern- und Handwerkslebens der Stadt bestückt und
beherbergt u.a. die bekannten Salinenbilder, die Kurfürst Karl
Theodor nach seinem Traunsteiner Besuch 1781 anfertigen ließ
und die den nüchternen Weg der Salzproduktion vom Holz-
fällen bis zum Salzeinfüllen recht beschwingt darstellen. Von
einem besonderen Porträt wird gleich die Rede sein.

Ein Wahrzeichen der Stadt ist auch der alljährliche Georgiritt
zum *Ettendorfer Kirchlein* am Ostermontag, der mit großem
Schaugepränge gefeiert wird. Der lindenbeschirmte Kegelhügel
nördlich Traunstein, auf dem das gotische Kirchlein mit dem
Zwiebeldachreiter steht, ist mit seinem köstlichen Blick auf die
vor den Bergen ausgebreitete Stadt wieder mal ein Bilderbuch-
Plätzchen, vertieft durch die ländliche Herzhaftigkeit der bemalten Empore, der kräftig bunten Fresken und der Netzgewölbe-
figuren in der Kirche. Der vermutlich schon seit dem Mittelalter hier übliche Pferdeumritt zum Segnen der Ackergäule wurde
anfangs des 20. Jahrhunderts durch den Volkskundler Georg
Schierghofer wiedererweckt, wobei die Erneuerung des kunst-
vollen Schwertertanzes heute eine besondere Attraktion ist.

Einige Kilometer nördlich, in dem Dorf *Kammer*, ist ein großer Bildhauer zur Welt gekommen, dessen Name niemals im
Zusammenhang mit Bayern genannt wird, wiewohl er bayerisch
genug klingt: *Balthasar Permoser* (1651–1732). Der Sohn wohlhabender Bauern (das Neumayergut mit seiner Gedenktafel steht
abseits der Autostraße) lernte in Salzburg und Wien und arbeitete lange Jahre in Rom und Florenz, bevor er nach Dresden an
den Hof berufen wurde und fürderhin für so verwöhnte Kunst-
kenner wie August den Starken, Herzog Anton Ulrich von
Braunschweig oder den Prinzen Eugen den Meißel führte.
Seine so belustigend wie erschreckend grotesken Figuren am
Dresdner Zwinger oder sein großartig exaltiertes Prinz-Eugen-
Standbild im Wiener Belvedere gehören zu den aufregendsten

Leistungen europäischer Barockplastik. Im Traunsteiner Heimathaus hängt das einzige vorhandene Bildnis Permosers,
höchstwahrscheinlich von dem Berliner Hofmaler Antoine
Pesne gemalt, das der Bildhauer bei seinen Besuchen in der Heimat offenbar hier gelassen hat und das lange im Pfarrhaus von
Kammer aufbewahrt war. Kein Hof- und Weltmann tritt uns da
entgegen, sondern ein freundlicher Bauer mit der selbstbewusst
auf sich weisenden Geste des Erfolgreichen, aber dem suchenden, forschenden, ahnungsvollen Blick des Künstlers.

Moor und Vogelparadies

Südlich der lärmenden, für Augenreize blinden Autobahn am
Südufer des Chiemsees dehnt sich eine Landschaft der erd-
schweren wie zartesten Farben, der knorrigen wie filigranen
Gewächse, endlos und ernst, doch durch die konturenreiche
Gegenwart der Berge niemals verloren und unheimlich. Es ist
das Moor zwischen Bernau, Grassau und Bergen, das noch bis
zum endenden 18. Jahrhundert eine fast unberührte Urlandschaft war, entstanden durch Verlandung, Versumpfung
oder Moosüberwucherung des einst bis zum Alpenrand reichenden Sees. Konservierte Pollen verraten Erd- und Men-
schengeschichte: Sie erzählen, dass schon im 8. Jahrhundert vor
Christus ein Weg durch dieses Moor geführt habe. Abgetorft,
entwässert, bewirtschaftet, von Straßen durchzogen und von
Siedlungen durchsetzt, sind von der einstigen Urlandschaft nur
noch Spuren geblieben. In den weiten, durch markierte Wege
begehbaren Flächen stößt man manchmal auf Stellen von überraschender Urtümlichkeit. Im großen Komplex der *Kendlmühlfilzen* bei Grassau haben sich einige solcher Hochmoorpartien
erhalten. Jenseits der Tiroler Ache im *Sossauer Filz und Wildmoos*
erstrecken sich unversehrte Übergangsmoore und nasse Lat-
schenhochmoore, überdies Streuwiesen, in denen rare Vogelarten brüten. Weiter südlich gehören das *Süssener und Lanziger Moos*
bei Marquartstein und das *Mettenhamer Filz* bei Unterwössen zu
den besterhaltenen Hochmoorgebieten des Chiemgaus. Alle
genannten Komplexe stehen natürlich unter Naturschutz.

Erfreulicherweise ist der lange Zeit in unverantwortlichem
Ausmaß betriebene Torfabbau reduziert worden und die Rena-
turierung durch ökologische Großprojekte auf Landesebene
sowie mit EU-Förderung seit 1995 in vollem Gange. Das betrifft
die versehrten Teile der Kendlmühlfilzen und der Damberger
Filze, der Rottauer Filze oder des Bergener Mooses, um nur
einige zu nennen.

Das Moorgebiet wird ungefähr in der Mitte vom Schwemm-
land der Tiroler Ache durchquert, deren Mündungsdelta unent-
wegt in Bewegung ist. Das Geschiebe, das der wilde Fluss bei
einem Gefälle von 520 Metern auf 73 Kilometer heranführt,
würde täglich dreihundert fünftonnige Lastwagen füllen. So ist
zwischen der rasch verlandenden Hirschauer Bucht bei Grabenstätt und der Halbinsel Feldwies durch diese dauernden Ver-
änderungen ein vielgestaltiges Terrain aus Kies- und Sandbänken, Schlick, üppigem Auwald, Moorresten und Sumpfwiesen
entstanden: ein Eldorado der Vogelwelt. Es umfasst 1250 Hektar, steht unter Naturschutz und darf in seinem Kerngebiet
ganzjährig nicht betreten werden. 260 Vogelarten sind hier
nachgewiesen, nach vorsichtigen Schätzungen können 120
Arten davon als sichere Brüter angesehen werden, die anderen
sind Durchzügler, Wintergäste, Invasionsvögel oder Irrgäste.
Was die Durchzügler angeht, so können die Ornithologen hier
an Herbsttagen bis zu 10 000 Kleinvögel pro Stunde zählen, und
durchschnittlich 30 000 Wintergäste sind eine nicht minder
stolze Bilanz.

Wenn auch einige der seltenen Vögel, wie der Purpurreiher
oder die Große Rohrdommel verschwunden sind, haben andere
hier immer noch ihre Reservate, so Kolbenente, Blaukehlchen,
Schilfrohrsänger, Rohrweihe, Bekassine oder der geheimnisvolle Wachtelkönig, dessen Knarren gut vernehmbar, der aber
selbst nie zu sehen ist. Die Kies- und Sandbänke sind mit Regen-
pfeifern, Flussuferläufern und anderen Watvögeln bevölkert,
die einst allenthalben in Bayern so häufig auftraten, jetzt aber
immer rarer werden. In den Auwäldern ziehen Spechte, Stare
und Waldkäuze ihre Jungen auf, und an den Altwasserarmen
lassen sich auch Schwarzmilan und Seeadler sehen. Im Rohr-

dschungel hängt der Teichrohrsänger sein kunstvoll geflochtenes Nest zwischen Schilfrohren auf, und im eisfreien Mündungsgebiet der Ache gesellen sich zu den Hunderten von Enten auch kleine Gruppen von Sturmmöwen und Kormoranen.

Der Verkehrsverein Übersee bietet von Experten geführte vogelkundliche Wanderungen zur Beobachtungsplattform auf der Halbinsel Lachsgang, in die Hirschauer Bucht oder ins Bergener Moos an, ebenso ausgewählte Moorwanderungen. Auf beschilderten Lehrpfaden kann man mehrere Moorkomplexe auch auf eigene Faust erkunden. Zwischen Grassau und Rottau ist das *Soleleitungsmuseum Brunnhaus-Klaushäusl* mit einer vollständig erhaltenen Pumpstation und einem Solehochbehälter, überdies einer prächtigen Aussichtsplattform auf die Kendlmühlfilzen besuchenswert.

Ländliche Blickwechsel

Wer Lust hätte, einen guten Freund bei der Hand zu nehmen und zu liebenswerten ländlichen Szenerien zu führen, könnte beim hl. Christophorus in *Grabenstätt* beginnen, einem wandfüllenden, dekorativ gewandeten Orientalen, der großäugig über das Kind auf seiner Schulter nachsinnt, indes Aale, Brachsen, Forellen und Nixen sich um seine Füße tummeln und am Gestade eine Kirche aufragt, die just dieses Johanneskirchlein sein könnte, denn der Ort lag damals, zur Entstehungszeit des Wandbilds Mitte des 15. Jahrhunderts, noch am See. Nicht nur, weil Christophorus der Legende nach ein Riese gewesen sein soll, wurde er fast immer monumental innen oder außen an Kirchen dargestellt, sondern auch, weil er auffallen musste, da schon sein bloßer Anblick vor Unfall und plötzlichem Tod schützte.

In der *Feldwies*, einem Ortsteil des turbulenten Gästemittelpunkts *Übersee*, schauen wir in das blumenumsäumte Atelier des Sezessionisten und Stuck-Freundes *Julius Exter* (1863–1939) hinein, der den Eleven seiner Malschule ein beliebter Lehrer, der hiesigen Künstlerkolonie eine fröhliche Zentralsonne und der Gemeinde ein umsichtiger Initiator kommunaler Einrichtungen, u. a. einer Wasserleitung oder eines ›Verschönerungsvereins‹, war. Das heutige Museum im ehemaligen ›Häusl‹ zeigt eine schöne Auswahl aus seinem Werk und aus Dokumenten seiner Biografie.

Auf die Kuppe des *Osterbuchbergs* zieht uns eine der einschmeichelndsten Aussichten dieses Landstrichs: Sanft beugen sich die Rücken der Berge, Linie nach Linie, von Westen her nieder, und gegenüber wölbt sich der *Westerbuchberg* leicht aus der Ebene empor. Dort wieder überrascht im tuffsteinernen Gotteshaus ein spätgotischer Nothelferaltar, der vom Gesprenge bis zu den Figuren auf die Wand *gemalt* ist: So diente man den Glaubensnotwendigkeiten auch in Geldnöten. Und im Chor ergreift uns ein Gekreuzigter von ungewöhnlich schmerzvoller Ausdrucksintensität (1520).

In *Bernau* geraten wir am Kirchplatz schier auf eine Bühne: Hier ein lüftlbemaltes Wirtshaus mit Eckerkern und Holzaltane, da ein Burgschlösslein, drüber der Kirchturm und ganz drüber die Kampenwand, sonntags komplettiert durch Volksgemenge. Auch mit einem Mimen kann gedient werden: Es war um die vorige Jahrhundertwende der berühmte Berliner, Wiener und Münchner Hoftheaterschauspieler Ferdinand Bonn, der sich die alte Burg zum Herrenhaus umbaute und hier zwischen seinen Engagements Komödien, Parodien und Romane schrieb. Heute gehört das ›Bonn-Schlösschen‹ als Gästehaus zum traditionsreichen ›Alten Wirt‹, der sich übrigens in seiner Lüftlmalerei der Übernachtung Kaiser Maximilians I. am 26. Oktober 1504 rühmt. Nun ja, der hatte vorher im Landshuter Erbfolgekrieg Kufstein in Schutt und Asche gelegt und eilte nun, ein gleiches mit Marquartstein zu tun, das aber klug genug war, sich zu ergeben.

Unter dem Kamm der Kampenwand

»Die nun folgende Bergstrecke zur Höhe der Kampenwand bildet den unbestrittenen Glanzpunkt der Deutschen Alpenstraße. In weiten Windungen und Kurven schraubt sich die Autostraße über Maisalm und

Schlechtenbergalm hinauf bis unter die Gipfelfelsen des Berges . . .« Das ist keinem Tourismusprospekt von 2000 und X entnommen, sondern einer Schrift aus dem Tausendjährigen Reich, das plante, die Deutsche Alpenstraße direkt über die Kampenwand zu legen. Noch erstaunlicher als der Plan ist die Unverfrorenheit, mit der er 1936 hier bereits als vollendete Tatsache hingestellt wird. Gottlob müssen wir uns heute noch mit der 1957 gebauten Kabinenseilbahn von Hohenaschau zur Kampenhöhe (1450 m) begnügen, die als Bergsattel zwischen dem Kamm der Kampenwand (1668 m) und der westlich davon aufragenden Scheibenwand (1598 m) liegt. Die Bahn reicht freilich aus, um Wintersportler zu den Pisten und Sommergäste zur Berggastronomie zu bringen. ›Normale‹ Wanderer steigen den bequemen Reitweg über die Schlechtenberg- und die Steinlingalm empor, zünftige bevorzugen den Südhang, bei dem sie durch die Schluchten der ›Kaisersäle‹ klettern müssen. Die gewaltige Schau zum Süden umfasst das Kaisergebirge, die Hohen Tauern, die Hörner der Loferer Steinberge, das Steinerne Meer, den Watzmann und den Hohen Göll, indes im Norden der ganze Chiemgau unverstellt bis zum Horizont hingebreitet liegt.

Die Kampenwand war einer der ersten topographisch getreu abgebildeten Berge Bayerns. Der Ingolstädter Mathematikprofessor Philipp Apian, der mit seinen Gehilfen im Auftrag Albrechts v. das Herzogtum Bayern kartographisch aufnahm, stieg 1560 herauf, nannte den merkwürdigen Hahnenkamm ›Campen‹, zeichnete und aquarellierte ihn. Da kurz vorher verfügt worden war, sommers müsse alles Vieh auf die Alm getrieben werden, weil der wertvolle Boden im Tal ausschließlich für Flachsbau genutzt werden solle, gab es damals hier viele ›Almkaser‹, in denen der für einfache Leute als Nahrungsmittel so wichtige Käse bereitet wurde (freilich kommt das Wort nicht von Käse, sondern von ›casa‹, das Haus). Auch heute noch werden hier wie andernbergs die Almen mit Vieh ›bestoßen‹, doch nun ersetzt ein Zaun den Senner, und ab und an schaut der Bauer nach den sich selbst überlassenen Tieren.

Schrägansicht aus der Kabinenbahn von oben, Schrägansicht von der Prienbrücke von unten: Schloss Hohenaschau ist ein Fotostar! Von oben ein mittelalterliches Burggeschachtel, von unten ein langhin auf der Anhöhe thronendes Wohnschloss, den Fluss als ausgerollten Teppich zu Füßen, gerahmt von Kampenwand und Zellerhorn. Dabei ist die groß inszenierte feudale Attitüde dem Chiemgau sonst fremd, selbst jene im See ist durchaus einwärts gewandt.

Der aus dem 12.Jahrhundert stammenden romanischen Burganlage mit Bergfried, die in der Renaissance erweitert wurde, verhalfen die Reichsfreiherren und späteren *Grafen von Preysing* zu Barockglanz. Diese mächtige Dynastie von Hofdiplomaten hatte das Schloss 1610–1853 als Jagdsitz inne. Vor allem der kunstsinnige Max II. Preysing ließ Enrico Zuccalli allenthalben erneuern und neu bauen und die Säle mit schwelgerischem Dekor und den pathetischen Gipsgranden seiner Ahnengalerie im Stil des italienischen Hochbarock stuckieren. (Drei dieser Säle und die Schlosskapelle sind mit Führungen zu besichtigen.)

Unter den Vorgängern im Schlossbesitz, den Rittern von Freyberg, war *Pankraz von Freyberg* (1508–1565) eine herausragende Figur. Bekennender Protestant, vermochte er seinen Freund Albrecht V. zu religiöser Duldsamkeit zu bewegen. Doch als er mit einigen adeligen Glaubensgenossen auf Zulassung des Augsburger Bekenntnisses pochte, witterte der Herzog eine Verschwörung und warf alle in den Kerker. Die Mithäftlinge kamen schnell frei, Pankraz allein blieb lange gefangen und starb gleich nach seiner Freilassung. Der Tapfere hat für die Wirtschaft seiner Domäne viel getan, das Wichtigste war die Gründung von Eisenhütten am Hammerbach bei Hohenaschau und bei Bergen, die bis Ende des 19. Jahrhunderts eine blühende Kleineisenindustrie hervorbrachten, was das *Priental-Museum* im Schloss informativ veranschaulicht. Johann Georg von Dillis hat in einem Aquarell von 1792 einen Drahtzug bei Hohenaschau festgehalten: eines der frühesten Industriebilder!

Letzte Besitzer waren von 1875 bis 1942 die *Freiherrn Cramer-Klett*: Senior Theodor, MAN-Gründer und Unternehmer großen Stils, der hier u. a. die Bahn Prien–Aschau finanzierte, Junior Theodor, Schöngeist und Kloster-Mäzen ebenso großen Stils (im Park beigesetzt), schließlich Ludwig Benedikt, Gutsherr und Schriftsteller, der das Schloss 1942 verkaufen musste. Heute wird es von der Bundesrepublik als Heim genutzt.

Der stattliche Urlauberort *Aschau*, früher Niederaschau, ragt mit seiner barockhaubigen Doppelturmkirche nördlich der Burg auf, nochmals einen malerischen Akzent setzend. Derselbe saftige italienische Stuck wie im Schloss, in Oberbayern einigermaßen selten, ist auch in dieser recht üppig ausgestatteten Kirche zu sehen. Und am Kirchplatz gibt es eine zweite so genannte ›Residenz‹: Sie ist im Stil der internationalen Nouveau Richesse gehalten, als Dekor dominiert die Serviettenpyramide, die Farbvaleurs sind auf den Dreiklang Kaviar, Hummer, Trüffel und die Besucher auf den Bussi-Bussi-Zweiklang gestimmt.

Das stille Dorfgenie von Sachrang

Vom Gebirge arg bedrängt, zieht die Prien zwischen Aschau und Sachrang in einem Bett voller Geröll meist neben der einst als Saumpfad nach Italien viel begangenen Straße her. Zellerwand, Zinnenberg und Spitzstein begleiten ihr Tal im Westen, Scheibenwand, Überhängende Wand oder Mühlhörndl im Osten. Die Tiroler Grenze umläuft in spitzem Dreieck die Prien-Quellen, aber der Talschluss südlich Sachrang ist kein Kessel, sondern eine Kanzel, die sich über einem Steilabfall höchst eindrucksvoll zum 250 Meter tiefer liegenden Tiroler Inntal öffnet. Die Bauern, die Wallfahrer zum Ölbergkirchlein bei Sachrang und die Hohenaschauer Herrschaft kümmerte die von Kaiser Maximilian 1. gezogene Grenze so wenig wie der Steilabfall, sie holten die Bauweise ihrer Höfe, die Ehefrauen und den Segen wechselweise von hüben oder drüben.

Zwar hatte das abgeschieden gelegene Sachrang unterm Spitzstein mit seinen tirolisch-oberbayerischen Bauernhöfen um den Dorfanger schon immer Liebhaber seiner Schönheit oder seiner

Wintersport- und Wandermöglichkeiten, aber durch die von einem Roman Carl Oskar Renners angeregte dreiteilige Fernsehsaga ›Sachrang – eine Chronik aus den Bergen‹ in den siebziger Jahren geriet es in mehr als zwanzig Millionen Augenpaare. Dabei war es eine alles andere als spektakuläre Existenz, die da dramatisch aufgeplustert worden war, im Gegenteil, es war das bescheidene, persönlich glücklose, aber vielseitig wirkende Leben des Müllerssohnes Peter Huber, genannt *Müllner-Peter* (1766–1843). Der geht mit zwölf Jahren als jüngstes von zehn Kindern nach München zum Studium, kehrt mit achtzehn unerwartet zurück, schuftet in der Mühle und im Stall, mixt Arzneien und verarztet erfolgreich kranke Menschen und Tiere, komponiert, leitet den Kirchenchor, spielt die Orgel, gibt Musikunterricht in vielen Instrumenten, restauriert eigenhändig das verfallende Ölbergkirchlein, wird Dorfbürgermeister. Was immer er beginnt, scheint gesegnet. Nicht aber seine späte Ehe mit der sechzehn Jahre jüngeren Nachbarstochter, einem vielbegabten, rauhen, verschlossenen Mädchen, das das Schreinerhandwerk gelernt hat, Männerstiefel trägt, die Kirche meidet, ein Fremdkörper im Dorf ist. Bald ist die Ehe am Ende, wenige Jahre danach sie selbst ertrunken, ungewiss, ob durch Unfall oder Selbstmord. Der Müllner-Peter ist mit 77 Jahren hochgeehrt gestorben und bald vergessen worden. Der mehr als ein Jahrhundert später auf das Dorf hereinbrechende Medien- und Touristenrummel ist inzwischen ebenfalls vergessen, doch hat er den Anstoß zu einer sanften Blüte Sachrangs gegeben, die dem stillen Guttäter wohl gefallen hätte.

Sein Grab auf dem schönen Friedhof mit farbigen Schmiedeeisenkreuzen liegt links vom Eingang zur *Pfarrkirche*, einem so ländlich wie vornehm wirkenden Hochbarockbau von seltener Einheitlichkeit. Die Familie Preysing-Hohenaschau hat den Neubau und zwei Altäre gestiftet, drei Graubündner Zuccalli-Sprosse aus Salzburg und Rosenheim, Johann Caspar (nicht zu verwechseln mit dem Münchner Caspar), Giulio und Pietro, haben 1687/88 ihren weiten Saalraum gebaut und mit prallen, doch nicht überbordenden Früchten, Blüten, Puttoköpfen stuckiert, die einheimischen Maler Joseph Eder und Jakob Car-

nutsch sowie der Schnitzer Michael Furtner die effektvoll gold-
glänzenden Altäre und die Tafelbilder geschaffen.

Eine volkstümlich buntfarbene Höhle voller Blumenorna-
mentik, Votivtafeln, Schnitzfiguren ist hingegen das weiße, am
bewaldeten Berghang kurz vor dem Schlagbaum gelegene
Ölbergkirchlein, das im 17. Jahrhundert aus einer Einsiedlerklause
entstand. Von seinen vier Kapellenräumen lässt sich ein dop-
pelgeschossiger als Kanzel zu den Wallfahrern auf der Wiese
öffnen, die hier alljährlich am dritten September-Sonntag die
Grenzwallfahrt in tirolischen und bayerischen Trachten feiern.

Zerschnittene Ache

Die Tiroler Ache war bis 1505 eine ganz und gar bayerische
Ache. Aber da Kaiser Maximilian 1. dem Münchner Herzog
Albrecht IV., seinem Schwager, im Landshuter Erbfolgekrieg
1504/05 gegen den (unrechtmäßig eingesetzten) Erben des Herzogtums Landshut, Pfalzgrafen Rupprecht, erfolgreich geholfen
hatte, schob er als Lohn Rattenberg, Kitzbühel, Kufstein (wiewohl soeben von ihm selbst zerschossen) und Mondsee ein und
schnitt damit zwei Drittel der Ache für sich ab. Seither fließt sie
vom Pass Thurn in den Kitzbühler Alpen bis zum Klobenstein
durch Österreich, wo sie meist ›Großache‹ genannt wird, bevor
sie ins Schlechinger Tal und damit nach Bayern eintritt, wo man
sie ›Tiroler Ache‹ heißt, um die Ungereimtheiten zu komplet-
tieren.

Nach seinem hochdramatischen, wild gischtenden Grenz-
übertritt durch die enge *Entenlochklamm* durchquert der Fluss die
harmonische Parklandschaft des *Schlechinger Tals* mit Filzen,
Hochwaldpartien und Streuwiesen, das umgeben ist von einem
vielfältigen Bergwandergebiet. Wer sich um kein Auto küm-
mern muss, kann beispielsweise in einer bequemen Kombination vom Priental ins Schlechinger Tal gelangen, indem er den
Gipfel des wegen seines Blumenreichtums bekannten *Geigelstein*
(1808 m) in dreieinhalb Stunden erklimmt, um sich dann von
der Wuhrsteinalm mit der Sesselbahn nach Ettenhausen bei
Schleching fahren zu lassen. Und im Grenzgebiet der *Rauhen*

Nadel ist der *Taubensee* (1100 m) ein von der Schlechinger Zoll-
station in zwei Stunden zu erreichendes Ziel, das einen wun-
dervollen Blick auf die Zentralalpen gewährt.

Bergeinsamkeit mit Figurenreigen

Auf einem Vorberg der Rauhen Nadel gegen das Achental, dem
Felsgrat des Streichen, steht unter den Zacken des Kaisergebir-
ges ein graues Kirchlein mit spitzem Dachreiter, in dem ein Reigen gemalter und geschnitzter Heiligengestalten ein lautloses
Fest in der Bergeinsamkeit feiert. Die *Streichenkirche St. Servatius*
ist wohl aus der Kapelle einer frühen Ministerialen-Burg am
Saumweg (›Strich‹) entstanden, und dass sie dem von den Bauern als Eisheiligen verehrten Servatius geweiht und eine Gna-
denkirche zur Erlangung von Wettersegen wurde, scheint naheliegend an diesem windgezausten Platz. Höchst erstaunlich
aber, welch ein Kunstschatzkästlein sich darin auftut, freilich
erklärlich, da die bayerischen Herzöge die Vogtei über die Kirche innehatten.

Heilige von aristokratischer Schönheit:
das kostbare Kastenaltärchen der Streichenkirche

Das um 1300 gebaute Langhaus ist am Chorbogen und seitlich davon vom Boden bis zur Decke mit *Fresken* von Heiligen-
legenden bedeckt: ein Zyklus in heiteren Herbstahornfarben,
elegant, locker, an oberitalienischem Einfluss geschult, vermutlich Salzburger Arbeiten von 1440/50, die mit Conrad Laib in
Verbindung stehen. Meisterlich vor allem die ›Anbetung‹ rechts
am Chorbogen mit den anmutig-nervösen Pferden und dem läs-
sig auf seinem Schimmel im Steigbügel stehenden König.
Schwerer und plastischer, mit Architektur- und Landschaftsak-
zenten versehen, sind die Szenen aus dem Marienleben, der Passion Christi und dem ›Jüngsten Gericht‹ im 1440 entstandenen
Chor, die ebenfalls aus dem Salzburger Kunstkreis, doch erst
von ca. 1510 stammen.

Geschnitzt und reliefiert geht der Figurenreigen an den Altären weiter. Im Schrein des szenenreichen *Hochaltars* von 1524
sind im geöffneten Zustand zu sehen: die Schnitzfiguren der
würdigen Bischöfe Servatius, Dionysius und Wolfgang, im
Gesprenge köstlich in geckenhafter Zeittracht die hll. Georg
und Florian, in der Predella eine anrührende Beweinung Christi
– im geschlossenen Zustand qualitätvoll gemalte Passionsszenen im damals ›modernen‹, dramatisch-exzentrischen Donau-
schul-Stil. Beim *Südwand-Altar* sei nur auf das rührende und seltene Motiv des kleinen Christus im Laufställchen in der Predella hingewiesen.

Das wundersame Kleinod der Kirche aber ist jenes zinnen-
bekrönte *Kastenaltärchen* an der Chorwand links mit einer
Schnitzfigur des hl. Servatius im offenen Schrein, um den sich
auf den geöffneten Klappflügeln ein Hofstaat von gemalten Heiligen reiht: auf den Innenseiten Sebastian, die Madonna, Ursula
und Laurentius, auf den Außenseiten Agnes, Erasmus, Elisabeth von Thüringen und Nikolaus. Die schlanken, zu einer
edlen S-Kurve gebogenen Gestalten in weich fließenden
Gewandbahnen, moosgrün, altrosa, elfenbein, burgunderrot
auf blauem Grund, deren zarthäutige Gesichter von bronze-
schimmernden Nimben umschlossen sind und die ihre Attribute mit aristokratischen Händen kaum zu berühren scheinen,
sind von jener schmelzenden Schönheit mit brillanten Oberflä-

chen, die den ›Weichen Stil‹ um 1420 in ganz Europa auszeichnet, der so trauervoll-beseelt und feierlich aber nur in der höfischen Kunst Prags zu finden war. Ist schon der Typus des Kas-
tenaltärchens überhaupt eine Rarität, so weist auch die Malerei
auf einen Import hin. Der tadellose Erhaltungszustand erhöht
die Kostbarkeit dieses Werkes inmitten seines in Kunstreich-
tum, Situation und Stimmung so einzigartigen Gehäuses.

Persiflage an der Kirchenwand: Achental-Allerlei

St. Servatius und St. Dionysius, der Haupt- und der Nebenpa-
tron der Streichenkirche, waren französische Bischöfe. Schle-
chings Pfarrkiche steht unter dem Patronat des hl. Remigius (im
Volksmund ›Remein‹), der als Bischof von Reims den Franken-
könig Chlodwig taufte. Im Nachbardorf Raiten wird die hl. Ger-
trud von Nivelles verehrt, Fürbitterin gegen Mäuseplagen,
deren lateinischer Name Nivigella niedlich zu ›Kakukilla‹ baju-
warisiert wird. Mit einer Maus steht sie dort im Hochaltars-
auszug. Die auffallende Häufung französischer Heiliger im
Achental dürfte auf ein fränkisches, mit den Karolingern ver-
wandtes Geschlecht zurückzuführen sein, das sich um 900 hier
niedergelassen hatte und seine Heilige auf die Altäre stellte.

Die *Schlechinger Kirche* ist ein liebenswürdiger Frührokokobau
(1735) des uns schon bekannten Lokalmeisters Abraham Millauer, der Schwung und Charme von den Dientzenhofern
gelernt hat. Seine strahlende, qualitätvolle Rokokoausstattung
stammt von Salzburger und Münchner Meistern. Die Gotteshäuser auf dem Streichen, in Schleching, Raiten und anderswo
im Achental gehörten zur Mutterkirche *Grassau*, der bis ins früheste Mittelalter zurückgehenden Pfarre, die zum geistlichen
Mittelpunkt des ganzen Tales wurde. Kein Wunder, dass ihre
Mariä-Himmelfahrtskirche reich ›geschichtet‹ ist. Unter dem
auch hier italienischen stuckierten Barockgewand ist eine dreischiffige Staffelhalle mit kräftigen Rundpfeilern zu erkennen,
Freskenreste des ›Weichen Stils‹ sind an der Nordwand freigelegt worden. Bei der Barock- und Rokokoausstattung in Fresken wie Gemälden wetteiferten Jakob Carnutsch und Johann

Nepomuk della Croce miteinander, wobei Carnutschs Em-
porenfresko der ›gewaltsamen‹ Himmelseroberung der fröm-
melnden Grassauer Bruderschaften die Rarität einer Persiflage
an der Kirchenwand darstellt (1796).

Wie man dem gemütlichen und doch lebendigen Grassau
seine historische Bedeutung ansieht, so auch *Marquartstein*, dem
früheren gerichtlichen Mittelpunkt mit seiner einst auftrumpfenden Burg unter dem Bergstock des Hochgern an der Eng-
stelle zwischen der Ebene und den Bergen. Vom 11. bis zum
13. Jahrhundert gehörte sie einigen miteinander versippten Rit-
tergeschlechtern, deren Fehden um 1091 bis zu einem sagen-
haften Mord an jenem Marquart II. führten, der zusammen mit
der schon genannten Adelheid von Mögling Baumburg stiftete.
Danach regierten hier durch ein Pfleggericht bis 1803 die Wittelsbacher, seither wechselte der viel veränderte Bau häufig die
Besitzer. Der beliebte Luftkurort Marquartstein konnte sich
berühmter Dauergäste rühmen: Richard Strauss wohnte lange
Jahre allsommerlich in der Villa de Ahna, bevor er nach Garmisch zog, auch die große Rundfunk-Fabuliererin Elsa Sophia
von Kamphoevener, die ihre Kunst an Sultanshöfen gelernt
hatte, lebte und starb hier 1963.

Dass Künstler von Leopold Rottmann bis Alexander Kanoldt
nicht davon lassen konnten, immer wieder den *Hochgern* zu
malen, ist angesichts seiner kraftvollen und aus jedem Blickwinkel reizvollen Plastizität begreiflich. Mit seiner Fülle niedriger Begleitberge ist es ein vielseitiger Wanderberg, auf dem man
Seltenes von Gemsen bis Knabenkraut erspähen kann. Wer die
drei Stunden bis zum Gipfel (1744 m) scheut, mag wenigstens
zur *Schnappenkapelle* in 1100 Meter Höhe aufsteigen: ein roman-
tisches Plätzchen und ein eindrucksvoller Blick auf den Chiemsee erwarten ihn.

Stein im Mund: Maria Eck

Eine viel gerühmte, weil ringsum freie Aussicht bietet der östlich benachbarte *Hochfelln* (1671 m) mit seinem Panorama vom
Salzkammergut bis zum Wetterstein, das eine Kabinenbahn von

Bergen-Maxhütte aus auch Wanderunlustigen zu Füßen legt.
Auf dem waldigen Bergrücken, den der Hochfellnstock nach
Nordosten entlässt, ruht weithin sichtbar in 884 Meter Höhe der
beliebteste Wallfahrtsort des Chiemgaus, Maria Eck, von Bergen in einer knappen Stunde zu Fuß zu erreichen. Drei Lichter,
die Holzfäller dreimal vor Marienfesten an dieser Stelle erblickt
haben sollen, waren der Anlass für das Kloster Seeon, auf seinen Almen dort oben 1626 das Marienheiligtum zu gründen. In
der Zeit der Gegenreformation brach ja, nach jener im Spätmittelalter, eine zweite Epoche der ekstatischen Marienverehrung an: Man ging barfuß oder mit Kerzen auf dem Kopf oder
mit einem zum Schweigen zwingenden Stein im Mund von weit-
her hier herauf, erlegte sich Hunger und Durst auf, rutschte das
letzte Stück auf den Knien. Der Abt Honorat Kolb aus Seeon,
der hier von 1653 an als Priester Buße für seine Hoffart tat,
sorgte für schnelles Aufblühen der Wallfahrt. Da er es sich übrigens nicht entgehen ließ, auf dem (vielleicht auf seinen Wunsch)
mit Lokalbezügen ergänzten Maria Ecker Gnadenbild als betender Mönch abermals porträtähnlich verewigt zu werden, scheint
ihn nicht gerade zähneklappernde Reue geplagt zu haben. Den
Stein im Mund hatten ihm die Wallfahrer wohl voraus.

Die behäbige Kirche mit Tuffsteinunterbau und Korbzwie-
belhaube schuf 1635 Wolfgang König, Baumeister der Traunsteiner Salinenkapelle. Auch hier war sein Zugriff originell: Den
Chor der Kirche auf Kreuzesgrundriss bildete er in Form eines
dreiblättrigen Kleeblatts aus, womit er diese ›Dreikonchenanlage‹ auf dem Land einführte, und auch hier arbeitete er mit
Spitzbögen als absichtlich gotisierenden Elementen. Das Gnadenbild einer Mondsichelmadonna à la S. Maria Maggiore in
Rom auf dem prächtigen Hochaltar stammt von einem unbekannt gebliebenen Maler in der Nachfolge des Peter Candid
und wurde später am unteren Rand, wie erwähnt, durch die
Ansicht der Kirche und einer Wallfahrergruppe mit Ratsherr
und Mönch ergänzt. Die verehrte Muttergottes-Ikone am linken
Seitenaltar (Nowgorod 1450; hier Kopie, Original im Kloster)
war eine Stiftung des Fürsten Albrecht IV. Radziwill aus
Litauen, der mit seiner bayerischen Gemahlin nach einem

Besuch des Kurfürsten Maximilian in München hierher geführt wurde. Als die Kirche nach der Säkularisation unter dem Vorwand schlechter Zugänglichkeit abgerissen werden sollte, bauten die Bauern von 32 Chiemgaugemeinden in nur zwölf Tagen von Siegsdorf hinauf eine neue Straße. Seit 1891 wird die auch heute noch von Hunderttausenden besuchte Wallfahrt von Franziskaner-Minoriten im Kloster Maria Eck betreut.

Erzgruben mit Grenzen

Kohlbrenn, Hammer, Hutschlag, Mühlwinkel, Scharam, Eisenärzt – die Ortsnamen zu Füßen des Hochfelln und Rauschberg verraten ihre Vergangenheit, die mit Holzeinschlag, Mühlen zum Antreiben der Blasebälge, Köhlereien, Eisenhammern und Eisenschmelzhütten zu tun hatte. Denn am *Kressenberg* südwestlich von Neukirchen, wo schon Kelten und Römer geschürft hatten, brachten die Wittelsbacher den Erzabbau erneut in Gang, als Kaiser Maximilian ihnen 1505 die Tiroler Bergwerke wegnahm. Pankraz von Freyberg als Lehensherr des Territoriums machte dann Mitte des 16. Jahrhunderts Bergen neben

Die Bergener Maxhütte um die Mitte des 19. Jahrhunderts

Aschau zum Mittelpunkt der Chiemgauer Eisenindustrie. *Über die sanfte Anhöhe des Kressenbergs verlief bis 1803 die Landesgrenze zwischen Bayern und Salzburg, und so kam es, dass auch *im* Berg die bayerischen Knappen ihre Stollen von Westen hineintrieben und sie Ferdinand-, Emanuel- oder Maximilian-Flöz nannten, indes die fürsterzbischöflichen von Ost nach West schürften und als Namenspatrone die Erzbischöfe Sigmund, Christoph oder Ulrich bemühten. Tiefschürfend wäre wohl auch die Frage: Wie tief reichen Grenzen in die Erde?

Das Bergener Werk mit Hochöfen, Hammerwerk, Gießerei, Schmieden und Schlossereien wuchs stetig und wechselte öfter zwischen Standesherren und Landesherren hin und her, bis es 1808 endgültig von König Max 1. Joseph für Bayern erworben und ›Maximilianshütte‹ getauft wurde. Gewiss, in Kriegen stellte es Kanonen her, aber viel größer war die Erzeugung an nützlichen Dingen wie Gitter, Ofenplatten, Grabkreuzen oder Gipfelkreuzen, wie jenem auf dem Hochfelln. Das berühmteste seiner Produkte war der Kurpavillon für Bad Kissingen. Als 1881 der Erzabbau am Kressenberg stillgelegt wurde, ließ man in Bergen bald auch die Hochöfen ausgehen, aber die Erzeugung von Gießereiwaren aus Roheisen von anderswoher ging mit Erfolg weiter. Erst 1931 schloss die Maximilianshütte ihre Tore.

So geborgen und bergend, wie *Bergen* im Talkessel liegt, das Hochgebirge im Rücken und vor sich die Weite der Moore, musste es freilich um Gäste nicht bangen, als die Industrie-Epoche vorbei war. Einer, der die Ebenen des Nordens für immer eintauschte gegen »*eine Landschaft, die, was Torfgräben, Birken und sonstiges Zubehör betrifft, mit der des Teufelsmoors bei Bremen wetteifern kann*«, war Rudolf Alexander Schröder (1878–1962), Schriftsteller, Übersetzer, Maler, Mitgründer von Zeitschrift und Verlag ›Die Insel‹. Er zog sich 1936 hierher ins ›Haus Sonnleithen‹ zurück, als seine Situation in Bremen als Repräsentant der Evangelischen Kirche unter den Nazis unhaltbar wurde. Seinen literarischen Arbeiten nachgehend, überdies Lektor der Evangelischen Landeskirche in Bayern, lebte er als Ehrenbürger Bergens bis zu seinem Tod hier.

Die Bergwerksstollen unterm Kressenberg sind in einem Museum nachgebaut, das eigentlich nur für das ›Urvieh Oskar‹ geplant war, aber dann zu dem prächtigen *Naturkunde- und Mammutmuseum Siegsdorf* ausgebaut wurde. Die ›Urzelle‹ des Museums war jener Riesenrippenknochen, den der blutjunge Schüler Bernard von Bredow 1975 im Schlammtümpel eines Grabens bei Siegsdorf entdeckte. Man grub dann neunzig Prozent eines etwa 400 000 Jahre alten Mammutskeletts aus, dazu Knochen vieler anderer Tiere, die offenbar in der Eiszeit hier zu einer Tiertränke kamen, deren Tonboden konservierend wirkte. Der Schüler Bredow wurde ein weit gereister Naturforscher, und das vier Meter hohe und sechs Meter lange Mammutskelett lässt sich seit 1995 in naturgetreuer Kopie (denn die echten Knochen sind viel zu schwer zum Zusammenbasteln) in dem genannten Museum im Kreise seiner Genossen, wie Höhlenlöwe, Wollnashorn und Entenschnabelsaurier, bestaunen und mit Kosenamen rufen und hat überdies dafür gesorgt, dass es durch geologische und naturkundliche Modelle vom Eiszeitgletscher bis zum Meerwasseraquarium von seiner ganzen damaligen Umwelt umgeben wird.

Wer eine Steinzeitbesichtigung in natura anschließen will, kann im Ortsteil Alzing auf dem riesigen Freigelände des von Bernard von Bredow angelegten und geleiteten *Mammutheum mit Steinzeitpark* zwischen lebensgroßen Modellen von Mammuten und anderen Riesentieren sowie rekonstruierten Steinzeitbehausungen wandeln und sehen, wie die Mammutjäger ihre Werkzeuge herstellten oder in der Knochenhütte Feuer anzündeten. Und wer dann auf selbstgemachten Fellumhang, Schmuck und Bogen Wert legt, kann diese Fertigkeiten hier sogar lernen: Im Sommer gibt es neben Führungen allerlei Kurse!

Nicht minder ungewöhnlich ist das *Holzknechtmuseum* in *Laubau* bei Ruhpolding, das eine nah vergangene und doch schon vergessene Kultur beschwört. Salzsieden erforderte Holz, und Einschlag und Transport von Holz ließ einen eigenen Berufsstand mit unverwechselbarem Brauchtum entstehen. Der

*Nach innen verlegt: im Holzknechtmuseum in Laubau
wird Waldarbeit anschaulich gemacht*

Wald war Arbeitsstätte und Lebenswelt der Holzknechte. Sie
zimmerten sich für den Sommer einfache ›Kobel‹ aus Stangen
und Rinden für drei bis vier Mann mit einem Feuergestell und
Schlafstellen aus Gras und Fichtenzweigen. Oder sie bauten
massive ›Winterstub'n‹ aus Holzstämmen und Mauerwerk mit
einem Schlafraum für etwa zwanzig Mann, je Platz sechzig Zentimeter Breite, Wohnstube, Küche und Stall für die Holz-Heim-
arbeiten im Winter. Freilich, die Behausungen mit schindelge-
decktem Flachdach aus dem 17. bis 19. Jahrhundert, die im schönen Museums-Freigelände stehen, sind karg und doch so
unfehlbar in ihren Proportionen wie alles vorindustriell Hand-
gefertigte. Im eindrucksvollen Hauptbau des Museums, einem
einstigen Salinen-Verwaltungsgebäude nachempfunden, wird in
großflächigen Ausstellungsräumen die Waldarbeit vom Baum-
fällen mit seinen von Natur wie Aberglauben diktierten Regeln
bis zum komplizierten Holztransport veranschaulicht, und viele
Dinge mehr: Video, Kopfhörer, Demonstrationsmodelle erklären die Struktur des Forstwesens, die soziale Stellung des Holz-
knechts, die Vielseitigkeit des Werkstoffs Holz, wobei das hier
herrschende Prinzip des Vergleichs von damals und heute
höchst erhellend wirkt.

Im Giebeldreieck des ›Unterwirts‹ in Reit im Winkl sitzen König Max I. Joseph von Bayern, Kaiser Franz von Österreich und der Fürsterzbischof von Salzburg Karten spielend beieinander. Sie tarocken um den Reiter Winkl. Der Bayer scheint soeben zum letzten Stich auszuholen: Gewonnen! So die Sage. In Wirklichkeit war der Grenzwinkel ganz einfach vergessen worden, sowohl bei Kaiser Maximilians Abräumerei als auch bei den territorialen Neuordnungen der Napoleonzeit. So blieb er bei Bayern und wurde ausgerechnet von den ›Nordlichtern‹ ins rechte Licht gerückt. Denn König Max II. machte bei seiner ›Königsreise‹ von Lindau nach Berchtesgaden 1858 auch in Reit im Winkl Station, begleitet von einigen der nach München berufenen Dichter und Gelehrten aus Norddeutschland, Geibel, Heyse, Bodenstedt, Riehl u. a., die denn auch mit (publizistisch dargelegter) Begeisterung nicht geizten. Die Wirkung auf das Aufblühen Reits als Sommerfrische blieb nicht aus.

Später sorgte das geflügelte Wort, in dem 700 Meter hoch gelegenen Dorf herrsche »ein dreiviertel Jahr Winter und ein viertel Jahr Kälte«, für Wintersportler. Und als einige Einheimische zu internationalen Sport-Champions aufstiegen, so der Alpinist Stefan Zuck, der Skispringer Franz Haslberger und vor allem die Riesenslalom-Virtuosin Rosi Mittermaier, war der Weltruhm touristisch kaum noch zu bewältigen. Die Region Reit im Winkl, Ruhpolding und Inzell mitsamt den eingemeindeten Ortschaften wurde unter dem Namen ›Chiemgauer Feriendreieck‹ ein Fremdenverkehrsgebiet ersten Ranges.

Die markanteste Erhebung über dem Winkler Kessel im Süden ist die Krone des Wilden Kaisers. Östlich ist der Grenzgipfel des Dürrnbachhorns dominierend. Im Norden und Nordosten lagern die niedrigen, bewaldeten Kuppen des Walmberg, des Schwarzberg und der Rauhen Nadel. Der Hausberg *Walmberg* (1061 m), den eine Sesselbahn erschließt, gewährt durch die enge Berggasse einen schier unwirklichen Blick zum Chiemsee. Die Hochplateaus der *Hemmersuppenalm* im Süden und der *Winklmoosalm* im Osten, um 1100 Meter hoch, eröffnen weitläufige Wanderwege und sind Ausgangspunkt für das Dreiländer-Skikarussell. Vom *Dürrnbachhorn* (1776 m) über der Winklmoos-alm, von der ein Sessellift emporgondelt, ist die Nahsicht auf die plastisch greifbaren Kuppen und Spitzen der Loferer Stein-berge, des Großvenediger und Großglockner hinreißend, vom Gipfelkreuz aus sieht man auch den Norden mit dem Hochfelln, dem Chiemsee und, bei günstigem Wetter, sogar eine Andeu-tung von München.

Zwischen Reit im Winkl und Inzell durchläuft die Deutsche Alpenstraße eine ihrer reizvollsten Strecken. Durch das enge Tal

Ruhpoldinger Madonna, eine der frühesten
Madonnenskulpturen Bayerns, um 1230

der Schwarzlofer führt sie nach Osten, um bei Seegatterl jäh gen Norden abzubiegen. Die Bergwände treten auseinander und geben eine schmale, silbrige Seenplatte frei, *Weitsee, Mittersee, Lödensee*, die sich schlauchförmig mit Inseln und Sandbänken sieben Kilometer nach Osten zieht. Im Süden stürzen die steilen Schuttfelder des Dürrnbachhorns ab, im Norden steht die Flanke des Hochkienbergs über der Straße. Seine Hauptgipfel *Gurnwandkopf* und *Hörndlwand*, um 1690 Meter hoch, sind ein bekanntes Klettergebiet, dessen gefährlichste Durchstiege Max Zeller und W. Schmidkunz, spätere Mitglieder der Nanga-Parbat-Expedition, 1908 als Erste bewältigt haben. Der Ort Laubau mit seinem Holzknechtmuseum schaut nach Süden zu auf die schroffen Scharten des *Sonntagshorns* und zu seinem schön geformten Dreiecksgiebel (1961 m) empor, über dessen Spitze die Grenze verläuft. Von Laubau aus führt ein stiller Weg ins Heutal jenseits der Grenze und dann herrliche, von Felsen, Almteppichen, Bächen und Wasserfällen begleitete Wege hinauf.

Ruhpolding: Herbe Weisheit, höfisch umwoben

Ruhpoldings Tradition als Urlaubsort geht ebenfalls schon auf die Mitte des 19. Jahrhunderts zurück, als von Traunstein ein täglicher Omnibus hierher eingerichtet wurde. In den dreißiger

28 *Himmelstürmende Kirchenpatrone – Matthäus Günther hat 1746 Mittenwalds Kirchturm mit St. Peter und Paul lüftlbemalt*

29 *Deutschlands Höchster – der grandiose Zugspitzblick schweift über ein Meer von Alpenhäuptern*

30 *Den Kochelsee zu Füßen – Blick vom Heimgarten (1790 m) in Richtung Herzogstand auf Stubaier und Zillertaler Alpen in der Ferne*

31 *Berchtesgaden dominiert nur einer – der Allesbeherrscher Watzmann*

32 *Charmante Klosterinsel – Stift Höglwörth hockt barock verwinkelt und versteckt zwischen Autobahn und Berggipfeln*

M. KLOTZ
GEBOREN GESTORBEN 1743

Jahren gab es regelmäßige Sonderzüge von Berlin ins Miesen-
bachtal. So war der *Rauschberg* (1648 m) 1953 der erste Chiem-
gaugipfel, den eine Großkabinenbahn erklomm, und sie zog
Sesselbahnen und Skilifte auf die umliegenden Berge in Fülle
nach sich. Längst also weitgehend vom Fremdenverkehr geprägt, hat sich die alte Holzknechts-, Bergbauern- und Hand-
werkskultur des Ortes in die Museen zurückgezogen. Um das
Jahr 1000 im Tal der Weißen Traun entstanden, lebte Ruhpolding jahrhundertelang von Holzeinschlag und Almwirtschaft,
daneben von der Bleiförderung am Rauschberg und dem
Marmorbruch am Haselberg, kirchlich beschirmt von den Salzburgern, weltlich von den Wittelsbachern, die hier mit Vorliebe
jagten.

Einer geheimnisvollen, strengen Madonna in graziöser
Umgebung gilt unser Besuch in der hügelerhobenen *Pfarrkirche
St. Georg.* Sie wurde 1955 in einer Feldkapelle entdeckt, von
dicken Übermalungen befreit und erwies sich als ein romani-
sches Werk aus der Zeit um 1230 in original erhaltener Fassung:
eine der frühesten und bedeutendsten Madonnenplastiken im
bayerischen Raum. Frontal auf dem Thron sitzend, den bekleideten Christus ebenso frontal auf dem linken Knie, die Rechte,
der das Zepter fehlt, ins Leere gestreckt, schaut sie aus man-
delförmig um die starren Pupillen gezogenen Augen ins Unwäg-
bare. ›Sedes sapientiae‹, Sitz der Weisheit, wird dieser Madon-
nentypus genannt, und fürwahr ist hier eine zutiefst uner-
gründliche Weisheit Gestalt geworden.

Ein Halbjahrtausend jünger ist die Welt, die die herbe Ruh-
poldingerin umgibt: der Charme der Münchner Hofkunst.
Johann Baptist Gunetzrhainer hat den Kirchenraum mit einge-
zogenem Chor durch Wandpfeiler, Nischen, Eckabschrägun-
gen, Bögen und schwellende Emporen 1738–57 schwungvoll
rhythmisiert. Die Rokokoaltäre, insbesondere die Kanzel, sind
bestrickend, die Figuren ringsum elegante Höflinge, selbst wenn
sie Bauernheilige darstellen (sie werden Johann Dietrich aus
Traunstein zugeschrieben). Und wenn das Sankt-Georgs-Bild
am Hochaltar vom Wittelsbacher Hauspatron St. Benno und
vom Salzburger Bistumspatron St. Rupert flankiert wird, so

manifestiert sich die Ruhpoldinger Allianz damit aufs Liebens-
würdigste. Zeitentrückt der *Bergfriedhof* mit Gruftkapelle über
der steinernen Stiege, nicht minder das edle spätgotische *Va-
lentinskirchlein zu Zell* am Ortsausgang.

Ruhpoldings Museen kann man nur als wohlgeordnet überquellend bezeichnen – wir sahen es schon am Laubauer Holzknechtmuseum. Im *Bartholomäus-Schmucker-Heimatmuseum*, das
im Renaissance-Jagdschloss (heute ›Schloss des Gastes‹) in großen, hellen Räumen ausgebreitet ist, reicht der Fundus vom letzten in Bayern erlegten Bären im Jahre 1835 bis zur Span-
schachtelkollektion. Der Namenspatron, Wagnermeister und
Bürgermeister Schmucker (1883–1950), hatte in weiser Voraus-
sicht und kundiger Passion gerettet, was ihm wichtig erschien,
und damit eine der bedeutendsten Sammlungen alpenländi-
scher Volkskunst zusammengebracht. Ein glanzvoller Schwerpunkt sind die von Ruhpoldinger Kistlern vom 17. bis 19. Jahrhundert hergestellten Schränke, Betten, Truhen, Wiegen mit
allen möglichen Motiven, wobei die Gruppe mit dem reizvollen
Torturm-Motiv besonders reich und vielfältig vertreten ist, sie
entstand im 17. und 18. Jahrhundert in einer Kistlerwerkstatt am
Rausch. Ein anderer Schwerpunkt sind die Werkzeuge aller
Berufe in seltener Vollzähligkeit: Schmarrnschaufel, Rahmmes-
ser, Seihlöffel, Melkstühle der Älmler, Geräte und Zunfttafeln
der Hammerschmiede oder der Bergleute. Mit schönen Stücken
ist auch die sakrale Kunst der Region vertreten.

Doch gibt es in Ruhpolding auch ein eigenes *Museum für bäuerliche und sakrale Kunst* im alten Pfarrhof in der Roman-Friesin-
ger-Straße, das aus dem Besitz zweier Geistlicher stammt und
dessen Sammlungen sich nicht nur auf Bayern oder Deutschland beschränken, sondern viele Völker und Stämme einbeziehen. Die unaufzählbaren Exponate, darunter viele wertvolle,
umfassen Messgewänder, Monstranzen, Weihrauchkessel, Reli-
quienschreine, Hinterglasbilder, Votivtafeln, Andachtsbilder
sowie den ganzen Bereich von Bauernmöbeln und Bauern-
hausrat.

Bayerisch gegen Goebbels:
Volkstribun Eisenberger

Hochbeliebt bei den Gästen ist im ›Chiemgauer Feriendreieck‹ natürlich die schenkelklatschende Folkloregaudi vom Pseudo-Bauernulk-Theater bis zum urig-schwitzenden Fingerhakln, die so tut, als habe sie mit bayerischer Mentalität und bayerischem Brauchtum zu tun. Über dieses Thema schauen wir hochherzig hinweg. Unbestritten ist freilich, dass in Landstrichen mit kantigen Gebirgen, bärenbehausten Wäldern und hartem Leben auch ein rauher, dickköpfiger, durchtriebener und schlagfertig furchtloser Menschenschlag wuchs. Einer dieses Schlags war der ›Hutzenauer von Ruhpolding‹, Georg Eisenberger (1863–1945), Bauer und Bürgermeister, der sich von 1905 an im Bayerischen Landtag und ab 1920 im Reichstag der Weimarer Republik als Fraktionsführer des Bayerischen Bauernbundes für die kleinen und mittleren Bauern einsetzte. Zur Landtagseröffnung in der Residenz erschien er unter Frack- und Zylinderträgern in der Chiemgauer Tracht, und sogar seine Parlamentsreden in Berlin waren ungeniert mundartlich ›eingefärbt‹. Bevor er sich vor der Machtübernahme Hitlers resigniert auf seinen Bauernhof zurückzog, lieferte er im Reichstag ein bayerisches ›Paradestück‹. Goebbels, Führer der nationalsozialistischen Fraktion, gedachte im April 1930 Reichskanzler Brüning zu stürzen und setzte dabei auf die Hilfe des siebenköpfigen Bauernbundes, der, so nahm er an, gegen Brünings geplante Biersteuererhöhung stimmen würde. Er brüllte Eisenberger zu (so erzählt Fritz Meingast):

»Mit ›Nein‹ müssen Sie stimmen, Eisenberger! Ich zahle Ihnen für jede Nein-Stimme tausend Mark.« Die Antwort war nicht minder deutlich. Auf gut bayerisch wetterte Eisenberger: »Rotzbua dreckata, wennst net glei schaugst, daß d'vaschwindst, kriagst a Trumm Fotzn, daß's di draaht. Mit so an Saukrippe, wias du oana bist, tua i net lang rum!« Da riß Goebbels den Mund weit auf. Eine solche Abfuhr hatte er sich im Reichstag bisher noch nicht geholt . . . Als das Abstimmungsergebnis, 232 gegen 223, bekannt wurde, stand fest, daß sein Angriff auf den Zentrumskanzler mißglückt war.

Dass sogar eiskalte Gewässer wirtschaftswundersam wirken können, zeigt der *Frillensee*, der in 925 Metern Höhe gar idyllisch am Nordhangfuß des Staufen zwischen dem grauen Kar der Dunklwand und dichten Wäldern liegt. Nachdem man um 1932 entdeckt hatte, dass er fünf Monate im Jahr eine Eisdecke trägt, schworen sich Eisschnellläufer und Eishockeyspieler auf ihn ein, und als sie an Zahl und Verwöhntheit zunahmen, baute man ihnen 1963 im Tal neben dem Zwingsee ein Kunsteisstadion mit einer vierhundert Meter langen Rennstrecke. Sie dient den internationalen Schnelllauf-Cracks als Trainings- und Wettkampfbahn, auch die Wettkämpfe der Motorrad-Eisrennen finden hier statt. Da Sport aber Sport nach sich zieht, folgten schnell hintereinander ein Leichtathletikstadion, ein Hallenbad, eine Schießstätte, eine Siebenhundert-Meter-Rodelbahn sowie ein Sportferiendorf, von Liften und Loipen ganz zu schweigen.

Das Tal der Roten Traun liegt dreieckig geformt in den dicht gereihten Banden der Berge ausgebreitet, zwischen Inzeller Kienberg (1594 m) und der Staufengruppe (mit Hinterstaufen, Mittelstaufen und Hochstaufen, 1770 m) im Süden und den niedrigeren Höhen des Teisenberg im Norden und Zinnkopf im Westen. Es war einst von verstreuten Einzelhöfen besiedelt, deren ältester, ›Cella interior‹, ›Innere Zelle‹, der Gemeinde den Namen gab, die vor 1000 salzburgisch gegründet und nach 1275 bayerisch verwaltet wurde und vom Abbau von Blei und Zinkerzen am Staufen und am Rauschberg lebte – und natürlich vom Salz. Denn Inzell war die erste Wegstation auf dem Saumpfad von Reichenhall über Traunstein und Seebruck nach Wasserburg oder Rosenheim, und das seit Ewigkeiten, denn schon 2500 vor Christus wurden die Solequellen von Reichenhall genutzt, weshalb diese Straße zur Römerzeit ›Via Hala Bedaium‹ geheißen haben soll. Kaiser Ludwig der Bayer füllte mit seiner schon erwähnten ›Güldenen Salzstraße‹ dann nur neuen Wein in alte Schläuche. Und was später die ›Schläuche‹ für das flüssige Salz angeht, so folgten sie ja in etwa dem gleichen Weg. Wiewohl diese historische Straße sich mühsam zwischen Kienbergl und Falkenstein durchzwängen musste, legte sich die Deutsche Ferienstraße natürlich in das von ihr gemachte Bett. Vor der ›Zwing‹, nämlich der Pforte ins Tal, liegt östlich der Straße der berühmte *Gletschergarten*, ein zwanzig Meter hoher Gletscherturf, der buchstäblich einen ganzen Garten von Eisschürfformen, Töpfen, Wannen, Rinnen bildet. Er entstand vor 20 000 Jahren, als sich die Zunge des Saalachgletschers bei Weißbach zurückzog und blieb unter Kies und Sand unverändert erhalten, bis er 1936 aufgedeckt wurde.

Die Nord-Süd- wie die Ost-West-Verbindung treffen sich am Dorfplatz von Inzell, dem historischen Kern, dessen alte Bausubstanz heute weitgehend überformt ist. Die spätbarocke *Pfarrkirche St. Michael* schaut schon außen mit ihrer verspielten Doppelturmzwiebel herzwärmend drein, erst recht innen durch den im Gewölbe luftig ausgebreiteten farbigen Stuckschleier und das schöne güldene Figurenwerk, wobei das Triumphkreuz einen von Putti umkreisten Gnadenstuhl bildet, so außergewöhnlich wie rokokovertändelt. Alles um 1730 von Salzburger und Reichenhaller Meistern geschaffen.

Ungeachtet des Gästereichtums ist das Inzeller Tal eine bäuerlich geprägte Landschaft der verstreuten Weiler und abgeschieden liegenden Einzelhöfe geblieben. Oft genug steht man da vor ausladend barocken Prachthöfen, die auf gemauertem Untergeschoss ein holzgezimmertes Obergeschoss mit Giebelbalkonen unter auskragenden Dächern tragen, und oft genug sind sie einem zärtlichen oder herben Spitzturmkircherl eng verschwistert. Der Bauernhof *Einsiedl* mit der feinen spätgotischen Kirche *St. Nikolaus im Oberland* nahe und östlich von Inzell ist ein Beispiel für solch eine schönheitsgesegnete Einöde zwischen Gebirg' und Tal. Dabei war es einst der Verbannungsort eines Grafen von Plain, weil der sich mit dem Erzbischof von Salzburg mächtig angelegt hatte, und feuerköpfig, wie man damals war, setzten auch die Nachfahren die Händel mit den Salzburgern wacker fort.

Eine Einöde war früher auch das heute von Wanderern und Rodlern so geliebte Forsthaus *Adlgaß* in einer Mulde zwischen den sanften Teisenberg-Höhenzügen und den ansteigenden

Steilhängen des Zwiesel. Den Namen des Gebirgswinkels – Adlgaß leitet sich von Uodal (Erbgut) her – trug dann der Komponist *Anton Cajetan Adlgasser* (1729–1777) in die Musikwelt. Er stammte aus diesem Haus, wurde mit 21 Jahren Domorganist in Salzburg, hatte mit seinen Singspielen, Opern, Messen zu Lebzeiten sattsam Erfolg. Seine Nachfolge an der Domorgel trat nach seinem frühen Tod der junge Freund Wolfgang Amadeus Mozart an.

Auf den Spuren von Salzweg und Soleleitung

Die nähere und weitere Umgebung von Inzell eignet sich besonders gut, dem Verlauf des Salzweges wie der Soleleitung in abwechslungsreichen Wanderungen über Berg und Tal zu folgen, orientiert an Deichelresten, Gussrohren, Brunnhäusern und anderen Objekten. Oft begleiten den Weg am Rand grasüberwachsene Auswölbungen, die erst auffallen, wenn die Grasnarbe irgendwo aufgerissen ist und helle, innen von Eisenrohren durchlaufene Fichtenholzstämme zum Vorschein kommen: die Deicheln der Soleleitung. Sie mussten einst täglich gewartet werden, da sie nicht nur unter Wind und Wetter, sondern auch unter Dieben litten, die Sole oder Eisenteile für den Hausgebrauch ›abzapfen‹ wollten. Die Fachleute, denen Überwachung und Instandhaltung des gesamten Soleleitungsbetriebs oblag, derb ›Brunnknechte‹ genannt, wohnten in den ›Brunnhäusern‹, meist stattlichen, zweistöckigen mit hohem Krüppelwalmdach gedeckten Gebäuden mit dazugehörigen Pumphäusern. Das alles muss man heute nicht mehr lang suchen, denn zwischen Hallein und Rosenheim sind zwei Dutzend perfekt ausgeschilderte Rundwanderwege von meist einer bis drei Gehstunden eingerichtet worden, die an allem Sehenswerten vorbeiführen und überdies reich mit Informationshütten ausgestattet sind.

Der *Antoniusberger Salinen-Rundweg* vom und zum Thumsee berührt gleich drei historische Straßen: die Alte Antoniusbergstraße, die einst den ganzen Verkehr bewältigte, die älteste Salzstraße von Reichenhall nach Südwesten, ›Alte Tiroler Reichsstraße‹ genannt, deren Verlauf später modifiziert wurde, sowie den Soleleitungsweg. Man lernt eine so genannte ›Himmelsleiter‹ kennen, die mit 162 Stufen zu einem früheren Solehochbehälter führte, an dessen Stelle heute eine Informationshütte getreten ist. Eindrucksvoll die Gussrohre, durch die das Wasser aus dem Gschreibachl zu den Solepumpen im Talgrund des Nesselgrabens geleitet wurde.

Der nördlich anschließende *Weißbacher Salinen-Rundweg* führt auf seiner Talhangstrecke vom Dorf Weißbach zu dem höchst eindrucksvoll über der wild schäumenden Weißbachschlucht gelegenen Mauthäusl, das um 1580 für den ›Neuweg‹ errichtet wurde, jener kühnen Korrektur der historischen Salzstraße, die den beschwerlichen Jochberg umging und vom Karlsteiner Tal über den Nesselgraben gelegt wurde. Das Mauthäusl ist inzwischen ein gemütlicher Gasthof. Die östliche Strecke des Rundwegs läuft der ehemaligen Leitung des zum Betrieb der Pumpen nötigen Aufschlagwassers entgegen und durch die so genannte ›Rösche‹ des Aufschlagwassers, einen 31 Meter langen, zu Tage tretenden (renovierten) Stollen. Auf diesem Rundweg sind auch zwei früheste Brunnhäuser zu sehen, 1618 gebaut und um 1819 umgebaut.

Am *Inzell-Weißbacher Salinen-Rundweg* ist die enorm hohe Himmelsleiter die Hauptattraktion: Sie verband einst das Brunnhaus Nagling (heute Privatbesitz) mit dem neunzig Meter höher gelegenen Solehochbehälter, der erhalten geblieben und mitsamt 426 Stufen der Himmelsleiter aufwendig saniert worden ist. Beim Gletschergarten, den der Weg im Osten tangiert, liegt der höchste Punkt der ersten Pipeline. Die Abzweigung der zweiten Soleleitung nach Rosenheim von der ersten nach Traunstein berührt der lange *Siegsdorfer Salinen-Rundweg* in seinem Ostteil. An eben dieser Strecke durchs Tal der Roten Traun sind eigens zwei Deichel-Depots errichtet worden, in denen diese sinnfällig konstruierten Rundhölzer müheloser zu studieren sind als auf den Wanderwegen. (Wanderführer siehe Literaturnachweis unter ›Salz‹.)

LEBENSQUELL SALZ:
BERCHTESGADENER LAND UND
RUPERTIWINKEL

Zwischen Salzburg und Bayern

Man ahnt es schon beim schnellen Blick auf die Karte: Das unorganische, langgezogene Gebilde um eine enggeschnürte Mitte lässt auf historische Machtkämpfe schließen. Der Zankapfel war natürlich das Salz, weit mehr noch als im Chiemgau das Um und Auf dieses Landes, denn hier lagerte es ja unter der Erde. Kein Wunder, dass Päpste und Kaiser die Augustinerchorherren-Propstei *Berchtesgaden* mit Privilegien verwöhnten, vor allem, nachdem man um 1200 in der Umgebung und 1517 in Berchtesgaden selbst auf Salz gestoßen war. Die Pröpste stiegen zu Fürstpröpsten und Reichsfürsten empor und waren geistlich nur dem Papst und weltlich nur dem Kaiser untertan. Eigentlich. In Wirklichkeit mischten sich die Salzburger Erzbischöfe auf der einen und Bayerns Herrscher auf der anderen Seite kräftig ein, bis das Berchtesgadener Land 1810 bayerisch und »die schönste Ecke Bayerns« als Ferienparadies ›eröffnet‹ wurde. Zur effektvollen Werbe-Crew gehörten vor allem Ludwig Ganghofer und Richard Voß mit ihren hier spielenden Romanen, Caspar David Friedrich mit seinem virtuellen Watzmann und seine vor den realen Motiven malenden Kollegen, oder der Wissenschaftler Alexander von Humboldt mit dem Ausruf: *»Die Gegend hier ist göttlich. Ich glaubte, noch nie Gebirge gesehen zu haben, so ist hier alles anders.«*

Reichenhall wiederum, der älteste Salzort des Voralpenlandes, war schon um 700 in die Salzfehden hineingeraten, als Bayernherzog Theodo dem Salzburger Bistumsgründer Rupert hier Salzpfannen und Solequellen schenkte, und hatte erst seine Ruhe davon, als es 1504 zu Bayern-München kam. Und was den *Rupertiwinkel* zwischen Freilassing, Tittmoning und Trostberg angeht, so wechselte er 1275 gegen den Chiemgau zum Erzbistum Salzburg hinüber und nach dem Wiener Kongress 1816 wieder zurück zu Bayern. Seither figuriert er unter dem Namen des Heiligen mit dem Salzkübel, der leider nicht verhüten konnte, dass die Gebietsreform den Rupertiwinkel 1972 in die drei Landkreise Altötting, Traunstein und Berchtesgadener Land zerrissen hat. Doch waltet St. Rupertus ungeachtet aller Grenzlandverzwicktheiten seit je auf allen Altären von Berchtesgaden bis Tittmoning, als Patron Salzburgs und zugleich als Apostel Bayerns doppeldeutig den Geist dieser Landschaft verkörpernd.

Die eigentlichen Herrscher des Berchtesgadener Landes sind freilich die grauen Giganten, die den Himmel hier mit dramatischem Pathos verstellen. Anders als die langgezogenen, scharfkantigen Bergzüge im Westen, bauen sie sich meist als Tafelgebirge auf. Nur dort, wo diese schon seitlich abgetragen sind, haben sich schroffe Grate und Spitzen gebildet. Der *Untersberg* mit seinen tiefen, senkrecht verlaufenden, rot- und violettschimmernden Faltenwürfen ist die eine der Majestäten. Der *Watzmann* mit der skulpturalen Schönheit seiner gezackten Krone die andere. Zwischen den Gebirgsstöcken entfaltet sich eine hinreißende Landschaftsvielfalt: terrassierte oder kesselartige Täler, tiefdunkle Seespiegel, wasserstäubende Klammen, Höhlen und Schluchten, steinige Steige und lindgrüne Almen, Bauernhauspracht und Dorfeinsamkeit. Im Norden schwingen die Berge in die zärtlichen Hügelreihen und Moore des Rupertiwinkels aus, der sich in die Armbeuge von Saalach und Salzach schmiegt: eine subtile ›Aquarell‹-Landschaft, in die zwei mittelalterliche Stadtschönheiten hineingepinselt sind.

Berchtesgaden: Stifts- und Wittelsbacher-Bezirk

Ein Bild der Spitzen und Kuppen: Die graphitfarbenen Spitztürme und der hohe, stadtbeherrschende Chor der Stiftskirche Hand in Hand mit dem grünbehelmten Barockturm der zarter gebauten Pfarrkirche, in der bunten Dachlandschaft rundum bleistiftspitze und geschwungene Turm-Echos da und dort, die Bauharmonie dunkelgrün überformt vom weichen Rücken des

Grünstein und weißschimmernd überhöht von der Watzmann-Doppelspitze – wenn das nicht wieder mal ein perfektes ›Gesamtkunstwerk-Oberbayern‹-Bild ist! Die Inszenierung geht allerdings gewaltig in die Beine. Denn auf die nehmen die gewundenen und gebuckelten Gassen keine Rücksicht, mit denen sich Berchtesgaden so malerisch am Sonnenhang eines Tals ausbreitet, im Rund umstanden von Watzmann, Hochkalter, Reiteralm, Lattengebirge, Untersberg und Hohem Göll.

Nicht der Marktplatz, sondern der *Schlossplatz* ist hier die Keimzelle. Wie in Tegernsee wurde auch hier ein bedeutendes Stift zum Schloss. Um 1100 gründete die Grafenfamilie Sulzbach eine Augustinerchorherren-Propstei, deren Priester und Laienbrüder mit einigen Verzögerungen von Rottenbuch und Baumburg kamen. Der Name Berchtesgaden leitete sich vermutlich von dem vorher hier schon bestehenden ›Gaden‹ (Wirtschaftshof) eines Grafen Perther her. Das Stiftsland wurde im 14. Jahrhundert Reichslehen, die Fürstpröpste 1559 Reichsfürsten, und von 1594 bis 1723 stammten sie kontinuierlich aus der Wittelsbacher Dynastie. Deren Herzöge und Kurfürsten walteten hier allerdings nur platonisch, denn sie waren zugleich meist Kurfürsten von Köln und auch Bischöfe, überdies mehr dem »Minne- als dem Gottesdienst« zugetan (Rudolf Reiser), was das Kapitel schließlich bewog, die Pröpste wieder aus den eigenen Reihen zu wählen. Freilich zwang die missliche Finanzlage das Stift oft zu (sogar geheimen) wirtschaftlichen Allianzen mit den Wittelsbachern. 1803 wurde die Fürstpropstei säkularisiert, und Berchtesgaden ging an Österreich, dann an Frankreich über, bis es 1810 glücklich unter den Fittichen des Bayerischen Königshauses Platz nahm, das sich seinerseits zur Sommerfrische und zum Jagen in dem zum Schloss hergerichteten Stift niederließ – und fort war die platonische Distanz!

Max 1. Joseph, wiewohl ja auf Tegernsee eingeschworen, und Ludwig 1. kamen oft und machten sich durch Spendabilität bei den Einwohnern beliebt, Max 11. liebte Berchtesgaden innig (von Galantem später) und ließ sich als eigentlichen Sitz von Ludwig Lange die italienisch-klassizistische *Königliche Villa* in der Kälbersteinstraße bauen, Ludwig 11. beharrte auf seinen

durch den strengen Vater ihm hier eingeimpften Kindheitstrau-
mata und ignorierte das ›Landl‹, der passionierte Waidmann
Prinzregent Luitpold jagte mit Vorliebe am Königssee und im
Wimbachtal, Kronprinz Rupprecht schließlich machte das Kloster zu einer behaglichen Residenz, bestückte sie mit Kunst-
schätzen und schuf dadurch das heutige *Schlossmuseum.*

Welch eine qualitätsbewusste, dennoch gelassene ›Landsitz‹-
Kultiviertheit prägt dieses Museum! Der ehemalige Kapitelsaal,
eine feierliche frühgotische Halle mit Gewölben auf Adneter
Marmorsäulen, ist sparsam mit erlesenen Skulpturen bestückt,
unter anderem mit Flügeln des Wiblinger Altars von Tilman
Riemenschneider, Madonnen aus dem Umkreis von Gregor
Erhart und Veit Stoß, einem St. Georg wohl von Erasmus Gras-
ser oder Chorgestühlbüsten von Heinrich Yselin aus Konstanz.
In die Renaissancesäle sind Portale aus der Residenz des Pfalz-
grafen Ottheinrich in Neuburg an der Donau eingebaut, französische Gobelins und italienische Möbel umgeben die Wittels-
bacher-Bildnisse berühmter Porträtisten von Lucas Cranach bis
Joseph Stieler. Natürlich gibt es auch japanische und chinesische
Schätze, aber das Einheimische dominiert: Nymphenburger

*Schlossmuseum Berchtesgaden: Zimmermannsgeselle
am Chorgestühl von Heinrich Yselin, 1487*

Porzellan, darunter ein entzückender Tafelaufsatz in Form eines Heckengartens, Münchner Biedermeiermöbel, Gemälde der Münchner Schule, Porträts und Büsten des von ›seinen‹ Künstlern so verehrten Prinzregenten, dem die ›München-leuchtet‹-Ära zu verdanken war.

Wiewohl in der *Stiftskirche* alle Stile ihre Spuren hinterlassen haben, bleiben Romanik und Gotik dominant. Die Grundmauern der Türme, das lombardische Innenportal, die unteren Teile der Langhauswände entstammen der ersten Basilika des mittleren 12. Jahrhunderts, die im 15. zu einer schmalen spätgotischen Hallenkirche mit reizvoll ›verzerrtem‹ Netzgewölbe umgewandelt wurde, indes der hohe Chor ein seltenes Zeugnis der Frühgotik um 1300 in Oberbayern ist. Beachtenswert das Chorgestühl mit seinen Tier- und Pflanzenornamenten von Marquart Zehenter (1443), der barockklassizistische Hochaltar des Salzburger Hofbaumeisters flämischer Herkunft, Bartholomäus Opstall (1669), die Altarbilder von so namhaften Meistern wie Johannes Zick, Joachim von Sandrart und Johann Heinrich Schönfeld, vor allem aber hier wie im Kreuzgang die meist der großen spätgotischen Salzburger Denkmalskunst entstammenden Marmorepitaphien. Beispielhaft sei nur die Schrägtumba des Propstes Petrus Pienzenauer links des Eingangs ins Langhaus genannt: ein zeitloses, zart vergeistigtes Antlitz. Ein Kleinod aus der Zeit um 1200 ist der wohlerhaltene Kreuzgang mit seinen dreiseitigen romanischen Arkaden, deren Kapitelle phantasievolle figurale und ornamentale Darstellungen schmücken.

Eine Affenparodie
und ein biblischer Kraxenträger

Die in der Gemeinde angesiedelten Bauern, Leibeigene des Stifts, erhielten ihre Anwesen geliehen (deshalb heißen die Höfe hier immer noch ›Lehen‹), doch der karge Boden gab nicht genügend her, so wurde aus dem Nebenerwerb des Holzschnitzens bald ein eigener Berufsstand. Die reichen Holzwarenverleger der ›Berchtesgadener War‹ (darüber gleich mehr) saßen nah dem Stiftsbereich am *Marktplatz* in stattlichen Häusern unter Flachsatteldächern mit reichem Dekor, und hier tref-

Alte Lüftlmalerei von 1600 in Berchtesgaden:
Menschen werden als Affen persifliert

fen wir beim so genannten ›Hirschenhaus‹ (Sparkasse) wieder
auf Lüftlmalerei, wenn auch des 19. Jahrhunderts, dafür überrascht die Rückseite in der Metzgergasse mit der frühest
bekannten Lüftlmalerei von 1610, die rund um die Fenster graziös die Menschen als Affen oder Hasen parodiert.

Die südlich davon liegende hervorragende Informationsstelle
des *Nationalpark-Hauses* war früher ein Teil des noch bestehenden Franziskanerklosters, zu dem die *Frauenkirche am Anger*
gehört. Sie ist eine zweischiffige Hallenkirche, ein Bautypus, der
aus der Burghausener Schule stammte und in Österreich starke
Verbreitung fand. Um 1500 entstanden, wurden ihre beiden
dreiseitig verkanteten Apsiden 1673 durch eine mittige Marienkapelle ergänzt. Edel die Sterngewölbe und die zarten Steinre-
liefs an der Empore (1560), wundervoll – wie hier allenthalben
– die Renaissancegrabmäler.

Am anschließenden stimmungsvollen *Alten Friedhof* mit vielen
barocken Grabsteinen liegt an der Mauer rechts neben dem Eingang das gusseiserne Grab des Kraxenträgers Anton Adner
(1705–1822), der 117 biblische Jahre alt geworden ist und bis
zum 109. Jahr noch Berchtesgadener Ware ausgetragen hat.
Mit 113 wurde er zu den ›Zwölf Aposteln‹ gewählt, den ältesten
armen Menschen im Bayernland, denen der König in der
Münchner Hofkirche am Gründonnerstag die Füße zu waschen
pflegte (er kümmerte sich auch sonst um sie), und drei Jahre vor
seinem Tod stieg er noch die Frauentürme hinauf. In Chornähe

der Kirche ist das Grab der Mauritia Mayer (1833–1897) zu finden, jener Obersalzberger Wirtin der ›Pension Moritz‹, die Künstler und Prominente zuhauf um sich scharte, u. a. Johannes Brahms und Clara Schumann, Franz von Lenbach, der sie porträtierte, oder Ludwig Ganghofer und Richard Voß, die sie literarisch verewigt haben, Voß in seinem hochpopulären Roman ›Zwei Menschen‹ als Judith Platter vom Platterhof. Das Urnengrab dieses Unterhaltungs-Schriftstellers (1851–1918) befindet sich ebenfalls hier an der nördlichen Mauer.

Spanschachterl-Charme

Das Schlösschen Adelsheim im Nordosten hoch über der Salzburger Straße, 1614 erbaut, gehörte wechselweise einem Stiftsdekan, Holzwarenverlegern, auch der Salinenverwaltung – als deren Gast Alexander von Humboldt 1798 hier die Pol-Höhen von Salzburg ermittelte –, und ist heute das reizend in Schuss gebrachte *Heimatmuseum* mit seinen reichen und qualitätvollen Sammlungen an Bauernmöbeln, Hinterglasbildern, Brauchtumsutensilien, sakraler Kunst, einem originellen Marionettentheater sowie ausgesuchten Holzschnitzereien. Darüber hinaus beheimatet es die Ausstellungs- und Verkaufsräume der ›Berchtesgadener Handwerkskunst‹ und in enger Beziehung damit einen Teil der renommierten ›Berufsfachschule für Holzschnitzerei, Schreinerei, Malerei und Graphik‹.

Das *Holzhandwerk* war ja vom 16. Jahrhundert an neben der Salzproduktion die zweitwichtigste Erwerbsquelle im Land, streng dem Zunftzwang unterworfen, den hier die Sebastiani-Bruderschaft als geistlicher wie beruflicher Zusammenschluss – bis zum Ersten Weltkrieg! – regelte. Die drei Haupthandwerke der Drechsler, Schachtelmacher und Schaffelmacher waren ausufernd spezialisiert. Eine Aufstellung von 1624 nennt Löffel-, Brettspiel-, Pippen-, Fläschl-, Posthörndl-, Rechenmacher und was sonst noch alles. 1805 gab es 285 Drechsler, 217 Schachtelmacher, 57 Schaffelmacher und 75 Schnitzer im Land. Aber mit dem Waldreichtum war es damals schon nicht mehr so weit her wie einst, fraß doch inzwischen die Saline das Holz. So hatte es eine kluge Verfügung Ende des 18. Jahrhunderts jedem zur

Pflicht gemacht, zwei junge Bäume für jeden geschlagenen zu pflanzen, im Salinenwald gar vier. Die Massenwaren in hoher Stückzahl wurden bald von ›Verlegern‹ vertrieben, im 17. und 18. Jahrhundert waren allein in Berchtesgaden neun Verlegerfamilien ansässig, die Niederlassungen im Ausland hatten und die Messen in Frankfurt, Leipzig und Wien beschickten. In der nahen Umgebung wurde die Ware durch den Hausierhandel verkauft, dessen vorhin erwähnter ›Doyen‹, Anton Adner, als Schnitzfigur im Heimatmuseum verewigt ist.

Klassische Spanschachtel mit feingemaltem Blumendekor

Wie bayerische Bauernmöbel en miniature wirken die runden oder ovalen oder abgerundet viereckigen *Spanschachteln* aller Größen, auf deren leuchtend einfarbigem Grund stilisierte Blumen-, Herz- und Sternmuster oder – bei den ›Hochzeitsschachteln‹ – Männlein und Weiblein in prächtigen Zeitkostümen prangen und Spruchweisheiten rundum laufen. Mit religiösen Motiven bemalte Schachteln dienten zur Aufbewahrung sakraler Gegenstände, die darin eingepassten Kruzifixe zur Andacht auf Reisen haben den Namen ›Eingericht‹. Bis zu vierzehn Arbeitsgänge vom Aussuchen der astreinen Rotfichte übers Trocknen, Spänen, Schneiden, Stanzen, Kleben, Grundieren, Bemalen und Lackieren waren früher zu ihrer Herstellung notwendig. Wenn nur die Prachtexemplare dieser Volkskunst im Museum zu sehen sind, darf das nicht darüber wegtäuschen, dass Spanschachteln vornehmlich als – natürlich unbemaltes –

Ein Topf voller Mäuse auf der hölzernen Sause:
Rutsche im Salzbergwerk Berchtesgaden

Verpackungsmaterial für Alltagsgegenstände von Stecknadeln bis zu Kleidern dienten.

Auch die ausgestellten Gebrauchsobjekte, Krippen- und Spielzeugfiguren aus Holz (oder Bein!) sind nur die erlesene Spitze eines wahren Watzmanns an Schnitzzeug vom Tabaksbüchsel über Grillenhäusl bis zur Bauerntanzgruppe, wie sie die früheren Warenlisten herunterbeten, manchmal zu unserem Kopfzerbrechen – denn was mag wohl ein ›Weiberprügler‹ oder eine ›Harlequinsgeburt‹ sein? –, indes man bei ›Flaschonetl‹ auf kleine Flöte und bei ›Flohfälle‹ auf Flohfallen für die Turmfrisuren der Damen tippen kann.

Heute gibt es fünfzig Hersteller von Berchtesgadener Handwerkskunst, die Tradition und Moderne geschickt vereinen, und weil die Kinder heute lieber mit Plaste und Computer spielen, hängt man das entzückende Holzspielzeug in Klitzeklein auf einen ›Berchtesgadener Christbaum‹: ein Hit!

Rutschpartie durchs Salzbergwerk

Kinder sind zuerst enttäuscht. Sie haben sich unter einem Salzbergwerk ein schneeweißes, glitzerndes, zart vor sich hin rieselndes Grottenreich vorgestellt, keine düsteren schmutzfarbenen Höhlengänge. Das ist aber ganz schnell vergessen, wenn es in übergeworfenen Bergmannsklamotten mit der Schmalspurbahn durchs Stollenlabyrinth geht, bis sich die Riesenhalle des Kaiser-Franz-Sinkwerks auftut, und von da aus eine glattpolierte hölzerne Rutsche die jauchzende Sause 34 Meter hinunter zur Salzgrotte übernimmt. Und dort glänzen dann im künstlichen Licht die Farben der Salzkristalle auf: himbeerrot, blau und orangefarben.

Durch jahrmillionenlange Verdunstung flacher, abflussloser Binnenmeere zurückgeblieben, lagert das Salz zwischen Ton- und Kalkschichten von den Ausläufern des Hohen Göll bis Hallein in 800 Meter Breite und einer Mächtigkeit bis zu 350 Metern unter der Erde. Entweder das Salzgestein wird von Stollen aus im trockenen Abbau gewonnen, oder unterirdische Wasserläufe sättigen sich mit dem Salz und kommen als Solequellen von 23 bis 26 Prozent Salzgehalt aus dem Boden, oder das Salz wird aus den anderen Stoffen, mit denen es vermengt ist, in so genannten ›Sinkwerken‹ durch Süßwasser ausgelaugt und gelangt als Sole zum Versieden in Salinen. Der Salzsee in 150 Meter Tiefe, zu dem eine zweite Rutsche führt, entstammt solch einem weitgehend entleerten Sinkwerk. Die Fahrt mit der Fähre auf seinem unheimlich schwarzen Gewässer an den beleuchteten Grottenwänden entlang ist natürlich der stimmungsvollste Teil der Führung.

Im Berchtesgadener Land begann die Salzgewinnung um 1200 durch die Saline Schellenberg und 1517 in Berchtesgaden selbst mit dem Petersberg-Stollen, dem weitere Stollen folgten, 1628 der Ferdinandsberg-Stollen, der heutige Eingang für die Bergwerksbesucher. Hatten die Fürstpröpste schon seit dem 16. Jahrhundert mit den Bayernherzögen ein Abkommen, Reichenhall mit Salz zu beliefern, was durch Menschenkraft geschah, so besorgte dies von 1817 an im bayerisch gewordenen Berchtesgaden die dritte Soleleitung, die Georg von Reichenbach über Ramsau und das Söldenköpfl legte. Den Höhenunterschied von 358 Metern bewältigte seine damals viel bewunderte Solehebemaschine im Brunnhaus Ilsank, die heute

die Hauptattraktion des unterirdischen *Salzmuseums* ist, das
neben Bergwerksgeräten auch Geschichts- und Geologiefilme
zeigt. Seit 1961 führt eine neue Druckrohrleitung von Berchtesgaden über Hallthurm nach Bad Reichenhall, die täglich bis zu
2000 Kubikmeter Sole befördert.

Beim *Salinen-Rundweg*, der innerhalb des Markts die schon
besprochenen Sehenswürdigkeiten berührt, bietet der in eine
senkrechte Felswand gehauene Reichenbachsteg mit dem Denkmal des Salinenrats einen besonders schönen Blick auf die
Dächer des Ortes.

Der Berchtesgadener Nationalpark

Haben schon die Fürstpröpste unbekümmert Gemsen, Bären,
Steinadler zuhauf erlegt, gar Treibjagden auf Hirsche veranstaltet und durch Sonderprämien für den Abschuss der als
›Raubtiere‹ geltenden Luchse oder Bären deren Aussterben
besiegelt, so nahm der Wildbestand natürlich keineswegs zu,
nachdem Berchtesgaden von den Wittelsbachern zum Hof-
jagdrevier erklärt wurde. Die Abholzung der Wälder für die
Salinen, die Vereinfachung und Dezimierung der einst so vielfältigen Weidewirtschaft, die Verwandlung eines Bergbauern-
landes in ein Fremdenverkehrsgebiet mit entsprechender Infrastruktur – dies alles hat das Gleichgewicht in den ursprünglichen Lebensgemeinschaften der Natur empfindlich gestört.

So war die Etablierung des Nationalparks Berchtesgaden
durch die Bayerische Staatsregierung 1978 eine Notwendigkeit.
Schon seit 1921 bestand ein Naturschutzgebiet Königssee, dessen Nachfolge der Nationalpark nun in erweiterter Form antrat.
Das 210 Quadratkilometer umfassende Terrain nimmt nahezu
die ganze Südhälfte des Berchtesgadener Landes zwischen
Reiteralm, Hohem Göll und Steinernem Meer ein. Das Gebiet
Ramsau, Schönau, Berchtesgaden gehört zum Vorfeld. Im
Klima durch die Geländeunterschiede von 2000 Höhenmetern
in den verschiedenen Lagen schnell wechselnd, zeichnet sich
der Nationalpark durch eine Vielfalt von Pflanzen und Tierar-
ten aus. So gibt es allein 1700 Pilz- und 500 Moosarten und unter

den Pflanzen so seltene wie Pyrenäen-Drachenmaul, Alpenrose,
hier »Almrausch« genannt, Alpenrebe, Alpenglöckchen, Edel-
weiß, Enzian, Täschelkraut. Unter den 50 Säugetier- und 80
Vogelarten seien als ausgesprochen alpine Arten genannt: der
1936 eingebürgerte und jetzt mit siebzig Exemplaren vertretene
Steinbock, das possierliche Murmeltier, Gemse und Schnee-
hase, der nur hier vorkommende Alpensalamander, der Birk-
hahn mit seinem auffallenden akustischen Balzverhalten und
der Steinadler.

Die internationale Idee des Nationalparks gründet darauf, die
Natur sich selbst zu überlassen, nicht in ihren uns als ›Chaos‹
erscheinenden Wildwuchs einzugreifen, der in Wirklichkeit ein
Kreislauf der Selbstregulierung und Selbstregeneration ist. Eine
solche weitgehend unangetastete Schutz- und Kernzone nimmt
etwa drei Viertel des Nationalparks ein. Am Rand und teilweise
in sie hineinragend, befinden sich Pflegezonen, in denen weiterhin traditionelle Nutzung betrieben wird, das sind etwa das
Erholungsgebiet des Königssees, die lichten Almweideflächen
östlich davon, sowie stark veränderte, rekreationsbedürftige
Forstpartien.

Im Rahmen der Wiederherstellungsversuche des Ursprünglichen strebt man beispielsweise an, die besonders im Norden
des Schutzgbiets ausgebreitete Fichtenmonokultur durch
Anpflanzung von Buchen und Tannen in Bergmischwälder zurückzuführen. Ebenso versucht man, ehemals heimische Wild-
tiere wieder anzusiedeln, dabei sind etwa mit dem Bartgeier
erste Erfolge erzielt worden. Zum Schutz der höchst gefährde-
ten Steinadler ist ein Überwachungsprojekt im Gange, bei dem
die Adler mit Miniatursendern ausgerüstet werden, mit deren
Hilfe ihre Wege geortet und Kollisionen mit Hubschraubern,
Drachen- oder Gleitschirmfliegern vermieden werden können.
Auch bei Rotwild und Murmeltieren geben eingepflanzte winzige Sender und Messvorrichtungen Auskunft über Wanderwege, Körperfunktionen beim Dauerschlaf und vieles andere.
Die der Nationalpark-Verwaltung obliegenden Forschungsauf-
gaben dienen der Beobachtung und Erkundung langfristiger
Prozesse, die sich in nicht mehr genutzten Wäldern, im Tier-

verhalten oder in der Lebensgemeinschaft von Tieren und Pflanzen abspielen, wenn der Mensch nicht eingreift.

Dessen ungeachtet, stehen für Erholungssuchende 190 Kilometer Wege und mehrere Unterkünfte zur Verfügung. Es versteht sich von selbst, dass auf diesem Terrain keinerlei Pflanzen, auch keine Moose oder Gräser ausgerissen oder beschädigt werden dürfen. Von Mai bis Oktober veranstaltet die Nationalpark-Verwaltung empfehlenswerte geführte Wanderungen botanischer, ornithologischer oder geologischer Thematik. Auskünfte erteilen die Nationalpark-Häuser Berchtesgaden, Königssee, Hintersee und Wimbachbrücke.

Watzmann: Sehnsucht und Schicksal

Der Allesbeherrscher des Berchtesgadener Landes galt den Menschen früherer Zeiten als Gottessymbol, und so hat ihn Caspar David Friedrich gemalt, mochte er ihn auch nur aus fremden Vorlagen kennen: als herrlich geformtes, eisigklares Ewigkeitswesen. Geologen vermuten, er sei eine geborstene Pyramide, deren abgebrochene Spitze der Berg Grünstein zu seinen Füßen sein könne. Und die Sage fabuliert sich seine zerklüftete Gestalt so zurecht: Ein tyrannischer König, der mit seinen wilden Jagden einst das Land in Schrecken versetzte, habe eines Tages völlig willkürlich auf eine unschuldige Hirtenfamilie seine Hundemeute gehetzt, die Mann, Frau und Kind zerriss, sich dann aber urplötzlich, von geheimnisvollem Brausen in der Luft getrieben, auf den König selbst und seine Familie stürzte. Die Leiber der Zerrissenen seien zu Felsen erstarrt. Dementsprechend heißen der aus Südspitze (2712 m), Mittelspitze (2713 m) und Hocheck (2657 m) bestehende Hauptkamm ›Watz-Mann‹, der gegenüberliegende Gipfel ›Watzmannweibl‹ (2307 m) und die fünf Felskegel dazwischen ›Watzmannkinder‹.

Natürlich war der vielgestaltige Berg mit seinen verschiedenartigen Wänden und Graten Sehnsucht und Schicksal vieler Bergsteiger. Den höchsten, »in die Wolken stechenden Spitz«, die Mittelspitze, bezwang 1799 der Salzburger Geistliche Valentin Stanig. Als unbezwingbar aber galt die Ostwand, eine steile,

Der ›Kederbacher‹, Johann Grill senior (1835–1917),
bezwang als Erster 1881 die Watzmann-Ostwand

2000 Meter hohe Fläche aus glattem Fels, die zum Königssee abfällt. Die Erstbesteigung gelang dem unter dem Hofnamen ›Kederbacher‹ berühmt gewordenen Johann Grill zusammen mit dem Wiener Otto Schück 1881 in 14 Stunden auf einer Route, die dann nach ihm benannt wurde und bis 1923 die einzige blieb. Der Holzknecht und Hüterbub aus dem heute noch bestehenden Kederbachlehen in der Ramsau war einer der ersten professionellen Bergführer, auch in Tirol und in der Schweiz zugange. Er durchstieg die Ostwand noch mehrere Male und bewirtschaftete im Alter das Watzmannhaus auf dem Falzköpfl. Sein Sohn, Johann Grill junior, stieg in seine Fußstapfen. Schon 1896 eröffnete die Wienerin Rose Friedmann die Reihe der Ostwandbezwingerinnen. Aus dem eindrucksvollen Bericht einer anderen Bergsteigerin sei eine Stelle zitiert, die jene atemlosen Sekunden in der nächtlichen Höhle schildern, wie sie ähnlich viele andere Verwegene erlebt haben: »*Ein Knacken und Knistern schien es zuerst nur. Dann dröhnt es auf und hoch über uns bricht es herab. Wo, Herrgott, wo? Trifft's uns oder geht es vorbei? Näher, deutlicher. Man hört die einzelnen Steine schlagen – dazwischen ein Rauschen und Brausen – das ist der Schnee. Jetzt sehen wir die Lawine – sie geht vorbei, sie folgt der Rinne, die wir vorhin so eilig durchquert hatten. Mächtige Steinklötze und Eisstücke springen zu beiden Seiten aus dem Strom heraus, ihren raschen eigensinnigen Weg suchend. Oh, das ist wuchtig und schön – wir empfinden das schon, eh noch der Schrecken verebbt ist, zugleich aber wissen wir ein anderes: die Rinne mündet oberhalb der Schöllhornplatte, da saust es weiter über sie hinab. Wo sind jetzt die anderen Partien? Am nächsten Morgen erfuhren wir, daß die Lawine sie traf und daß der eine sich nicht mehr retten konnte.«*

Die Ostwand hat zwischen achtzig und neunzig Menschen das Leben gekostet, bis in unsere Zeit. Noch 1988 fand der auch in den Anden und im Himalaja erfahrene Bergsteiger Franz Rasp auf seiner 295. Tour durch die Wand mit seinem Begleiter schon im unteren Drittel den Tod. Der normalerweise vom Hocheck aus erreichbare Watzmanngrat ist heute durch Stahlseile und Trittstifte ausreichend gesichert, dennoch setzt er Erfahrung voraus.

Königssee, trotzdem geheimnisvoll

Als Ludwig Ganghofer (1855–1920) im ›Schiffmeister‹ wohnte, in den Wäldern jagte und seine neun in den Berchtesgadener Bergen spielenden Romane von der ›Martinsklause‹ bis zum ›Schweigen im Walde‹ konzipierte, nannten Reisebeschreibungen den Königssee nie ohne das Epitheton ›still‹. Heute hat die Fremdenverkehrs-Gemeinde Schönau am Königssee 800 000 Übernachtungen jährlich, einen Parkplatz für viertausend Autos, und der Rummel unterm World Trade Center ist gewiss nicht größer als sommers hier an der Schiffslände unterm ›Schiffmeister‹. Aber bitte nicht davor kapitulieren! Es gibt Schlupflöcher, zum Beispiel im Sommer mit dem ersten, nur schütter besetzten Dreiviertelacht-Uhr-Boot zu fahren, wenn in den Pensionen noch der Kaffee dampft. Auch der See dampft dann noch ein wenig, ach nein: Er atmet zarte Nebel aus und liegt in seiner klaren, kalten, tiefgrünen Schönheit so schweigend zwischen den silbergrauen und grünen Fels- und Waldwänden, dass nichts sein Geheimnis antasten könnte.

Der Watzmann und die schwer zugänglichen Wälder des
Hagengebirges und Steinernen Meeres ließen dem Königssee
und dem von ihm abgeschnürten kleinen Obersee ein fjordarti-
ges, acht Kilometer langes, etwas mehr als einen Kilometer breites und 190 Meter tiefes Bett zwischen sich. Die Hochgebirge
widersetzten sich der Besiedlung, so gibt es keine Uferwege und
nur wenige Wanderwege, eine hohe Wasserqualität mit seltenen
Fischarten wie Seeforelle und Seesaibling – und eine inständig
ausgebreitete Ruhe, der punktuelle Publikumsschwärme nur
wenig anhaben können.

Die Rundfahrt beginnt und endet am Nordufer. Sie führt über
den *Malerwinkel* in der ersten nordöstlichen Bucht, deren Blick
auf die Falkensteiner Wand und die Schönfeldspitze Generationen von Landschaftern festgehalten haben, und an jener *Bren-
tenwand* vorbei, deren Echowirkung ein Hornist dem Publikum
heute nicht anders demonstriert, als es auf einer Zeichnung von
Carl Friedrich von Schinkel schon 1818 zu sehen ist. Und auch
heute noch löst es Freudenrufe aus, wenn die viel abgebildete
Halbinsel *Sankt Bartholomä* mit dem lustigen roten Rundgetürm
seines Kircherls unter der gewaltigen, farbschimmernden Watzmann-Ostwand auftaucht. Die Wallfahrtskirche – im idylli-
schen Ensemble von Gasthaus und Meierhof – geht auf den Stifter Cuno von Horburg und das Jahr 1134 zurück; aus ihrer
Bezeichnung ›Basilica Chunigesse‹ wurde der Name Königssee.
Ihre Bauform ist das eigentlich Reizvolle an ihr: Die kleeblatt-
förmige Dreikonchenanlage des Chors (1698) ist durch ein kur-
zes Langhaus (ursprünglich 1134) mit einem Rundbau (1732/33)
verbunden, dem sich wiederum unmittelbar das Jagdschlöss-
chen der Fürstpröpste, dann der Wittelsbacher, anschloss, das
seit 1919 ein überaus beliebtes Gasthaus ist.

Mag auch die Innenausstattung der Kirche eher trocken wirken, so sind es doch die Patrone der Almbauern und des Alm-
viehs, die hll. Bartholomäus und Jakobus, zu deren Altären es
die Pilger hier zieht, vor allem am Bartholomäustag, dem
24. August. Nicht nur die Berchtesgadener kommen an diesem
Tag, auch die Österreicher aus dem Pinzgau scheuen den müh-
samen Marsch über das 2000 Meter hohe Steinerne Meer nicht.

Ihre Wallfahrt setzte schon 1666 aufgrund eines Pestgelübdes ein, wurde trotz des siebzig Opfer fordernden Untergangs eines Pilgerschiffes an der Falkensteiner Wand 1866 tapfer fortgesetzt und ist bis heute alljährlich mit einem Fest in Landestrachten verbunden. Ein neunzigminütiger Wanderweg führt von hier durch urwaldartige Bergmischwälder zur so genannten *Eiskapelle*, dem Rest eines einst als ungemein eindrucksvoll beschriebenen Gletschertors.

Die südliche Anlegestelle *Salet-Alm* ist Ende September Schauplatz des in Berchtesgaden allenthalben in althergebrachter Buntheit begangenen Almabtriebs, ein lohnender Schauplatz, weil das Vieh der umliegenden Almen hier gesammelt und auf Plätten ans Nordufer gebracht wird. Die Tiere sind mit Glocken und Bändern, vor allem aber dem mächtigen Furkel (›Fuikl‹) auf dem Haupt geschmückt, einem meterlangen Fichtenwipfel mit kunstvoll arrangierten Rosetten voller Flittergold: ein bizarres Bild, wenn sie so aufgeputzt über den See gleiten.

Von der Salet-Alm aus kommt man nur zu Fuß zum felsumschlossenen *Obersee* und auf einem längeren Spaziergang zu der in Wiesen gebetteten Fischunkelalm – alles zusammen eine entrückte, heile Welt.

Die Schiffer-Cathy vom Königssee

Es muss wohl etwas vom Wesen der Najaden und Nixen gewesen sein, das die Fergendienerinnen am See so faszinierend machte, als sei ihnen ein geschmeidiger, glitzernder, glatter Fischleib gewachsen. Aus den Gebirgswassern entstiegene Geschöpfe, mit Naturwissen und kräftigen Armen begabte Kahn fahrende Begleiterinnen der Fremden – welch ein Sujet für die mit Zeichenstift oder Schreibblock anrückenden romantischen Entdecker der Landschaft! Von der Fischerlisl, die für schnellen männlichen Touristen-Umschlag am Schliersee sorgte, war schon kurz die Rede. Ganz so kursorisch geht es bei der Schiffer-Cathy vom Königssee nicht. Nicht nur, weil ein wenig Herz und Krone im Spiel waren, sondern weil sich hier weibliches Landleben-Schicksal im 19. Jahrhundert spiegelt.

Als die Malerin Julie von Egloffstein jene prächtige, im Berchtesgadener Heimatmuseum hängende Lithographie von der
Schiffer-Cathy schuf, wie sie in aufgemascherlter Tracht und
mit wahrhaft provokant kokettem Blick unterm kessen Hutrand
sanft rudernd im Boot verharrt, war die Zimmermannstochter
Katharina Huber aus der Gern (1835–1919) 22 Jahre alt und
ihrer Schönheit wegen längst die von den Stadtherren begehr-
teste Schifferin am See. Naturkindnaivität? Na ja. Mit 19 das
erste uneheliche Kind, mit 22 das zweite, mit 28 das dritte, mit
31 das vierte. Beim ersten vermerkt das Geburtsregister ›Pater
incertus‹, bei den weiteren drei nichts mehr. Das mag uns der
Genealoge Josef H. Biller erklären, dem die Forschungen über
die Existenz dieses Mädchens zu danken sind. *»Die Erfahrung
lehrt, daß Väter selben oder ähnlichen Standes von unehelichen Müttern,
schon des Unterhalts wegen, benannt und deshalb in den Standesregistern
eingetragen werden. Nur in Ausnahmesituationen und Zeiten lockerer Sit-
ten – so bei Kriegsläuften mit ständigen Truppendurchzügen – häufen sich*

Die kokette Cathy, Königsseeschifferin und Königsliebchen

*die Fälle, daß der Name eines rasch weiterziehenden Kindsvaters nicht
bekannt wurde und daher auch im Kirchenbuch fehlt. Sonst aber deutet
nicht selten die Verheimlichung der Vaterschaft auf höhere Abstammung
hin, wobei entsprechende Zuwendungen das Schweigen der Mutter erkauft
haben und verständlich machen.«*

Nicht nur Stadtherren, sondern Standesherren ruderte die
Cathy also, deren Jagdquartier lag ja auf St. Bartholomä. Das
einzige überlebende der erwähnten vier Kinder, 1857 geboren,
wurde in Familie und Umkreis »Königskind« genannt, weil es
ein ›Angebinde‹ Königs Max II. war, von Geldgeschenken und
Schmuck-Souvenirs für die Mutter begleitet. Dass die genannte,
einige Zeit am Münchner und Berchtesgadener Hof tätige Por-
trätistin den Auftrag bekam, sie zu lithographieren, mag immerhin ein Zeichen für eine nicht ganz flüchtige Beziehung zwischen dem 46-jährigen König und der Königssee-Nixe sein.

Die Schiffer-Cathy hat mit 32 einen Dorfschuster in Aufham
bei Anger geheiratet und noch acht Kinder bekommen, von
denen sechs überlebten und Schuster, Nonne oder Taxifahrer
wurden. Und das ›Königskind‹, Katharina Samhaber, das bei
den verarmten Großeltern aufwachsen musste, verdingte sich
als Hausgehilfin, bekam ein uneheliches Kind, ging eine späte
und kurze Ehe mit einem Zimmermann ein, der im Krieg blieb,
und verbrachte ihre Witwenschaft mit ihrem geliebten Dackel.
Nixen? Nix'n!

Wasserstürze, Schuttströme, Almkaser

Die beiden anderen, dem Königssee parallelen Haupttäler des
Nationalparks sind das Wimbachtal zwischen Watzmann und
Hochkalter und das Klausbachtal zwischen Hochkalter und den
Südabstürzen der Reiteralm, Täler mit allen dramatischen,
überraschenden Schönheiten der Hochgebirgswelt.

Bizarre Zerklüftungen, ob in der Höhe, ob in der Tiefe, begegnen dem Auge in der *Wimbachklamm.* Hochkalter und Watzmann bildeten einst ein gigantisches Gewölbe, dessen Scheitel
bei einem Grabenbruch über dem heutigen Tal einstürzte. Als
die das Tal formenden Gletscher abschmolzen, schnitt sich vor

etwa 10 000 Jahren die Klamm ein, deren Eingang nah der Ramsauer Straße nach kurzem Aufstieg zu erreichen ist. An übereinandergetürmten Felstrümmern und sperrig aufragenden Gesteinsplatten führt die Holzsteige etwa eine halbe Stunde an ihren rauschenden und stäubenden Wasserstürzen vorbei. Das *Wimbachtal* dahinter gleicht hingegen eher einer einförmigen Mondlandschaft zwischen grandiosen, steil und schroff emporragenden Gebirgsstöcken. Der Wimbach versickert im Geröll und auf dem flachen Geröllbett ›bewegt‹ sich träge ein mehr als 300 Meter mächtiger, zehn Kilometer langer Schuttstrom, der von den Bergen herabkommt, besonders vom katastrophenträchtigen Hochkalter. In der Mitte der Strecke bis zum Talschluss liegt das *Wimbachschloss* (936 m), vom letzten Fürstpropst Joseph Conrad von Schroffenberg 1784 als Quartier für Gemsenjagden erbaut, heute in der Saison für Wanderer bewirtschaftet. Über Schuttschneisen durch Wald und Latschen gelangt man dann zur *Wimbachgrieshütte*, wo eine atemraubende Szenerie von dreiseitigen Felsabstürzen, über denen im Süden der Große Hundstod aufragt, das Tal abschließt. Es versteht sich, dass der Weg – außer der leicht begehbaren Klamm – Bergausrüstung erfordert.

Das *Klausbachtal* wiederum reicht geographisch vom Hintersee bis zum Pinzgau und in seinen Landschaftsformen von Auen und Hochwald bis zur Almidylle. Der alte Saumweg führt näher oder entfernter am Klausbach entlang oder auf einer Holzbrücke darüber, zwischen den kantig zerklüfteten Dolomitwänden der Mühlsturzhörner westlich und dem Hochkaltermassiv östlich hindurch bis zur Ausweitung des *Engerttals* (bis hierher fährt der Bus von Hintersee). Durch naturnahen Bergmischwald, aber auch an sich selbst überlassenen Fichtenwaldungen vorbei geht es recht steil zur Hochfläche der Bindalm empor. Aus dem unteren Hang des Hochkalter rieseln zahlreiche Karstquellen. Auf der *Bindalm* überraschen vier beieinander liegende historische Almkaser (saisonal bewirtschaftet), davon ein ›Rundumkaser‹ mit offenem Stall rund um Wohn- und Arbeitsräume, der etwa 200 Jahre alt und vom Steinernen Meer hierher versetzt worden ist. Ein naher Aussichtshügel gewährt

freie Sicht auf die österreichische Seite. Der *Hirschbichlsattel*
(1153 m) auf der Grenze, von der Bindalm auf einem Gelän-
derweg und einem Stück Fahrstraße zu erreichen, ist heute nur
noch ein Fußgängerübergang. Diese Tour ist fast ein Tagesaus-
flug, doch sind die Wege abkürzbar und variabel.

In der Ramsau: ›Bergkulissen‹ allerwege

Die Kirche von Ramsau über der sprudelnden Ramsauer Ache
und unter der Reiteralm und den Mühlsturzhörnern gehört zu
den meistfotografierten Motiven Bayerns. Diese ›geschönte‹
Inflation ist ein wenig schade, denn in der Wirklichkeit wirkt
die Ansicht eher herb – und so großartig, weil das Einssein von
Landschaft und Kunst in diesem Land nicht einfacher zu fassen
sein könnte.

Dass der heutige lebhafte Luftkurort an der Durchgangs-
straße einst ein abgeschiedenes Dorf war, verrät seine Lage in
dem von Reiteralm, Lattengebirge, Hochkalter und Watzmann
versperrten Tal. Aus jener Zeit ist die spätgotisch-barocke *Pfarrkirche* geblieben, deren gespitztes Langhausdach und vielgekup-
pelte Haube den Bergformen antwortet und zu der sich die
schönen Schopfwalmdachhäuser von *Pfarrhof* und *Mesnerhaus*
sowie der *Alte Friedhof* mit einem Karner und den Gräbern der
Alpinisten Kederbacher Vater und Sohn stimmungsvoll fügen.
In die dörfliche Einfachheit der Kirche bringen die Schnitzfiguren Christi und der Apostel den zärtlichen Ton des ›Weichen
Stils‹ (um 1430). Ein *Bergkurgarten* mit einem Solegradierwerk
und ein *Soleleitungsrundweg* mit vielen Variationen und großarti-
gen Aussichten erfreuen Kur- und Wandergäste.

Der Salinenweg und die Fahrstraße führen durch den
Zauberwald westlich Ramsau, so genannt, weil die bizarren,
überwachsenen Felstrümmer, von denen er durchsetzt ist, der
Volksphantasie natürlich allerlei Vorstellungen entlockten, die
zu Sagen wurden. Die Felsblöcke entstammen einem Bergsturz
des Hochkalter, durch den auch der *Hintersee* entstand, der sich
smaragden verträumt zwischen Felsbrocken, Moose, Lärchen
und Wiesen kuschelt und seinen kapriziösen Anblick durch die

ernsten Hintergrund-Silhouetten von Hohem Göll, Hohem Brett, Jenner und Schneibstein kontrastieren ›lässt‹. So ertappt man sich dabei, selbst schon in ›Motiven‹ für Maler, Fotografen und Filmer zu denken – und die saßen denn auch hier zuhauf. Daniel Fohr malte das Motiv in bizarren Formen, Carl Rottmann in dramatisch-bengalischer Beleuchtung, die Wiener und Münchner kamen, Albert Zimmermann, Hanns Schleich, Ernst Kaiser, Hubert von Herkomer, viele mehr, schlugen ihre ›Malerherberge‹ in der Nähe und dann im Auzingerwirt auf und hinterließen eine ›Hinterseer Chronik‹ gleich den Fraueninsel-Künstlern. Das war in der zweiten Hälfte des 19. Jahrhunderts. Im frühen zwanzigsten entstanden an beiden Ufern schmucke Gasthöfe, und die Filmer fanden für die vor allem in der Ära der Kruppstahlmänner grassierenden Bergfilme ihre ideale ›Bergkulisse‹, dafür mochte das inflationäre Wort, das Berge zu Pappe, Nessel und Leim degradiert, vielleicht mal angebracht gewesen sein.

Maria Kunterweg oder: Protestanten raus!

Die *Wallfahrtskirche Maria Kunterweg* war die Beschützerin der Kleintiere (das bedeutet ›Kunter‹), die die Sennerinnen einst hier zur Weide trieben – und noch heute wallfahren die Almbauern her. Aus Bangnis vor den Gefahren des Weges stellten die Frauen damals ein Muttergottesbild in eine Felsnische. Die Kirche, die das Berchtesgadener Stift dann 1733 durch den Salzburger Meister Sebastian Stumpfegger für das Bild bauen ließ, ist mit Rundturm-Apsiden an den Schmalseiten, Kuppeln und Laternen samt Zwiebelhauben an den Hang des Kunterwegkogel über Ramsau geschmiegt – wieder mal eine Wonne! Im lichten, klaren, bandelwerkstuckierten Raum hat man für das kleine Gnadenbild der Mondsichelmadonna (Wolfgang Huber, 1690) einen prächtigen Baldachinaltar mit dominierendem Dreifaltigkeitsbild gebaut (Christoph Datz, 1756). Das recht ungeschickt gemalte Langhausfresko wäre nicht der Rede wert, würde es nicht die Glorie der Immaculata über dem Stift Berchtesgaden dazu benutzen, die ›Verjagung des Irrglaubens aus die-

ser Kirche‹ im Jahre 1732 durch einen Blitze schleudernden
Engel in Bild und Inschrift zu demonstrieren. Diese Verjagung
war ein bitteres Geschehnis in der Geschichte Salzburgs und
Berchtesgadens.

Der zunehmenden Ausbreitung des Protestantismus im Salzburger Land begegneten die Erzbischöfe mit wachsender Härte.
Zwischen 1684 und 1691 kam es im Defereger Tal und im
Dürrnberger Salzbergwerk zur Austreibung vieler Hunderter
von Männern und Frauen, die ihre Kinder zurücklassen und
katholischen Familien zur Erziehung übergeben mussten. Als
Leopold Anton Freiherr von Firmian 1727 zum Erzbischof
gewählt wurde, verhängte er drakonische Maßnahmen: Haus-
durchsuchungen nach lutherischen Schriften, Verhöre, Kerker-
strafen. Im Mai 1731 wandten sich die Protestanten mit einer
›Bittschrift der Neunzehntausend‹ an die Evangelischen Reichsstände in Regensburg, die über die Einhaltung der Bestimmun-
gen des Westfälischen Friedens wachten, und baten eindring-
lich, sich beim Erzbischof dafür zu verwenden, dass er ihnen
entweder freie Religionsausübung oder ungehinderten Abzug
gewähre. Im November 1731 veröffentlichte der Erzbischof das
Emigrationspatent, wonach die »Unangesessenen« in acht
Tagen, die »Angesessenen« innerhalb der Frist von höchstens
drei Monaten ihre Güter verkaufen und das Land verlassen
müssten, bzw. *dürften*, denn die Erlaubnis dazu schien ihm eine
huldvolle Vergünstigung, von der Rebellen ausgenommen
waren – aber als solche beschuldigte er ja die meisten. Wiewohl
weder der Kaiser noch die Evangelischen Reichsstände dem
Emigrationspatent zustimmten, wurde die Austreibung vollzo-
gen. Bis Ende Mai 1732 verließen mehr als 11 000 Protestanten
das Land, ließen sich in den Reichsstädten Kaufbeuren, Kemp-
ten, Memmingen, Ulm und Augsburg nieder; folgten ab
Februar 1732 der Einladung des preußischen Königs zur Kolo-
nisierung Ostpreußens. Kleine Gruppen landeten in Holland
und Nordamerika.

Die Salzburger Vorgänge wirkten sich auch aufs Berchtesgadener Land aus, wo der Protestantismus recht verbreitet war,
aber nicht immer ausdrücklich eingestanden wurde. Durch die

Salzburger Emigranten bestärkt, entschlossen sich nun auch die Berchtesgadener zum Bekenntniseifer und baten ebenfalls die Reichsstände in Regensburg um Hilfe. Der alte Fürstpropst Cajetan von Nothafft wiederum fühlte sich auf seine Weise dem Salzburger Beispiel verpflichtet und erließ im Oktober 1732 ein Auswanderungsedikt, das als Einwanderungsland Ungarn vorsah. In Berchtesgaden spielte die Arbeits- und Absatzsituation eine entscheidende Rolle: Aus Angst vor dem Verlust ihrer Arbeitskräfte traten hier die Arbeitgeber der Holzschnitzer und Drechsler in Aktion und drohten den Emigrationswilligen mit Gefängnis, mit Konfiszierung ihrer Handwerksgeräte und wilden Gerüchten über preußische Missetaten an den Einwanderern. Da Nürnberg ein Hauptabsatzmarkt der Berchtesgadener Ware war, wollten sie die Emigranten, wenn sie schon nicht zu halten waren, nach Ungarn drängen, um zu verhindern, dass sie ihnen in Nürnberg Konkurrenz machten. Sie mussten beschwören, Nürnberg zu meiden.

Auf Vermittlung Regensburgs – das auch die Ablösung von der Leibeigenschaft regelte, die es in Berchtesgaden noch bis 1807 gab –, gingen dann zwei Emigranten-Schübe im April 1733 von hier in den Norden. Ein kleinerer mit knapp hundert Menschen zog über Regensburg nach Berlin, wo er in der Friedrichstadt angesiedelt wurde. Der König sorgte für Baumaterialien oder zahlte den Handwerkern zwei Jahre lang die Miete. Ihre Arbeiten aus Holz, Knochen und Elfenbein fanden guten Absatz. Ein großer Zug mit 700 Menschen ging ins Kurfürstentum Hannover. Einige wenige Familien siedelten später von dort dann doch nach Nürnberg um und verhalfen durch ihre qualitätvollen Arbeiten der Nürnberger Spielwarenmanufaktur zum Aufschwung. Insgesamt waren es mit allen Vorformen der Vertreibung rund 20 000 Protestanten aus Salzburg und Berchtesgaden, die ihre Heimat verlassen mussten.

Unsere Sternfahrten um Berchtesgaden führen uns nun in den Osten, wo eine wichtige Dependance jenes Regimes lag, das für die Massenvertreibungen des 20. Jahrhunderts verantwortlich war.

Der wegen verfassungsfeindlicher Reden verfolgte Herr Wolf
fand im Frühjahr 1923 am Obersalzberg eine Zuflucht, die ihn
1925, nach seinem Putschversuch, seiner Haft und dem Verbot
der NSDAP, wieder aufnahm. Herr Wolf war der Deckname des
Herrn Hitler und die Zuflucht war die schon erwähnte ›Pension
Moritz‹, später auch ›Platterhof‹ genannt, seit 1919 vom Ehepaar Büchner bewirtschaftet, das Hitler darüber hinaus ein im
Wald verstecktes Holzhaus zur Verfügung stellte, wo er ›Mein
Kampf II‹ diktieren konnte. 1928 mietete er, der inzwischen
auch hier oben schon Sympathisanten hatte, das Ferienhaus
›Wachenfeld‹. Es lag unterhalb des Gasthofs ›Zum Türken‹, das
ihm ein Podium für seine Agitationen und seinen Gästen Unter-
kunft bot. Ungeachtet solchen Entgegenkommens klagte er bei
einem seiner Tischgespräche über den »Bevölkerungsmisch-
masch« da oben, dessen Auffrischung mit »kräftigen und gesun-
den Kindern« durch die Leibstandarte ihm am Herzen läge.
Vom Frühjahr 1933 an wurde Haus Wachenfeld zum Ziel von
›Wallfahrer‹-Strömen beängstigenden Ausmaßes, Hunderten,
Tausenden, die stundenlang frierend oder schwitzend auf das
Erscheinen des Reichskanzlers warteten und die von seinen
Füßen berührten Kieselsteine als Reliquien verwahrten: jetzt
chloroformierte Anbeter, morgen vorauseilend gehorsame
Handlanger.

33 *Gebirgsschützendefilee in lockerer Ordnung,*
    Benediktbeuerns Turmpaar im Hintergrund
34 *Fronleichnam – Festtagsg'wand wirkt auch von hinten*
35 *Männerstolz an ausgesuchter Stelle –*
    bestickte Lederne mit Prunkgehänge ›Charivari‹

Die guten Nachbarn rundum wurden ab 1935 lästig. Dem ›Türken‹-Wirt brachte eine aufmüpfige Bemerkung Boykott des Hotels, Haft, Vertreibung aus dem Haus ein. Das Ehepaar Büchner zwang man zum Verkauf des Gasthofs weit unter Wert. Hof um Hof, Ferienpension um Ferienpension mussten unter Androhung des KZs zu Spottpreisen verkauft und sofort geräumt werden. Ulrich Chaussy hat das schändliche Kuckucks-Gebaren in seinem Buch ›Nachbar Hitler‹ eindrucksvoll geschildert. 1937 war das Dorf Obersalzberg – bis auf einige umbaufähige Objekte – von der Bildfläche verschwunden.

Auf einem Terrain von zehn Quadratkilometern entsteht der »Heilige Berg der Deutschen«: ein zähnefletschendes ›Führersperrgebiet‹. Haus Wachenfeld wird zur Residenz ›Berghof‹ mit Paradeblick auf den mythisch aufgeladenen Untersberg umgewandelt: Hitler Aug' in Aug' mit Karl dem Großen. Dahinter stampft man Kasernen, Gestapo-Dienststellen, ss-Wohnblocks, ein Wehrmachtshauptquartier, die Häuser und Büros Görings, Bormanns, Speers aus dem Boden und verdoppelt das Ganze unterirdisch in einer gigantischen Bunkeranlage. Auf den Gipfel des Kehlsteins (1885 m) setzt man das Kehlsteinhaus (›Hitlers Teehaus‹), baut eine Hochgebirgsstraße hinauf, treibt einen Liftschacht in den Felsen. Tausende von Fremdarbeitern wohnen in Baracken in den umliegenden Orten, schuften für Hungerrationen, aber werden mit »fremdvölkischen« Prostituierten versorgt. Die Lemuren brüten indes die Taktiken des »Ausradierens« und die Wirkungen von Cyklon-B aus, empfangen befreundete Staatsbesuche, vertreiben sich im Pantoffelkino mit Operettenfilmen die Abende. Die spießige Hölle.

Am 25. April 1945 jagen britische Bomber den monströsen Albtraum mit 1811 Tonnen Sprengstoff weitgehend in die Luft. Allein das Kehlsteinhaus bleibt unversehrt, der zum Hotel für »Verdiente Volksgenossen« monumentalisierte ›Platterhof‹ und wenig anderes bleiben zu Teilen intakt. Die Amerikaner geben die Obersalzberger Grundstücke frei, lassen aber 1952 die Ruinen des ›Berghofs‹ und der Bonzen-Häuser abtragen, weil sich Ruinen-Touristen massenweise der Steine als Andenken bedienen. Nur den ›Platterhof‹ erbitten sie für sich, um ihn als Erholungshotel ›General Walker‹ für ihre Soldaten herzurichten. Das Kehlsteinhaus, nun Staatsbesitz, wird schnell ein beliebtes Ausflugslokal.

Das 1996 von den Amerikanern aufgegebene und an den Bayerischen Staat zurückgefallene Areal auf dem Obersalzberg soll touristischer Nutzung zugeführt werden. Auf den Fundamenten des ehemaligen Gästehauses Hitlers aber ist ein neues Gebäude entstanden, das 1999 als *Dokumentation Obersalzberg* mit einer vom Institut für Zeitgeschichte in München erarbeiteten Dauerausstellung eröffnet wurde. So sachlich wie die bis zum Dachstuhl offene, nur durch eine Galerie und Stellwände gegliederte Architektur ist die durch Fotos, Briefe, Zeitungsausschnitte, Plakate, Videofilme und Tonbandaufzeichnungen dokumentierte Orts- und Zeitgeschichte. Die Vorgänge am Obersalzberg und ihre Vor- und Nachgeschichte nehmen breiten Raum ein, doch umspannt die Darstellung in Schlaglichtern die ganze Nazi-Diktatur: den Führermythos, die »Volksgemeinschaft«, den Terrorapparat und die Rassenpolitik, den Völkermord, den Widerstand und die Emigration, den Krieg und die Befreiung durch die Alliierten. Von der drei Kilometer langen Bunkeranlage, die damals für den Fall eines langen Aufenthalts mit komfortablen Wohnräumlichkeiten eingerichtet worden war, sind jetzt einige hundert Meter unter dem Ausstellungsgebäude zugänglich, nicht mit Exponaten, nur mit einem Video- und Hörraum bestückt. Diese schaurig zyklopischen, kahlen Katakomben und aufgerissenen Höhlen offenbaren wortlos die ganze Unmenschlichkeit des Nazi-Systems. Die Ausstellung findet bisher selbst in touristenarmen Zeiten das eminente Interesse, das sie verdient. Das Begleitbuch ›Die tödliche Utopie‹ ist in seinem Materialreichtum unübertrefflich.

Zum Gernhaben: Maria Gern

Dass Baumeister hierzulande Maß an den Bergen genommen, den machtvollen Schwung der Natur in die präzisen Kurven der Barockkunst übersetzt haben, wird so handsam und zärtlich selten anderswo sichtbar wie an der Wallfahrtskirche mit dem

Prestel
Landschaftsbücher

Für Weltenbummler
und Phantasie-Reisende

Paris, die Stadt der Träume, ist jetzt in einem ungewöhnlichen Führer neu zu entdecken

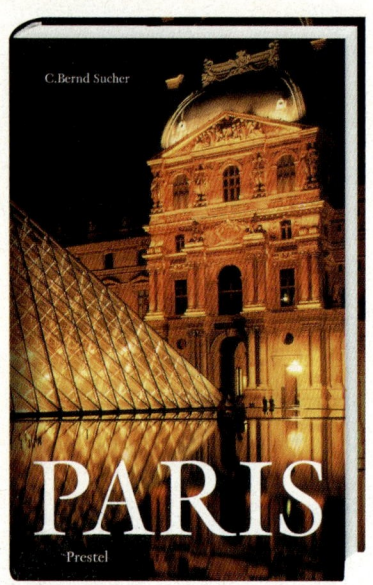

Paris

Von C. Bernd Sucher
Erstausgabe 1999.
384 Seiten mit 120 Abbildungen,
davon 24 in Farbe, sowie zwei
farbigen Stadtplänen.
ISBN 3-7913-2105-6.
Leinen mit Schutzumschlag
DM 49,80/ÖS 364,-/SFr 47,80

C. Bernd Sucher, frankophiler
Journalist und intimer Kenner
der Seine-Metropole, lädt ein
in die ›Stadt der Städte‹, die
seit Jahrhunderten die Besucher wie ein Magnet anzieht
und vielfach – nicht zuletzt in
der Literatur – beschrieben und
besungen wurde. Sucher läßt
sein ganz persönliches Paris
von seinem Alter Ego, einem
Mann namens Anton, erobern,
den er in Begleitung der charmanten und kompetenten französischen Führerin Ariane auf
Erkundungsreise schickt.
C. Bernd Suchers Annäherung
an Paris geschieht kurzweilig
und oft auf Pfaden, die andere
Cicerones noch nicht gegangen
sind. Nicht alles wird bewun-

dert, nur weil es berühmt ist. Ganz erfrischend subjektiv hat der Autor seine speziellen Vorlieben und hakt die Sehenswürdigkeiten nicht einfach ab. So entsteht ein facettenreiches und lebendiges Bild der vielgerühmten Stadt, die für Goethe die ›Hauptstadt der Welt‹ war. Paris gehört zu den Städten, die man zu kennen glaubt, bevor man sie zum erstenmal besucht. Auch Anton geht es so. Er hat viel über die Stadt gelesen, kennt sie aus der Feder von Poeten und Schriftstellern, die von ihr fasziniert waren oder an ihr litten. Nun ist es an der Zeit, daß er sein Bild von Paris an der Realität überprüft und die Orte aufsucht, die z. B. für Marcel Proust, Victor Hugo oder James Joyce von Bedeutung waren.

Von seiner Pariser Führerin Ariane erfährt er aber noch viel mehr – zur Geschichte und Architektur, zu Malern und Bildhauern, die hier wirkten, zu Édith Piaf oder zu berühmten Theaterleuten. Aber, da weder Anton noch Ariane Paris für eine Museum halten, besuchen sie auch Cafés, Bistrots und Restaurants, Theater, Parks, Plätze und Boulevards. Dieser Paris-Band ist ein Lesebuch, in dem die spannende Geschichte einer Stadt erzählt wird und die Erlebnisse eines neugierigen Mannes, der in der Stadt seiner Sehnsucht ein Leben findet, das ihn überrascht und mitreißt. Der umfangreiche Anhang enthält Kurzviten der erwähnten Personen sowie ein Namens, Orts- und Sachregister.

Alle 1999 erscheinenden Prestel-Landschaftsbücher sind in Leinen gebunden und erhalten ein farbiges Lesebändchen.

Prestel-Landschaftsbücher

Andalusien. Von Alfonso Lowe.
ISBN 3-7913-1764-4.
DM 48,- / ÖS 350,- / SFr 46,-

Aquitanien. Von Helmut Domke.
ISBN 3-7913-0444-5.
DM 49,80 / ÖS 364,- / SFr 47,80

Land um den Ararat.
Von Alfred Renz. ISBN 3-7913-0605-7.
DM 49,80 / ÖS 364,- / SFr 47,80

Berchtesgadener Land. Von Herbert
Schindler. ISBN 3-7913-0896-3.
DM 49,80 / ÖS 364,- / SFr 47,80

Am Bodensee. Von Herbert Schindler
ISBN 3-7913-1799-7.
DM 48,- / ÖS 350,- / SFr 46,-

Böhmen. Von Lillian Schacherl.
ISBN 3-7913-0240-X.
DM 49,80 / ÖS 364,- / SFr 47,80

Bretagne. Von Edith Oppens.
ISBN 3-7913-0758-4.
DM 49,80 / ÖS 364,- / SFr 47,80

Burgund. Von Helmut Domke.
ISBN 3-7913-0277-9.
DM 49,80 / ÖS 364,- / SFr 47,80

Der Chiemgau. Von Lillian Schacherl.
ISBN 3-7913-0582-4.
DM 49,80 / ÖS 364,- / SFr 47,80

Elsaß. Von Franz Prinz zu Sayn-
Wittgenstein. ISBN 3-7913-1763-6.
DM 49,80 / ÖS 364,- / SFr 47,80

Flandern. Von Helmut Domke.
ISBN 3-7913-0272-8.
DM 49,80 / ÖS 364,- / SFr 47,80

Florenz. Von Andreas Grote.
ISBN 3-7913-1881-0.
DM 49,80 / ÖS 364,- / SFr 47,80

Frankreich am Mittelmeer.
Von Archibald Lyall. ISBN 3-7913-1461-0.
DM 49,80 / ÖS 364,- / SFr 47,80

Frankreichs Süden. Von Helmut Domke.
ISBN 3-7913-0617-0.
DM 49,80 / ÖS 364,- / SFr 47,80

Friaul und Istrien. Von Richard Zürcher.
ISBN 3-7913-0583-2.
DM 49,80 / ÖS 364,- / SFr 47,80

Gardasee. Von Werner Krum.
ISBN 3-7913-1658-3.
DM 49,80 / ÖS 364,- / SFr 47,80

Gotland. Von Ruth und Hans-Friedrich
Baessler. ISBN 3-7913-1044-5.
DM 49,80 / ÖS 364,- / SFr 47,80

Griechenland. Von Brian de Jongh.
ISBN 3-7913-1636-2.
DM 58,- / ÖS 423,- / SFr 55,-

Irland. Von Margit Wagner.
ISBN 3-7913-1120-4.
DM 48,- / ÖS 350,- / SFr 46,-

Istanbul. Von Hilary Sumner-Boyd und
John Freely. ISBN 3-7913-0098-9.
DM 49,80 / ÖS 364,- / SFr 47,80

Italien. Von Eckart Peterich. Drei Bände.
Je DM 49,80 / ÖS 364,- / SFr 47,80

Italien. Eine kulinarische Reise.
Von Felice Cùnsolo. Überarbeitet und
ergänzt von Wilhelm Warning.
ISBN 3-7913-1802-0.
DM 30,- / ÖS 219,- / SFr 29,-

Java – Bali. Von Rüdiger Siebert.
ISBN 3-7913-1171-9.
DM 49,80 / ÖS 364,- / SFr 47,80

Kanada. Von Werner Krum.
ISBN 3-7913-1274-X.
DM 48,- / ÖS 350,- / SFr 46,-

Die Kanarischen Inseln.
Von Willi Kerl. ISBN 3-7913-1103-4.
DM 49,80 / ÖS 364,- / SFr 47,80

Kaukasus. Von Alfred Renz.
ISBN 3-7913-0725-8.
DM 48,- / ÖS 350,- / SFr 46,-

Kykladen. Von Erica Wünsche.
ISBN 3-7913-1212-X.
DM 48,- / ÖS 350,- / SFr 46,-

Loire-Schlösser. Von Bernard
Champigneulle. ISBN 3-7913-0276-0.
DM 48,- / ÖS 350,- / SFr 46,-

London. Von David Piper.
ISBN 3-7913-1112-3.
DM 49,80 / ÖS 364,- / SFr 47,80

Mähren. Von Lillian Schacherl.
ISBN 3-7913-2029-7.
DM 48,- / ÖS 350,- / SFr 46,-

Mani. Von Peter Greenhalgh und
E. Eliopoulos. ISBN 3-7913-0864-5.
DM 48,- / ÖS 350,- / SFr 46,-

Marroko. Von Alfred Renz.
ISBN 3-7913-0575-1.
DM 49,80 / ÖS 364,- / SFr 47,80

Dalmatien

Von Wolfgang Libal.
Neuausgabe 1999.
408 Seiten mit 88 Abbildungen,
davon 23 in Farbe.
ISBN 3-7913-2107-2.
Leinen mit Schutzumschlag
DM 49,80/ÖS 364,-/SFr 47,80

Wolfgang Libal hat einen gut
zu lesenden und informativen
Kulturführer geschrieben, der
zeigt, daß Dalmatien mehr zu
bieten hat als die fast 6000 km
lange ›Küste der 1000 Inseln‹,
daß es wie kaum eine andere
Adria-Region landschaftliche
Schönheit mit einer imposan-
ten Fülle von Zeugnissen seiner langen Geschichte vereint.
Die durch den kroatisch-serbi-
schen Krieg Anfang der neun-
ziger Jahre verursachten Schä-
den wurden inzwischen fast
alle beseitigt, der Tourismus ist
in die Region zurückgekehrt.

Portugal

Von Gustav Faber.
Neuausgabe 1999.
376 Seiten mit 80 Abbildungen,
davon 20 in Farbe.
ISBN 3-7913-2106-4.
Leinen mit Schutzumschlag
DM 49,80/ÖS 364,-/SFr 47,80

Reich an Geschichte und voller
faszinierender Kontraste bietet
Portugal vom Minho im Norden, dem ›Garten Europas‹,
über die klassischen Portwein-
regionen bis runter zum Algar-
ve ein vielfältiges Panorama:
tiefe Felsbuchten und traum-
hafte Strände, rote Korkeichen-
wälder und silberne Olivenhai-
ne, romantische Fischer- und
arabisch anmutende Bergdör-
fer. Für diese bereits 7. Auflage
wurde Gustav Fabers anschau-
liches und kenntnisreiches
Portugal-Porträt erneut kritisch
durchgesehen und aktualisiert.

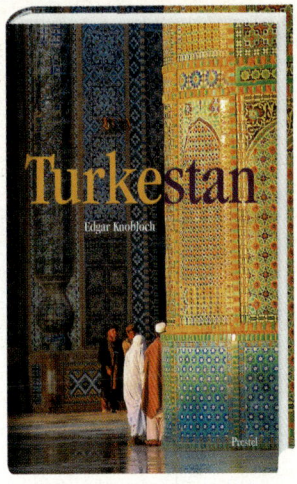

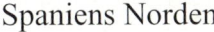

Spaniens Norden

Von Helmut Domke.
Neuausgabe 1999.
524 Seiten mit 38 Abbildungen,
davon 24 in Farbe.
ISBN 3-7913-2108-0.
Leinen mit Schutzumschlag
DM 49,80 / ÖS 364,- / SFr 47,80

Die nordspanische Landschaft
empfing ihre Prägung durch
die Pilgerfahrt nach Santiago
de Compostela – Kirchen und
Klöster, Hospize und Pilger-
kreuze begleiten bis heute den
Wanderer auf seinem Weg von
der französischen Grenze bis
zum Atlantik im Westen.
Helmut Domke gelingt es,
Geschichte und Kunst dieser
Landschaft mit der mittelalterlichen Wallfahrt zu einem
stimmungsvollen Ganzen zu
verschmelzen. Die Aktualisie-
rung des Textes wurde deshalb
·r behutsam vorgenommen.

Turkestan

Taschkent – Buchara – Samarkand
Von Edgar Knobloch.
Neuausgabe 1999.
336 Seiten mit 36 Abbildungen,
davon 24 in Farbe.
ISBN 3-7913-2109-9.
Leinen mit Schutzumschlag
DM 49,80 / ÖS 364,- / SFr 47,80

Turkestan ist das Herz Inner-
asiens. Bis 1991 zum größten
Teil sowjetisches Gebiet, um-
faßt es heute die unabhängigen
Republiken Usbekistan, Kirgis-
stan und Tadschikistan sowie
die Turkmenische Republik,
Teile des Iran, Afghanistans
und Chinas. Edgar Knoblochs
umfassende Beschreibung des
weithin unbekannten Noma-
denlandes und seiner Kultur-
stätten wurde für die Neuausgabe im Hinblick auf die jetzigen politischen Verhältnisse
aktualisiert und neu bebildert.

»Diese Prestel-Bücher wollen mir als die schönste gedruckte Begleiterscheinung vorkommen, die es zum Thema Reise gibt. Man kann sie unterwegs, vorher oder nachher lesen.«   NDR

»Schon der Verlagsname signalisiert Seriosität, die Ausstattung ist gediegen, und die Texte verraten eine Sachkenntnis, wie sie bei Reisebüchern hierzulande selten ist.«   Die Welt

»In Prestel-Lands‹
ist wie wandern

»Zu den vielgelobten Reisebuch-Reihen gehören die
Landschaftsbücher von Prestel. Weil diese so ordentlich
verarbeitet sind, aber natürlich auch, weil die Mehrzahl der
Bände zugleich inhaltlich den Ansprüchen gerecht wird, die
von der äußeren Form abgeleitet werden können, genießen
die Prestel-Landschaftsbücher per se Vertrauen.« *Die Zeit*

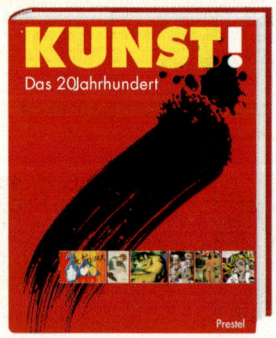

freundlich klingenden Namen *Maria Gern*. Mag ›gern‹ (mittelhochdeutsch gêr) auch soviel wie ›spitz, dreieckig‹ bedeuten, so bezieht sich dieses Wort nur auf die Form des Gerner Hochtals nördlich Berchtesgaden, das sich ansonsten weich und mugelig, baumdurchsetzt und mattengrün unterm graumelierten Untersberg ausbreitet. Eine seiner Silhouettenformen bildet ein flaches Dreieck, und das kehrt prompt im Zeltdach der Hügelkirche wieder, das mit grauen Schindeln gedeckt ist wie die phantasievolle Zwiebel der Turmhaube, der eine große grüne Kreiselspitze entwächst. Ein unbekannter Architekt schuf den originellen Bau 1710, es war bereits der dritte innerhalb weniger Jahrzehnte, den der anschwellende Zustrom der Wallfahrer nötig machte. Er stellte ihn auf elliptischen Grundriss, legte zwei Anräume an die Längsachse, zwei Nischen an die Querachse und überließ das flache, wellenbewegte Muldengewölbe aus Holz dem dichten Akanthusranken-Stuck des Salzburgers Joseph Schmidt und den in Medaillons gefassten Marien-Fresken des Malers Christoph Lehrl: ein Gewölbe, das jenen prächtigen Barockgewändern gleicht, in die das Gnadenbild der Muttergottes im Zentrum des Hochaltars im Jahreslauf wechselnd gekleidet wird. Der aus der Fremde in seine Heimat zurückgekehrte Gerner Wolfgang Huber hat das Gnadenbild um 1666 mitsamt der ersten kleinen Kapelle geschaffen, die trefflichen Heiligenfiguren am Altar stammen von dem Berchtesgadener Holz- und Elfenbeinschnitzer Andrä Stanggassinger.

Gleich hinter der Kirche lockt ein reizvoller Zwei-Stunden-Weg, freilich mit durchschnittlich zwanzig Prozent Steigung, durch Forst und Almgelände zur *Kneifelspitze* (1189 m), einem frei stehenden Inselberg mit rühmenswertem Rundblick auf Salzburg und die Berchtesgadener Alpen.

Sickerwasser und Volksphantasie: Der Untersberg

Dass sich um den wuchtigen Untersberg mehr Sagen ranken als um andere Alpenhäupter, hat einen geologischen Grund: Durch seine wasserdurchlässigen Gesteine Ramsaudolomit und Dachsteinkalk ist er voll von großen Höhlen, langen Gängen

und tückisch tief reichenden Dolinen, in denen auch noch in
unseren Zeiten vereinzelte Skiläufer spurlos verschwunden
sind. Kein Wunder, dass die Volksphantasie sich so an ihm
abgearbeitet hat, wie es die Sickerwasser immer noch tun. Den
mächtigsten der Herrscher, Kaiser Karl den Großen, hat sie in
den Berg verschlossen und in Tiefschlaf versetzt, willens, ihn
erst wieder zu wecken und freizulassen, wenn ›das Reich‹ der
Rettung bedürfe. Doch diese Zeitpunkte hat sie dann offenbar
selbst verschlafen, wie oft auch des Kaisers langer Bart sich um
den Tisch wickelte, die drei Raben von dannen flogen und die
Endzeiten sich rettungslos häuften, bis zu jener, die am Berg
gegenüber ihre Fratze zeigte. Dabei war diese Volksphantasie
aber durchaus wandlungsfähig, Kaiser Karl konnte sie auch
durch die nicht minder faszinierenden Gestalten der Kaiser Barbarossa oder Friedrich II. auswechseln, auch sorgte sie mit dem
ihr eigenen Neid durch Vermittlung der Zwerge dafür, miss-
liebige Zeitgenossen von Rang oder reiche Hochzeitszüge zu
hundertjährigen Festgelagen in den Schlünden des Bergs ver-
schwinden zu lassen.

   Der *Berchtesgadener Hochthron* (1972 m) ist der bayerische, der
Salzburger Hochthron (1852 m) der österreichische Gipfel des
Untersberg. Als Thron der Götter ist der Name nicht zu ver-
stehen, so leicht macht es sich die Etymologie ja nie, vielmehr
leitet er sich vom lateinischen ›traps‹ und bayerischen ›tram‹ für
Firstbalken ab. Von Hintergern an der Nordspitze des Gerner
Tals führt eine mehr als dreistündige Wanderung über den
Hang des Rauhen Köpfl – mit herrlichen Aussichten aufs Salzburger Land – und übers Stöhrhaus des Alpenvereins bis zum
Berchtesgadener ›First‹. Wer in die Höhlenwelt des Bergs ein-
dringen will, ersteigt die *Schellenberger Eishöhle* auf einem ebenso
langen Weg von Marktschellenberg aus oder fährt mit der
Untersberg-Seilbahn von der österreichischen Seite zum Salz-
burger Hochthron und steigt in vierzig Minuten hinab. Diese
größte Eishöhle Deutschlands wurde im 19. Jahrhundert entdeckt und 1925 für die Öffentlichkeit zugänglich gemacht. Die
Wunderwelt aus Eis, die sich in ihren Hallen und Domen beim
Schein der Magnesiumfackeln auftut, ist Tausende von Jahren

alt. Die geschichteten Eiswände lassen erkennen, wie das Eis buchstäblich wächst. In der Fugger-Halle am tiefsten Punkt der Höhle befindet sich eine 60 000 Kubikmeter mächtige Eismasse, und im Mörk-Dom erreicht die abenteuerlich vielfältige Pracht der glitzernden Eisgebilde ihren Höhepunkt. Höhlenbesuche sind von Juni bis Oktober in stündlichen Führungen möglich, im Frühjahr, zur Zeit der stärksten Eisbildung, ist es am eindrucksvollsten.

Der warm rotbraungelb gemaserte *Untersberger Marmor*, der dominante Stein oberbayerischer und österreichischer Kirchen, wird am Nordhang auf österreichischer Seite abgebaut.

Unter den Faltenwürfen:
Knappen, Kugelmühle, Klamm

Der Luftkur- und Wintersportort *Marktschellenberg* am östlichen Fuß des Untersberg ist heute, von der Straße umgangen, eine schmucke Idylle mit malerischer Achenbrücke, behaglichen Häusern, gepflegten Fassaden, die von einstiger Wohlhabenheit sprechen, denn vom 12. bis zum beginnenden 19. Jahrhundert war er mit einer Saline gesegnet und sogar Sitz der obersten Salzbehörde.

Auf den sanften Bergrücken des *Ettenberg* über dem Ort muss man schon allein deshalb fahren oder wandern, weil sich hier die Südabstürze des Untersberg mit seinen anfangs erwähnten Faltenwürfen überraschend nah und fassbar und doch so machtvoll unfassbar aufbauen. Aber natürlich auch wegen der Wallfahrtskirche *Maria Ettenberg*, die sich so zart unter den Hochthron kuschelt und innen doch so wuchtig mit vielen Altären möbliert ist, auch einen kolossalen barocken Christophorus auf der Orgelempore zum Wegschutz in diese Gebirgsverlorenheit stellt. Das Madonnen-Gnadenbild (1695), das zuerst eine Linde bewohnte, triumphiert nun in einem aufwendigen Hochaltar. Der nördliche Seitenaltar, ›Altar der Bergknappen‹ genannt, zeigt den hl. Rupertus mit Schellenberger Knappen in Tracht, die hier auch ihren Bergknappentag feierten. Das barocke Deckengemälde des Tirolers Innozenz Worathi apostrophiert die Verbindung der Fürbitterin der Juden, Esther, zu Maria.

Zwischen der Ettenberger Hochterrasse und dem Gerner Hochtal liegt die wildromantische Almbachklamm, die man vom Ettenberg aus wandernd, von Marktschellenberg oder Berchtesgaden aus auf der Bundesstraße erreicht. Am Eingang der Klamm, beim traditionsreichen Gasthof ›Zur Kugelmühle‹, befindet sich die letzte noch arbeitende *Marmorkugelmühle* Deutschlands. Sie wurde 1683 gegründet und schleift auf einfache Weise Marmorbrocken durch die Wasserstrudel des Almbachs zu Kugeln, und zwar mit Reiß- und Feinmühlen in mehreren Gängen zu Faust- bis Erbsengröße, was etwa zwölf bis vierzehn Stunden dauert. Noch im 19. Jahrhundert gab es allein im Almbach vierzig Kugelmühlen. Die von ihnen hergestellten Schusser – 600 bis 1000 Zentner jährlich – gingen als Kinderspielzeug in alle Welt oder wurden als Ballast für Segelschiffe verwendet.

Die Bäche des Untersberg vereinigen sich zum Almbach, der von der Theresienklause bis zur Mündung in die Berchtesgadener Ache auf drei Kilometern einen Höhenunterschied von 218 Metern überwindet, und zwar durch das faszinierende Naturschauspiel der *Almbachklamm*. Im Unterschied zur gewaltigen und dramatischen Wimbachklamm beeindruckt diese durch den Zauber ihrer Wasserformen und ihrer lichten Farbigkeit. Denn in gläsernen Vorhängen und hauchdünnen Schleiern, stäubenden Katarakten, krausen Strudeln, Hunderten von feinen Rinnsalen fallen hier die Wasser über die Felsabstürze und Gesteinsbrocken und lassen die marmorglatten Steine in zartesten rosa, grünen, gelben, violetten Tönen irisieren. Der zweistündige, vorbildlich angelegte Weg vom unteren Ende der Klamm über 320 Stufen und 29 Brücken – oft so nah am Wasser, dass man es erhaschen kann – führt zum oberen Anfang der Theresienklause, wo 1836 eine riesige Staumauer mit Schleusentor gebaut wurde, die 15 000 Kubikmeter Wasser zur Beschleunigung der bis 1963 betriebenen Holzdrift aufstauen konnte.

Ungesalzen blieb in diesen Breiten naturgemäß nie etwas. Als Meister Gordian Guckh um 1510 die Passion auf seinen Altartafeln für St. Leonhard am Wonneberg (im damals noch österreichischen Rupertiwinkel) in heimatliche Landschaften verlegte, ließ er im Hintergrund der Gethsemane-Szene Salzburg verheißungsvoll leuchten, während die Kreuztragung vor einem düsteren, bedrohlichen, dem Berg Golgatha nahen Reichenhall stattfindet. Naheliegend, dies als politische Agitation auszulegen: Wenige Jahre zuvor war Reichenhall an Bayern gekommen, so hatte der Laufener Maler – über den noch zu reden sein wird – sogleich seinen antibayerischen Zorn in die Farben gemischt. Und Politik drehte sich damals hier alle Male ums Salz.

Die hochgesättigten Solequellen aus dem Lattengebirge wurden in dem weiten Talkessel der Saalach zwischen Hochstaufen, Untersberg, Predigtstuhl und Reiteralm schon lang vor der Kelten- und Römerzeit genutzt. Mit den zwanzig Salzpfannen und einem Drittel der Solequellen, die Bayernherzog Theodo um 700 dem Salzburger Bischof Rupert hier schenkte, ging auch die Vormacht an das Erzstift, die Bayern oder Berchtesgaden ihm aber immer wieder streitig machten, bis Reichenhall 1504 an Herzog Albrecht iv. von Bayern-München und 1587 unter das Bayerische Salzmonopol fiel. Hohe Zeit, die verwahrloste Saline zu modernisieren. Die Anlagen der Soleleitungen nach Traunstein, Rosenheim und Berchtesgaden im 17. und 19. Jahrhundert folgten als weitere bedeutsame Unternehmen für die Stadt. Und dass Mitte des 19. Jahrhunderts die Sole als Heilmittel eingesetzt wurde und der Aufstieg zu einem bald berühmten Kurbad begann, war eine notwendige moderne Entwicklung.

Das oft genug mit Waffengewalt ausgetragene Machtgerangel und die an Salinenorten häufigen Brände haben die alte Bausubstanz erheblich geschmälert, ein Brand von 1834 verschlang drei Viertel der Stadt. Im Kurviertel dominiert ohnedies die Architektur des 19. und 20. Jahrhunderts. Die Zentren der in einem Bogen der Saalach ausgebreiteten Gemeinde sind das alte

Die oberschlächtigen Wasserräder des 19. Jahrhunderts
in der Alten Saline von Bad Reichenhall

Florianiviertel und der Salinenbezirk im Südwesten, das Kurviertel in der Mitte und das Stift St. Zeno im Nordosten.

Der repräsentative *Rathausplatz* mit dem Wittelsbacherbrunnen und einigen erhalten gebliebenen Häusern und Gasthöfen im Palazzo-Stil weist auf die nahe Inn-Salzach-Kultur, das ehemalige Salzsiederquartier des anschließenden *Florianiviertels* hat wiederum alpenländisches Gepräge, und die außen neuromanische Basilika *Sankt Nikolaus* atmet in ihrem wiederhergestellten, glasklaren Raum romanische Ehrwürde des endenden 12. Jahrhunderts. Das große Gnadenstuhl-Gemälde in der Apsis stammt von Moritz von Schwind.

Fast könnte man den dazwischen liegenden Backsteinbau der *Alten Saline* wegen seiner Türme, den Rundbogen und neugotischen Zierformen auch für ein sakrales Gebäude halten, so warmherzig wirkt die frühe Industriearchitektur im ludovizianischen Stil von Friedrich von Gärtner und Daniel Ohlmüller (1836–51), zumal sie von einer neubyzantinischen Salinenkapelle dominiert wird, in der einst bei der Ewigen Messe um einen unversiegbaren Solefluss gebetet wurde. Im Inneren des *Quellenbaus (Salzmuseum)* triumphiert freilich schon die Stromlinien-Schönheit der Technik in den beiden mächtigen oberschlächtigen Wasserrädern der Pumpwerke, die seit 150 Jahren arbeiten. Darunter liegen marmorgefasste Stollen und Gänge, die zu den Brunnenstuben und Pumpanlagen des Hauptschachtes führen. Diese Anlagen hat erstaunlicherweise der Münchner Bildschnitzer Erasmus Grasser geschaffen, der, als Universaltalent bekannt, in höchster Not 1507 gerufen wurde, als die Sole unter der Erde zu verwässern begann. Er ließ sich ein dreifaches Kettenkübelwerk mit Bronzeröhren einfallen, um dies künftig zu verhindern, und erfand noch eine Menge anderer Neuerungen, bis er nach fünf Jahren hochbelohnt und hochgelobt nach München zurückging. Quellen mit 23 Prozent Salzgehalt werden von hier der Saline, vier- bis zwölfprozentige dem Gradierwerk oder dem Kurhaustrinkbrunnen zugeführt, sehr viel schwächere den verschiedenen Badeanstalten. Solekuren sind wirksam bei Erkrankungen der Atmungsorgane, Haut-, Frauen- und rheumatischen Leiden. In der *Neuen Saline* jenseits der Innsbrucker Straße werden jährlich 200 000 Tonnen Grob- und Speisesalz versiedet.

Auf dem Weg zum Kurviertel kann man im *Heimatmuseum* einen vollständigen Rundumkaser von 1733 und einen sensationell reichen, 1970 in der Nähe der Burg Staufeneck gefundenen Bronzehort bewundern, um von den vielen sehenswerten nur die beiden spektakulärsten Exponate zu nennen.

Der *Kurort* nahm 1846 mit dem Hotel Axelmannstein seinen Anfang, einem 1911 erweiterten Luxusetablissement, das mitsamt seinem Namen einem Roman entstiegen zu sein scheint. Und die anderen Einrichtungen vom Staatlichen Kurhaus bis zu Kurmittelhaus und Kurvillen sind von neobarocker oder neorenaissancener Behaglichkeit, ergänzt durch den heiteren Kurgarten und das hier besonders reizvolle stachlige, rieselnde und Frischluft zerstäubende Gradierwerk. Ein moderner

Gegenakzent wäre willkommen, doch das Kurgastzentrum aus honigfarbenem Travertin ist eher pharaonengrabartig monumental als kurbadmondän (Walter und Bea Betz, 1988).

Sogar das *Stift St. Zeno* beugte sich vor dem Salz: Sein Patron wurde der Schutzheilige gegen Wasserüberflutung, vor der besonders Salzstollen bewahrt werden müssen, und als das Münster zu klein zu geraten schien, stifteten die Reichenhaller Bürger eine Salzabgabe, um es stattlicher zu haben.

So wurde aus einer um 810 entstandenen Klosterzelle des Bischofs Arno von Salzburg 1136 ein Augustinerchorherrenstift, dessen romanische Basilika von 1208 zur mächtigsten Altbayerns geriet. 1520 ging sie in eine gotische Pfeilerbasilika mit Stichkappengewölben über, die dann immer von neuem verändert wurde. Die Kostbarkeit des löwengestützten spätromanischen, um 1200 entstandenen Stufenportals aber blieb erhalten: ein Wunderwerk aus fein ornamentiertem, reich gegliedertem, gelb-weiß-rötlichem Untersberger Marmor, mit Madonna, St. Zeno und St. Rupert im Tympanon. Von den beachtenswerten Einzelwerken im lichten Inneren sei außer Kanzel und Chorgestühl der Hochaltar hervorgehoben, dessen eindrucksvolle Marienkrönung der Pacherschule (1520) im Schrein von zwei (ursprünglich nicht dazugehörigen) Flügelbildern mit Marienszenen des in München tätig gewesenen Niclas Horverk (um 1514) flankiert werden. Der durch seine Grabplatten, Schlusssteine und Reliefs fesselnde romanische Kreuzgang ist leider sehr schwer zugänglich.

Hausberg-Umkreise

Zu Füßen des nördlichen Reichenhaller Hausbergs *Hochstaufen* (1771 m) erhebt sich die zum lauschigen Erholungsort *Nonn* gehörende Georgskirche etwas erhöht über der Saalach. Im einfachen gotischen Bau überrascht ein zierlicher Flügelaltar von 1513, der Architektur, Skulptur, Malerei, Ornament harmonisch eint und zum größten Teil von jenem schon erwähnten Gordian Guckh stammt, der zwischen 1506 und 1541 in Laufen als Maler, zeitweise auch als Bürgermeister nachgewiesen ist.

Spätromanik in Bad Reichenhall:
Stufenportal des Münsters St. Zeno, um 1200

Die Schnitzfiguren im Schrein, die hll. Georg mit Ulrich und Martin, ebenso jene im Gesprenge, zeichnen sich durch noble Haltung aus. Die um diese Zeit schon etwas altmodisch gewordene Goldgrund-Malerei auf den Außenflügeln stellen die Passion dar (eine vereinfachte Version von Wonneberg), die wohl von Mitarbeiterhand gefertigten Reliefs auf den Innenseiten Marienszenen. In den Malereien auf der Rückseite aber zeigt der hl. Georg beim Drachenstich am deutlichsten die eigentliche schwungvolle und ›moderne‹ Donauschul-Auffassung Guckhs, die die Landschaft einbezieht, hier wieder die heimatliche Landschaft: Höglwörth, Burg Juißen und Hochstaufen. Auffallend ist die Außenkanzel der Kirche sowie die Steinsockel und Holzbalken vor dem Friedhof, die auf eine alte Gerichtsstätte hinweisen. Die Kirche ist übrigens der Ausgangspunkt oder erste Halt der Spaziergänger zur viel geliebten *Padingeralm* am Südhang des Hochstaufen oder für die geübten Wanderer zum Hochstaufen-Gipfel.

Es empfiehlt sich, den südlichen Hausberg *Predigtstuhl*
(1614 m) ausnahmsweise mit der Kabinenbahn zu erklimmen,
weil es oben eine solche Fülle von reizvollen Wanderwegen aller
Längen gibt, die mehr Spaß machen als der Aufstieg. Für die
großartige Aussicht auf Reichenhall und Salzburg, das Dach-
steingebirge, den Wilden Kaiser, die Zillertaler und Kitzbühe-
ler Alpen stehen natürlich Restaurant und Sonnenterrasse zur
Verfügung.

Auf dem Weg zum moorigen, warmen, bergumschlossenen
Thumsee sieht man schwindelerregend auf einem Felssporn die
barocke Wallfahrtskirche *St. Pankraz* thronen, deren chorfüllen-
der Hochaltar dem Eisheiligen eine prunkvolle Glorie bereitet.
Auf demselben Felsen, aber durch eine Schlucht getrennt, liegt
die *Ruine Karlstein*, zuerst eine schon seit dem Jahr 800 bestehende Burg der Hallgrafen von Peilstein, dann der Wittelsbacher. Für Burgromantik nordöstlich von Bad Reichenhall sorgt
der vor dem Staufenmassiv ruhende Klotz von *Schloss Staufeneck*, jahrhundertelang Wächter der Salzstraße, zuerst in der
Hand der Hallgrafen *für* Reichenhall, dann im Besitz der Salzburger *gegen* Reichenhall, 1305–1810 Sitz des Salzburger Pfleg-
gerichts, heute ein interessantes Strafrechtsmuseum mit Folter-
kammer, sowie der viertürmige Zinnenbau der *Burg Marzoll*
unterm Untersberg, der auf eine frühe Salzherrendynastie
zurückgeht, aber im 19. Jahrhundert mit einem dekorativen
neogotischen Zinnengewand umkleidet wurde.

Högl-Verträumtheit

Aus der Sicht von Autobahnsausern ist die hügelerhobene
schlanke Nagelfluhkirche von Anger dasselbe wie der Post-
kartenblick vom Irschenberg auf Wilparting: ein etwas auffälli-
gerer Meilenstein, nichts sonst. Selber schuld! *Anger* mit seinem
schmallangen, von Höfen locker umstandenen Wiesen-Dorf-
platz und seiner edlen spätgotisch-barocken Kirche gehört zu
den schmuckesten Dörfern Oberbayerns, und gleich daneben
verbirgt sich in einer Senke am Rand des donnernden Hochge-
schwindigkeitsbandes ein verschwiegenes Fleckerl: *Stift Högl-*

wörth. Es hockt auf einer Halbinsel in einem kleinen verschilf-
ten See, von Bäumen und Bauernhäusern umhegt, und schaut
elegisch zu den Berchtesgadener Bergen empor. Denn seit 1817
ist es säkularer Unverbindlichkeit überantwortet – vorher lebten und wirkten hier, wenn auch in rechter Bescheidenheit, von
1125 an Augustinerchorherren von Salzburgs Gnaden. Die Kirche St. Peter und Paul wurde im 17./18. Jahrhundert neu erbaut
und gediegen ausgestattet mit Fresken und Tafelbildern des
trefflichen Trostberger Malers Franz Nikolaus Streicher und
grün-goldenen, duftigen Rocaillen des Wessobrunners Benedikt
Zöpf. Überraschend freilich, ein Hochaltarbild des bedeutenden Sieneser Meisters Francesco Vanni hier zu finden: eine ›Verklärung Christi‹ von fürwahr verklärender Schönheit des
Lichts, der Farben und der Komposition (1600) – ein Surplus zu
diesem ohnedies so liebenswerten Ort.

Überhaupt der Högl! So heißt der breite Rücken zwischen
Höglwörth und Ainring, ein Vorposten der Alpen, der dem
Hügelland des Rupertiwinkels im Süden seinen Auftakt gibt,
jenes bis Asten bei Tittmoning reichenden bayerischen Rupertiwinkels, der erst 1816 entstand, als das Fürstentum Salzburg zwischen Bayern und Österreich aufgeteilt wurde. Diese
Berginsel ähnlich dem Samerberg – wieder ein ›Thema mit Variationen‹ – bietet allseitig wundervolle Ausblicke ins Innviertel,
ins Salzburgische oder den nördlichen Rupertiwinkel. Das
uralte, der Römerstraße nahe Siedlungsgebiet mit frühesten
christlichen Heiligtümern, worauf die Namen der Patrone
St. Georg, St. Ulrich, St. Johannes hinweisen, ist ein unberührtes
Bauernland geblieben: Kleine Dörfer, Weiler und Einöden mit
Entenweihern, Bauerngärten, Obstbäumen tauchen zwischen
Buckelwiesen und Waldschöpfen auf, Dorfkirchen voller bun-
ter Votivbilder, Kapellen und Bildstöcke gehören dazu. *Johan-
neshögl,* um nur eine dieser Einöden aus Gotteshaus und Bauernhof zu nennen, lässt die historische Frühe am nachhaltigsten
spüren. Die spätgotische Kirche mit romanischen Mauern steht
am Südosthang des Högl vor den Konturen von Untersberg,
Gaisberg, Dachstein. Außen sind unterm Sakristeidach Pas-
sionsfresken aus der Zeit um 1400 gefunden worden, innen sieht

man Fresken von 1450, darunter ein qualitätvolles ›Jüngstes Gericht‹, einen Frührenaissancealtar mit Tafeln wohl von Gordian Guckh und älteren Schnitzfiguren, auch einige barocke Werke. Bilder als Beistand im einst so Unwegsamen.

Und nochmals ein anderes unserer ›Themen mit Variationen‹: Künstlerfamilien. In dem Weiler *Straß* nördlich des Högl steht das einstige Anwesen der Bauernfamilie Hagenauer, der drei bedeutende Künstlerbrüder entstammten: *Wolfgang Hagenauer* (1726–1801), Entwurfsbaumeister und Verwalter des Bauwesens im ganzen Erzstift Salzburg, Hofbildhauer *Johann Baptist Hagenauer* (1732–1811), der die Immaculata am Salzburger Domplatz und viele Altarfiguren im Umkreis schuf, Architekt *Johann Georg Hagenauer* (1746–1835), der Schlösser in Kärnten und Passau baute.

Weildorfs Liebreizende

Eine ›Schöne Madonna‹ zieht uns auf dem Weg zum Waginger See in die Pfarrkirche Mariä Himmelfahrt nach *Weildorf*. Diese gekrönte Muttergottes mit Kind und Szepter auf der Mondsichel, von Kaskaden blau- und weiß-goldener, im S-Schwung fallender Röhren- und Schüsselfalten umschmeichelt, ist eine höfische Dame voller Liebreiz, mit einem Gesichtchen, das man aus der Salzburger Gegend kennt. Jeder Zoll der nahezu lebensgroßen, in ihrer originalen Farbfassung gut erhaltenen Lindenholzplastik ist vollendet durchgebildet. Es ist ohne Zweifel ein Hauptwerk des Meisters von Seeon, von dem schon berichtet wurde, wahrscheinlich zur Weihe der Kirche 1429 geschaffen. Früher das Ziel der bedeutendsten Marienwallfahrt im Salzburgischen, lief ihr die Wallfahrt zur Madonna nach Maria Plain von 1670 an den Rang ab. Um vor dem Kerzenruß im Chor geschützt zu sein, war sie bereits 1645 in einen Altar in der Vorhalle versetzt worden, wo sie heute noch steht.

Im Netzgewölbe der Kirche platzen die Knospen und wuchern die Blüten eines zauberhaften Mariengärtleins, Spruchbänder schlingen sich um Engel und Propheten, in einem der Zwickel auch um die Bildnisse des Fürsterzbischofs Leonhard

von Keutschach und des Meisters Konrad, Stifter und Maler der
Fresken in der Zeit um 1500. Auch an Salzburger Barockwerken
ist kein Mangel in dem reizvoll auf einer Anhöhe gelegenenen
spätgotischen Gotteshaus mit seiner schwungvoll gekurvten
Turmhaube.

Am Kindersee Guckh-Bilder gucken: Waginger See

Fragt man jemanden, ob er den Waginger See kenne, tritt kurz
eine Denkerfalte auf seine Stirn und er sagt schnell und erleichtert: »Ja, den Schuhbeck.« Der Medien-Maître mit der Koch-
mütze hat wahrscheinlich en passant mehr für den Ruf des Sees
bewirkt als die Touristikbranche mit heißem Bemühen. Seine
keineswegs maniriert-deliziösen Gaumenkitzler, sondern seine
Kunststücke nobelbayerischer Gaumenlust, wie Bauernente,
Bierhähnchen, Waginger Fischsuppe oder Preiselbeerschmar-
ren noch eigens vorzustellen und von der unnachahmlichen
Lässigkeit seines Lokals am See zu sprechen, hieße somit,
›Haxerlsuizn‹ in sein ›Kurhausstüberl‹ tragen.

   Also gleich zum See, der langgezogen zwischen feingeform-
ten Hügeln mit Ufern wie Parks vor dem Gebirge liegt. Mit
zwölf Kilometern Länge und zwei Kilometern Breite der viert-
größte in Oberbayern, flach und bacherlwarm, ist er der ideale
Kindersee. Ein Straßendamm teilt ihn seit 1867 in zwei Becken,
den Waginger und den Tachinger See, der Bootsverkehr zwängt
sich durch die Rinne dazwischen. Das Ostufer, verschilft und
auf weite Strecken unberührt, überlässt dem Westufer wenige
Strandbäder und Campingplätze, die die Stimmung des Bauern-
lands nicht stören.

   Der Hauptort *Waging am See* im Westen ist ein wenig vom Ufer
entfernt, aber seine Kureinrichtungen breiten sich großzügig am
Bade- und Promenadestrand aus. Der Marktflecken lag einst
günstig an der Römer- und Salzstraße, heute kreuzen sich hier
die Straßen von Tittmoning, Traunstein, Salzburg und Wasserburg. Bürger-, Handwerker- und Gasthäuser des 18./19. Jahrhunderts geben mit ihren Flachsatteldächern oder mit Inn-Sal-
zachstadt-Gradheit dem Ortsbild historische Behaglichkeit. Am

Marktplatz dominiert der Marienbrunnen und der aufwach-
sende, durch die voluminöse Barockhaube noch erhöhte spätgotische Turm der Pfarrkirche St. Martin, die der genannte
Wolfgang Hagenauer innen spätbarock umgebaut und mit
einem frühklassizistischen Altar ausgestattet hat. Eine Selten-
heit ist die spätgotische Totenleuchte mit Sakramentshäuschen
neben dem Südportal.

Der vor einigen Jahren angelegte Rundwanderweg um den
See, mal nah, mal entfernter, eröffnet vielfältige Blicke auf die
milde Schönheit dieser Gebreiten, deren Dörfer, Weiler und
Kirchlein rings auf den Hügelkuppen Idyllen geblieben sind.
Die Gegend um den See und in seinem Norden ist ein Bund-
werksland wie der Chiemgau, wo wir diese Besonderheit der
Zimmermannskunst beschrieben haben. In Tettelham bei
Otting oder Armutsham bei Palling stehen Prachtexemplare an
Bundwerkhöfen, einige andere sind schon in Bauernhausmuseen
abgewandert, weniger aufwendige Beispiele sind unterwegs allenthalben zu sehen. Von den Hügelkirchen, die das Land be-
schirmen, seien nur die beiden schönsten herausgehoben.

Der feingliedrige Bau von *St. Leonhard am Wonneberg* im Südwesten erklimmt den Himmel mit einer wahren Himmelsleiter
aus immer kleiner werdenden Zwiebeln und ist innen ein feines
Wabengehäuse aus spätgotischen Netzgewölben, Kielbögen,
profilierten Wandpfeilern und Kapitellen und allenthalben
einer hauchzarten, frühbarocken Decken- und Wandmalerei
mit einer ganzen Biblia Pauperum von 1631/33, die erst in unserer Zeit freigelegt wurde. Im neogotischen Hochaltaraufbau
aber finden wir jene schon bei Reichenhall im landespolitischen
Zusammenhang erwähnten Tafelbilder von Gordian Guckh,
die seinem spätgotischen Altar für Wonneberg von 1500–13
entstammen, aus dem sie in anderer Anordnung in den jetzigen
gerieten. Erhalten geblieben sind die vier Passionsszenen auf
der Außenseite: Gethsemane vor dem Hintergrund Salzburgs,
Kreuztragung vor Reichenhall, Kreuzigung vor Hallein und
Hohem Göll, Auferstehung vor Teisendorf mit dem Hochstaufen und Zwiesel sowie auf der Innenseite vier beschnittene
schmale Tafeln mit den hll. Laurentius, Johannes d. T., Stepha-

Gordian Guckhs Kreuztragung vor dem Weichbild Reichenhalls,
1500/13, in St. Leonhard am Wonneberg

nus und Sebastian. Die Schnitzfiguren des hl. Leonhard als
Patron dieser Wallfahrtskirche, flankiert von den hll. Agnes und
Aloisius sind neogotische Arbeiten. Die figurenreichen, dramatisch komponierten Szenerien, ihre Eindringlichkeit und Ausdruckskraft, die geschickt gesetzten Hintergründe und die subtile, zartschimmernde Farbigkeit weisen diese Tafeln als ein
Hauptwerk des Donauschul-Meisters aus.

In *St. Koloman* an der Nordspitze des Tachinger Sees treffen
wir ihn wieder. Das Kirchlein für den von den Bauern als Glie-
derheiler verehrten Pilgerheiligen liegt recht einsam auf einer
Anhöhe bei Tengling. Der Schnitzaltar von 1515 ist der einzige
vollständig erhaltene aus Guckhs Werkstatt, die auch Bildschnitzer, Kistler, Fassmaler beschäftigte. Die Holzfiguren der
Muttergottes mit den hll. Koloman und Maximilian im Schrein

sind auf den Flügeln, der Predella und im Gesprenge von einer
Fülle reliefierter, geschnitzter und gemalter Heiliger umgeben.
Schwer unterscheidbar, was Guckhs, was anderer Hände Arbeit
ist, doch vieles ist von malerischer Delikatesse, etwa die Rund-
bilder mit den Evangelisten oder der Engel mit dem Schweiß-
tuch Christi auf der Rückseite. Eine Rarität sind die spätgotischen Glasfenster (Schlüssel im Haus neben der Kirche).

Laufen: Stromschnellen als Wirtschaftswunder

Laufen schmiegt sich als Halbinsel in eine Salzachschleife, aber
so behaglich, wie das klingt und aussieht, war es früher nicht.
Denn hier gab es durch verfestigten Moränenschutt gefährliche
Stromschnellen, deren rasantes ›Laufen‹ der Stadt ihren Namen
gab, und sie zwangen die Salzschiffe, ihre Fracht hier aus- und
jenseits der Schnellen im Vorort Obernberg auf andere Schiffe
umzuladen. Eine mühsame, aber für den Ort natürlich lukrative Prozedur. So entwickelte sich Laufen-Oberndorf schon bis
zum 11. Jahrhundert zu Schiffersiedlung, Salzbörse, Handels-
stadt, denn die Schiffe beförderten neben Salz auch Adneter und
Untersberger Marmor, Halleiner Gips, Braunkohle, Eisenguss-
ware.

Der die Einwohner prägende Schifferberuf war vom Schiffs-
herren-Patriziat bis zu den Plättenschleppern diffizil hierar-
chisch gegliedert, griff sogar ins Privatleben ein, indem nur
innerhalb der Innung geheiratet werden durfte. So bildete sich
eine ganz eigene Kultur aus, von der wir am Inn ein wenig
erzählt haben, die hier freilich andere Regeln und Brauchtümer,
auch eine andere Berufssprache entwickelte. Etwas ganz Beson-
deres war zum Beispiel das *Laufener Schiffertheater*, in dem der
Freiheitsdrang der Schiffer, die auch winters umherziehen wollten, und die im Salzburgischen herrschende »Theaterwut« (so
der Chronist Johann Pezzl) einander ergänzten. Sie führten
selbstersonnene Stücke auf, keineswegs aus ihrem Milieu, sondern aus der Ritter-, Hof- und Märchenwelt, improvisierten
Hanswurstiaden, schraken vor Shakespeare, Nestroy, Doktor
Faustus nicht zurück oder gingen mit geistlichen Spielen von

Bauernhof zu Bauernhof. An Fasching oder bei Hochzeiten zogen sie mit einem Guckkasten am Buckel umher, in dem Bilder auf einer mit Handkurbeln bewegbaren Papierrolle vor Kulissen abliefen, wobei die Figurenkonturen perforiert und durch Kerzenlicht von hinten magisch beleuchtet wurden. Da spulten sie dann Sagen und Geschichten mit ganz köstlichen Texten ab; zwei solcher Laufener Guckkasten hat das Museum Carolino Augusteum in Salzburg aufbewahrt.

Die blühende Stadtkultur Laufens begann im 19. Jahrhundert zu welken. Zuerst trennte die Grenzziehung von 1816 schroff die Ehe mit Oberndorf, das österreichisch blieb. Dann triumphierte die Dampflokomotive 1860 über das Schiff. Schließlich nahm die bayerische Gebietsreform Laufen 1972 den Status der Kreisstadt und trieb ihr damit die Regsamkeit weitgehend aus.

Reichtum und Selbstbewusstsein aber blieben in den Architekturen der Patrizier- und Bürgerhäuser und der behäbigen Gasthöfe in kantiger Inn-Salzach-Bauweise erhalten, die hier wahren Kastellen gleichen, im Kern spätgotisch und mit Gewölben im Erdgeschoss versehen, vielfach barock oder klassizistisch überbaut sind, manchmal mit spätgotischen Kielbogenportalen, Mauerkränzen oder Erkern prunken. Sie umstehen den Oberen Stadtplatz und reihen sich aneinander in der leicht abfallend zur Stiftskirche führenden Hauptachse, der malerischen *Rottmayrstraße*. Schwibbögen über rinnsalengen Gässchen verbinden sie, werfen Schatten, suggerieren Kühle. Sie sind oft in Flussstädten mit Schwemmboden zu finden, um instabile Außenmauern abzustützen.

Der repräsentative *Marienplatz (Oberer Stadtplatz)* mit dem Marienbrunnen in der Mitte, einst geschlossen bebaut, öffnet sich seit 1903 mit der Grenzbrücke nach Osten, früher lag der Flussübergang beim Salzachtor. Die bogenreiche, grünpatinierte Jugendstilbrücke mit bunten Wappen und betulichen Adlern ist die fröhlichste Grenzbrücke, die man sich denken kann, sie hat ja auch die Laufener und Oberndorfer nie wirklich getrennt, und wenn sie ihre traditionellen Fischerstechen auf der Salzach gegeneinander austragen, entschuldigen sie sich höflich, bevor sie den anderen vom Boot stoßen.

Die älteste Hallenkirche Altbayerns

So stadtbildbeherrschend, wie Patriziat und selbstbewusstes Bürgertum Laufens es sich wünschten, erhebt sich am Ende der Rottmayrstraße und am äußersten Rand der Salzachhalbinsel die *Pfarr- und Stiftskirche Mariä Himmelfahrt* mit ihrem mächtigen, im Osten abgewalmten Satteldach und dem in die steile Westfassade einbezogenen Turm, der sie mit Klangarkaden im Glockengeschoss und Spitzhelm überragt. Er wurde von der romanischen Vorgängerkirche übernommen und aufgestockt. Der Nagelfluhbau von herber und klarer Schönheit ist die erste und einzige vollständig erhaltene gotische Hallenkirche Altbayerns, 1332–38 vielleicht von dem Ingolstädter Baumeister Konrad Schrank und in enger Verwandtschaft mit den Zisterzienserkirchen Heiligenkreuz im Wienerwald oder Neuberg/Mürz in Österreich gebaut. Der lichte Raum mit drei gleich hohen und breiten Schiffen sowie flach geschlossenem Chor, runden und achteckigen Pfeilern mit feinen Runddiensten, profilierten Kreuzrippen und schmalen Maßwerkfenstern besticht durch edle Harmonie der Maßverhältnisse.

An der Westwand prangen die herrlichen Rotmarmorepitaphien adeliger Schiffsherren und reicher Bürger, Meisterwerke Salzburgischer Grabmalskunst aus dem 14. bis 16. Jahrhundert, darunter rechts der abgetretene Stein des 1347 gestorbenen Kirchenstifters Heinrich von Lampoding, eines Schiffsherren, dessen Wappen mit fünfblättriger Rose an den Schlusssteinen des Gewölbes zu sehen sind. Eher als der etwas trockene barocke Hochaltar sind an den Seitenwänden die spätgotischen Tafelbilder (1467) des früheren Hochaltars hervorhebenswert, Geburt und Passion Christi darstellend, vor allem aber am Altar im rechten Schiff das Gemälde des Laufeners Johann Michael Rottmayr. Es zeigt den Salzheiligen Rupert vor dem Hintergrund der Salzachlandschaft mit dem Dürrnberg, zu seiner Linken einen knienden Engel oder Diener mit Salzkufe, über ihm weibliche Heilige (1691). Ein weiteres Gemälde Rottmayrs rechts des Südportals ist ein Epitaph für seine Eltern und bezieht sich mit der orgelspielenden hl. Cäcilie und dem malenden hl. Lukas in Umkehrung auf die Berufe der Eltern: Die

Mutter war Malerin, der Vater Organist. Ausnehmend kontrastreich, ist die helle Halle außen auf drei Seiten von einem niedrigen Gruftkreuzgang umgeben, in dem mehr als zweihundert Grabsteine aus der Zeit zwischen 1370 und 1650 hindämmern. Er greift auf den Rundbau der heute barock ausgestatteten Michaelskapelle im Südwesten über, die um 1300 als Karner errichtet wurde.

Malergenie Johann Michael Rottmayr

Sehr lang hat es ihn hier nicht gehalten, den berühmtesten Sohn der Stadt, Johann Michael Rottmayr (1654–1730) – wie denn auch, als Talent von europäischer Spannweite! Die Mutter Margareta Magdalena, anerkannte Fassmalerin, war seine erste Unterweiserin, der in Venedig lebende Weilheimer Johann Carl Loth dann dreizehn Jahre lang sein eigentlicher Lehrer. Dennoch, dessen Hell-Dunkel-Caravaggismus legt er nach seiner Rückkehr von Venedig nach Salzburg bald ab, ist betört von Rubens, entwickelt eine Farbskala schmelzender heller Gelb-, Orange-, Kobaltblau- und Altrosa-Töne vor dunklen Lokalfarben und wendet sich bald auch der monumentalen Freskomalerei mit ihren aufgelichteten und auf die Raumform bezogenen illusionistischen Wirkungen zu.

In Fischer von Erlachs kühnem Ahnensaal im mährischen Schloss Frain malt er 1695 sein erstes Fresko, ad hoc ein Meisterwerk. 1698 übersiedelt er nach Wien, arbeitet hier auch mit den beiden anderen großen Barockbaumeistern Lukas von Hildebrandt und Jakob Prandtauer zusammen, wird kaiserlicher Hofmaler und 1704 mit dem Titel ›Freiherr Rottmayr von Rosenbrunn‹ in den Adelsstand erhoben. Mit Produktivität und Vitalität gesegnet, hat er nach dem Tod seiner Frau mit 71 Jahren abermals geheiratet und bis zum letzten Atemzug gearbeitet.

In der Universitätsaula in Breslau (1706), dem Gartenpalais Liechtenstein (1708) und den Kuppeln der Peterskirche (1713) sowie Karlskirche (1730) in Wien, im Treppenhaus von Schloss Pommersfelden (1717) oder der Stiftskirche in Melk (1722)

hinterlässt er unter anderem seine Hauptwerke der Freskenmalerei. Die großartigsten seiner Altartafeln hängen im Dom zu
Passau (1695). In Oberbayern haben wir bereits jene in Raitenhaslach erwähnt, in der Wallfahrtskirche Maria Bühel bei Laufen (auf österreichischer Seite) befinden sich zwei bewundernswerte Spätwerke von leuchtender Farbigkeit (1720), auch in
Tittmoning werden wir ihn treffen. Im malerischen Tempera-
ment ohne Zweifel vom süddeutschen Barock geprägt, hat Rottmayrs weltläufige Kunst erstaunlich schnell europäischen Rang
erreicht.

Tittmonings Bühnenbilder

Wie denn? Achtzehn lorbeerumkränzte, güldene Terrakotta-
büsten römischer Imperatoren an so symbolträchtiger Stelle wie
der Rathausfassade – und das nur wegen einiger ausgegrabener
römischer Reste? Und auf einer der Schützenscheiben im
Museum der Titan Atlas mit seinem Globus, auf dem als einzi-
ger Ort Tittmoning prangt? Keine Bange, diese Selbstbewusst-
seins-Posen sind humorig gemeint: Die Imperatoren wirken
denkbar unehr und der Ort auf dem Globus will durchbohrt
sein.

Freilich würde man einer Stadt mit einer solchen Marktplatz-
herrlichkeit jeglichen Stolz von Herzen zugestehen! Hier wird
die Inn-Salzach-Bauweise, durch das Fehlen der Lauben leicht
und luftig, regelrecht zum Bühnenbild. Die beiden Häuserfron-
ten zwischen den zwei Stadttoren bilden eine endlos scheinende
Perspektive: Barock-, Rokoko-, Biedermeierfassaden, oben
schnurgrad abgeschlossen, mit Stuck, Erkern, Medaillons
geziert, engbrüstig oder ausladend, und natürlich jedes anders
gefärbelt. Früher war das 350 Meter lange Trapez nicht so weitläufig wie heute, sondern in Höhe der Nepomukstatue durch
eine Zeile mit Stadtturm und Kapelle in den nördlichen ›Her-
renmarkt‹ und den südlichen ›Saumarkt‹ der Handwerker
unterteilt und eben dort durchflossen vom Mühlbach, der mit
dem Abbruch der Zeile 1816 verschwand und bei der Restaurierung des Platzes 1978 wieder freigelegt wurde. Katzenkopf-

pflaster, Bäume, Brunnen, Denkmäler, Straßencafés und durchaus auch parkende Autos beleben das Bühnenbild. Beim Rathaus im nördlichen Teil steht der barocke *Floriansbrunnen* (Meister unbekannt), die *Mariensäule* zur Mitte hin schuf der hier ansässige Johann Georg Itzlfeldner (1758), der in dieser Gegend ein viel beschäftigter Rokokobildhauer vom Geist Ignaz Günthers war, den *hl. Nepomuk* der in Salzburg tätige Laufener Joseph Anton Pfaffinger (1717).

Unversehrt staffelt sich die Stadtgestalt innerhalb der zwei schönen Tore und der weitgehend erhaltenen Ummauerung von der Flusslände über die Wasservorstadt, den Stadtplatz und die aufragenden Kirchen zum Bergkegel mit der massigen Burg empor. Wie Laufen dankt sie diese Unversehrtheit der Grenzziehung von 1816, die Tittmoning zu einer Randexistenz verurteilt hat. Natürlich reizte die günstige Lage am Fluss schon die Römer zum Siedeln. Im 13. Jahrhundert traten die Salzburger Herren ihre Herrschaft gleich mal mit dem Bau der Befestigung gegen die Wittelsbacher an, die ihre Grenzfeste ja im nahen Burghausen hatten und übrigens tatsächlich zweimal hier einfielen, 1324 unter Kaiser Ludwig dem Bayern aus Feindschaft gegen Friedrich den Schönen von Österreich und 1611 unter Kurfürst Maximilian 1., der es auf den Erzbischof von Raitenau abgesehen hatte. Der Prosperität Tittmonings als Handels- und Handwerksort, Verwaltungszentrum und Jagdresidenz der Erzbischöfe tat das keinen Abbruch, zur Inn-Salzach-Schönheit kam es aber erst durch den Wiederaufbau nach einem Brand von 1571.

Die einstige dreischiffige gotische Halle der barocktürmigen *Pfarr- und Stiftskirche St. Lorenz* hat noch mehr Brände erlebt und ist durch Umbauten zu einem hohen Saal mit zusammengetragener Ausstattung geworden, darunter als herausragendste Werke am Chorbogen ein Immaculata- und ein Schutzengelbild von Cosmas Damian Asam (um 1720) sowie in der Kreuzkapelle der interessante spätbarocke Hochaltar in Form eines Gnadenstuhls mit ergreifendem Salzburger Kruzifix des 16. Jahrhunderts. Der schon genannte Bartholomäus Opstall schuf 1683 die einheitlich barocke *Allerheiligenkirche*, die seine Kollegen mit den für Salzburg charakteristischen schwarz-goldenen Altären ausstatteten. Ein wunderschöner Spaziergang in die romantische Ponlachschlucht im Westen der Burg führt zur kleeblattförmigen barocken Wallfahrtskirche *Maria Ponlach*, in der der vornehme Hochaltar von Simon Thaddäus Baldauf, die Schnitzfiguren an den Seitenaltären von Itzlfeldner und der zarte Stuck von Joseph Schmidt einander harmonisch ergänzen (1717).

Spinnwebumwobene Zeiten

Wie die *Burg* aus schweren Tuffquadern mit dekorativ trutziger und verwitterter Miene über der Stadt thront, könnte man sie fast ebenfalls für ein Bühnenbild halten. Natürlich ist sie original 15./16. Jahrhundert auf Resten des 13., im 17. zum Jagdschloss umgebaut, im 19. nach einem Brand in Teilen wieder aufgebaut. Was zu einer Burg gehört ist da: Zugbrücke, Barbakane und Zwinger, Befestigungsmauern und Tore, ein Getreidekasten und ein Wehrgang, die Stimmung spinnwebumwobener Zeiten sowie Schießschartenausblicke auf die schöne Stadt zu Füßen, die Salzach und die rollenden Hügel, die Kirche von Ostermiething ›drüben‹, bei Föhn auch Österreichs Alpenkette.

Eine bessere Nutzung als das *Heimatmuseum* konnte die Burg, eine in ihrer Suggestivität passendere Heimstatt konnte wiederum das Heimatmuseum nicht finden als eben dieses Gemäuer. Denn die Sammlungen des Museums sind so überquellend wie originell. Eine Rarität ist vor allem die Kollektion von 130 Schützenscheiben im Getreidekasten – eine Volkskunstwelt von malerischem Reiz, Humor, gar Poesie, überdies historisch aufschlussreich. Schützengesellschaften, die zugleich kirchliche Bruderschaften waren, gab es in Deutschland schon um 1300, und wenn ihr Wettschießen eine runde Scheibe zum Ziel hatte, geht das wohl auf den Brauch zurück, den ersten Schuss der Sonne zu opfern. Die älteste Scheibe in Tittmoning von 1660 stellt denn auch eine Sonne mit Zackenstrahlen dar, andere des 17. Jahrhunderts zeigen als Jäger verkleidete Hirsche, ein Mädchen in Tracht, das das Ziel an einer recht exponierten Stelle ihrer Person präsentiert, oder einen Rebhuhnjäger, der ein Pro-

*Schützenscheibe mit Darstellung des Schmiedehandwerks (18. Jh.)
im Tittmoninger Heimatmuseum*

blem hat: »*Zart edle Junckfraun, dieweil ich wüst, daß Ir zue Vögeln
habt guet Lüst, derhalben sind euch die beschert, die besten Vögel auf dem
Hert.*« Noch im 18. Jahrhundert geistert auf Hochzeitsscheiben
Cupido mit anzüglichen Sprüchen umher, aber man liebt auch
Landschaften, Handwerksdarstellungen und Huldigungen an
die Erzbischöfe, im 19. werden Stadtansichten von Tittmoning
bevorzugt, und 1923 erinnert eine schwarze Scheibe mit Bettel-
szene und Zahlenaufstellungen an die horrenden Teuerungen.

Vielfältig ist auch die Sammlung von 180 schmiedeeisernen
Grabkreuzen, deren Ranken und Blumen auf Dorffriedhöfen so
trostvoll aus der Erde zu wachsen scheinen. Hier kommt ihr fili-
graner Zauber vor weißen Wänden effektvoll zur Geltung.
Unter den Exponaten des 18. und 19. Jahrhunderts aus heimischen Schmiedewerkstätten gibt es künstlerisch und handwerklich bewundernswerte üppige Barockgebilde. Pflanzenorna-
mente und geometrische Muster in Weiß, Rot und Schwarz zie-
ren auch den Mosaikfußboden einer römischen Villa rustica aus
dem 2. Jahrhundert vor Christus, der 1974 an der Stadtpfarrkirche ausgegraben wurde und nun hier installiert ist, begleitet

von weiteren Römerfunden. Das alles ist eingebettet in die
lebendige Veranschaulichung der bäuerlichen und bürgerlichen
Lebens- und Wohnkultur des Rupertiwinkels – durch Exponate
vom Bauernschrank bis zum Pestlöffel und Sparstrumpf, Porträts der bedeutenden Persönlichkeiten von Stadt und Umkreis
oder profane und sakrale Kunst, wobei dem Bildhauer Johann
Georg Itzlfeldner (um 1705 – um 1790) ein ganzer Raum gewidmet ist.

Das Schönste aber wartet in der nur bei Museumsführungen
zugänglichen *Schlosskapelle St. Michael*, deren zierlicher Turm
neben dem Getreidekasten aufragt. Nur ein Marmoraltar fesselt
in dem engen Raum. Sein Altarbild stellt einen furiosen Engelssturz (1697) von Johann Michael Rottmayr dar: Mit einem Blit-
zebündel in der hoch erhobenen Rechten tritt der Erzengel in
tänzerischer, gleichwohl kraftgeladener Bewegung einem Teu-
fel aufs Haupt und zugleich dem schreiend stürzenden Satan auf
den Leib. In lichtem und dunklem Blau und zarten Rot-Orange-
Weiß-Tönen schimmert kühl die Himmelssphäre um den stirn-
runzelnd streng und zugleich kummervoll blickenden Sankt
Michael und seine Engel, indes die Höllensphäre von schwefli-
gem Rot-Braun-Schwarz zerwühlt ist, worin nur der schönglie-
drige Satan hell aufleuchtet. Zwei überlebensgroße weiße Mar-
morfiguren der Erzengel Gabriel und Raphael flankieren in
bewegtem Pathos das Gemälde, Werke des Salzburger Meisters
der Rossebändiger an der Pferdeschwemme, Michael Bernhard
Mandl.

Die große, die urbane Kunst-Attitüde in der verlassenen
Kapelle einer Kleinstadt – wen vermöchte das zu verwundern,
der zwischen Hügeln, Gebirgen und Dörfern in Oberbayern, oft
an verwehten Stellen, die Schwermut des Prager ›Weichen Stils‹,
die Grazie der Münchner Hofkunst, die geschmeidige Würde
des Salzburger und ein Echo des exzentrischen böhmischen
Barock, französischblütiges Neo-Rokoko oder die Bildmotive,
die Bilder und die Buen Retiros weltberühmter Realisten,
Impressionisten, Expressionisten erlebt hat? Das Bauern-, Klos-
ter-, Fürsten- und Bürgerland ist ja seit je ein weit aufgetanes
Gästeland.

ANHANG

Literatur

Bachmann, Erich: ›Architektur und Plastik‹, in: *Barock in Böhmen*, Hg. Karl M. Swoboda. München 1964

Bauer, Hermann und Anna: *Johann Baptist und Dominikus Zimmermann*, Regensburg 1985

Bayern, Adalbert Prinz von: *Die Herzen der Leuchtenberg*, München 1963

Berend-Corinth, Charlotte: ›Urfeld und die Walchenseebilder‹, in: *Lovis Corinth – Die Bilder vom Walchensee*, Ausst. Kat. Ostdeutsche Galerie, Regensburg 1986

Biller, Josef H.: ›Wer war die Schiffer-Cathy vom Königssee?‹, in: *Schönere Heimat*, Bayerischer Landesverein für Heimatpflege e.V., 78.Jhg., Heft 3, 1989

Bomhard, Peter von: *Die Kunstdenkmäler der Stadt und des Landkreises Rosenheim*, 3 Teile, Rosenheim 1954–1964

Chaussy, Ulrich und Christian Püschner: *Nachbar Hitler*, Berlin 1997

Christ, Lena: *Madam Bäuerin*, Leipzig 1920

Florey, Gerhard: *Geschichte der Salzburger Protestanten und ihrer Emigration 1731/32*, Wien 1977

Gerndt, Siegmar: *Unsere bayerische Landschaft. Ein Naturführer*, München 1976

Gersdorf, Lilo: *Carl Orff in Selbstzeugnissen und Bilddokumenten*, Reinbek bei Hamburg 1981

Goethe, Johann Wolfgang von: *Italienische Reise*, Artemis-Gedenkausgabe, Band 11, Zürich 1950

Grieser, Dietmar: *Schauplätze österreichischer Dichter*, München 1974

Hausenstein, Wilhelm: *Besinnliche Wanderfahrten*, München 1957

Heißerer, Dirk: *Wellen, Wind und Dorfbanditen*, München 1995

Heyn, Hans (Hg.) *Der Inn*, Ausst. Kat. Rosenheim 1989

Hildebrandt, Dieter: Zitat aus Ödon von Horváth: Zur Schönen Aussicht, *Programmheft der Salzburger Festspiele* 1999

Hoberg, Annegret: *Wassily Kandinsky und Gabriele Münter in Murnau und Kochel 1902–1914*, Briefe und Erinnerungen, München 1994

Hofmannsthal, Hugo von: ›Festspiele in Salzburg‹, in: *Gesammelte Werke*, Prosa III, Frankfurt am Main 1953

Hofmannsthal, Hugo von/Gräfin Ottonie Degenfeld: *Briefwechsel*, Frankfurt am Main 1974

Hubala, Erich: *Renaissance und Barock*, Frankfurt 1968

Hubensteiner, Benno: *Bayerische Geschichte*, München 1977

Kerr, Alfred: *Erlebtes (1). Deutsche Landschaften, Menschen und Städte*, Berlin 1989

Kobell, Luise von: *König Ludwig 11. und die Kunst*, München 1898

Koch, Laurentius mit Annelies Buchwieser und Federic Grawe: *Franz Seraph Zwinck. Der Lüftlmaler von Oberammergau*, Oberammergau 1986

Lampl, Sixtus: ›Der Meister schaut den Kunstfreund an‹, in: *Charivari*, Nr. 6, 1980

Lieb, Norbert: ›Die Luidl, eine Bildhauerfamilie des bairisch-schwäbischen Barock‹, in: *Das Münster*, 3, 1950

Mann, Thomas: *Doktor Faustus*, München 1947
  ders.: *Die Entstehung des Doktor Faustus*, Frankfurt am Main 1984

Meingast, Fritz: *Berühmte und Berüchtigte*, Süddeutscher Verlag, München 1975

Möller, Horst, Volker Dahm und Hartmut Mehringer: *Die tödliche Utopie. Bilder, Texte, Dokumente, Daten zum Dritten Reich*. Begleitband zur Dokumentation des Instituts für Zeitgeschichte in Berchtesgaden, ›Obersalzberg – Orts- und Zeitgeschichte‹, München 1999

Müller, Karl Alexander von: *Unterm weißblauen Himmel*, Stuttgart 1952

Noë, Heinrich: *Baierisches Seebuch*, München 1865

Nöhbauer, Hans F.: *Auf den Spuren König Ludwigs II.*, München 1986

Perfall, Anton von: ›Wilhelm Leibl in Unterschondorf‹, in: *Wilhelm Leibl und sein Kreis*, hg. von Michael Petzet, München 1974

Peterich, Eckart: ›Die Klassische Landschaft‹, in: *Fragmente aus Italien*, München 1969

Petzet, Michael und Werner Neumeister: *Die Welt des bayerischen Märchenkönigs, Ludwig II. und seine Schlösser*, München 1980

ders. (Hg.): *Das Panorama in Altötting. Beiträge zur Geschichte und Restaurierung*, Arbeitshefte des Bayerischen Landesamts für Denkmalspflege, 48, München 1990

Prinz, Friedrich: *Die Geschichte Bayerns*, München 1997

Rattelmüller, Paul Ernst: *Per Post und zu Fuß durch Oberbayern*, München 1968

ders.: *Der Bauern-Shakespeare. Das Kiefersfeldener Volkstheater*, München 1973

ders.: *Lüftlmaler in Oberbayern*, München 1981

Raupp, Karl und Franz Wolter: *Die Künstlerchronik von Frauenchiemsee*, München 1924 (Neudruck)

Renner, Carl Oskar: *Der Müllner-Peter von Sachrang*, München 1972

Riehl-Heyse, Herbert: ›Mord in unserer kleinen Stadt. Widerstand in den letzten Kriegstagen – das Beispiel Altötting‹, in: *Süddeutsche Zeitung*, Feuilleton-Beilage, 27./28. 4. 1985, Nr. 98

Rohmeder, Jürgen: *Der Meister des Hochaltars von Rabenden*, München/Zürich, 1971

Salz-Spuren zwischen Salzach und Inn, Frisch-Wanderführer und Wanderkarte, Hof/Saale 1995

Sauermost, Heinz-Jürgen: *Die Weilheimer*, München 1988

Schilling, Joachim: ›Idyll auf Herrenchiemsee‹, in: *Die Neue Zeitung*, München, 21. August 1948

Schindler, Herbert: *Große Bayerische Kunstgeschichte*, Zwei Bände, München 1976

ders.: *Reisen in Oberbayern, Kunstfahrten zwischen Donau und Alpen*, München 1985

ders.: *Berchtesgadener Land und Rupertiwinkel*, München 1989

Schober, Gerhard: *Frühe Villen und Landhäuser am Starnberger See*, Waakirchen-Schachtlach 1998

Schröder, Rudolf Alexander: *Abendstunde. Ein Selbstbildnis in Gesprächen*, hg. von L. Besch, Zürich 1960

Schultes, Bertl: *Ein Komödiant blickt zurück*, München 1966

Slezak, Leo: *Der Wortbruch*, Hamburg 1959

Slezak, Walter: *Wann geht der nächste Schwan?*, München 1964

Stieler Karl und Hermann Schmid: *Wanderungen im Bayerischen Gebirge*, Reprint München 1976

Steub, Ludwig: *Wanderungen im bayerischen Gebirge*, Reprint München 1976

ders.: *Sommer in Oberbayern*, München 1860

Thoma, Ludwig: *Ein Leben in Briefen*, München 1963

Thomas, Werner: ›Carl Orff‹, in: *Die großen Deutschen unserer Epoche*, hg. von Lothar Gall, Berlin, Sonderdruck der Carl Orff-Stiftung, o. J.

Valentin, Karl: *Brilliantfeuerwerk*, München 1938

Vignau, Ilka von: *Tegernsee, Schliersee, Leitzachtal*, München 1980

dies.: *Werdenfelser Land mit Ammergau und Isarwinkel*, München 1984

Volk, Peter: *Ignaz Günther*, Regensburg 1991

Volkert, Wilhelm: *Ludwig Thoma. Sämtliche Beiträge aus dem Miesbacher Anzeiger 1920/21*, 1989

Werner, Paul: ›Geschichte und Geschichten von heimischen Bergen: 1. Folge Zugspitze, 2. Folge Watzmann, 3. Folge Untersberg‹, in: *Charivari*, Nr. 5, 6/7, 9, 1988

Winkler, Eugen Gottlob: ›Die Insel‹, in: *Nachlaß: Dichtungen, Gestalten, Probleme*, Pfullingen 1956

Zimmer, Hans: *Die Dientzenhofer*, Rosenheim 1976

Register

402   REGISTER

Dank

Von Herzen Dank sage ich Gabriele Ebbecke und Johannes Graf von Preysing vom Lektorat für die mit Charme gepaarte Kompetenz, die beide auszeichnet, Aasta Fischer für ihren verlässlichen Kunstenthusiasmus, sowie den oberbayerischen Verkehrsämtern und Tourismusverbänden, insbesondere dem Tourismusverband Chiemgau, für liebenswürdiges Entgegenkommen.